# REVISTA TRIMESTRAL DE DIREITO PÚBLICO

46/2004

MALHEIROS EDITORES

# *Revista Trimestral de Direito Público*

Órgão do

**INSTITUTO GERALDO ATALIBA**
**IDEPE — INSTITUTO INTERNACIONAL DE DIREITO PÚBLICO E EMPRESARIAL**

INSTITUTO DE DIREITO ADMINISTRATIVO PAULISTA
IDAP





*RTDP*
Publicação trimestral de
MALHEIROS EDITORES LTDA.
Rua Paes de Araújo, 29, cj. 171
CEP 04531-940 - São Paulo, SP - Brasil
Tel.: (011) 3078-7205 - Fax.: (011) 3168-5495
Diretor responsável: Álvaro Malheiros
Diretora: Suzana Fleury Malheiros

Assinaturas e comercialização:
CATAVENTO DISTRIBUIDORA DE LIVROS S.A.
Rua Conselheiro Ramalho, 928
CEP 01325-000 - São Paulo, SP - Brasil
Tel.: (011) 3289-0811 - Fax.: (011) 3251-3756
Supervisão Gráfica: Vânia Lúcia Amato
Editoração Eletrônica: Letra por Letra Studio

# SUMÁRIO

*DOUTRINA*

TRIPLE DIMENSIÓN DEL PRINCIPIO DE TRANSPARENCIA EN LA CONTRATACIÓN ADMINISTRATIVA ........ 5
– Carlos E. Delpiazzo

EL DERECHO ADMINISTRATIVO Y LAS CIUDADES DEL SIGLO XXI ........ 15
– Javier Parquet Villagra

AS MODALIDADES EXPROPRIATÓRIAS NO DIREITO BRASILEIRO ........ 25
– Celso Antônio Bandeira de Mello

CONTROLE DO DESVIO DE PODER ........ 33
– Adilson Abreu Dallari

EFICÁCIA DAS DECISÕES DOS TRIBUNAIS DE CONTAS E DAS CPMI NOS CONTRATOS ADMINISTRATIVOS E NAS RELAÇÕES FUNCIONAIS ........ 47
– Lucia Valle Figueiredo

RESPONSABILIDADE CIVIL DO ESTADO. Instrumentos processuais e meios alternativos para o ressarcimento de danos ........ 60
– Massami Uyeda

AÇÃO DIRETA DE INCONSTITUCIONALIDADE DE LEI ESTADUAL OU MUNICIPAL FRENTE A CONSTITUIÇÃO ESTADUAL. REPENSANDO O CABIMENTO DE RECURSO EXTRAORDINÁRIO ........ 65
– Almiro do Couto e Silva

CONSIDERAÇÕES SOBRE O DEVER DE MOTIVAÇÃO DOS ATOS ADMINISTRATIVOS AMPLIATIVOS ........ 72
– Vladimir da Rocha França

VITALICIEDADE E APOSENTADORIA COMPULSÓRIA DE MAGISTRADOS AOS SETENTA ANOS DE IDADE: UMA NOVA LEITURA CONSTITUCIONAL ........ 86
– José Sérgio Monte Alegre

APLICAÇÃO DA SÚMULA VINCULANTE ........ 94
– Sérgio Sérvulo da Cunha

A LEI DE LICITAÇÕES, O PRINCÍPIO DA BOA-FÉ OBJETIVA E O ABUSO DE DIREITO ..... 103
– Egon Bockmann Moreira

UMA HISTÓRIA DO DIREITO ADMINISTRATIVO: PASSADO, PRESENTE E NOVAS TENDÊNCIAS ..... 114
– Edilson Pereira Nobre Jr.

ESTADO E DIREITO ..... 136
– Reis Friede

***PARECERES***

PRINCÍPIO DO PARALELISMO DAS FORMAS. ATO NULO DA ANATEL – APLICAÇÃO IMEDIATA DA MODULAÇÃO DA TU-RL PREVISTA NOS CONTRATOS DO STFC ..... 141
– Celso Antônio Bandeira de Mello

LEI MUNICIPAL DISCIPLINANDO A PUBLICIDADE EXTERNA – PROIBIÇÃO EXPRESSA E TOTAL DO EXERCÍCIO DESSA ATIVIDADE – PRINCÍPIOS CONSTITUCIONAIS OFENDIDOS – INCONSTITUCIONALIDADE ..... 149
– Adilson Abreu Dallari

ADMINISTRAÇÃO PÚBLICA ESTADUAL – ELEVAÇÃO DE JORNADA DE TRABALHO DE SERVIDOR PÚBLICO APOSENTADO EM CARGO PÚBLICO FEDERAL – IRRELEVÂNCIA DA COMPATIBILIDADE DE JORNADA DE TRABALHO PARA A ACUMULAÇÃO DE PROVENTOS COM VENCIMENTOS – NULIDADE DE ATO ADMINISTRATIVO ..... 167
– Vladimir da Rocha França

***ESTUDOS E COMENTÁRIOS***

"CARONA" EM ATA DE REGISTRO DE PREÇOS: ATENTADO VEEMENTE AOS PRINCÍPIOS DE DIREITO ADMINISTRATIVO ..... 175
– Joel de Menezes Niebuhr

DA RESPONSABILIDADE PÚBLICA POR ATIVIDADE JUDICIÁRIA NO DIREITO ESTRANGEIRO ..... 183
– Lair da Silva Loureiro Filho

CONSIDERAÇÕES SOBRE O PRINCÍPIO DA ISONOMIA ..... 209
– Gabriela Zancaner Brunini

CONTORNOS JURÍDICOS DA UTILIZAÇÃO DO REGIME JURÍDICO-PRIVADO PELA ADMINISTRAÇÃO PÚBLICA ..... 223
– Luciano Silva Costa Ramos

SENTIDO E ALCANCE DO DIREITO DE RECURSO NA ESFERA ADMINISTRATIVA À LUZ DA CONSTITUIÇÃO FEDERAL DE 1988 ..... 233
– Mariana Novis

# DOUTRINA

## TRIPLE DIMENSIÓN DEL PRINCIPIO DE TRANSPARENCIA EN LA CONTRATACIÓN ADMINISTRATIVA


Carlos E. Delpiazzo

Doctor en Derecho y Ciencias Sociales por la Universidad Mayor de la República Oriental del Uruguay.
Profesor de Derecho Administrativo, Profesor de Informática Jurídica, y Director del Instituto de Derecho Informático en la Facultad de Derecho de dicha Universidad.
Profesor de Derecho Administrativo, Director del Programa Master de Derecho Administrativo Económico (PMDAE), y Profesor de Derecho Informático en la Facultad de Derecho de la Universidad de Montevideo. Profesor Invitado del Instituto Nacional de Administración Pública (España).
Profesor Visitante de la Especialización en Derecho Administrativo de la Universidad de Belgrano (Argentina).
Profesor Extraordinario Visitante de la Universidad Católica de Salta (Argentina).
Miembro del Instituto Uruguayo de Derecho Administrativo, del Instituto de Derecho Administrativo de la Universidad Notarial Argentina, de la Asociación Argentina de Derecho Administrativo, de la Asociación de Derecho Público del Mercosur, de la Asociación Andrés Bello de Juristas franco-latinoamericanos, del Foro Iberoamericano de Derecho Administrativo, de la Asociación Iberoamericana de Derecho Administrativo, y de la Asociación Internacional de Derecho Administrativo


*I – Introducción: importancia de los principios generales frente a las transformaciones actuales de la contratación administrativa. II – Enfoque conceptual de la transparencia: 1. Dimensión jurídica; 2. Dimensión ética; 3. Dimensión tecnológica. III – Incidencia en la contratación administrativa: 1. Reconocimiento de la dimensión jurídica; 2. Reconocimiento de la dimensión ética; 3. Reconocimiento de la dimensión tecnológica. IV – Equilibrio entre publicidad y reserva: tensión entre el principio de transparencia y la exigencia de confidencialidad en los procedimientos competitivos de contratación. V – Conclusión: ante un nuevo escenario (transparente) de la contratación administrativa.*

## *I – Introducción: importancia de los principios generales frente a las transformaciones actuales de la contratación administrativa*

A partir de la constatación de que la contratación administrativa experimenta actualmente un momento de transformaciones, antes de ahora tuve oportunidad de señalar la presencia de, al menos, tres causas convergentes en tal sentido: los procesos de reforma del Estado, el progreso tecnológico, y la integración regional en el marco de la globalización mundial.[1]

Frente a esa cambiante realidad, enfaticé en la importancia de revalorizar los principios generales de Derecho como cimientos del ordenamiento jurídico capaces de constituirse en la herramienta interpretativa e integrativa fundamental frente a la insuficiencia de muchas soluciones positivas notoriamente desbordadas por los nuevos desafíos de un mundo diferente.[2]

Entre dichos principios, destaqué la importancia específica del de transparencia por su potencialidad saneadora frente a los riesgos derivados de prácticas corruptas en materia de selección de contratistas y ejecución de los contratos celebrados por la Administración.[3]

Continuando dicha línea de reflexión, cabe profundizar en la triple dimensión – jurídica, ética y tecnológica – de la transparencia, con particular referencia a su incidencia actual en el Derecho uruguayo sobre la contratación administrativa y con respecto a la búsqueda del equilibrio entre publicidad y reserva en los procedimientos competitivos de elección de la oferta más conveniente a los intereses del Estado y las necesidades del servicio.

## *II – Enfoque conceptual de la transparencia*

### *1. Dimensión jurídica*

Íntimamente asociado al principio de publicidad,[4] el principio de transparencia supone algo más. Cuando se habla de transparencia de la gestión administrativa, "se quiere dar un paso más respecto a la publicidad (...) como que la publicidad implica mostrar pero la transparencia implica algo más que mostrar, implica dejar ver; simplemente que el actuar de la Administración se deje ver como a través de un cristal".[5]

Según se ha destacado con acierto, el principio de publicidad deriva de la forma republicana de gobierno[6] y "las restricciones a la publicidad deben atender a dos criterios: por un lado, deben ser más débiles cuanto mayor sea el interés individual del que pide información; por otro lado, deben

1. Carlos E. Delpiazzo, *Nuevas Normas sobre los Contratos del Estado* (Montevideo, Edit. Universidad, 1997), pp. 9 y ss.; y "Estado actual de la contratación administrativa", en *Rev. de Derecho Público* 17/111 y ss. (Montevideo, 2000).

2. Carlos E. Delpiazzo, *Derecho Administrativo Uruguayo* (México, Porrúa, UNAM, 2005), pp. 9 y ss.; y "Eficacia aplicativa de los principios generales de Derecho en la contratación administrativa", en *Anuario de Derecho Administrativo*, t. XIII.

3. Carlos E. Delpiazzo, "Transparencia y anticorrupción en la contratación pública", en *Primer Congreso Internacional por Internet sobre Aspectos Jurídicos del Comercio Electrónico* (*www.ecomder.com.ar*); "El principio de transparencia en la contratación administrativa", *en El Derecho Digital* (*www.elderechodigital.com.uy*); y "Transparencia en la contratación administrativa", en *Liber Amicorum Discipulorumque José Aníbal Cagnoni* (Montevideo, FCU, 2005), pp. 129 y ss.

4. Carlos E. Delpiazzo, *Normas y Principios de la Contratación Administrativa* (Montevideo, FCU, 2002), pp. 38 y 121 y ss.

5. Carlos E. Delpiazzo, "La regulación legal del control social y transparencia", en *Rev. de Antiguos Alumnos del IEEM* 1/29 y ss., año 5.

6. Felipe Rotondo Tornaria, "Aproximación a la participación del administrado a la luz de los principios generales", en *Rev. de la Facultad de Derecho y CS* 1/63, año XXVI.

ser más débiles cuanto mayor sea la responsabilidad del solicitante por el buen funcionamiento del ente administrativo requerido. Y en ambos casos, la restricción debe ser motivada en una razón que sea suficientemente importante como para compensar la razón genérica que aconseja la publicidad como resorte esencial del sistema republicano. No hay que olvidar que la restricción debe tener siempre un motivo legítimo, derivar de un acto inspirado en alguna razón atendible (...). Pero si no hay razones para la restricción, aunque tampoco existan motivos especiales para la publicidad, ésta procede; precisamente porque ésta es la solución de principio bajo el sistema republicano".[7]

Más allá de la publicidad, la transparencia refiere a la diafanidad del obrar público, permitiendo ver con claridad el actuar de la Administración en la disposición y uso de los fondos públicos y en el obrar de sus funcionarios; "constituye una consecuencia de la muy elemental presunción de que el gobierno pertenece al pueblo, quien tiene derecho a saber qué hacen los servidores públicos, por qué y cómo lo hacen".[8]

Se trata de subrayar cómo la sociedad quiere que sea la Administración de principios del siglo XXI: no sólo debe servir sino que debe mostrar cómo sirve, lo cual exige que sea abierta a la información, a la participación y al control democrático, con un funcionamiento transparente que la transforme en una verdadera casa de cristal.

Según se ha destacado,[9] la transparencia se asocia a lo que es visible y accesible, a lo que puede ser conocido y comprendido, por contraposición a lo cerrado, misterioso, inaccesible o inexplicable. Igualmente, la transparencia se asocia a una carga afectiva ligada a la tranquilidad y serenidad provocada por todo aquello que se domina y racionaliza, por oposición a la angustia y perturbación de lo misterioso y desconocido. Además, del contraste entre las sombras y la luz, entre opacidad y transparencia, nacen nuevos métodos que tratan de referir el principio de legalidad, como límite y fundamento de la acción administrativa, al principio de consecución del interés público y del respeto por los derechos de los ciudadanos en el marco del bien común, métodos que tratan de promover los principios de colaboración ciudadana, de participación y de promoción de una nueva y diferente forma de concebir el poder administrativo más próximo a los ciudadanos.

### 2. *Dimensión ética*

Bien se ha dicho que "la ética pública es necesaria para reforzar las condiciones de credibilidad en la propia Administración pública y sus agentes, algo sustancial a la transparencia administrativa".[10]

El funcionario público que adecua su conducta al deber ser y actúa como un verdadero servidor público no tiene nada que ocultar ni a sus superiores ni a sus subordinados ni a los integrantes del cuerpo social a los que se debe en el desempeño de sus tareas presididas por el fin del logro del bien común.

Como se ha señalado con acierto, en el quehacer de la Administración "la idea de servicio de los intereses generales debe presidir la actuación de cualquiera que realiza una función pública. Autoridad o funcionario, político o empleado, debe hacer siempre lo que sea mejor para los intereses públicos".[11]

7. Horacio Cassinelli Muñoz, "El principio de publicidad de la gestión administrativa", en *Rev. Derecho, Jurisprudencia y Administración* 58/165 y 166.

8. Richard S. Werksman y Carlos Mamfroni, "La transparencia y la Convención Interamericana Contra la Corrupción", en *Rev. de Derecho Administrativo* 21-23/346, año 8.

9. Jaime Rodriguez-Arana, *La Dimensión Ética* (Madrid, Dykinson, 2001), p. 312.

10. Jaime Rodriguez-Arana, *La Dimensión Ética*, cit., p. 319.

11. Jesús Gonzalez Perez, *La Ética en la Administración Pública* (Madrid, Civitas, 1996), p. 52.

Pero la dimensión ética no se agota en la fidelidad a los intereses generales sino que reclama el trabajo bien hecho. Para ello, se requiere cultivar las virtudes – que son hábitos operativos buenos que se alcanzan mediante esfuerzo, lucha y educación – y luchar contra los defectos que todo lo echan a perder – corrupción significa echar a perder o pudrir – ya que una sociedad que se acostumbra a prácticas y actitudes torcidas, termina pudriéndose.[12]

Precisamente, el principio de transparencia tiene una fuerza ética especial en la medida que propende al desarrollo de conductas funcionales honradas, de "hombres de bien" que, al decir del art. 59 de la Constitución, actúan sobre "la base fundamental de que el funcionario existe para la función y no la función para el funcionario". Y siendo así, nada tienen que esconder.

### *3. Dimensión tecnológica*

Las dimensiones jurídica y ética de la transparencia no agotan su consideración actual ya que el advenimiento y desarrollo de las nuevas tecnologías informáticas y telemáticas en el ámbito público[13] no sólo posibilitan nuevas formas de interactuación entre la Administración y los administrados[14] y de manifestación de la voluntad administrativa[15] sino que permiten a los órganos públicos exhibir en tiempo real su accionar y así posibilitar nuevas formas de control y participación social.

Esto que es así con carácter general, lo es de modo especial en el campo de la contratación administrativa[16] como un capítulo del llamado gobierno electrónico cuya materialización reconoce distintas etapas,[17] a saber:

*a*) La primera etapa consiste en la creación de un portal institucional, lo que implica utilizar Internet para hacer disponible información de interés (publicación de objetivos y metas, datos estadísticos, información sobre trámites, etc.), la cual fluye en un solo sentido, como ocurre con la gran mayoría de los organismos gubernamentales uruguayos que disponen de sus sitios *web*.

*b*) La segunda etapa requiere la posibilidad de una comunicación en ambos sentidos, comenzando con la simple implantación de una dirección de "e-mail" donde se permita a los ciudadanos dar información, realizar consultas y efectuar reclamos, como ya ocurre en una cantidad importante de sitios *web* de entidades estatales de nuestro país.

*c*) La tercera etapa supone implantar funcionalidades estructuradas que permitan a los particulares realizar transacciones por medio de este nuevo canal de comunicación con la Administración (tales como renovación de una licencia, pago de una multa o inscripción para un curso o actividad). Como ejemplos nacionales, pueden citarse el proyecto de Recaudación Nominada del Banco de Previsión Social y el llamado proyecto Alfa de la Dirección General Impositiva,

12. Carlos E. Delpiazzo, "Profesionalización de la función pública en Uruguay", en *La Profesionalización de la Función Pública en Ibero América* (Madrid, INAP, 2002), p. 256.

13. Carlos E. Delpiazzo, "Automatización de la actividad administrativa en el marco de la reforma del Estado", en *Anuario de Derecho Administrativo* VI/17 y ss.

14. Carlos E. Delpiazzo, "El procedimiento administrativo y las nuevas tecnologías de la información", en *Rev. Uruguaya de Derecho Constitucional y Político*, t. VIII, n. 48, pp. 417 y ss.; y *Derecho Informático Uruguayo* (Montevideo, Idea, 1995), pp. 148 y ss.

15. Carlos E. Delpiazzo, "Acto administrativo automático", en *VI Congreso Iberoamericano de Derecho e Informática* (Montevideo, 1998), pp. 943 y ss.; y "Notas para una caracterización actual del acto administrativo", en *Anuario de Derecho Administrativo* IX/25 y ss.

16. Carlos E. Delpiazzo, "El *e-procurement* o el nuevo rostro de la contratación administrativa", en *Derecho Informático*, t. III.

17. José Abo, "Los gobiernos e internet", en *Rev. de Antiguos Alumnos del IEEM* 3/24 y ss., año 3.

que permiten, por vía electrónica, el ingreso de la nómina de las empresas a efectos de sus aportes sociales y de las declaraciones juradas de impuestos respectivamente.

*d*) La cuarta etapa implica la instalación de un portal integrador inter-organismos, que abarque todos los servicios posibles desde Internet.

La mentada evolución supone un avance hacia una nueva forma de descentralización, entendida la expresión en sentido amplio: "el Estado descentralizado en Internet"[18] mediante la coherente integración en las redes y en los servicios de comunicaciones electrónicas del conjunto de las Administraciones públicas, cualquiera sea su naturaleza jurídica y posición institucional.

En la medida que las nuevas tecnologías de la Informática y las Telecomunicaciones permiten a los habitantes asomarse a la Administración como a través de una ventana – que es el computador – potencian infinitamente la transparencia de la gestión administrativa.

## *III – Incidencia en la contratación administrativa*

### *1. Reconocimiento de la dimensión jurídica*

Aunque la operatividad de los principios generales de Derecho no está condicionada a su explicitación por normas positivas dado que participan de la idea básica de principialidad en sentido ontológico,[19] nuestro Derecho positivo reciente exhibe una marcada tendencia a su enumeración a través de disposiciones legales y reglamentarias.

Así, el art. 659, num. VI de la Ley n. 16.170, de 28 de diciembre de 1990, explicitó los principios generales de actuación y contralor en materia de contratación administrativa, señalando que ellos "servirán también de criterio interpretativo para resolver las cuestiones que puedan suscitarse en la aplicación de las disposiciones pertinentes". Dicha norma incluyó los principios de flexibilidad, delegación, ausencia de ritualismo, materialidad frente al formalismo, veracidad salvo prueba en contrario, publicidad, igualdad y concurrencia, como expresiones de un nuevo modelo de relacionamiento entre la Administración y los administrados.[20]

No obstante, la primera referencia expresa al principio de transparencia en la contratación administrativa aparece en la Ley de Empresas Públicas n. 16.211, de 1º de octubre de 1991 (art. 30), reiterándose en la Ley de Reforma Portuaria n. 16.246, de 8 de abril de 1992 (art. 13), que explicitaron los principios a aplicar en las contrataciones que se lleven a cabo en el marco de las mismas, disponiendo que el Estado tomará las medidas jurídicas y prácticas pertinentes para "resguardar que las diversas contrataciones estén revestidas de la publicidad adecuada para asegurar la debida transparencia de las operaciones y permitir el más amplio concurso de interesados" (lit. G) y para "asegurar la máxima imparcialidad en los procedimientos" (lits. I y H respectivamente).

Con posterioridad, diversas normas han insistido en la importancia de la transparencia aplicada a la contratación administrativa, asociando dicho principio no sólo al de publicidad sino a los de imparcialidad, probidad, preeminencia del interés público e igualdad.[21] Consecuentemente, es preci-

18. Angel Sanchez Blanco, "Las Administraciones Públicas e internet", en "Separata" del *Boletín Informativo del Instituto Nacional de Administración Pública* 4/7 (Madrid, 2001).

19. Juan Carlos Cassagne, *Los Principios Generales del Derecho en el Derecho Administrativo* (Buenos Aires, Abeledo Perrot, 1988), pp. 29 y ss.

20. Carlos E. Delpiazzo, *Manual de Contratación Administrativa* (Montevideo, Edit. Universidad, 1997), t. I, 3ª ed. actual., pp. 40 y ss.; y *Contratación Administrativa* (Montevideo, UM, 1999), pp. 19 y ss.

21. Juan Pablo Cajarville Peluffo, "La transparencia en la contratación pública", en *La Corrupción y la Empresa* (Montevideo, 1999), pp. 63 y 64.

so postular que el amplio conocimiento de lo actuado debe alcanzar no sólo a la etapa preparatoria del contrato sino también a su ejecución, de modo que toda modificación a lo pactado pueda ser adecuadamente conocido por los demás participantes en el procedimiento de selección, por los órganos de control y, en su caso, por los usuarios.[22]

## *2. Reconocimiento de la dimensión ética*

En el marco de la ratificación por la Ley n. 17.008, de 25 de septiembre de 1998, de la Convención Interamericana Contra la Corrupción, se dictó en nuestro país la Ley n. 17.060, de 23 de diciembre de 1998, por la cual se dictan normas tendientes a prevenir y reprimir la corrupción.

Entre ellas, interesa destacar el enfoque eminentemente ético contenido en su Capítulo III, "Control Social", el cual contiene tres disposiciones jerarquizadoras del principio de transparencia en el obrar de los funcionarios públicos en general y en materia contractual en especial.[23]

En primer término, el art. 5º ordena que "Los organismos públicos darán amplia publicidad a sus adquisiciones de bienes y contrataciones de servicios".

A continuación, establece el art. 6º que "El Poder Ejecutivo, a propuesta de la Junta (Asesora en Materia Económico Financiera del Estado creada en la misma ley), llevará a cabo periódicamente campañas de difusión en materia de transparencia pública y responsabilidad de los funcionarios públicos, así como sobre los delitos contra la Administración Pública y los mecanismos de control ciudadano".

Seguidamente, agrega el art. 7º que "Los actos, documentos y demás elementos relativos a la función pública pueden ser divulgados libremente, salvo que por su naturaleza deban permanecer reservados o secretos o hayan sido declarados tales por ley o resolución fundada. En todo caso, bajo la responsabilidad a que hubiere lugar por Derecho".

Por otra parte, el art. 25 de la misma ley dispone la creación de una Comisión Honoraria de integración calificada, "con el cometido de elaborar propuestas de actualización y ordenamiento legislativo y administrativo en materia de transparencia en la contratación pública, así como respecto de los conflictos de intereses en la función pública".

Puede decirse que estas normas se inscriben dentro de la tendencia actual a la juridización de la ética, erigiendo al Derecho administrativo en una "garantía del comportamiento ético".[24]

## *3. Reconocimiento de la dimensión tecnológica*

Según se ha enseñado, "una vez aceptada la validez jurídica de los documentos electrónicos y el reconocimiento de la firma electrónica con valor igual entre la Administración pública y los privados, la convergencia permite a la Administración pública comunicarse entre sus distintas dependencias y con los ciudadanos".[25]

Al respecto, cabe señalar que nuestro país no sólo reconoce plena validez al documento electrónico[26] y a la firma electróni-

22. Jorge Luis Salomoni, "El instituto de la licitación pública en el sistema de Derecho positivo argentino: sus principios rectores", en *Rev. Actualidad en el Derecho Público* 10/105 (Buenos Aires, 1999).

23. Carlos E. Delpiazzo, *Desafíos Actuales del Control* (Montevideo, FCU, 2001), pp. 97 y ss.

24. Jesús Gonzalez Perez, *La Ética en la Administración Pública*, cit., p. 65.

25. Antonio Martino, "*E-government*: la convergencia es su motor, la *privacy* su límite", en *Anales de las 30 Jornadas Argentinas de Informática e Investigación Operativa* (Buenos Aires, 2001), p. 508.

26. Carlos E. Delpiazzo, "El documento electrónico frente a la integración", en *VI Congreso Iberoamericano de Derecho e Informática* (Mon-

ca,[27] sino que ha avanzado en la regulación del expediente electrónico[28] y ha dado pasos específicos en lo que refiere a la contratación administrativa por vía telemática.

Con relación a ella, merece destacarse la aprobación del Decreto n. 66/2002, de 26 de febrero de 2002, por el cual se establece la obligación de las dependencias de la Administración central de enviar al sitio *web www.comprasestatales.gub.uy* los pliegos de bases y condiciones particulares de las licitaciones públicas o abreviadas que se realicen, así como las resoluciones de contrataciones directas que adopten los organismos públicos (art. 1º).

A tal efecto, se regula la información mínima que deberá brindarse, tanto acerca del procedimiento como de la adjudicación (art. 2º).

Respecto a las contrataciones directas, no sólo deben comunicarse los detalles de las mismas sino también la causal de excepción en base a la cual se prescindió de la licitación pública o del remate en su caso (art. 3º).

El contenido de dicho reglamento fue generalizado por virtud de lo dispuesto en el art. 163 de la Ley n. 17.556, de 18 de septiembre de 2002, a cuyo tenor se dispuso que todos los organismos públicos estatales "deberán dar a publicidad el acto de adjudicación de las licitaciones públicas y abreviadas, las contrataciones en régimen de excepción – básicamente, las directas – las ampliaciones de las mismas y los actos de reiteración del gasto por observación del Tribunal de Cuentas" (inc. 1º). Añade que "Dichos organismos tendrán la obligación de enviar al medio electrónico que determine el Poder Ejecutivo, la mencionada información en la forma y condiciones que establezca la reglamentación, sin que ello genere costo adicional alguno para el organismo obligado" (inc. 2º).

El dictado de las precitadas normas se inscribe en la afirmación del principio de transparencia en el manejo de los fondos públicos, afirmada antes de ahora,[29] en línea con la mejor doctrina que se ha ocupado del tema.[30]

Complementariamente, el Decreto n. 289/2002, de 30 de julio de 2002, dispuso en su art. 1º que "El Comité Ejecutivo para la Reforma del Estado (CEPRE), en coordinación con la Contaduría General de la Na-

tevideo, 1998), pp. 333 y ss.; "Documentación electrónica de los negocios en internet", en *VIII Congreso Iberoamericano de Derecho e Informática* (México, 2000), pp. 462 y ss.; y "El documento y la firma ante las NTI en Uruguay", en *XVIII Jornadas Iberoamericanas de Derecho Procesal y XI Jornadas Uruguayas de Derecho Procesal* (Montevideo, FCU, 2002), pp. 725 y ss.

27. Carlos E. Delpiazzo, "Adecuación del Derecho a la necesidad de la firma electrónica", en *Informática y Derecho* (Buenos Aires, Depalma, 2001), v. 7, pp. 113 y ss.; "La autenticación de las operaciones comerciales en internet", en *Derecho Informático*, t. I, pp. 253 y ss.; "Validez y eficacia de la firma electrónica", en *Tribuna del Abogado* 117/16 y 17 (Montevideo, 2000); y "De la firma manuscrita a la firma electrónica: un caso de impacto de la tecnología sobre el Derecho", en *Rev. de Antiguos Alumnos del IEEM* 1/76 y ss., año IV.28. Carlos E. Delpiazzo, "Regulación del procedimiento administrativo electrónico", en *Procedimiento Administrativo Electrónico* (Montevideo, ONSC, 1998), pp. 151 y ss.; e "Informatización del procedimiento administrativo común", en *VI Congreso Iberoamericano de Derecho e Informática* (Montevideo, 1998), pp. 769 y ss.

28. Carlos E. Delpiazzo, "Regulación del procedimiento administrativo electrónico", en *Procedimiento Administrativo Electrónico* (Montevideo, ONSC, 1998), pp. 151 y ss.; e "Informatización del procedimiento administrativo común", en *VI Congreso Iberoamericano de Derecho e Informática* (Montevideo, 1998), pp. 769 y ss.

29. Carlos E. Delpiazzo, *Desafíos Actuales del Control*, cit., p. 102; y "Estado actual de la contratación administrativa", cit., pp. 127 y 128.

30. Agustín Gordillo, *Tratado de Derecho Administrativo* (Buenos Aires, FDA, 1997), t. 1, 4ª ed. actual., pp. XVI-12 y ss.; y Augusto Duran Martinez, "Corrupción y derechos humanos. Aspectos de Derecho administrativo", en *Estudios sobre Derechos Humanos* (Montevideo, Ingranusi, 1999), pp. 139 y 140.

ción (CGN), diseñará, desarrollará e implementará un Sistema de Compras y Contrataciones Estatales (SICE), cuyos objetivos serán: realizar el seguimiento del proceso de compra; facilitar la publicación de los pliegos y adjudicaciones en el sitio *www.comprasestatales.gub.uy*; identificar la Unidad Organizativa que realiza la compra o la contratación; y realizar la interrelación entre el proceso de la compra y el proceso del gasto, interactuando a dichos efectos con el Sistema Integrado de Información Financiera (SIIF)".

Conforme al art. 2º del mismo Decreto, se comete a la Contaduría General de la Nación, en coordinación con el CEPRE, "la administración informática del Sistema de Compras y Contrataciones Estatales (SICE), quedando facultada a realizar todas las actividades inherentes al cumplimiento de las competencias propias de la administración del Sistema".

Con anterioridad, por Resolución del Poder Ejecutivo n. 1.177/1999, de 15 de diciembre de 1999, se había aprobado un sistema de pago por transferencia electrónica a proveedores del Estado.

En virtud de dicha disposición, se progresa en la adecuación al ámbito específico de la relación entre la Administración y sus cocontratantes de la normativa y experiencia preexistente en materia de transferencias electrónicas de fondos.[31]

A la luz de la normativa reseñada, cabe señalar que nuestro país se encuentra en condiciones de avanzar hacia la total automatización de sus contrataciones públicas – tanto en lo que refiere a los procedimientos de selección como a los actos administrativos a dictar – y consiguientemente hacerlas transparentes a la sociedad.

## *IV – Equilibrio entre publicidad y reserva: tensión entre el principio de transparencia y la exigencia de confidencialidad en los procedimientos competitivos de contratación*

De acuerdo a lo previsto en el art. 42 del Texto Ordenado de Contabilidad y Administración Financiera (TOCAF),[32] los contratos que celebren las entidades estatales "en aplicación de contratos de préstamos con organismos internacionales de los que la República forma parte, quedarán sujetos a las normas de contratación establecidas en cada contrato" (inc. 1º), no obstante lo cual los procedimientos para la selección de ofertas en dichos contratos "deberán respetar los principios generales de la contratación administrativa, en especial los de igualdad de los oferentes y la concurrencia en los procedimientos competitivos" (inc. 3º).

Entre dichos principios a los que la norma se remite en forma genérica, se encuentran incluidos los de publicidad y transparencia, ampliamente explicitados por el ordenamiento jurídico antes reseñado.

Ahora bien: conforme a lo impuesto por las normas para adquisición de bienes dispuestas por el Banco Interamericano de Desarrollo (BID), "No se divulgará a los oferentes ni a cualquier otra persona que no esté oficialmente involucrada en el proceso de la licitación, ninguna información relacionada con la revisión, evaluación, comparación y poscalificación de las ofertas, ni las recomendaciones para la adjudicación del contrato".[33]

31. Carlos E. Delpiazzo, "Regulación jurídica de las transferencias electrónicas de fondos", en *Rev. de la Facultad de Derecho* 2/11 y ss. (Montevideo, 1992); "Transferencias electrónicas de fondos. Los medios de prueba", en *Rev. Tributaria* (Montevideo, 1989), t. XVI, n. 90, pp. 216 y ss., y en *Rev. FELABAN* 74/73 y ss. (Bogotá, 1989); y *Derecho Informático Bancario* (Montevideo, IEEM, 1990), pp. 27 y ss.

32. V.: Carlos E. Delpiazzo, *TOCAF Anotado* (Montevideo, FCU, 2001), 2ª ed. actual.

33. BID, *Adquisición de Bienes. Guía para Usuarios* (enero, 2000), art. 28.1

Igualmente, las disposiciones sobre adquisiciones con préstamos del Banco Mundial (BIRF) prevén que "No deberá darse a conocer información alguna acerca del análisis, aclaración y evaluación de las ofertas, ni sobre las recomendaciones para la adjudicación, después de la apertura en público de las ofertas, a los licitantes ni a personas no interesadas oficialmente en los procedimientos, hasta que se haya anunciado la adjudicación del contrato".[34]

En la misma línea, la Ley Modelo sobre la Contratación Pública de Bienes, Obras y Servicios propuesta en 1994 por la Comisión de las Naciones Unidas para el Derecho Mercantil Internacional (CNUDMI) establece que "no se revelará información alguna relativa al examen, la aclaración, la evaluación o la comparación de ofertas a los proveedores o contratistas ni a ninguna otra persona que no haya intervenido oficialmente en el examen, la evaluación o la comparación en la determinación de la oferta ganadora".[35]

Quiere decir que el criterio de los organismos internacionales mencionadas se inclina a tramitar los procedimientos competitivos en reserva, lo cual es manifiestamente contrario a la pretendida transparencia de toda gestión administrativa, refiera ella a la actividad contractual de la Administración o a cualquier otro quehacer de la misma.

Sin embargo, la aparente oposición puede no ser insalvable si se interpreta restrictivamente el alcance de tales normas de confidencialidad (excepcionales frente a la solución de principio), considerando que las mismas gravan únicamente a los funcionarios llamados a dictaminar o asesorar a los órganos competentes para resolver pero no a éstos.

De ese modo, podría resolverse la tensión entre el principio de transparencia y la exigencia de confidencialidad durante la etapa de estudio de las ofertas en los procedimientos competitivos de contratación regulados por las normas de los prestamistas, de modo de proteger a los funcionarios encargados de realizar el estudio (liberándolos de posibles presiones y tentaciones) sin sacrificar la transparencia del actuar de la Administración a través de sus decisores, cuyas decisiones fundadas podrán ser objeto de impugnación mediante la interposición de los recursos administrativos procedentes.

Con similar criterio, se ha postulado que el amplio acceso a las actuaciones no excluye la posibilidad de que en la etapa evaluativa de ofertas la Administración declare, respecto a la documentación atinente a la evaluación y con arreglo a las previsiones normativas vigentes, la reserva de ésta con el fin de asegurar la celeridad y eficacia del procedimiento, sin perjuicio de que, una vez concluida la etapa de evaluación mediante la emisión del acto administrativo que la instrumente, se reabrirá con toda amplitud la participación de los interesados, quienes, con pleno conocimiento de todo lo actuado, podrán deducir las impugnaciones habilitadas por el ordenamiento si lo consideran pertinente.[36]

## *V – Conclusión: ante un nuevo escenario (transparente) de la contratación administrativa*

Una actividad de la Administración centrada en la promoción del bien común exige que ésta sea transparente, abierta a la información, a la participación y al control democrático por parte de la sociedad.

Por lo que refiere específicamente a la contratación administrativa, el Derecho

34. BIRF, *Adquisiciones con Préstamos del BIRF y Créditos de la AIF. Normas* (mayo, 1992), art. 2.47.

35. Julio Rodolfo Comadira, *La Licitación Pública* (Buenos Aires, Depalma, 2000), pp. 80 y 81.

36. CNUDMI, *Ley Modelo sobre la Contratación Pública de Bienes, Obras y Servicios con la Guía para su Incorporación Eventual al Derecho Interno* (Nueva York, 1995), art. 34.

positivo uruguayo ha explicitado reiteradamente la vigencia jurídica del principio de transparencia, cuya plena aplicación requerirá procedimientos claros, bien documentados y adecuadamente difundidos.

Desde el punto de vista de la dimensión ética de la transparencia, será necesario luchar contra los adversarios modernos de la ética,[37] vitalizando el comportamiento cristalino de los funcionarios estatales como derivación de la naturaleza instrumental[38] o servicial[39] de la Administración, de su ser para otros,[40] a fin de expandir lo ético en el espacio público.[41]

Por su parte, el progreso tecnológico en la Administración, requerido en muchos casos de una verdadera adaptación cultural,[42] constituye un aliciente y facilitador de la transparencia, haciéndola posible en tiempos y formas impensables poco tiempo atrás.

De este modo, asistiremos al espectáculo de una nueva contratación administrativa más equitativa y eficiente – como lo quiere el art. III, num. 5 de la Convención Interamericana contra la Corrupción – desarrollada en un escenario (transparente), ante el gran público constituido por la sociedad toda.

37. Nicolás Etcheverry Estrazulas, "Un torneo de nuestros tiempos. Ética profesional ¿por qué y para qué?", en *Rev. de la Facultad de Derecho* 17/83 y ss. (Montevideo, 2000).

38. Mariano R. Brito, "Principio de legalidad e interés público en el Derecho positivo uruguayo", en *La Justicia Uruguaya*, t. XC, sección Doctrina, pp. 11 y ss.

39. Eduardo Soto Kloss, *Derecho Administrativo* (Santiago, Edit. Jurídica de Chile, 1996), t. I, pp. 83 y ss.; y "La primacía de la persona humana, principio fundamental del Derecho público chileno", en *Estudios Jurídicos en Memoria de Alberto Ramón Real* (Montevideo, FCU, 1996), pp. 507 y ss.

40. Mariano R. Brito, "Planificación y libertad en el Estado Social de Derecho", en *Rev. Uruguaya de Estudios Administrativos* 1/35, 40 y ss. (Montevideo, 1977); y "El Estado de Derecho en una perspectiva axiológica", en *Ius Publicum* 6/63 y ss. (Santiago, Universidad Santo Tomás, 2001).

41. Jesús Garcia Ruiz, "De lo ético en el espacio público", en *Estudios y Documentos* (Guatemala, 2001), serie II, n. 43, pp. 7 y ss.

42. David Shand y Safdar Sohail, "El papel de la reforma del funcionariado en la lucha contra la corrupción", en *Rev. de Gestión y Análisis de Políticas Públicas* 21/63 y ss. (Madrid, INAP, 2001).

# EL DERECHO ADMINISTRATIVO Y LAS CIUDADES DEL SIGLO XXI

JAVIER PARQUET VILLAGRA

Profesor de Derecho Administrativo de la Facultad de Derecho
de la Universidad Nacional de Paraguay.
*Master in Law* pela Harvard Law School

*1. Introducción. 2. Reflexiones sobre el advenimiento de una cultura jurídica digital. 3. Función administrativa y herramientas tecnológicas. 4. Aplicaciones del gobierno electrónico y principios jurídicos rectores. 5. Sociedad virtual y derecho resultante. 6. Asimilación tecnológica y articulación del marco legal paraguayo. 7. Inclusión digital y responsabilidad del Estado.*

## *1. Introducción*

El tema que nos ocupa nos sugiere cambio y transformación. Nos invita a imaginarnos un nuevo orden social y jurídico, basado en condicionantes distinto.

Los conductos tradicionales de interacción humana sufren una radical transformación con las nuevas tecnologías de la información y las telecomunicaciones, herramienta científica concebida por el ingenio del hombre, llamadas a alterar profundamente las relaciones de los ciudadanos entre si y los vínculos con sus gobernantes.[1]

Así, los canales de comunicación y las posibilidades de acercamiento entre personas distantes se han ampliado, cualitativa y cuantitativamente, causando una transformación innegable en la sociedad, con el potencial de mejorar la calidad de vida de cientos de miles de personas.

Coincidentemente se articulan y evolucionan, seducidos por la tecnología, nuevas maneras de ejercer el *imperium*, y se gesta la sustitución de las formas y canales tradicionales de actividad estatal por la gestión pública a través de medios electrónicos.

Con la irrupción de la tecnología, refería un autor que "(...) el jurista sospecha que hay un terremoto que afecta el suelo sobre el cual está parado (...)".

En razón a ello, nos interesa particularmente reflexionar sobre la repercusión y proyección jurídica general del fenómeno de la *sociedad tecnológica*, y en particular sobre la incidencia de este nuevo orden en la gestión administrativa del Estado. Nuestras consideraciones y conclusiones se aplican y extienden por igual al Estado como a las administraciones municipales.

1. Jane Fountain, *Building the Virtual State*, Brookings Institution Press, 2001.

## 2. *Reflexiones sobre el advenimiento de una cultura jurídica digital*

Existe una directa relación entre el desarrollo, acceso y uso de la tecnología y la apropiación y valoración psicológica que las personas configuran a partir de ellas.[2]

La cultura digital no es el cúmulo de acciones que promueven la masificación de las nuevas tecnologías, sino aquella telaraña de sentidos y significados que las personas han construido socialmente en torno al uso y apropiación de estas.[3] David Silver define a la cybercultura como aquellos significados y visiones que las personas construyen a partir de su interacción con la tecnología.[4]

La tecnología conlleva cambios en la configuración de las relaciones sociales, así como en los modelos de intercambio de conocimientos e información. Se configura una cultura del intercambio, la acción y la interacción digital. La sociedad tecnológica configura nuevos códigos y parámetros de socialización y entendimiento.

Consecuentemente, también las relaciones jurídicas de los ciudadanos se conducen e instrumentan de manera distinta, configurándose así una cultura jurídica digital, que discurre paralelamente a la interacción humana por medios virtuales.

Es preciso advertir que tal cultura jurídica virtual se evidencia de dos formas, que incluyen e incluirán tratamiento legal diferenciado. Una de ellas, que deriva de la actividad de los particulares entre sí, como por ejemplo el comercio electrónico, cuya regulación estará basada en el "Principio de la Licitud", que rige en el Derecho Privado. La otra, que deviene de los vínculos entre el poder público y los ciudadanos, cuya regulación obedecerá al "Principio de la Legalidad", rector de la actividad administrativa.

La dinámica e inteligencia de las relaciones con el Estado y sus órganos en el ejercicio del poder público, por medios digitales, adquiere dimensiones distintas. Pero aún así, pero con otro rostro, no es sino la moderna expresión de la eterna e histórica búsqueda de armonizar el ejercicio del poder público y las prerrogativas del ciudadano.[5]

## 3. *Función administrativa y herramientas tecnológicas*

La actividad administrativa, como función del Estado, exige por su dinamismo y amplio espectro de acción, la tarea permanente de indagar y explorar las mejores y más eficientes modalidades de gestión. Tal prospección hace a su esencia.

En tal sentido las aplicaciones tecnológicas que presentan las ciencias de la informática y las telecomunicaciones se presentan como alternativa de vinculación y gestión extraordinaria, en sustitución de las formas tradicionales de relacionamiento y de ejercicio del poder público. Tales instrumentos son de incorporación obligatoria a sus sistemas de administración y gestión pública, habida cuenta las facilidades, ventajas y utilidades que ofrecen para cumplir con mayor eficiencia los fines del Estado.[6]

2. Ana María Raad, "Reflexiones sobre una participación en una cultura digital", en *América Latina Puntogob. Casos y Tendencias en Gobierno Electrónico*, coedición FLACSO/AICD-OEA, 2004, p. 209.

3. Monique Dagnaud, "Hombre Digital: ¿construcción o destrucción de la identidad?", en *Desafíos de la Sociedad de la Información en América Latina y Europa*, Ediciones LOM, 2000.

4. Se torna peligroso pretender que las nuevas tecnologías forzarán necesariamente u cambio social-cultural por si solas, ya que como lo afirma Rusell Norman, estas no operan automáticamente sino que ofrecen oportunidades y potencialidades, que en el proceso de interacción van adquiriendo formas y resultados particulares.

5. Javier Parquet Villagra, *Marco Jurídico a la Gestión Administrativa por Medios Electrónicos*, p. 10.

6. *Working group on e-government in the developing world. Roadmap for e-government in the developing world. 10 questions e-government*

Ante tal evidencia, los gobiernos – fundamentalmente a través de su Ejecutivo – se embarcan en la misión de implementar la aplicación de novedosos sistemas de administración pública, sustentados en las herramientas que ofrecen las modernas ciencias de la comunicación. Todos se han enfrentado al reto que plantea incorporar los nuevos métodos de trabajo que las tecnologías de la información ofrecen, adaptándolos a su realidad.[7]

En el debate sobre el impacto de la evolución tecnológica en el mundo en desarrollo en general, y en América Latina en particular, el tema del rol del Estado no puede estar ausente. Ello, no solo porque el Estado sigue siendo un actor fundamental de la vida política, económica y social de los pueblos, sino porque al igual que todas las organizaciones de la sociedad este esta siendo profundamente transformado por el cambio tecnológico.[8]

Nuestro país no puede escapar a tal fenómeno ya que se encuentra incorporado a un orden globalizado con ondas raíces tecnológicas de la que no logrará abstraerse ni resistirse y que necesariamente lo conducen a incorporarse definitivamente a la cultura digital, propia de nuestros tiempos y de extensión global.[9]

## *4. Aplicaciones del gobierno electrónico y principios jurídicos rectores*

A la hora de evaluar los contenidos y aplicaciones ofrecidos a los ciudadanos mediante gestión administrativa electrónica, se distinguen tres dimensiones fundamentales: información, comunicación y servicios.[10] Examinemos sucintamente distintas aplicaciones del gobierno electrónico en la gestión administrativa, ya que constituyen la base fáctica de las reflexiones finales del presente trabajo:

*a*) *Procesos de adquisiciones públicas. E-procurement*. Quizás una de las aplicaciones tecnológicas mayor y mejor aprovechadas en la gestión pública. La totalidad del proceso de contrataciones públicas puede ser reconducido por medios electrónicos y telemáticos, desde su publicación hasta la adjudicación respectiva. Las empresas oferentes y los ciudadanos, como usuarios del sistema se conectan a portales y sitios gubernamentales, donde se publican las ofertas de contratación y se sustancian las distintas etapas del procedimiento de contratación. Asimismo podrán deducirse las impugnaciones y recursos que correspondan contra los actos y medidas lesivos a los intereses del administrado. Cada una de las etapas, objeto de participación y control por parte de oferentes.[11]

*b*) *Procesos de declaración y liquidación tributaria*. Los ciudadanos pueden cumplir con sus compromisos impositivos por medios electrónicos, rindiendo sus declaraciones y efectuar el pago de los tributos y otras contribuciones que le correspondan. El administrado podrá recabar informes e instrucciones. También podrá impugnar medidas administrativas deduciendo los recursos administrativos por medios electrónicos.[12]

*leader should ask themselves*, Pacific Council on Foreign Relations, 2002, *http://www.pacificouncil.org/pdfs/e-gov.paper.f.pdf*.

7. Ver en la *www:autralia.gov.au,canada.gc.ca*, *firstgov.gov* (USA), *fn.fi* (Finlandia), *korea.net*, *ukonline.gov.uk*, *gov.sg* (Singapur), *govt.nz/en/home* (Nueva Zelandia).

8. Claudio Orrego, "Los caminos hacia el E-gobierno: estrategias y recomendaciones", en *América Latina Puntogob. Casos y Tendencias en Gobierno Electrónico*, cit.

9. Una infinidad de estudios coinciden en que los tres elementos determinantes para la implementación de sistemas de *e-government* en cada país son: la modernización del Estado, la globalización y la tecnología.

10. *E-government: a Global Perspective. Assessing the Progress of the UN Member Status*, United Nations Public Administration and Finance Network (UNPAN).

11. Las dos experiencias más significativas en este campo en América Latina son *compranet* y *chilecompra.cl* de México y Chile respectivamente.

12. Ver programa chileno en *estado.cl*.

*c) Justicia Administrativa.* Pueden conducirse y sustanciarse por medios electrónicos los procedimientos sumariales y procesos administrativos, que tengan por objeto determinar responsabilidad administrativa.

*d) Organización Administrativa.* Se establecen redes de comunicación interna en las entidades públicas, facilitando la celeridad y eficacia de la gestión de sus agentes. Se desarrollan las denominadas prácticas de buen gobierno. Se busca el establecimiento e introducción de nuevas formas y procesos internos en la Administración del Estado, que permitan la integración de los sistemas de los diferentes servicios, compartir recursos y mejorar la gestión interna de los mismos.[13]

*e) Información y atención al ciudadano. Derecho a peticionar.* Se establecen plataformas de atención a los requerimientos del ciudadano ágiles, eficientes y expeditivos, sean en sus requisitorias sobre información o para la realización de trámites y transacciones diversos. Se confiere un canal valiosísimo para ejercer el derecho a peticionar a las autoridades, consagrados en el artículo 40 de la Constitución Nacional paraguaya.[14]

*f) Desarrollo de la democracia (e-democracy).* Se crean modalidades y mecanismos de interacción que permiten al ciudadano novedosas formas de ejercer sus derechos político-electorales, articulándose nuevos espacios y alternativas de acción y gestión. Como ejemplos, algunas de las actividades políticas que pueden conducirse, con asistencia de las TIC's (Tecnologías de la Información y de la Comunicación): campañas, financiación, inscripción electoral, encuestas, comunicación entre representantes y votantes. Si todo esto fuera poco, votar.

*g) Control, supervisión y vigilancia administrativa.* A través de las nuevas modalidades de monitoreo telemático y acceso electrónico a la información, se ejercen con precisión, celeridad y eficiencia la gestión pública del control y supervisión de ciertas actividades del sector privado, objeto de supervisión pública. También se accede a la gestión administrativa, ejerciéndose el control ciudadano sobre la actividad de los órganos y sus agentes. Se articulan nuevos mecanismos para ejercer el control de legalidad y razonabilidad de los actos administrativos.

Como se observa y lo advirtieron infinidad de Estados, la calidad y eficacia de la gestión administrativa han encontrado en las tecnologías de la información y comunicación un respaldo funcional extraordinario.

Pero nuestra admiración no se limita a apreciar la mera contribución técnico-funcional de la tecnología referida a la actividad administrativa, *sino al hecho de que esta contribuye a afianzar, fortalecer y asegurar la vigencia de los principios y postulados esenciales del derecho público.*

Hace poco leíamos la obra del apreciado Profesor Celso Antônio Bandeira de Mello, en su impecable traducción al español.[15] En el se enumeran y describen los principios constitucionales del derecho administrativo brasileño, similares a los prescritos en nuestra carta magna.

Constituye una apasionante tarea explorar como y de que manera, las tecnologías de la información y comunicación, aplicadas a la gestión pública, sirven para consolidar la vigencia y aplicación los principios rectores de la actividad administrativa.

13. Usualmente a los sistemas de gestión virtual le preceden programas de reforma institucional y organizacional. Servicios de Impuestos Internos de Chile antes de dar inicio a su programa de prestación de servicios electrónicos realizó una profunda reingeniería de los procesos internos.

14. La Constitución paraguaya prescribe que toda persona podrá peticionar a las autoridades, quienes deberán responder en el plazo establecido en la reglamentación respectiva. Este artículo constitucional aún no ha sido reglamentado en el país.

15. Celso Antonio Bandeira de Mello, *Curso de Derecho Administrativo*, México, Editorial Porrúa, 2006.

*a) Supremacía del interés general*: como expresa el Profesor Bandeira de Mello, un verdadero axioma reconocible en el moderno derecho público. La CN paraguaya lo recoge e incorpora como norma estandarte y prescribe, que jamás el interés particular primará sobre el general. Los sistemas de gestión por medios electrónicos se conciben en auxilio y cooperación a la generalidad y como instrumentos diseñados para asegurar una calidad de servicios para la sociedad en su conjunto y no como mero instrumento de facilitación personal o individual.

*b) Igualdad e impersonalidad*: en virtud a este principio de validez universal, de histórica vigencia como valor esencial del derecho, a cada individuo se le reconoce idéntico trato ante la ley. La gestión administrativa ante y desde los órganos del Estado, se ejerce, aprovecha, utiliza y reconoce por igual, garantizando el instrumento tecnológico el acceso sin reservas. El ejercicio de los derechos y obligaciones administrativas del ciudadano no admite discriminación alguna, ya que las herramientas tecnológicas no admiten cuotas ni limitaciones de conectividad alguna. La voluntad humana orientada a impedir el acceso encuentra, sino barreras técnicas insalvables, restricciones rigurosas para impedir el derecho a peticionar por vías electrónicas. La CN dispone que todos los habitantes de la República son iguales ante la Ley.

*c) Publicidad*: quizás el principio de mayor reivindicación. La tecnología facilita el acceso a la información, difusión de la gestión administrativa y la participación ciudadana, a través del acceso e interacción con sitios y portales públicos diseñados para el efecto. El libre tráfico de datos y control ciudadanos ejercidos por medios electrónicos favorece extraordinariamente la transparencia del comportamiento administrativo. Los canales de control se multiplican. Ejemplo claro de lo apuntado son los procesos de contratación pública, que se exhiben al conocimiento y participación de todos, desde su inicio hasta su conclusión.[16]

*d) Legalidad y finalidad*: la tecnología de la información también contribuye a la subordinación de la conducta del agente a la Ley. Estos principios, el de la legalidad y el de finalidad se afianzan por una vía indirecta y otra directa. La indirecta a través del aumento de control, publicidad y transparencia de la gestión, referidas precedentemente. La directa en razón a sistemas informáticos que condicionan la libertad o voluntad personal del agente, admitiendo medidas y actuaciones que la ley autoriza. Ciertos actos declarativos o constitutivos, sobretodo reglados emitidos por medios electrónicos no podrán dictarse sin apego a la ley. Ejemplo de ello serían las liquidaciones tributarias, donde el sistema realiza el cálculo en forma prescindente a toda influencia o incidencia personal.

*e) Racionalidad y proporcionalidad*: el acto administrativo debe obedecer criterios aceptables desde el punto de vista racional. Además, la extensión e intensidad del mismo debe ser el justo y necesario para el cumplimiento de los fines. La conducta administrativa por medios electrónicos conlleva celeridad, eficiencia, transparencia, entre otras utilidades, resultando por tanto los actos dictados por tales medios razonables, oportunos y convenientes. Los trámites automatizados aseguran absoluta proporción y equilibrio entre las exigencias y peticiones del administrado y la reacción de la administración, cumpliéndose así el principio de la proporcionalidad. Ejemplos de lo apuntado serían los pedidos de informes, presentación de peticiones, declaraciones juradas, etc.

16. Enérgico defensor de la gestión pública por medios electrónicos, el congresista Davis, de los Estados Unidos, expresaba: "Los estadounidenses ven los beneficios de esta modalidad de gobierno mas allá de su capacidad prestar servicios mejores o mas eficientes en función de su costo. Los ven como un medio de permitir a los ciudadanos estar mejor informados y tener una mayor participación en el gobierno".

*f) Motivación*: la administración debe justificar y sustentar sus actos, apuntalando sus decisiones con fundamentos de hecho y de derecho. Ciertas actuaciones y medidas en donde existe obligación de pronunciamiento de carácter mecánico, o donde hay aplicación casi automática de la ley, se dictarán conforme a patrones o formas predeterminadas que aseguran el cumplimiento del principio.

*g) Debido proceso*: todo Estado democrático confiere a sus ciudadanos las garantías constitucionales del debido proceso y la defensa en juicio. Los procesos sumariales incoados al ciudadano pueden conducirse por medios electrónicos. La experiencia indica que la sustanciación de estos asegura una serie de principios procesales esenciales como ser la celeridad, eficiencia, certidumbre, simplicidad, preclusión y proporcionalidad. Todo ello sin mencionar el extraordinario ahorro económico y facilidad que tales procesos conllevan en beneficio del administrado.

*h) Eficiencia*: en beneficio directo del administrado, la reingeniería funcional basada en la gestión electrónica, coordinada y disciplinada de los órganos de la administración, se traduce en extraordinarios índices de eficiencia y eficacia.

*i) Seguridad jurídica*: la conducción de trámites o sustanciación de procesos, abiertos, transparentes, concretos, eficientes y con alto grado de control y supervisión generan previsibilidad y certidumbre jurídica.

### *5. Sociedad virtual y derecho resultante*

Ya es profusa e ingeniosa la discusión referida a las relaciones entre la tecnología y el derecho, en la denominada sociedad de la información. En unas históricas jornadas académicas organizadas por la Universidad de Harvard denominadas *Harvard Conference on the Internet and Society*, se planteaba la disquisición sobre si en la implementación de las distintas expresiones del gobierno electrónico la tecnología precede al derecho, o si por el contrario es este último el que lo direcciona o condiciona. Existen dos corrientes, una de ellas que sostiene que estamos ante un mundo diferente, con características propias, que requiere se articulen normas expresas y particulares que lo regulen y disciplinen. Hay un mundo digital, una nueva manera de pensar dentro de un "paradigma digital", que el derecho que conocemos no puede regular. Habrá una "lex informática" auto-torrente y autónoma.

Otra posición, que pudiéramos denominar "instrumental" que simplemente traslada las reglas existentes por analogía.[17]

También puede citarse la posición de los ciber-activistas o ciber-libertistas, que llegan al extremo de aseverar que el espacio virtual es imposible de regular y que este debe desarrollarse sin restricción legal alguna, ya que cualquier forma de limitación desvirtuaría su esencia y naturaleza.

A nuestro criterio:

*a)* Un espacio virtual sin regulaciones es inadmisible, menos aún tratándose de actividad administrativa.[18]

*b)* La pretensión de consagrar un mundo paralelo al real, con reglas y principios propios, escindido del sistema normativo vigente, es excesivo e impracticable.

*c)* La tesis instrumental peca de insuficiente, puesto que la trasposición analógica omite considerar nuevos supuestos de hecho, resultando en no pocos casos ineficaz.[19]

Nuestra posición es la siguiente: los valores y principios jurídicos esenciales de Derecho Público permanecen inalterables

17. Ricardo Lorenzetti, *Comercio Electrónico*, Abeledo-Perrot, 2001, p. 37.

18. Señala Ramón Brenna, que "un espacio sin leyes es realmente atractivo par nuestro espíritu de libertad. Pero un espacio sin ley no existe en este mundo real ni en el espacio virtual de la red (...)" (Ramón Brenna, "Internet: espacio virtual sin ubicación ni ley").

19. Lorenzetti, ob. cit., p. 44.

en el ordenamiento, sea que se trate de regular el mundo físico o el virtual. Los principios rectores de la conducta administrativa no se ven afectados por la alteración de los canales de interacción.

La ponderación del jurista no apunta a la evaluación del medio sino a la naturaleza del vínculo.

Sin embargo, la conducción de la gestión administrativa por medios electrónicos requiere indefectiblemente la articulación de una norma "autorizante" que confiera la posibilidad de trasladar la gestión material o escrita al espacio virtual, en virtud al principio de la legalidad, que rige la conducta administrativa. La sustitución de las actuaciones y procesos escritos por el expediente electrónico demanda autorización legal.

A partir de allí y en forma concurrente o concomitante deben desarrollarse normas reguladoras especiales, creando un régimen que responda y acompañe eficazmente los requerimientos y desafíos que introducen las novedosas formas de gestión electrónica.[20]

### *6. Asimilación tecnológica y articulación del marco legal paraguayo*

Así como resulta fundamental la coordinación y centralización tecnológica para el desarrollo de una plataforma técnica y científica idónea para ejecutar planes de gobierno electrónico, es igualmente inexcusable la articulación complementaria de un marco legal uniforme y coherente que acompañe las iniciativas científicas para lograr su aplicación eficiente y efectiva. La tarea de implementar normas de gobierno electrónico requiere de doble esfuerzo: tecnológico y legal.

La creación de una norma general para el soporte jurídico necesario es de suma importancia, puesto que cualquier acto de la Administración requerirá para su validez su adecuación al principio de legalidad, el cual obliga a las autoridades a ajustar sus actos a las disposiciones legales, pudiendo realizar solo aquellos que estén positiva y expresamente autorizados. De esta regla, como ya expresáramos en el presente trabajo, no escapa la regulación del gobierno electrónico, por lo que el principio de legalidad de los actos de la administración debe ser respetado en todo momento, otorgando las atribuciones que sean necesarias para la implementación del mismo.[21]

El objeto de la norma no deberá basarse en la regulación de tecnología específica, sino deberá formular declaraciones jurídicas generales que se requieran de manera indefectible a los efectos de otorgar el marco legal inicial y necesario. Citamos como ejemplo a la normativa española, la cual establece que "el objeto de este real decreto es establecer las líneas estratégicas, dentro de la política del Gobierno, en materia de tecnologías de la información, así como impulsar y coordinar el desarrollo de la Administración electrónica en la Administración General del Estado y adoptar medidas para su ordenada implantación".[22]

Las principales cuestiones que prescribirá la "norma madre" son la asimilación del expediente escrito al electrónico y la

20. "(...) entendemos que el derecho vigente debe ser visto como un punto fijo, un ancla, para evitar que el paradigma digital se aleje de la experiencia enorme que se ha recogido en cuanto a la jerarquía de valores, la noción de lo justo y razonable" (ob. cit., p. 44).

21. En el Estado de Derecho moderno, la autoridad administrativa en su gestión pública solo puede dictar medidas que se hallen autorizadas en la Ley. Tal es el Principio de la Legalidad, principio rector de vigencia indiscutible y aplicación insoslayable en el Derecho Público. "En el Estado de Derecho, la Administración sólo puede proceder conforme a la ley, sustentada en ella y teniendo en vista el fiel cumplimiento de las finalidades señaladas en la ordenación normativa" (Eduardo Soto Kloss, "La toma de razón y el poder normativo de la Contraloría General de la República", pp. 168-169).

22. Real Decreto n. 589/2005.

admisión del acto y las actuaciones administrativas por vía electrónica.

El gobierno electrónico implica que trámites y actuaciones que conforman el procedimiento administrativo, así como los actos y medidas administrativas, puedan realizarse y dictarse por los medios informáticos. Bastará para ello la equiparación del expediente electrónico al que se encuentra en soporte papel y la indicación de que la norma es de aplicación general a todos los procesos en sede administrativa.

Así, como ejemplos de normas similares en la región citamos la legislación uruguaya, la cual establece que "*su validez jurídica* (la del expediente electrónico) *y valor probatorio serán idénticos a los de las actuaciones administrativas que se tramiten por medios convencionales*".

También la legislación chilena prescribe en forma similar: "Artículo 5º. Principio de escrituración. El procedimiento administrativo y los actos administrativos a los cuales da origen, se expresarán por escrito o por medios electrónicos, a menos que su naturaleza exija o permita otra forma más adecuada de expresión y constancia". A ello se agrega lo dispuesto en el artículo 19 del mismo cuerpo legal, que determina: "Utilización de medios electrónicos. El procedimiento administrativo podrá realizarse a través de técnicas y medios electrónicos. Los órganos de la Administración procurarán proveerse de los medios compatibles para ello, ajustándose al procedimiento regulado por las leyes".[23]

La legislación colombiana dispone: "Artículo 6º. Medios tecnológicos. Para atender los trámites y procedimientos de su competencia, los organismos y entidades de la Administración Pública deberán ponerlos en conocimiento de los ciudadanos en la forma prevista en las disposiciones vigentes, o emplear, adicionalmente, cualquier medio tecnológico o documento electrónico de que dispongan, a fin de hacer efectivos los principios de igualdad, economía, celeridad, imparcialidad, publicidad, moralidad y eficacia en la función administrativa. Para el efecto, podrán implementar las condiciones y requisitos de seguridad que para cada caso sean procedentes, sin perjuicio de las competencias que en esta materia tengan algunas entidades especializadas. La substanciación de las actuaciones así como la expedición de los actos administrativos, tendrán lugar en la forma prevista en las disposiciones vigentes. Para el trámite, notificación y publicación de tales actuaciones y actos, podrán adicionalmente utilizarse soportes, medios y aplicaciones electrónicas. Toda persona podrá presentar peticiones, quejas, reclamaciones o recursos, mediante cualquier medio tecnológico o electrónico del cual dispongan las entidades y organismos de la Administración Pública".[24]

Si bien las normas citadas provienen de ordenamientos que cuentan con un procedimiento unificado en materia de sumarios en sede administrativa y a pesar de que actualmente nuestro país no cuenta con normas de tal tipo, la simple remisión de la eventual norma nacional que regule los sumarios administrativos a la ley de gobierno electrónico implicaría la coordinación total dichos cuerpos legales.

Nos preocupa particularmente que en nuestro país, como consecuencia del avance incontenible de la tecnología, existen numerosas iniciativas y proyectos de gobierno electrónico, inclusive ya implementados por regulación administrativa, sin haberse dictado aún la "norma autorizante" a la cual nos refiriéramos. Ejemplos de ello, la Ventanilla Única de Exportación, los nuevos trámites ante la autoridad tributaria, gestiones catastrales ante la autoridad municipal, entre otros.

A simple vista se advierte, que si arriesga la posibilidad de que tales actua-

23. Ley n. 19.880.

24. Ley n. 962 "Ley Antitrámite".

ciones sean impugnadas por carecer del requisito esencial para la validez y regularidad del acto administrativo: la autorización legal.

Las gestiones de implementación del gobierno electrónico requieren de coordinación y cooperación intraorgánica. La creación de una agencia con facultades reglamentarias conforme a materia es también de suma importancia. Ella se encargaría de regular las distintas aplicaciones del gobierno electrónico, reglamento específico mediante. Actualmente no hay coordinación técnica por parte de un órgano especializado entre entidades y organismos que en un grado u otro utilizan medios electrónicos.

La nueva agencia creada sería responsable entre otras cosas de promover acercamiento entre ciudadano y gobierno de manera armonizada con las disposiciones relativas a la protección de la privacidad, seguridad, políticas de disponibilidad de la información y de garantías de acceso a la misma

## *7. Inclusión digital y responsabilidad del Estado*

La adopción e incorporación de tecnologías de información a los procedimientos gubernamentales como política pública, trasluce y revela el interés de un Estado de propender a la transparencia de su gestión, la apertura de la información, la instalación de un gobierno dinámico e interactivo, la búsqueda de mayor eficiencia administrativa y la modernización integral del aparato estatal.

El gobierno electrónico antes que nada es un instrumento y una estrategia para lograr fines públicos. Todo programa estatal orientado a su implementación no solo se limita a la asimilación tecnológica o aumento de su infraestructura técnica. El componente científico requiere además de dos elementos sustanciales: la articulación del marco jurídico adecuado para conducir tales gestiones y el desarrollo de políticas serias orientadas a asegurar acceso y conectividad a todos los ciudadanos.

El estado debe articular políticas y estrategias que conduzcan a disminuir la *brecha digital*, entendida esta como la diferencia entre aquellos que pueden acceder a la tecnología y las que no. Si no se asegura la integración y participación de todos los administrados, o al menos la mayoría de ellos, se produce el fenómeno de la *exclusión digital*, definida por Carlos Sojo, la marginalización o vinculación parcial o deficiente de los medios tecnológicos que una sociedad posee.[25]

Al examinar los principios jurídicos rectores vigorizados por las prácticas electrónicas de gobierno, vimos como el "Principio de la Igualdad" era quizás el más fortalecido. La lógica indica que la exclusión digital acentuada lograría justamente lo contrario, marginar a aquellos que no tuvieren la suerte de procurarse medios de acceso al alcance de algunos mas afortunados.

Los índices de conectividad vuelven a evidenciar los desajustes y desproporciones estructurales que tiene la sociedad *por lo tanto la incorporación de las tecnologías no estaría mas que perpetuándolos o agravando las diferencias sociales y económicas.*[26]

Teniendo presente los condicionantes precedentes, a lo que deberá sumarse un serio y comprometido liderazgo para encauzar

25. En el estado actual de implementación del gobierno electrónico a nivel mundial resulta inevitable a un Estado ser medido por el criterio de "brecha digital", el cual constituye una nueva expresión del desarrollo de una sociedad. Dicha brecha digital debe ser reducida a su mínima expresión, no solo con otros estados, sino con los diferentes segmentos de la población de nuestro país.

26. Hay zonas rurales en el Paraguay que ni tienen acceso a medios de telecomunicación. La comuna de Asunción tiene un alto índice de conectividad en relación a otros municipios con un casi nulo parque informático.

un verdadero proceso de modernización del Estado paraguayo, por medio de la gestión administrativa electrónica, podrá soñarse con algún apego a la realidad, de contar con sus verdaderos beneficios y utilidades.

En el Paraguay algunos líderes proclaman enarbolar las banderas de la modernización y reforma del Estado, asimilando e identificando tales procesos con la mera venta o privatización de entidades públicas. La verdadera reforma del Estado es aquella que apunta a la transformación de sus estructuras en beneficio y asistencia del ciudadano. Un verdadero plan de reforma propende a una auténtica y oportuna optimización de los servicios del Estado, en utilidad del verdadero beneficiario de su gestión, el administrado.

# AS MODALIDADES EXPROPRIATÓRIAS NO DIREITO BRASILEIRO

Celso Antônio Bandeira de Mello

Professor Titular de Direito Administrativo da Faculdade de Direito da PUC/SP

*1.* O art. 5º, XXIV, da Constituição Federal estatui: "A lei estabelecerá o procedimento para desapropriação por necessidade ou utilidade pública, ou por interesse social, mediante justa e prévia indenização em dinheiro, *ressalvados os casos previstos nesta Constituição*".

Os casos a que alude a parte final do dispositivo, isto é, aqueles em que a indenização não se efetua com os rigores previstos no artigo e nos quais há expressa menção ao sujeito competente para decretá-la, estão contemplados em dois preceptivos.

Na seqüência dos dispositivos constitucionais, o primeiro deles está previsto no art. 182, § 3º, III. Reporta-se ao inadequado aproveitamento de solo urbano ubicado em área incluída no plano diretor. De acordo com este preceptivo, o imóvel não edificado, subutilizado ou não utilizado, pode ser submetido pelo Município, na conformidade de lei municipal específica – e obedecidos os termos de lei federal (*ainda não editada*) – à exigência, sucessivamente, de parcelamento ou edificação compulsórios, imposto sobre a propriedade predial e territorial urbana progressivo no tempo e, finalmente "III – desapropriação com pagamento em títulos da dívida pública de emissão previamente aprovada pelo Senado Federal, com prazo de resgate de até dez anos, em parcelas anuais, iguais e sucessivas, assegurado o valor real da indenização e os juros legais".

Afora esta primeira hipótese mencionada, a outra, aliás, de grande relevo, está contemplada no art. 184, de acordo com o qual: "Compete à União desapropriar por interesse social, para fins de reforma agrária, o imóvel rural que não esteja cumprindo sua função social, mediante prévia e justa indenização em títulos da dívida agrária, com cláusula de preservação do valor real, resgatáveis no prazo de até vinte anos, a partir do segundo ano de sua emissão, e cuja utilização será definida em lei".

*2.* Como se vê, estas duas modalidades licitatórias ora referidas *são claramente distintas da genérica previsão constante do art. 5º, XXIV*, em sua primeira parte. Vale dizer: afastam-se dos casos comuns de desapropriação por necessidade ou utilidade pública ou interesse social indenizáveis previamente e em dinheiro e se caracterizam como uma ***específica modalidade de interesse social***, cujos traços peculiarizadores são os seguintes:

*a*) Possuem caráter sancionador, visto que se propõem a desestimular o uso antisocial da propriedade, mediante ameaça de uma desapropriação peculiar efetuada *com indenização em condições muito desvanta-*

*josas para o proprietário, a saber: é paga com títulos públicos cujo prazo de resgate é protraído no tempo* e, no caso da desapropriação para reforma agrária, se processa mediante procedimento contraditório especial de rito sumário (§ 3º do art. 184) – o que não ocorre, jamais, na desapropriação comum, em que a indenização é em dinheiro.

*b*) Os únicos titulados para decretá-la já estão indicados na própria Constituição. São eles: no caso de imóveis urbanos descumpridores de sua função social, unicamente os Municípios ("*É facultado ao Poder Público municipal*") é que são titulados para o uso desta modalidade indenizatória, uma vez preenchidos os requisitos do art. 182. No caso de imóveis rurais violadores de sua função social, unicamente a União ("*Compete à União*") é titulada para efetuá-la mediante pagamento em títulos da dívida agrária, a teor do art. 184.

Diversamente, nas desapropriações comuns, *por necessidade ou utilidade pública ou interesse social, efetuadas mediante "justa e prévia indenização em dinheiro*", a Constituição não faz reserva alguma de titulação expropriatória para quem quer que seja, deixando a matéria ser tratada a nível legal: "*a lei estabelecerá o procedimento para desapropriação por necessidade ou utilidade pública, ou por interesse social* (...)" (art. 5º, XXIV, dantes transcrito), pelo que, como se dirá, em seguida, são sujeitos ativos, *indiferentemente*, União, Estados, Municípios, Distrito Federal e Territórios.

É que a lei, *in casu*, o Decreto-lei n. 3.365, de 21.6.1941, que regula a desapropriação por necessidade ou utilidade pública, dispõe, em seu art. 2º: "Mediante declaração de utilidade pública todos os bens poderão ser desapropriados *pela União, pelos Estados, Distrito Federal e Territórios*" (neste diploma estão unificadas as hipóteses historicamente distinguidas em necessidade e utilidade pública, dantes previstas, respectivamente, no art. 590, §§ 1º e 2º do Código Civil).

De seu turno, a Lei n. 4.132, de 10.9.1962, que regula a desapropriação por interesse social é extremamente sucinta, cingindo-se praticamente a enunciar os casos em que tem cabida e a fixar o prazo de caducidade da correspondente declaração. No mais adota as normas regentes da desapropriação por necessidade ou utilidade pública. É o que estabelece seu art. 5º.

> Art. 5º. No que esta lei for omissa aplicam-se as normas legais que regulam a desapropriação por utilidade pública, inclusive no tocante ao processo e à justa indenização devida ao proprietário.

Assim por força deste artigo, que se reporta ao Decreto-lei n. 3.365, as pessoas competentes para decretá-la, são os mesmos que dito Decreto-lei enumera: União, Estados, Municípios, Distrito Federal e Territórios.

*3.* De um ponto de vista técnico-jurídico, isto é, de disciplina normativa, a diferença mais sensível que se pode apontar entre as modalidades licitatórias certamente é a que aparta, de um lado:

*a*) desapropriações indenizáveis de modo prévio, justo e em dinheiro e que não estão constitucionalmente reservadas a determinados sujeitos, que seriam as desapropriações *comuns* (sejam elas por interesse público ou por interesse social) e, de outro lado,

*b*) desapropriações *peculiares*, vale dizer, pagas mediante títulos da dívida, com protraimento do resgate deles em até dez ou vinte anos, conforme se trate da desapropriação urbana prevista no art. 182 da CF ou da desapropriação agrária prevista em seu art. 184 e cujos sujeitos ativos já estão constitucionalmente definidos com exclusividade.

Ressalte-se que a indenização nestes últimos casos não é prévia – embora a Constituição assim a qualifique – porque ela própria se desmente de imediato, ao estabelecer que o resgate de tais títulos pode se dar ao longo de um período amplo. O fato de alguém receber, desde logo, estes títulos e poder negociá-los no mercado – com deságio, evidentemente – não significa que o expropriante tenha *pago previamente a indenização*, mas apenas que o expropriado pode captar deste *pagamento diferido*, parte do valor nominal efetivamente liberado.

*4.* Estas diferenças apontadas entre a desapropriação comum e a desapropriação por títulos certamente são muito mais relevantes do que a que aparta desapropriação por utilidade pública ou por interesse social. Por isto mesmo, em obra teórica deixamos averbado:

"Há, pois, dois tipos de desapropriação no Direito brasileiro. Em um deles, a indenização é prévia, justa e em dinheiro, conforme tradição de nosso Direito. Está previsto no art. 5º, XXIV, da Constituição como sendo o regime indenizatório corrente, normal. O outro é o que se efetua através de pagamentos em títulos especiais da dívida pública, resgatáveis em parcelas anuais e sucessivas. A indenização deve ser justa, mas já se vê que não é prévia, ainda que a Constituição assim a qualifique" (*Curso de Direito Administrativo*, 17ª ed., Malheiros Editores, 2004, p. 759).

*5.* Deveras, as desapropriações por utilidade pública e por interesse social distinguem-se por dois aspectos, dos quais, na legislação infraconstitucional, apenas um deles aparece de modo cabalmente irretorquível. Estas disseptações residiriam no prazo de caducidade da declaração, que é de cinco anos no caso de interesse público, a teor do art. 10 do Decreto-lei n. 3.365, ao passo que a de interesse social caduca em dois anos, consoante o art. 3º da Lei n. 4.132. A outra distinção e que pareceria ser, ao menos substancialmente, um cortante divisor de águas é o fundamento de cada qual: interesse público ou interesse social. Este segundo traço diferencial, todavia, fica um tanto esmaecido ao se considerarem os casos apontados nas respectivas leis como ensejadores de suas correspondentes utilizações, como logo se dirá.

*6.* Certamente é possível conceber, em tese, que a utilidade pública, como noção abrangente também da necessidade, seria a satisfação das conveniências públicas demandadas para atendimento dos meios e condições básicos ou de infra-estrutura requeridas para manutenção e progresso da Sociedade, ao passo que o interesse social consistiria, também em tese, *de um lado*, no enquadramento das propriedades a um destino proveitoso para toda a coletividade (função social da propriedade) e, *de outro lado*, na busca da Justiça Social, com um redistributivismo das propriedades favorecedor das camadas sociais mais carentes.

Mencionamos estes dois lados porque, em rigor, não há uma superposição exata entre a idéia de função social da propriedade e a de Justiça Social em termos de propriedade. Com efeito, propriedades subutilizadas ou não utilizadas e assim mantidas (com ou sem objetivos de especulação imobiliária) obviamente não cumprem sua função social, isto é, não concorrem para o benefício do todo e poderiam ser desapropriadas para que fossem revertidas a destinos coletivamente úteis *sem que, com isto, tenha-se que estar, necessariamente, concorrendo ou objetivando concorrer para uma redistribuição de bens favorecedora dos mais desamparados pela fortuna.*

Esta nominação de desapropriação por interesse social como relembra Ildefonso Mascarenhas da Silva (*Desapropriação por Necessidade e Utilidade Pública*, Rio de Janeiro, 1947, p. 36), foi introduzida na Constituição de 1946 "mediante Emenda de autoria do Senador Ferreira de Souza, catedrático de direito comercial da Faculdade Nacional de Direito". Dita emenda foi aprovada vindo a substanciar-se no art. 141, § 16, da citada Constituição, em harmonia com o disposto no art. 147 daquele Diploma, de acordo com o qual "O uso da propriedade será condicionado ao bem-estar social. A lei poderá, com observância do disposto no art. 141, § 16, promover a justa distribuição da propriedade, com igual oportunidade para todos". Segundo entendemos, há, neste dispositivo, a conjunção de duas finalidades. Uma, a exigência de um uso consonante com a função social da propriedade e outra a de atender exigências de justiça social.

*7.* Assim, em tese, a distinção conceitual entre desapropriação por utilidade pública e por interesse social certamente existe. O fato, entretanto, é que, ao se examinar os casos arrolados na legislação como próprios de uma ou outra tipologia, notase que nem sempre se ubicariam nestas categorizações abstratas.

Assim, por exemplo, entre os de desapropriação por utilidade pública catalogados no Decreto-lei n. 3.365, de par com os perfeitamente típicos de tal gênero, encontra-se o de "loteamento de terrenos, edificados ou não, para sua melhor utilização econômica, higiênica (...)" (art. 5º, letra "i"), hipótese na qual está pressuposto que os bens em questão não cumprem como deveriam o destino social, portanto, a função social que conviria estivessem a acudir satisfatoriamente.

Inversamente, na Lei n. 4.132, concernente à desapropriação por interesse social, ao lado dos casos que modelarmente a expressariam, encontra-se também o da "proteção e preservação de cursos e mananciais de água e de reservas florestais", o que é, ao menos em nosso entender, hipótese de evidente resguardo de meios e condições básicas para o civilizado convívio do grupo social, tanto quanto o seria "o socorro público em casos de calamidade", "a abertura, conservação e melhoramento de vias públicas", casos, estes últimos, entretanto, adequadamente ubicados como de utilidade pública.

Assim, de par com os casos centrais ou típicos, há e pode haver outros mais em que a fronteira legal de separação destas duas modalidades perderia sua nitidez plena. Aponte-se, até mesmo, conforme registro do precitado Ildefonso Mascarenhas da Silva, a opinião manifestada pelo administrativista, prof. Mario Mazagão, na qualidade de deputado constituinte em 1946, segundo a qual, seria desnecessária a previsão da desapropriação por interesse social, "sub color" de que a noção de utilidade pública já permitiria "desapropriar áreas de terreno para distribuí-las melhor". É verdade que tal ponto de vista foi expendido para sustentar posição conservadora, hostil ao ingresso desta via expropriatória, pelo temor do que nela se poderia pretender abrigar.

*8.* Seja como for, sob o ângulo jurídico, repita-se, a distinção verdadeiramente importante das desapropriações no Brasil, não está na dicotomia "utilidade pública", de uma parte e "interesse social" de outra, mas se radica, isto sim, em outro discrímen: aquele que as separa em função da forma de pagamento das indenizações, o que cria regimes nitidamente diversos. Enquanto, consoante se averbou, nas desapropriações comuns, a indenização é prévia, justa e em dinheiro, opostamente, em *uma das modalidades de desapropriação por interesse social*, ou seja, a que se estriba ou no art. 182 da Constituição (esta ainda inoperante por falta da lei federal ali prevista) ou no art. 184 (regulada pela Lei n. 8.629, de 25.2.1993) é indenizável por títulos públicos, com indenização que verdadeiramente não é prévia.

É óbvio, então, que as competências para as desapropriações comuns, tanto por utilidade pública como por interesse social, *nada têm a ver com as restrições de competência para as peculiares desapropriações supostas nos referidos arts. 182 e 184* precitados, os quais reservam os correspondentes poderes expropriatórios, respectivamente, para Municípios e para a União. E isto, até mesmo, pela singela razão de que *não seria possível extrair tais restrições do nada.*

De fato, não há dispositivo algum, constitucional ou legal, que haja retirado ditas competências da generalidade das pessoas jurídicas a que foram atribuídas. A mera circunstância de vir a ser instaurada uma modalidade especial de desapropriação por títulos, aplicável a certas situações, atribuindo-se a exclusividade dela a determinadas pessoas, não quer dizer que as desapropriações comuns pagas previamente em dinheiro, tenham, só por isto, sofrido alterações em seu regime competencial. Entre uma coisa e outra não há qualquer relação, pois um evento não predica logicamente o outro, sendo gratuita qualquer suposição de inter-relacioná-los.

Ou seja: Estados, Municípios, Distrito Federal e Territórios (se estes últimos vierem a ser reintroduzidos) têm competência plena para a desapropriação comum, tanto por interesse público quanto por interesse social, dentro de qualquer das hipóteses legais previstas para uma ou outra.

A simples leitura do dispositivo constitucional genericamente fundante do poder expropriatório (art. 5º, XXIV), bem como das normas infraconstitucionais concernentes à modalidade comum de desapropriação (Decreto-lei n. 3.365 e Lei n. 4.132) revelam que nelas não se contém previsão alguma de exclusividade em prol da União para desapropriar por interesse social. Antes e pelo contrário, destes diplomas de hierarquia legal resulta hialinamente clara a competência tanto da União, quanto de Estados, Municípios, Distrito Federal e Territórios.

*9.* Sem embargo, chegou a ser ensaiada e pretendeu-se encorpar, uma tentativa de "interpretação", que arvorava competência exclusiva da União para desapropriar por interesse social. Isto se deu durante o período castrense, iniciado com o golpe militar de 1964 e findo anos depois com seu desgaste e implosão que culminaria com a ascensão do Presidente José Sarney à chefia do Executivo.

Ao longo do citado interregno, fosse em conseqüência de momentos em que se acirraram as paixões políticas com a inevitável turbação da lucidez jurídica, fosse por puro sabujismo, que notoriamente se exponencia durante governos autoritários, alguns sustentaram, sem que afinal prosperasse tal entendimento, exclusividade da União em tema de desapropriação por interesse social. Outros, mais contidamente, circunscreveram suas restrições ao tema de desapropriação de imóvel agrário para fins de reforma ou melhoria de sua estrutura.

Uma e outra teses, evidentemente, não possuíam qualquer base teórica ou normativa que lhes oferecessem um mínimo de arrimo jurídico decente.

*10.* Veja-se. A nível legal, como anotado, nenhum óbice existe à competência de Estados e Municípios na matéria, pois, a Lei n. 4.132, exceto no que dispôs (e não fez sobre competência para expropriar), se remete em tudo o mais ao Decreto-lei n. 3.365 (art. 5º). Neste são declarados indistintamente competentes para tanto a União, os Estados, os Municípios, o Distrito Federal e os Territórios (art. 2º).

Assim, qualquer restrição competencial na matéria, somente poderia ser alegada se estivesse estabelecida em nível constitucional. Na Constituição, entretanto, *salvo no que atina à desapropriação por títulos*, também não há qualquer óbice anteposto à indiscriminada competência destes sujeitos.

Acresce que o Brasil é uma República Federativa e, hoje, inclusive – embora com manifesta impropriedade técnica – até os Municípios e o Distrito Federal são apresentados como formadores da união indissolúvel que a constitui (art. 1º da CF). Assim, maiormente no caso dos Estados Federados, qualquer embargo que se antepusesse a suas competências para desapropriarem por interesse social seria até mesmo rebarbativo.

Com efeito, que espécie de Estados Federados seriam estes se nem ao menos pudessem atuar para atendimento do "interesse social" instalado no âmbito de validade de suas ordens jurídicas e aos quais fossem negados os meios hábeis para a busca de interesse ao qual a Constituição atribui tanta relevância (art. 3º, art. 170, *caput*, e incisos III e VII)? Repugnaria à própria noção federativa a negativa de poderes públicos necessários à realização do interesse social em seus territórios.

Aliás, ninguém contesta ou jamais contestou, nos tempos modernos, poderem Estados e Municípios desenvolver ação no campo social, isto é, na faixa representativa do chamado "interesse social".

Tanto assim é, que tais pessoas mantêm, habitualmente, "Secretarias de Promoção Social", ou de "Bem-Estar Social" ou de "Assistência Social" ou, quando menos, órgãos (sejam departamentos, sejam diretorias) com atribuições específicas de atuação em tal esfera.

Diria, alguém, porventura, que em assim procedendo, estarão a desbordar de suas trilhas de competências? Acaso, pretenderia homem sustentar que falece a Estados e Municípios poder jurídico para ingressar nesta esfera, sem com isto estar a refletir uma visão, sobre anacrônica, descompassada com a índole das Federações e, ademais em aberto confronto com legislação cuja antiguidade (Lei n. 4.132/1962) beira os quarenta anos?

*11.* Acresce que, no caso dos Estados, tendo em vista o modelo adotado para a distribuição constitucional de competências no Brasil, mais surpreendente, ainda, seria a defesa de ponto de vista que sustentasse a ablação de naturais poderes seus em tema de expropriação.

Como é notório, pelo sistema de repartição competencial instaurado na Constituição, a competência da União é *arrolada* em diferentes dispositivos, em especial nos arts. 21 (competência administrativa típica), 22 (competência legislativa privativa), 23 (competência comum dela, Estados, Distrito Federal e Municípios), 24 (competência legislativa concorrente com Estados e Distrito Federal) e em dispositivos esparsos, dos quais o art. 184 dantes referido é um exemplo. A competência dos Municípios assenta-se nos arts. 29 e 30, girando em torno da idéia de "assuntos de interesse local" e de suplementação da legislação federal ou estadual, no que couber, bem como em algum dispositivo esparso, de que é demonstrativo o art. 182 precitado.

Já a competência dos Estados, de fora a parte as competências administrativas comuns e as competências legislativas concorrentes a que aludem os precitados arts. 22 e 23, é ***residual***.

Ou seja: tudo aquilo que não lhes estiver vedado, por ter sido outorgado com exclusividade a outrém, será *ipso facto*, da alçada dos Estados. É o que expressamente o diz o § 1º do art. 25, de acordo com cujos termos: "São reservadas aos Estados as competências que não lhes sejam vedadas por esta Constituição".

Dessarte, como em tema de desapropriação só lhes foi vedada a desapropriação de imóveis urbanos efetuada mediante pagamento em títulos da dívida pública, como previsto no art. 182 (reservada unicamente aos Municípios) e a desapropriação de imóveis rurais efetuada mediante indenização por títulos da dívida agrária, como previsto no art. 184 (reservada tão-só à União), segue-se que nada lhes empece o exercício pleno de poderes expropriatórios fora destas hipóteses. Isto é, são lidimamente manifestáveis em quaisquer dos casos estabelecidos como de interesse social na Lei n. 4.132, uma vez efetuada segundo seus termos e os do Decreto-lei n. 3.365, vale dizer, mediante indenização prévia, justa e em dinheiro, na conformidade da primeira parte do art. 5º, do inciso XXIV, da Constituição Federal.

*12.* Disto decorre ser claro a todas as luzes que Estados podem perfeitamente, com base na Lei n. 4.132, desapropriar para "o estabelecimento e manutenção de colônias ou cooperativas de povoamento e trabalho agrícolas", como lhes faculta o inciso III, do art. 2º da citada Lei.

Tal hipótese expropriatória em nada se confunde e em nada é obstada pela circunstância do art. 184 da Constituição haver estatuído que à União compete desapropriar por interesse social, para fins de reforma agrária, mediante indenização em títulos da dívida agrária, imóvel rural que não esteja a cumprir sua função social.

Em nada se confundem porque a desapropriação suposta no art. 184 – ela sim, privativa da União:

*a*) tem caráter manifestamente sancionador;

*b*) é indenizável mediante títulos da dívida agrária;

*c*) só incide sobre imóveis rurais que não estejam cumprindo sua função social, ou seja, sobre aqueles que, a teor do art. 186, estejam a contravir um dos seguintes deveres: ter aproveitamento racional e adequado; utilizar adequadamente os recursos naturais disponíveis e preservar o meio ambiente; observar as disposições que regulam as relações de trabalho e efetuar exploração favorecedora do bem-estar dos proprietários e dos trabalhadores;

*d*) insere-se no contexto *jurídico* da Reforma Agrária, noção que, *no direito positivo brasileiro*, possui *fisionomia própria*: a que resulta, desde logo, do art. 184 da Constituição e em nível infraconstitucional da Lei n. 8.629/1993, a qual lhe dá a conformação que possui de direito e o fundamento infraconstitucional de efetivação, juntamente com a Lei Complementar n. 76, de 6.7.1993, alterada pela Lei Complementar n. 88, de 23.12.1996, reguladora do processo contraditório especial de rito sumário da correspondente ação, previsto no § 3º do citado art. 184.

*13.* Diversamente, a desapropriação para "o estabelecimento e manutenção de colônias ou cooperativas de povoamento e trabalho agrícolas":

*a*) não tem caráter sancionador algum;

*b*) não se efetiva mediante pagamento de indenização em títulos da dívida pública, mas inversamente, pressupõe indenização prévia e em dinheiro;

*c*) não está restrita a imóveis cuja utilização se antagonize com a função social que devam cumprir e muito menos que necessitem estar descompassados com os deveres que resultariam do art. 186 da Constituição;

*d*) não se insere no contexto jurídico, isto é, no quadro normativo delineador da Reforma Agrária, tal como desenhada na lei federal competente e não se funda nela, mas no inciso III do art. 2º da Lei n. 4.132, lei esta perfeitamente estranha à chamada "Reforma Agrária".

Se, como visto, em nada se confunde com a desapropriação prevista no art. 184, é óbvio que não pode ter sido por ele obstada, fato que só se poderia ser considerado ocorrente caso este preceptivo houvesse expressado – e manifestamente não o fez – o intento de embargar quaisquer desapropriações por interesse social com objetivos de promover assentamentos em área rural.

*14.* É claro, portanto, que União, Estados, Distrito Federal e Municípios são os sujeitos competentes para desapropriar por interesse social com base na Lei n. 4.132, nada colhendo a hipotética – mas não verdadeira – suposição de que foi derrogada a modalidade de interesse social prevista no art. 2º, inciso III, da referida lei, com absorção dela para a competência privativa da União estabelecida no art. 184 da Constituição.

Um último ponto que vale a pena referir é o atinente à aplicabilidade ou não do disposto no § 6º, art. 2º, da Lei n. 8.629 às desapropriações por interesse social de imóveis rurais.

*15.* Diz o § 6º do art. 2º da Lei 8.629/1993: "O imóvel rural objeto de esbulho possessório ou invasão motivada por conflito agrário ou fundiário de caráter coletivo não será vistoriado nos dois anos seguintes à desocupação do imóvel".

A vistoria a que se refere o preceptivo destina-se a comprovar o uso anti-social da propriedade, suposto no art. 184, isto é ensejador da desapropriação de imóvel rural efetuada mediante pagamento em títulos da dívida agrária. De resto, tal vistoria deve instruir a petição inicial desta modalidade de expropriação, conforme previsto no art. 5º, inciso IV, da Lei Complementar n. 76, de 6.7.1993.

É óbvio, portanto, que dita vistoria nada tem a ver com a desapropriação comum por interesse social, visto que esta última se rege pela Lei n. 4.132/1962 e no que for omissa pelo Decreto-lei n. 3.365/1941 – e não pela Lei n. 8.629/1993 e Lei Complementar 76/1993.

A desapropriação por interesse social fundada no art. 2º, inciso III, da Lei n. 4.132, isto é, que objetiva "o estabelecimento e a manutenção de colônias ou cooperativas de povoamento e trabalho agrícola", diferentemente da desapropriação fundada no art. 184 da Constituição, *não pressupõe que o imóvel expropriando esteja sendo utilizado em desconformidade com a função social.* Tal circunstância não comparece como requisito dela. Assim, não há cogitar de vistoria alguma para apurar dita ocorrência. Donde, como, *in casu*, inexiste esta vistoria é evidente que o disposto no § 6º do art. 2º da Lei n. 8.629 nenhuma repercussão tem ou pode ter sobre a plenitude do exercício dos poderes expropriatórios fundados no inciso III do art. 2º da Lei 4.132.

***16.*** Outrossim, como já foi visto, a modalidade de desapropriação objetivando Reforma Agrária, fundada no art. 184 da Constituição, incidente sobre imóvel que não esteja cumprindo sua função social e penalizadora de seu proprietário com indenização paga mediante títulos da dívida agrária resgatáveis ao longo do tempo, tem regime próprio, peculiar, constitucionalmente delineado e legalmente especificado mediante normas próprias e procedimento judicial específico. Daí que todas as suas disposições, quer estabelecidas diretamente na Lei Magna, quer dispostas em regramento de hierarquia inferior, só dizem respeito a esta variedade expropriatória não se alargando para além do âmbito que ela própria tão claramente delineia.

Por isto, ainda, as restrições que incidem sobre tal desapropriação, quais as contempladas no art. 185 da Constituição, que delas ressalva tanto a pequena e média propriedade rural, desde que seu proprietário não possua outra, quanto a propriedade produtiva, são limitações concernentes unicamente a esta variedade específica de desapropriação por interesse social, sendo perfeitamente alheias e inaplicáveis a todas as demais figuras expropriatórias, pelo que, à toda evidência, não dizem respeito às que se efetuam mediante indenização justa, prévia e em dinheiro, fundadas, pois, no Decreto-lei n. 3.365 ou na Lei n. 4.132, nada importando que seu calço esteja no art. 2º, inciso III, desta última.

# CONTROLE DO DESVIO DE PODER

Adilson Abreu Dallari

Professor Titular de Direito Administrativo da PUC/SP

*I – Introdução. II – Abuso de autoridade – Lei n. 4.898, de 9.12.1965. III – Competência discricionária. IV – Limitações ao exercício do poder. V – Desvio de poder. VI – Soluções. VII – Conclusão.*

## *I – Introdução*

O presente estudo não pretende descrever um panorama completo do desvio de poder, examinando exaustivamente todas as possibilidades de sua ocorrência. O objetivo almejado é traçar o perfil do desvio de poder, apresentando seus traços fundamentais, evidenciando seu contubérnio com a corrupção endêmica que afeta a Administração Pública brasileira e, ao final, apontando algumas possíveis formas de seu controle, tanto pelos órgãos internos da Administração, quanto pelo Legislativo e pelos Tribunais de Contas e do Poder Judiciário.

Nenhum método, processo ou instrumento funciona se não houver intenção de controlar e empenho no exercício do controle. O Brasil, principalmente no âmbito da administração federal, foi assolado por uma formidável avalanche de movimentação irregular de vultosas quantias em dinheiro, tanto internamente quanto em paraísos fiscais no exterior, eufemisticamente designadas como "operações não contabilizadas", supostamente utilizadas no financiamento de campanhas, mas provavelmente ligadas à compra de votos e consciências, à manipulação de licitações e contratos, favorecimentos de toda ordem, garantias de impunidade e outros que tais. Tudo isso deveria ter sido detectado por uma pluralidade de órgãos e entidades (Ministério Público, Justiça Eleitoral, Tribunal de Contas, Polícia Federal, Receita Federal, Banco Central, ABIN, COAF, CGU etc.), entretanto somente veio à tona por meio de uma denúncia verbal, sem provas, apresentada (sabe-se lá com qual propósito!) por um Deputado Federal de maus antecedentes.

Nesse universo de irregularidades, algumas configuram patente ilegalidade, pura arbitrariedade, mas a maioria estava encoberta por uma capa de suposta ou aparente licitude, configurando aquilo que a doutrina chama de desvio de poder, desvio de finalidade, abuso de poder ou abuso de autoridade. Para iniciar o estudo desse tema, é oportuno transcrever a cristalina conceituação apresentada pelo saudoso Hely Lopes Meirelles (*Direito Administrativo Brasileiro*, 29ª ed., Malheiros Editores, 2004, p. 108):

"O abuso de poder ocorre quando a autoridade, embora competente para praticar o ato, ultrapassa os limites de suas atribuições ou se desvia das finalidades administrativas.

"O abuso do poder, como todo ilícito, reveste as formas mais diversas. Ora se apresenta ostensivo como a truculência, às vezes dissimulado como o estelionato, e não raro encoberto na aparência ilusória dos atos legais."

Toda autoridade, ao atuar, ao decidir, exerce uma competência que lhe foi atribuída por lei. Quando a autoridade age no exercício de competência vinculada, os desvios de conduta são facilmente identificáveis, pois, em tais casos, o ato a ser praticado é previamente estipulado pela lei, não comportando alternativas. O problema surge quando a lei confere à autoridade uma competência discricionária, que, em tese, comporta uma pluralidade de opções, decisões ou comportamentos, seja por expressamente facultar diferentes soluções, seja por se utilizar de expressões vagas, possibilitando diferentes interpretações.

Não se pode confundir arbitrariedade e discricionariedade: a primeira corresponde a um comportamento flagrantemente ilícito; a segunda corresponde ao exercício de uma opção entre as várias possibilidades proporcionadas pela regra da competência. O foco do problema está no mau exercício da competência discricionária.

## *II – Abuso de autoridade – Lei n. 4.898, de 9.12.1965*

Antes de prosseguir no exame da discricionariedade, cabe registrar a existência de uma lei federal, a Lei n. 4.898, de 9.12.1965, que cuida especificamente do abuso de autoridade, mas o faz com tamanha imprecisão, sem definir claramente condutas abusivas, que acabou se tornando letra morta.

Com efeito, em seu art. 1º, a Lei apenas afirma que ela regula o direito de representação e o processo de responsabilidade administrativa, civil e penal, contra autoridades que cometerem abusos no exercício de suas funções. O art. 3º contém apenas uma enumeração de valores protegidos pelo sistema jurídico, cuja violação pode configurar abuso, tais como a liberdade de locomoção, a inviolabilidade de domicílio, a incolumidade física do indivíduo, o sigilo da correspondência, a liberdade de consciência e de crença, a liberdade de associação, o direito de reunião etc.

Apenas no art. 4º figura uma descrição de condutas típicas:

> Art. 4º. Constitui também abuso de autoridade:
>
> a) ordenar ou executar medida privativa da liberdade individual, sem as formalidades legais ou com abuso de poder;
>
> b) submeter pessoa sob sua guarda ou custódia a vexame ou a constrangimento não autorizado em lei;
>
> c) deixar de comunicar, imediatamente, ao juiz competente a prisão ou detenção de qualquer pessoa;
>
> d) deixar o juiz de ordenar o relaxamento de prisão ou detenção ilegal que lhe seja comunicada;
>
> e) levar à prisão e nela deter quem quer se proponha a prestar fiança, permitida em lei;
>
> f) cobrar o carcereiro ou agente de autoridade policial carceragem, custas, emolumentos ou qualquer outra despesa, desde que a cobrança não tenha apoio em lei, quer quanto à espécie, quer quanto ao seu valor;
>
> g) recusar o carcereiro ou agente de autoridade policial recibo de importância recebida a título de carceragem, custas, emolumentos ou de qualquer outra despesa;
>
> h) o ato lesivo da honra ou do patrimônio de pessoa natural ou jurídica, quando praticado com abuso ou desvio de poder ou sem competência legal;
>
> i) prolongar a execução de prisão temporária, de pena ou de medida de segurança, deixando de expedir em tempo oportuno ou de cumprir imediatamente ordem de liberdade.

Conforme se pode notar, a relação é bastante parcimoniosa, quase se resumindo a abusos no campo penal, não abrangendo as infinitas possibilidades no exercício ordinário, normal, da atuação administrativa e, o que é pior, contendo normas em branco (dependentes de outras normas) ou o puro vício lógico denominado petição de princípio. Com efeito, na letra "a", fala-se na medida privativa da liberdade "*sem as formalidades legais ou com abuso de poder*" e, na letra "h", em ato lesivo "*praticado com abuso ou desvio de poder ou sem competência legal*". Ou seja, a lei não descreve, efetivamente, a conduta sancionável.

Diante disso, não resta alternativa senão retornar ao exame do desvio de poder e da discricionariedade que enseja a sua prática.

### *III – Competência discricionária*

Toda norma que confere uma competência a uma dada autoridade também impõe, a essa mesma autoridade, o dever de exercê-la. Vale dizer que a competência é sempre um poder/dever, pois toda competência é instrumental. Na verdade, em função da necessidade de realização de um interesse público é que a norma confere à autoridade poderes para atuar nesse sentido. Não existem prerrogativas puras, não existe a opção entre agir ou não agir. Quando a autoridade competente deixa de atuar, se omite, já cometeu um ilícito administrativo.

A norma que confere competência discricionária impõe, também, o dever de agir discricionariamente. Mas, conforme foi dito acima, isso não se confunde com agir arbitrariamente. Mas para deixar claro o que significa uma atuação discricionária lícita, convém examinar o conceito de discricionariedade formulado pela melhor doutrina:

"Discricionariedade é a margem de 'liberdade' que remanesça ao administrador para eleger, segundo critérios consistentes de razoabilidade, um, dentre pelo menos dois comportamentos, cabíveis perante cada caso concreto, a fim de cumprir o dever de adotar a solução mais adequada à satisfação da finalidade legal, quando, por força da fluidez das expressões da lei ou da liberdade conferida no mandamento, dela não se possa extrair objetivamente uma solução unívoca para a situação vertente" (Celso Antônio Bandeira de Mello, *Curso de Direito Administrativo*, 19ª ed., Malheiros Editores, 2005, p. 902).

Está totalmente superado, por ser inteiramente equivocado, o entendimento segundo o qual a discricionariedade que a lei confere ao agente legitima qualquer conduta e, pior que isso, impede o exame pelo Poder Judiciário.

Esta questão da discricionariedade precisa ser melhor explicitada, mediante uma comparação entre competência vinculada e competência discricionária. Quando a lei confere ao agente público competência vinculada, isto significa que a lei já escolheu previamente qual a única e melhor conduta para a plena satisfação do interesse público. Quando a lei confere ao agente público competência discricionária, isso significa que a lei atribuiu ao agente o dever-poder de escolher a melhor conduta, dentre um universo de condutas possíveis, para a plena satisfação do interesse público.

Resulta daí uma enorme diferença entre a competência em tese e o exercício dessa competência diante do caso concreto. Em tese é possível afirmar que a lei estaria validando previamente qualquer das condutas possíveis, mas em concreto, diante do caso concreto, sempre haverá uma só conduta mais adequada à plena satisfação do interesse público.

O titular da competência discricionária, diante do caso concreto, não está autorizado a adotar qualquer conduta, mas, sim, tem o dever de desvendar e adotar o único comportamento que as circunstâncias indicarem como o mais adequado.

A questão não é simples, pois muitas vezes não haverá como avaliar se a conduta adotada foi ou não a mais idônea. Entretanto não é difícil demonstrar, muitas vezes, que a conduta não era a mais adequada. Ou seja, não é impossível demonstrar que o agente público desbordou dos limites da discricionariedade, praticando abuso ou desvio de poder, produzindo um ato nulo.

Em síntese, o que se quer dizer é que a discricionariedade não é nem um cheque em branco, nem uma palavra mágica. O Poder Judiciário pode e deve julgar a licitude de atos praticados no exercício de competência discricionária, para decretar as nulidades do ato praticado com desbordamento dos limites da discricionariedade.

Seja permitido resumir aqui a lição de Celso Antônio Bandeira de Mello, estampada às pp. 99 e ss. da *Revista de Direito Público* n. 76, contida num primoroso e fecundo estudo sobre o erroneamente chamado "Poder" discricionário, a qual foi posteriormente ainda mais aperfeiçoada na obra acima referida.

Vale-se, o consagrado mestre, das idéias de Rousseau e Montesquieu para mostrar que a Administração somente pode atuar *secundum legem*, para cumprir um mandamento legal. A Administração não tem vontade; apenas executa um dever que lhe é assinalado por lei. É a lei que normalmente assinala a melhor alternativa de conduta, em cada caso. Para isso ela figura hipóteses, determinando como deve comportar-se o administrador quando de sua ocorrência concreta.

É certo que a lei sempre quer uma única solução: a melhor. Em certos casos (nos chamados atos vinculados) ela previamente assinala qual a melhor solução. Em outros casos (nos chamados atos discricionários) ela incumbe o administrador de descobrir, identificar, em cada caso, qual a melhor solução. Por isso está absolutamente errada a concepção segundo a qual a lei permite que o administrador escolha qualquer solução. Não, na verdade, ele tem o dever de adotar uma única solução: a melhor, que apenas não pode ser previamente identificada. Toda vez que se puder demonstrar que a solução adotada não é a melhor, é fatal concluir que houve ilegalidade, violação da vontade da lei.

Nas palavras do mestre: "Quando o legislador disciplina certa matéria outorgando discrição, ele o faz precisamente porque só quer o comportamento ótimo". Qualquer outro que não seja o ótimo, o mais adequado, será ilegal, e a verificação da aderência do comportamento do administrador à vontade legal não é questão de mérito, mas, sim, de legalidade.

Algumas vezes é difícil identificar a melhor solução ou dizer que uma dada conduta não foi a melhor. Mas há casos em que o comportamento da autoridade é verdadeiramente aberrante e, como tal, flagrantemente violador da lei. Seja permitido figurar uma situação correlata. O que é um calvo? Quantos fios de cabelos alguém pode ter para que se possa incluir no conceito de calvo? É difícil dizer. Mas certamente ninguém chamaria de calvo o portador de vastas melenas.

A discricionariedade tem um núcleo central praticamente insindicável (aí está a área do chamado mérito, cuja investigação é defesa ao Judiciário), mas as situações marginais, claramente afastadas do núcleo, desbordantes dos limites da discricionariedade, evidentemente abusivas, podem e devem merecer a censura judicial.

Cabe ao Poder Judiciário anular o ato praticado no exercício de competência discricionária, quando se evidenciar que o ato impugnado não era a melhor forma de atingir a finalidade legal, posto que era evidentemente desarrazoado, desproporcional, discrepante e evidentemente abusivo. Tal decisão não invade a esfera da administração e não pode ser havida como uma tentativa do Poder Judiciário de substituir-se ao Executivo. Não cabe ao juiz dizer qual é a melhor solução, mas, cabe-lhe, sim, anular o ato, declarando sua ilegalidade, quando se patentear um evidente conflito entre o ato da autoridade e a discricionariedade que lhe foi conferida.

### *IV – Limitações ao exercício do poder*

Direito é limitação. Todo direito tem limites. Da mesma forma, em matéria de competência, não existem poderes ilimitados. Mesmo a competência discricionária tem limites, daí a possibilidade e a necessidade do controle, inclusive judicial. É oportuna a verificação desses limites, principalmente mediante o confronto entre os poderes da Administração e as garantias constitucionais dos cidadãos.

A primeira observação a ser feita é no sentido de que a competência hipoteticamente prevista, em tese, na norma, somente se concretiza diante de fatos que ensejam de sua aplicação. Por exemplo, a competência hipoteticamente prevista para a aplicação de uma sanção, somente pode ser utilizada caso efetivamente ocorra um comportamento ao qual a mesma norma atribua a aplicação da sanção. Não é lícita a utilização de uma competência sancionatória para punir quem não cometeu infração alguma.

Isso significa que nunca é bastante saber se a autoridade, em tese, tinha ou não competência; é sempre necessário verificar, diante do caso concreto, se tal competência poderia ter sido aplicada. Além disso, e o que é realmente essencial, nunca se pode deixar de examinar as circunstâncias do caso, para que se possa aferir a adequação da decisão adotada às finalidades almejadas pela regra de competência.

É demasiadamente corriqueiro na Administração Pública a criação de dificuldades para que se possa vender facilidades. Por isso é preciso lembrar que, em princípio, aos particulares é dado fazer tudo aquilo que a lei não proíbe, ao passo que ao administrador público somente cabe fazer aquilo que a lei determina.

Assim, toda vez que se estiver diante de um empecilho apresentado, diante de uma condição imposta ou diante da exigência de uma determinada conduta, sempre será preciso verificar, primeiramente, se isso era realmente essencial para a tomada de decisão, para o cumprimento do dever de decidir ou para o deferimento do que foi postulado. Isso já foi melhor dito pela doutrina:

"Todo condicionamento é constrangimento sobre a liberdade. Esta, sendo valor protegido pelo Direito, só pode ser comprimida quando *inevitável para a realização de interesses públicos*. Daí a enunciação do princípio da mínima intervenção estatal na vida privada. Por força dele, todo constrangimento imposto aos indivíduos pelo Estado deve justificar-se pela necessidade de realização do interesse público. O legislador não pode cultivar o prazer do poder pelo poder, isto é, constranger os indivíduos sem que tal constrangimento seja teleologicamente orientado" (Carlos Ari Sundfeld, *Direito Administrativo Ordenador*, Malheiros Editores, 1993, p. 68).

Positivamente, dizendo de maneira simples, a Administração não tem o direito de aborrecer o cidadão, de criar dificuldades artificiais para qualquer empresa. Desgraçadamente ainda pululam na Administração Pública aqueles que, no dizer de José Roberto Dromi (*Derecho Administrativo*, 4ª ed., Buenos Aires, Ed. Ciudad Argentina, 1995, p. 35), entendem o sistema jurídico como uma máquina de impedir, orientada pelo código do fracasso, cujos mandamentos são: art. 1º – não pode; art. 2º – no caso de dúvida, abstenha-se; art. 3º – se é urgente, espere; art. 4º – sempre é mais prudente não fazer coisa alguma.

Não se pode impedir por impedir, exigir por exigir. Diante de caso concreto, além da inevitável necessidade do constrangimento feito, é preciso verificar em que medida a restrição era necessária, ou seja, se, embora necessária, a medida não excedeu ao estritamente necessário:

"As medidas tomadas pela Administração devem estar na direta adequação das necessidades administrativas. Por isso, qualquer providência administrativa mais extensa ou mais intensa do que o requerido para atingir o interesse público insculpido na regra aplicanda é invalida por consistir em um transbordamento da finalidade legal.

"É por essa razão que os interesses particulares somente podem ser sacrificados, se essa providência for indispensável ao atendimento dos interesses coletivos (interesses primários). Qualquer sanção, obrigação ou restrição somente pode ser imposta aos particulares na estrita medida do interesse público e segundo critério de razoável adequação dos meios aos fins. Larenz afirma, nesse sentido, que a intervenção em um bem jurídico e a limitação da liberdade não podem ir além do que for necessário para a proteção de outro bem ou de um interesse de maior peso, que entre os vários meios possíveis há que se escolher 'o mais moderado'.

"Consiste, portanto, a proporcionalidade no aspecto da amplitude ou intensidade da atuação administrativa em relação aos fins que objetiva atingir" (Marcelo Harger, *Princípios Constitucionais do Processo Administrativo*, Forense, 2001, p. 117).

A regra da adequação funciona nos dois sentidos: o que é essencial não pode ser dispensado, nem se pode exigir menos do que o estritamente necessário. O princípio da impessoalidade, previsto no art. 37 da Constituição Federal, impede favorecimentos ou perseguições, em função de relacionamentos pessoais entre a autoridade e o destinatário da providência.

Porém isso não significa que a autoridade deva agir automaticamente, mecanicamente, sem qualquer consideração a respeito das finalidades de ordem pública almejadas ou com relação aos valores que informam todo o sistema jurídico. Pode ocorrer, e efetivamente ocorre (sendo esta uma evidência de desvio de poder), que a providência adotada se revele totalmente conflitante com a satisfação do interesse público.

Conforme adverte a doutrina, não basta a legalidade, pois esse princípio não tem vida isolada dos demais valores existentes no sistema jurídico:

"O Direito não pode ignorar a realidade social sobre a qual incide. As regras jurídicas devem ter a validade da sua aplicação aferida do ponto de vista da sua eficácia, instrumental à realização prática dos seus objetivos públicos, não apenas do ponto de vista de sua conformidade em tese com os atos normativos hierarquicamente superiores. Uma regra que, fora de qualquer zona cinzenta de juízo, indubitavelmente não está realizando as finalidades públicas às quais se destina, ou pior; as está contrariando, não pode, inclusive por força do Princípio Constitucional da Eficiência (art. 37, *caput*, CF), ser aplicada aos casos concretos em que tenha esses efeitos" (Alexandre Santos de Aragão, "Ensaio de uma visão autopoiética do Direito Administrativo", in *Revista de Direito Público da Economia – RDPE* 4, Editora Fórum, Belo Horizonte, out.-dez. 2003, p. 10).

Todas essas considerações devem ser feitas pelo intérprete e aplicador da norma no momento da tomada de decisão, em face das circunstâncias do caso concreto, mas não podem deixar de ser feitas pela autoridade, administrativa, legislativa ou judicial, provida do poder/dever de controle.

### *V – Desvio de poder*

Desvio de poder é uma ilegalidade disfarçada; é uma ilicitude com aparência de legalidade. Ao vício propriamente jurídico agrega-se o vício ético; o embuste, a intenção de enganar. Pelo desvio de poder violam-se, simultaneamente, os princípios da legalidade e da moralidade administrativa.

Em razão dessa intenção do agente, diversa da finalidade almejada pela regra que lhe atribuiu competência, a doutrina costuma designar o desvio de poder também como desvio de finalidade. Usando essa nomenclatura, Diógenes Gasparini (*Direito Administrativo*, 2ª ed., Saraiva, 2004, p. 138), assim expõe o que é o desvio de poder:

"Ocorre desvio de finalidade quando o agente exerce sua competência para alcançar fim diverso do interesse público. Vale dizer: o agente público que somente pode praticar ato ou agir voltado para o interesse público acaba por praticar ato ou atuar para satisfazer a um interesse privado. É o que se passa quando o agente público desapropria, para vingar-se de seu desafeto político, proprietário do bem expropriado, ou quando determina a construção de uma escola para valorizar o plano de loteamento de seu correligionário. Nessas hipóteses costuma-se dizer que o desvio de finalidade é genérico: o interesse passa de público para particular.

"Ainda há desvio de finalidade quando a autoridade administrativa vale-se de um dado instrumental jurídico destinado por lei a alcançar certo fim para obter outro, ainda que de interesse público."

Esta consideração final é exposta com maior ênfase e mais apurado rigor técnico por Celso Antônio Bandeira de Mello ao destacar que não desnatura a ocorrência de desvio de poder o fato (ou o pretexto) da autoridade usar sua competência para atingir uma outra finalidade teoricamente lícita, mas diversa daquela em função do qual tal competência lhe foi deferida:

"Segundo sua conceituação clássica, desvio de poder é o manejo de uma competência em descompasso com a finalidade em vista da qual foi instituída.

"No desvio de poder o agente, ao manipular um plexo de poderes, evade-se do escopo que lhe é próprio, ou seja, extravia-se da finalidade cabível em face da regra em que se calça. Em suma: o ato maculado deste vício direciona-se a um resultado diverso daquele ao qual teria de aportar ante o objetivo da norma habilitante. Há, então, um desvirtuamento do poder, pois o Poder Público, como de outra feita averbamos, falseia, deliberadamente ou não, com intuitos subalternos ou não, aquele seu dever de operar o estrito cumprimento do que se configuraria, ante o sentido da norma aplicanda, como o objetivo prezável e atingível pelo ato. Trata-se, pois, de um vício objetivo, pois o que importa não é se o agente pretendeu ou não discrepar da finalidade legal, mas se efetivamente dela discrepou" (*Curso de Direito Administrativo*, 19ª ed., Malheiros Editores, 2005, pp. 909-910).

Com sua insuperável clareza, o saudoso Hely Lopes Meirelles (*Direito Administrativo Brasileiro*, 15ª ed., Malheiros Editores, 2004, p. 92) assim descreve esse fenômeno:

"O desvio de finalidade ou de poder verifica-se quando a autoridade, embora atuando nos limites de sua competência, pratica o ato por motivos ou com fins diversos dos objetivados pela lei ou exigidos pelo interesse público. O desvio de finalidade ou de poder é, assim, a violação ideológica da lei, ou, por outras palavras, a violação moral da lei, colimando o administrador público fins não queridos pelo legislador, ou utilizando motivos e meios imorais para a prática de um ato administrativo aparentemente legal."

Linhas adiante, esse mesmo notável mestre resume o problema em exame neste estudo, qual seja o da dificuldade de correção judicial dessa conduta ilícita e imoral:

"O ato praticado com desvio de finalidade – com todo ato ilícito ou imoral – ou é consumado às escondidas ou se apresenta disfarçado sob o capuz da legalidade e do interesse público. Diante disto, há que ser surpreendido e identificado por indícios e circunstâncias que revelem a distorção do fim legal, substituído habilidosamente por um fim ilegal ou imoral não desejado pelo legislador. A propósito, já decidiu o STF que 'Indícios vários e concordantes são prova'. Dentre os elementos indiciários do desvio de finalidade está a falta de motivo ou a discordância dos motivos com o ato praticado. Tudo isto dificulta a prova do desvio de poder ou de finalidade, mas não a torna impossível se recorrermos aos antecedentes do ato e à sua destinação presente e futura por quem o praticou."

O desvio de poder nunca é confessado, somente se identifica por meio de um feixe de indícios convergentes, dado que é um ilícito caracterizado pelo disfarce, pelo embuste, pela aparência de legalidade, para encobrir o propósito de atingir um fim contrário ao direito, exigindo um especial cuidado por parte do Poder Judiciário. Daí, vale insistir, a essencialidade de se examinar a adequação do ato praticado ao fim a que ele se destina.

Não se compreende uma norma sem lhe captar o fim para o qual foi editada. É função do intérprete desvendar e observar o escopo por ela visado, já que não se pode aplicar o direito sem interpretá-lo. Note-se, entretanto, que a finalidade última de toda e qualquer norma é a realização de um interesse público. A atuação do Estado, não importa por qual Poder se manifesta, deve visar atender o bem comum, o interesse da coletividade. É inconcebível qualquer atuação estatal que, pelo menos em tese, não se dirija à consecução de um determinado objetivo, o qual é qualificado pelo ordenamento como de interesse público. Portanto, essa finalidade – a de atingir o interesse público – embora essencial para a validade da norma, não é suficiente para explicar seu significado. É preciso buscar seu objetivo concreto, o bem jurídico que concretamente visa realizar.

Talvez por meio de exemplos, alguns hipotéticos e outros nem tanto, seja possível deixar isso mais claro.

Em matéria de obras viárias, é bastante questionada a construção de túneis, especialmente urbanos, que, normalmente, empurram o congestionamento para mais adiante. Pode acontecer que a decisão de construir um túnel tenha como fator determinante, simplesmente o aproveitamento de equipamento ocioso pelas empreiteiras. Isso somente pode ser verificado diante de um cuidadoso exame do planejamento que antecedeu a decisão de realizar a obra, muito especialmente de seu grau de prioridade.

Não é algo excepcional a remoção de servidor público feita a pretexto de atender necessidade do serviço, mas, na verdade, por razões de favorecimento ou perseguição pessoal. Em São Paulo, certa feita, um servidor, militante de partido político de oposição ao governo, foi removido de um extremo a outro do Estado, sob alegada necessidade de serviço, mas, na verdade, era para impedir sua candidatura no Município onde se encontrava. Seu pedido de anulação da ordem de remoção foi respondido, num primeiro momento, pela negativa fundada no argumento de que a autoridade tinha competência discricionária para remover funcionários para atender necessidade de serviço. Mas, num segundo momento, o processo caiu nas mãos de um procurador íntegro e tecnicamente competente (um consagrado professor de Direito Administrativo), que teve o cuidado de examinar as circunstâncias do caso. Mais exatamente, esse procurador verificou que, na unidade da qual foi feita a remoção havia falta de servidores e na unidade para a qual foi feita a remoção havia excesso de servidores, estando, pois, patente a ocorrência de desvio de poder.

Talvez o campo onde mais viceja o desvio de poder seja o das licitações. São demasiadamente freqüentes editais que estabelecem tais especificações do objeto e tais requisitos de participação, que evidenciam tratar-se de licitação dirigida. Cabe à autoridade incumbida do controle verificar a pertinência de tais requisitos ou especificações com relação ao propósito a que se destina o objeto do futuro contrato. Outras vezes o rigor detalhista não está no edital, mas no exame das condições de habilitação do proponente ou das especificações do produto ofertado. É bom lembrar que o interesse público está na amplitude da disputa, ao passo que aos particulares disputantes interessa eliminar concorrentes.

Outro problema é o da revogação ou anulação do edital. No Estado de São Paulo, foi aberta e processada regularmente uma licitação até a fase de classificação das propostas, quando iria sagrar-se vencedor um consórcio que não era do agrado da autoridade promotora do certame, a qual, tendo aprovado o edital e reafirmado a legalidade de suas cláusulas, naquele momento avocou o processo, retirando-o da Comissão Julgadora e anulou o certame, apontando como supostas ilicitudes do edital, cláusulas normais, corriqueiras e efetivamente presentes em outros editais de outras licitações levadas a efeito, na mesma ocasião, pela mesma unidade administrativa. Essa decisão anulatória foi mantida pelo órgão especial do Tribunal de Justiça, sob fundamento de que a Administração pode anular os seus atos, sendo que tal entendimento foi confirmado pelo STJ e pelo STF. Nenhum dos Tribunais enfrentou a questão específica das supostas ilegalidades apontadas; nenhum se dignou a examinar a alegação de ocorrência de gritante desvio de poder.

Em matéria de contratos administrativos, merecem especial desconfiança as contratações e prorrogações de caráter emergencial, Na quase totalidade dos casos, a emergência efetivamente existe; o serviço a ser contratado é efetivamente essencial, não pode deixar de ser prestado. Mas o problema está na falta de providências oportunas para uma contratação regular. Sempre será necessário verificar se a urgência foi criada artificialmente, com o propósito deliberado de criar uma situação de emergência suficiente para justificar a contratação excepcional.

Mas o desvio de poder pode acontecer, também, na edição de atos legislativos. Por exemplo, muitas vezes a lei determina a substituição ou a renovação de documentos, sem qualquer interesse público, mas apenas para arrecadar as taxas correspondentes. Em matéria de trânsito, há algum tempo foi feita a exigência de uma ridícula e despropositada caixinha de primeiros socorros. Atualmente, vigora a exigência de cursos de direção defensiva e de primeiros socorros cujo despropósito é patente, mostrando que a autoridade está mais preocupada com as conseqüências da violência no trânsito do que em evitá-la, por meio de medidas educativas e com uma fiscalização operante.

Nem o Poder Judiciário está livre do desvio de poder decorrente de relacionamentos pessoais ou motivados por circunstâncias políticas, ideológicas, morais ou religiosas. Muitas vezes o simples retardamento de uma providência ou de uma decisão pode ser decorrente de desvio de poder. Fala-se muito em impunidade, mas em matéria penal o "argumento" mais importante da defesa costuma ser a prescrição. A burocracia processual proporciona um sem número de potenciais desvios de poder.

Enfim, a proliferação de atos de desvio de poder é altamente estimulada pela inoperância dos órgãos e entidades de controle, inclusive e principalmente na esfera judicial, onde ainda não se tem uma visão muito clara dos limites entre a legalidade e o mérito dos atos administrativos.

## *VI – Soluções*

É forçoso reconhecer que o controle dos atos maculados pelo desvio de poder apresenta grandes dificuldades. Muitas vezes o limite entre a legalidade e o mérito dos atos administrativos é de difícil percepção. Uma imagem, já utilizada por diversos autores, pode demonstrar isso. Trata-se do conhecido exemplo de um foco intenso de luz em meio à escuridão: em baixo da fonte de luz tem-se uma claridade total; na área mais distante tudo fica escuro; mas entre um extremo e outro existe uma zona de penumbra, cujos limites dependem da percepção do observador.

Isso ocorre com os chamados conceitos jurídicos indeterminados (atitude suspeita, traje indecoroso, desacato, urgência, boa-fé, interesse público). Sempre haverá uma zona de penumbra, mas isso não impede que, diante de fatos concretos, sejam identificadas as situações extremas, nas quais se pode dizer, com certeza, se o conceito invocado corresponde ou não à realidade.

Tome-se como exemplo o conceito de urgência. Conforme já assinalou com muita precisão a mais arguta doutrina, urgência não é uma palavra oca, desprovida de qualquer significado:

"Urgente é que não pode esperar sem que prejuízo se tenha pelo vagar ou que benefício se perca pela lentidão do comportamento regular, demasiado lerdo para a precisão que emergiu. No Direito, o conceito de urgência não refoge a estas idéias que se alocam na definição leiga da palavra. Também o conteúdo jurídico da palavra urgência contém quer o sentido de tempo exíguo e momento imediato de um lado, quer a idéia de necessidade especial e premente, de outro. Urgência jurídica é, pois, a situação que ultrapassa a definição normativa regular de desempenho ordinário das funções do Poder Público pela premência de que se reveste e pela imperiosidade de atendimento da hipótese abordada, a demandar, assim, uma conduta especial em relação àquela que se nutre da normalidade aprazada institucionalmente" (Cármen Lúcia Antunes Rocha, "Conceito de urgência no direito público brasileiro", *RTDP* 1/233).

Muitas vezes, porém a verificação da possível ocorrência de desvio de poder é afastada por uma exacerbada e indevida aplicação do princípio da presunção de veracidade e legitimidade dos atos administrativos. Esse princípio efetivamente existe e é necessário para o bom andamento dos assuntos administrativos. Mas ele apenas significa que as ações administrativas são válidas até que sejam questionadas. Ou seja, não é possível nem há necessidade de se comprovar a veracidade de todas as afirmações ou decisões de autoridades administrativas, dado que a grande maioria, a quase totalidade, é normalmente aceita sem questionamentos.

Entretanto, uma vez posta em dúvida a veracidade ou a legitimidade do ato praticado, inverte-se a situação, pois o Poder Público tem um dever elementar de atuar de maneira conforme a lei, tendo, conseqüentemente, o dever de demonstrar a regularidade de sua conduta. A presunção, portanto, é de natureza precária; subsiste apenas enquanto não questionada.

A aparência de legalidade é algo elementar ao desvio de poder. Havendo questionamento, não é possível considerar legal aquilo que parece legal, pois o desvio de poder é sempre uma ilicitude disfarçada. Se houver uma ilegalidade patente, gritante, inquestionável, configura-se uma arbitrariedade.

O desvio de poder exige algum refinamento, algum apuro, um especial cuidado, pois somente pode ser constatado, diante das circunstâncias do caso concreto, pela existência de um feixe convergente de indícios.

Por isso mesmo é essencial que as decisões administrativas sejam tomadas mediante processos formais, em que fiquem registrados os passos percorridos, os elementos que serviram ao convencimento da autoridade. O "processo administrativo" é um tema que vem ganhando cada vez maior reconhecimento quanto a sua importância, pois não é mais possível decidir sem, pelo menos, apontar as razões da decisão proferida:

"Tudo nos mostra que a construção de um grande direito processual administrativo brasileiro está em pleno curso, e isso, a par de generalizar regulações até há pouco ainda restritas a certos campos (como no caso dos recursos administrativos), deve provocar uma reelaboração de certos temas que nos são familiares (como o da motivação dos atos administrativos, por exemplo).

"O surgimento das Leis Gerais de Processo Administrativo tem, portanto, impacto não apenas pelos efeitos diretos de suas disposições, como pelo interesse que suscita em torno do fenômeno processual administrativo. Assim, essas Leis estão fadadas a produzir fortes conseqüências culturais, com isso moldando uma nova visão de direito administrativo.

"O que, ao final, resultará dessa valorização, pelo Direito e pela doutrina, dos aspectos adjetivos do ato administrativo? Penso ser o reconhecimento definitivo de que o exercício, pela Administração, de seu poder de tomar decisões, suscita o estabelecimento de relações jurídicas tipicamente processuais envolvendo os seus agentes e os sujeitos a serem atingidos por essas decisões. As conseqüências práticas são evidentes" (Carlos Ari Sundfeld e Guillermo Andrés Muñoz (coords.), *As Leis de Processo*

*Administrativo*, Malheiros Editores, 2000, pp. 33 e 34).

A lei federal geral de processo administrativo, Lei n. 9.784, de 28.1.1999, de observância obrigatória pela administração direta e indireta federal, mas que tem servido como paradigma para aplicação por analogia em outras esferas de governo, disciplina toda a tramitação processual, desde a instauração, passando pela instrução, chegando à fase decisória, disciplinando os recursos cabíveis e explicitando os direitos processuais dos administrados e os correspondentes deveres das autoridades administrativas.

Merece especial destaque, para efeito do estudo do controle do desvio de poder, o disposto em seu art. 50, o qual determina que os atos administrativos sejam motivados, com indicação dos fatos e dos fundamentos jurídicos, devendo a motivação ser explícita, clara e congruente.

Neste ponto, é preciso novamente recorrer à melhor doutrina para um aclaramento:

"Não se confundem motivo e motivação do ato. Motivação é a exposição dos motivos, ou seja, é a demonstração, por escrito, de que os pressupostos de fato realmente existiram. Para punir, a Administração deve demonstrar a prática da infração. A motivação diz respeito às formalidades do ato, que integram o próprio ato, vindo sob a forma de "consideranda"; outras vezes, está contida em parecer, laudo, relatório, emitido pelo próprio órgão expedidor do ato ou por outro órgão, técnico ou jurídico, hipótese em que o ato faz remissão a esses atos precedentes. O importante é que o ato possa ter a sua legalidade comprovada" (Maria Sylvia Zanella Di Pietro, *Direito Administrativo*, 16ª ed., Atlas, 2005, pp. 202-203).

Se o ato praticado não for devidamente motivado, se não for precedido de motivação explícita, não haverá como se proceder a uma verificação da consistência dos motivos que ensejaram a decisão tomada. A falta de motivação é um vício autônomo, capaz de ensejar a decretação da nulidade do ato. Sem explicitação dos motivos é quase impossível o controle da discricionariedade e do desvio de poder.

A forma mais segura para desvendar a ocorrência de desvio de poder é pelo exame dos motivos alegados para a prática do ato. Por isso é que a motivação (explicitação dos motivos) deve ser prévia ou concomitante ao ato, pois, mais tarde, posteriormente, sempre será possível apresentar uma justificativa, mais ou menos consistente, muitas vezes se configurando como uma tentativa de justificar o injustificável.

Daí a importância do princípio da motivação, em qualquer processo administrativo, em qualquer tomada de decisão administrativa, inclusive e principalmente em matéria de licitações e contratos. Sobre esse assunto, na confortável companhia de Sérgio Ferraz, já tivemos oportunidade de salientar o seguinte:

"O princípio da motivação determina que a autoridade administrativa deve apresentar as razões que levaram a tomar uma decisão. 'Motivar' significa explicitar os elementos que ensejaram o convencimento da autoridade, indicando os fatos e os fundamentos jurídicos que foram considerados.

"Sem a explicitação dos motivos torna-se extremamente difícil sindicar, sopesar ou aferir a correção daquilo que foi decidido. Sem a motivação fica frustrado ou, pelo menos, prejudicado o direito de recorrer, inclusive perante o Poder Judiciário. Não basta que a autoridade invoque um determinado dispositivo legal como supedâneo de sua decisão; é essencial que aponte os fatos, as inferências feitas e os fundamentos de sua decisão, pois, conforme a conhecida lição de Giorgio Balladore Palieri, no Estado de Direito não existe apenas a exigência de que a autoridade administrativa se submeta à lei; é essencial que se submeta também à jurisdição.

"Isso é bastante salientado por Lúcia Valle Figueiredo em artigo publicado sob o título 'Estado de Direito e devido processo legal' (*Direito Administrativo*, v. 1, Ed. NDJ, p. 171), no qual afirma que a falta de motivação viola as garantias constitucionais do acesso ao poder Judiciário, do devido processo legal, do contraditório e da ampla defesa, constituindo-se, portanto, em vício gravíssimo" (Sérgio Ferraz e Adilson Abreu Dallari, *Processo Administrativo*, Malheiros Editores, 2001, pp. 58 e 59).

É preciso insistir em que a falta de motivação é vício autônomo, ensejando, por si só, a nulidade do ato praticado. Pelo menos há de ficar perfeitamente claro que a motivação serôdia, a apresentação dos motivos depois de praticado o ato, deve ser objeto de exame especialmente cuidadoso.

Em qualquer caso, porém, de alegação de desvio de poder, é dever do juiz esmerar-se no exame da consistência dos motivos invocados, não sendo suficiente apenas constatar que motivos foram apresentados. Isso é o que já vem dizendo, desde longa data, com precisão e elegância o consagrado Caio Tácito:

"É por meio da análise criteriosa da motivação do ato administrativo, dos indícios veementes que defluem da conferência entre os motivos invocados e os resultados alcançados ou pretendidos que o desvio de poder virá à tona.

"Longe de ser um erro grosseiro e ostensivo, ele se distingue pela sutileza com que procura esconder-se sob a capa de regularidade, esmerando-se o agente em ocultar a desfiguração substancial do ato administrativo.

"É mister, assim, que o intérprete não se contente com a letra dos motivos determinantes, mas mergulhe em seu espírito, atente a suas omissões e contradições, pondere a veracidade e a proporcionalidade dos meios em razão do fim colimado, preferindo, em suma, verificar sob a roupagem do ato os verdadeiros contornos de sua ossatura" (Caio Tácito, *Direito Administrativo*, Saraiva, 1975, p. 133).

Preocupados em realmente fazer Justiça, setores mais avançados e mais preparados do Poder Judiciário já abandonaram a apreciação meramente formal ("burocrática", no pior sentido) para investigar as razões pelas quais os atos administrativos são produzidos e a pertinência lógica entre a ação e o motivo invocado, valendo-se, para isso, da apreciação da razoabilidade.

Cabe verificar, cuidadosamente, em cada caso, se há, efetivamente, um feixe convergente de indícios da ocorrência de alegado desvio de poder. Nos casos de revogação ou anulação de ato administrativo, evidente o desvio de poder quando essa reapreciação é feita sem qualquer justificativa para a mudança de opinião, sem qualquer provocação. Mas quando uma justificativa é apresentada, é preciso verificar se os motivos invocados para a mudança de orientação merecem ou não acolhimento.

Muitas vezes, as supostas nulidades serodiamente apontadas são meros pretextos, aos quais se pretende dar o "status" de motivos determinantes da prática do ato de anulação. Não é fácil distinguir uma coisa da outra, por isso é preciso tirar todas as ilações de detalhes que podem servir como indícios.

Por exemplo, é extremamente relevante cotejar o comportamento da autoridade no específico caso em exame, com decisões adotadas em casos análogos. Logicamente, algo não pode ser e não ser ao mesmo tempo. Se casos análogos foram considerados lícitos, a decretação de nulidade de apenas um deles é, sim, um indício de desvio de poder.

Não é a mesma coisa, não tem o mesmo valor, não podem ser considerados equivalentes perfeitos um parecer emitido por um órgão de assessoramento permanente e independente, e a manifestação de um assessor temporário de confiança. Não que este seja necessariamente faccioso e intelectualmente desonesto, mas não há dúvida que o dever de fidelidade à autoridade assessorada e a instabilidade da função recomendam um especial cuidado no exame da alegação de desvio de poder.

Especialíssimos cuidados devem merecer os casos de avocação, quando o processo administrativo é retirado de uma procuradoria ou outro órgão permanente e independente e decidido no âmbito do gabinete da autoridade competente. Em tais casos é absolutamente essencial examinar a motivação da própria avocação, pois o desvio de poder pode estar no próprio deslocamento da sede de decisão.

Não se desconhece que ninguém pode ser considerado culpado senão após decisão final, transitada em julgado. Mas não deixa de ser significativo, para a composição do feixe de indícios, o exame da vida pregressa da autoridade a quem se imputa a prática de desvio de poder. Qualquer agente público pode ser vítima de acusações improcedentes. Mas não é normal que alguém esteja envolvido em uma pluralidade de casos de improbidade administrativa. Essa circunstância, por si só, não comprova o desvio de poder, mas deve servir como um alerta ao juiz, para que não tome como verdadeiras, acriticamente, sem maiores cuidados, sem uma verificação mais aprofundada, as razões apresentadas.

Não é fora de propósito, é um dever de qualquer órgão administrativo de controle e não escapa da esfera de competência do Poder Judiciário a consideração do caráter razoável ou desarrazoado do ato praticado. O princípio da razoabilidade é sim um princípio de Direito Administrativo, e, como tal, é assim explicado por um dos mais renomados administrativistas brasileiros:

"Enuncia-se com este princípio que a Administração, ao atuar no exercício de discrição, terá de obedecer a critérios aceitáveis do ponto de vista racional, em sintonia com o senso normal de pessoas equilibradas e respeitosa das finalidades que presidiram a outorga da competência exercida. Vale dizer: pretende-se colocar em claro que não serão apenas inconvenientes, mas também ilegítimas – e, portanto, jurisdicionalmente invalidáveis – as condutas desarrazoadas, bizarras, incoerentes ou praticadas com desconsideração às situações e circunstâncias que seriam atendidas por quem tivesse atributos normais de prudência, sensatez e disposição de acatamento às finalidades da lei atributiva da discrição manejada" (Celso Antônio Bandeira de Mello, *Curso de Direito Administrativo*, 19ª ed., Malheiros Editores, 2005, pp. 91 e 92).

A jurisprudência, inclusive e especialmente nos Tribunais Superiores, também já assimilou e aplica o princípio da razoabilidade. Merece destaque decisão desse Egrégio Superior Tribunal de Justiça (REsp n. 21.923-5-MG) na qual o Eminente Ministro Relator, Humberto Gomes de Barros, afirma estar certo de que "no estágio atual do Direito Administrativo, o Poder Judiciário não se poderia furtar à declaração de nulidade de absurdos evidentes".

Absurdo evidente é aquilo que aparece, de pronto, como despropositado, desarrazoado, inverossímil. Com mais algum apuro, pode-se chegar, pelo mesmo caminho, à percepção do desvio de poder, que outra coisa não é senão uma arbitrariedade dissimulada. O mais importante, porém, é evidenciar a postura judicial no sentido de abandonar uma apreciação meramente formal ("burocrática", no pior sentido) para investigar as razões pelas quais os atos administrativos são produzidos e a pertinência lógica entre a ação e o motivo invocado, valendo-se, para isso, da apreciação da razoabilidade.

### *VII – Conclusão*

O controle do desvio de poder depende da superação de alguns mitos e preconceitos, dentre os quais a vetusta impossibilidade de controle judicial dos atos discricionários, que, esporadicamente, ainda tem defensores.

Também a presunção de veracidade e legitimidade dos atos administrativos deve passar por uma severa revisão, para que seja mantida apenas quando a atuação administrativa não for questionada. A credulidade reinante beira a condescendência criminosa.

É absolutamente imperiosa e urgente a transformação do direito de mentir em dever de falar a verdade. Com efeito, o direito ao silêncio, que no art. 5º, LXIII, da Constituição Federal tem uma formulação bastante parcimoniosa ("o preso será informado de seus direitos, entre os quais o de permanecer calado") tem justificado a mais espantosa desfaçatez por parte de acusados e testemunhas, em todas as modalidades de processos, perante qualquer órgão ou autoridade.

Não se nega a relevância do princípio segundo o qual ninguém pode ser obrigado a se auto-incriminar. O silêncio é sim um direito sagrado do acusado. Mas mentir, induzir as investigações por caminhos equivocados, embaraçar a atuação dos órgãos de investigação e controle, impedir o funcionamento da Justiça é algo muito diferente.

Em se tratando de questões inerentes ao exercício de função administrativa, o princípio consagrado pelo art. 37 da Constituição Federal é o da moralidade administrativa, que proscreve comportamentos e atitudes antiéticas. Enquanto a mentira continuar sendo um direito, o Brasil continuará sendo o País da impunidade.

Por outro lado, é preciso que a autoridade competente para a prática de atos de controle efetivamente se empenhe nisso, afastando corporativismos e outras interferências menos nobres, e atuando com competência técnica e sensibilidade jurídica.

Os organismos de controle interno podem e devem ser estimulados e aperfeiçoados. O Ministério Público, graças aos seus excepcionais poderes, tem uma posição estratégica no combate ao desvio de poder. Mas o papel principal ainda cabe ao Poder Judiciário.

Em resumo, não se pode exigir, para a comprovação do desvio de poder, uma prova cabal, definitiva, inquestionável. Se isso existir, não se estará mais diante do desvio de poder, mas, sim, da simples arbitrariedade. A capacidade para perceber o desvio de poder marca a diferença entre um juiz e um amanuense togado.

# EFICÁCIA DAS DECISÕES DOS TRIBUNAIS DE CONTAS E DAS CPMI NOS CONTRATOS ADMINISTRATIVOS E NAS RELAÇÕES FUNCIONAIS[1]

LUCIA VALLE FIGUEIREDO

Professora Titular de Direito Administrativo da PUC/SP.
Coordenadora dos Cursos de Mestrado e Doutorado de Direito Urbanístico e Ambiental da PUC/SP.
Juíza Aposentada do TRF-3ª Região. Advogada e Consultora

*I – A prestação de serviço público pela Administração Direta e Indireta. II – Dos contratos administrativos celebrados pelas empresas estatais. III – O contrato como fato administrativo. IV – A possibilidade de aplicar sanção disciplinar aos empregados envolvidos em contratos declarados inválidos.*

Propomo-nos, neste estudo, a responder às indagações levantadas:

*1.* As recomendações da CPMI vinculam a Administração Pública Direta e Indireta? O não cumprimento poderia acarretar, por si só, ato de improbidade administrativa?

*2.* É possível a decretação da nulidade de contratos celebrados há mais de cinco anos já exauridos ou em execução?

*3.* E, os contratos celebrados há menos de cinco anos, mas que também foram totalmente executados é possível tal declaração de nulidade?

*4.* O ressarcimento dos valores já pagos aos contratos já executados, caso declarada sua nulidade, implicaria em enriquecimento sem causa da contratante, tendo em vista que os serviços foram efetivamente prestados?

Começaremos por abordar o regime jurídico da administração indireta comparando-o, quando necessário, ao da Administração Direta.

## *I – A prestação de serviço público pela Administração Direta e Indireta*

*1.* A Constituição da República, em seu art. 37, dispôs expressamente sobre a Administração Pública direta e indireta e a ambas aplicou os princípios lá declinados. Quanto às empresas inseridas na atividade econômica, o § 1º do art. 173 faz várias especificações, deixando claro seu regime jurídico diferenciado.

*2.* Interessa-nos, pois, fixar, desde logo, que a empresa pública prestadora de serviço público,[2] embora constituída sob o fi-

1. Trabalho concluído em 29.3.2007.

2. Já tivemos oportunidade de averbar, em nosso *Curso de Direito Administrativo*, 8ª ed., que:

gurino do direito privado, tem proximidade grande com as regras da administração pública direta e, também se submete a rígidos controles.

Daremos alguns traços conotadores do regime jurídico da estatal prestadora de serviço público. Note-se, entretanto, que traremos à colação somente os itens do regime jurídico pertinentes a este estudo.

*2.1* A prestação de serviço público é uma das atividades precípuas do Estado, que a realiza por meio da administração direta ou indireta. Assim, as entidades descentralizadas para prestação de serviço público, gozam, no todo ou em parte, das prerrogativas do regime jurídico de Direito Público, e, também, como é óbvio dos deveres do ente público, embora se revistam da forma privada.

*3.* A instituição das empresas estatais, somente é possível por lei, nos termos do Texto Constitucional. A criação desses entes descentralizados é feita de molde a que estes não se separem completamente do centro, como se estivessem ainda unidos por um cordão umbilical representado pelos controles exercidos pelo "centro" – controles internos, feitos por meio de tutela ou supervisão *a priori* ou *a posteriori*, e controle externo, executado pelos Tribunais de Contas, como auxiliares do Poder Legislativo (art. 70 da Constituição Federal) para essa finalidade controladora.

*3.1* A Constituição de 1988 e a Emenda 19/1998 colocaram as empresas públicas, sociedades de economia mista, autarquias e fundações no capítulo pertinente à Administração Pública, como já afirmamos. Destarte, os princípios da Administração Pública, expressos e implícitos, aplicam-se às empresas.

*3.2* Submetem-se, pois, as empresas a controles rígidos, ainda que possam ser amenizados, para não emperrar a atividade da empresa, constituída exatamente para ter maior agilidade.

3.2.1 O regime das relações trabalhistas deverá ser igual ao das empresas privadas, muito embora tenha de haver concurso para seleção dos funcionários de molde a salvaguardar a igualdade.

*3.3* Terão as estatais, as prestadoras de serviço público, regimes sob forte influxo do Direito Público, e, embora se revistam de forma privada, devem observar os princípios da Administração, se estiverem prestando serviço público repita-se (estaremos a nos referir sempre a elas, pois as que se encontram no domínio econômico têm regime diferenciado), deverão se submeter, à licitação (às normas) e não, apenas, aos princípios da administração pública.

Enfatize-se, portanto: as sociedades estatais, que estão a fazer às vezes da Administração Pública, pois se inserem na sua Administração indireta, devem observar os mesmos princípios.

*3.4* O controle interno é feito inicialmente pela própria empresa, pela pessoa jurídica, controle *interna corporis*, como, também, pela pessoa jurídica criadora da empresa (controle *a priori* ou *a posteriori*). Podemos inferir tal conclusão do art. 74, § 1º, do Texto Constitucional abaixo citado.

> Art. 74. Os Poderes Legislativo, Executivo e Judiciário manterão, de forma integrada, sistema de controle interno com a finalidade de:
>
> (...).
>
> § 1º. *Os responsáveis pelo controle interno, ao tomarem conhecimento de qualquer irregularidade ou ilegalidade, dela darão ciência ao Tribunal de Contas da União, sob pena de responsabilidade solidária.*
>
> (...) (destaques nossos).

Ao abordarmos o controle pelos Tribunais de Contas veremos a importância do

"Serviço público é toda atividade material fornecida pelo Estado, ou por quem esteja a agir no exercício da função administrativa, se houver permissão constitucional e legal para isso, com o fim de implementação de deveres consagrados constitucionalmente relacionados à utilidade pública, que deve ser concretizada, sob regime prevalecente do Direito Público".

controle interno pela ampliação das competências desses Tribunais em nossa Constituição, que vão além do controle de legalidade para se estender à legitimidade, a economicidade das despesas e à eficiência.

*3.5* O controle pelos Tribunais de Contas integra o controle externo. Neste distinguem-se o os Tribunais de Contas do Judiciário, que não nos vai interessar para finalidade deste estudo.

O controle externo, pelos Tribunais de Contas e Congresso Nacional, foi estabelecido nesta Constituição, nos arts. 70 e 71, nos seguintes termos:

> Art. 70. A fiscalização contábil, financeira, orçamentária, operacional e patrimonial da União e das entidades da administração direta e indireta, quanto à legalidade, legitimidade, economicidade, aplicação das subvenções e renúncia de receitas, será exercida pelo Congresso Nacional, mediante controle externo, e pelo sistema de controle interno de cada Poder.
>
> Parágrafo único. Prestará contas qualquer pessoa física ou jurídica, pública ou privada, que utilize, arrecade, guarde, gerencie ou administre dinheiros, bens e valores públicos ou pelos quais a União responda, ou que, em nome desta, assuma obrigações de natureza pecuniária. (*Redação de acordo com a Emenda 19/1998*)
>
> Art. 71. O controle externo, a cargo do Congresso Nacional, será exercido com o auxílio do Tribunal de Contas da União, ao qual compete:
>
> I – (*omissis*);
>
> II – julgar as contas dos administradores e demais responsáveis por dinheiros, bens e valores públicos da *Administração direta e indireta, incluídas as fundações e sociedades instituídas e mantidas pelo Poder Público federal, e as contas daqueles que deram causa a perda, extravio ou outra irregularidade de que resulte prejuízo ao erário público*; (destaques nossos).
>
> III – (*omissis*).
>
> IV – realizar, por iniciativa própria, da Câmara dos Deputados, do Senado Federal, de comissão técnica *ou de inquérito* (destacamos), inspeções e auditorias de natureza contábil, financeira, orçamentária, operacional e patrimonial, nas unidades administrativas dos Poderes Legislativo, Executivo e Judiciário, e demais entidades referidas no inciso II;
>
> (...).

*3.6* Verifica-se, pelo texto do art. 70, citado, ser o controle o mais abrangente possível e incluir, expressamente, como já enfatizado, a Administração *direta e indireta.*

Deveras, as normas dos arts. 37 e 70 combinadas levam à conclusão que *todo* patrimônio da União, *todo*, deverá se submeter à fiscalização interna e externa.

Conclui-se, pois, que o controle não é apenas formal, mas é material. E este, talvez, seja o ponto nevrálgico. No dizer de Hely Lopes Meirelles: "Não é, pois, a natureza do órgão ou da pessoa que a obriga a prestar contas; *é a origem pública do bem administrado ou do dinheiro gerido* que acarreta para o gestor o dever de comprovar o seu zelo e bom emprego".

*3.7* Pretendeu o texto constitucional, para assegurar o cumprimento da moralidade administrativa – outro importante princípio constitucional que se fizesse, também, controle não somente quanto à legalidade, mas à legitimidade, economicidade, aplicação das subvenções e renúncia de receitas. Por isso deve-se falar em controle material.

Deveras, o art. 70 afirma que a fiscalização exercer-se-á quanto à legalidade *e* legitimidade. A cópula "e" deve agregar necessariamente algo. Parece-nos, pois, ter pretendido o texto constitucional que o controle se exercesse não apenas sobre a legalidade em sentido estrito, porém levando em consideração o Direito em sua plenitude, tal seja o complexo de normas e princípios. Também, em sentido amplo, material, como dito anteriormente.

De outra parte, há de se verificar o conteúdo semântico de *economicidade*. Podemos dizer que *economicidade é a relação entre custos e benefícios*. Aliás, em qualquer forma de administração, o binômio custo-benefício é observado. Haveria irrazoabilidade se o custo fosse desproporcional ao benefício alcançado.

Enfatizemos a importância da norma moralizadora do § 1º do art. 74, que procura eliminar a irresponsabilidade administrativa.

Eis seu teor: "§ 1º. *Os responsáveis pelo controle interno, ao tomarem conhecimento de qualquer irregularidade, dela darão ciência ao Tribunal de Contas da União, sob pena de responsabilidade solidária*" (destaques nossos).

*3.8* Deveras, pretende o dispositivo evitar a omissão, administrativa; destarte, pós-Constituição de 1988, a responsabilidade é solidária. Se houver silêncio por cumplicidade, os supervisores hierárquicos deverão também ser responsabilizados pelos Tribunais de Contas.

O § 2º do art. 74 atribuiu ao *cidadão*, *partido político*, *associação* ou *sindicato*, na forma da lei, competência para denunciar irregularidades ou ilegalidades perante o Tribunal de Contas, ampliando uma forma de controle externo com participação da cidadania.

Na verdade, o Texto Constitucional, além de ter ampliado o controle pelo Tribunal de Contas, com finalidade de fazê-lo mais efetivo, determinou a inclusão expressa do orçamento das entidades descentralizadas, em seu art. 165, § 5º, inciso II (referente ao Orçamento).

*3.9* Deveras, o § 5º, inciso I, do art. 165 da Constituição estabelece o orçamento único, orçamento "transparente". No art. 167, em seu § 1º, há vedação expressa concernente aos investimentos públicos sem planejamento.

"São vedados:" (*a norma é imperativa*). "Nenhum investimento cuja execução ultrapasse um exercício financeiro poderá ser iniciado sem prévia inclusão no plano plurianual, ou sem lei que autorize a inclusão, sob pena de crime de responsabilidade".

Assim, verifica-se a amplitude do controle não só na declaração expressa de que todos aqueles que manipulam recursos públicos a ele se submetem, bem como na abrangência desse controle.

No inciso II do art. 71 vemos, como, aliás, já remarcado, caber ao Congresso Nacional julgar as contas dos administradores e demais responsáveis por dinheiros, bens e valores públicos da Administração direta e indireta, incluídas as fundações e sociedades instituídas e mantidas pelo Poder Público Federal, e as contas daqueles que deram causa a perda, extravio ou outra irregularidade de que resulte prejuízo ao Erário Público.

O inciso IV do mesmo artigo dispõe sobre auditorias, que devem ser feitas exatamente a fim de poder o órgão controlador cumprir adequadamente sua competência.

Enfim, o controle pretendeu ser o mais abrangente possível, o que a Lei n. 8.443, de 16.7.1992 (Lei Orgânica do Tribunal de Contas da União), veio corroborar.

*4.* A par disso, a Lei de Responsabilidade Fiscal, incluindo as estatais, veio acentuar algumas vedações.

*4.1* Ademais dos artigos enumerados da Constituição, a Lei de Responsabilidade Fiscal (Lei Complementar n. 101, de 4.5.2000), independentemente de análise mais minuciosa para detectar suas eventuais inconstitucionalidades, reforçou significativamente a fiscalização a que se devem submeter os entes públicos, incluindo-se as empresas estatais.

Citem-se alguns dos artigos: somente para corroborar nossas afirmações: art. 2º, II e III (que inclui expressamente as empresas controladas e as estatais dependentes), art. 26, § 1º (destinação de recursos públicos para o setor privado), art. 32 (limites de realização de operações de crédito), art. 35 (vedação de operação de crédito entre um ente da Federação, diretamente ou por intermédio de fundo, autarquia, fundação ou empresa estatal dependente, e outro, inclusive suas entidades de administração indireta), art. 36 (proibição de operação de crédito entre uma instituição financeira estatal e o ente que a controla).

Inúmeros outros artigos poderiam ser mencionados, como, ainda, o inciso II do § 2º do art. 43, porém certamente não é nosso propósito exaurir a legislação infraconstitucional. Pretendemos, isto sim, deixar claro que as empresas estatais estão sujeitas a rígido controle.

Quisemos demonstrar para clareza deste estudo qual é o controle exercido, em termos constitucionais e legais, sobre as empresas estatais, antes de adentrarmos ao exame dos contratos dessas empresas.

## *II – Dos contratos administrativos celebrados pelas empresas estatais*

*5.* Os contratos administrativos celebrados pelo ente público ou estatal têm regime jurídico próprio com traços conotadores do direito público. Por isso mesmo devem ser subsumidos inteiramente à lei, ao ordenamento jurídico, ou seja, à lei e aos princípios do ordenamento jurídico.

Cabe, ainda, lembrar que os princípios preponderantes do Direito Administrativo – segundo a melhor doutrina – são a supremacia do interesse público e a sua indisponibilidade.[3] De tais princípios, como corolário lógico, há de se defluir, por certo, uma série de outros.

3. Cumpre esclarecer que, ao nos referirmos a *interesse público*, estamos a falar de interesse qualificado pela norma, não do interesse escolhido ao alvedrio do administrador. Ao interesse público, assim conotado, há de acudir, como corolário lógico, sua indisponibilidade. Não esqueçamos a assertiva de Seabra Fagundes: "Administrar é aplicar a lei de ofício".

Aliás, costumamos enfatizar que vige no regime jurídico administrativo o princípio da indisponibilidade da competência. Veja-se de nossa autoria, se houver interesse, *Curso de Direito Administrativo*, 8ª ed., Cap. I, referente à função administrativa.

*6.* Portanto, caso os contratos administrativos contenham vícios, detectados quer no controle interno quer no externo (Congresso Nacional com o auxílio dos Tribunais de Contas e/ou Judiciário), devem ser convalidados, se possível, ou, se impossível, decretada sua invalidade.

Se o contrato não se extinguir naturalmente com o cumprimento do prazo ou do objeto contratual, poderá ser extinto por provocação do próprio órgão quando se verificar irregularidade, como já assentado, ou por outro Poder como o Congresso Nacional ou Judiciário.

*6.1* O Tribunal de Contas, como auxiliar do Congresso Nacional, pode suspender atos da Administração Pública, se não atendido em suas determinações anteriores (art. 71, IX, da Constituição). Mas, não sustar contratos, o que deverá ser feito pelo Congresso Nacional, nos termos do art. 71, § 1º, da Constituição.

Determinadas providências pelo Tribunal de Contas que digam respeito à regularização dos vícios de contratos, caberá à Administração desconstituí-los, se não puder regularizá-los.

Isso porque, embora as decisões dos Tribunais de Contas *não sejam vinculantes*, ao tomar a Administração conhecimento de irregularidades, deverá providenciar para o restabelecimento da legalidade sob pena de sua conduta ser considerada omissiva.

*6.2* Na verdade, no exercício da função administrativa, a Administração Pública tem, *em princípio*, o dever de invalidar seus atos desconformes do direito.

Com efeito, a invalidação de um contrato administrativo consiste na sua desconstituição, com a supressão de seus efeitos típicos, por motivo de incompatibilidade com a ordem jurídica. De conseguinte, com atribuição de efeitos *ex tunc*. Os efeitos devem ser *ex tunc* porque, também, *em princípio*, de atos eivados de vícios não se podem adquirir direitos.

De logo, cumpre ressaltar que, subsumida à lei, no Estado de Direito, a Administração Pública só pode agir *secundum legem*. Em outras palavras: debaixo da lei. Ao invalidar, estará, pois, a Administração dentro de sua função controladora. Invalidará a Administração, *de ofício*, por meio do controle interno ou, de revés, atuará em virtude *de provocação*. Isto pode acontecer na via recursal, pelo direito de petição, assentado no Diploma Básico, na letra "a", do inciso XXXIV, do art. 5º. Ou, ainda, por determinação judicial ou do Congresso Nacional ou, também, acatando as determinações ou recomendações dos Tribunais de Contas.

*6.3* É preciso anotar que a invalidação dependerá de um novo ato administrativo. Tal ato administrativo determinará a desconstituição do contrato. A invalidação será reduzida a termo, como já o fora anteriormente o contrato.

O ato invalidatório operará com o seu conhecimento pelo destinatário[4] e precedido sempre do devido processo legal. O ato invalidatório deverá apanhar os efeitos passados, para reconstituir a situação anterior.

Casos há, é importante assinalar, em que esta reconstituição se tornará impossível, por envolver, inclusive, problema de responsabilidade[5] estatal, hipótese em que à invalidação será dado o efeito *ex nunc*. Porém, tal hipótese deverá ser cuidadosamente examinada e caso a caso.

*6.4* Um dos limites da invalidação administrativa dos contratos é a prescrição. O direito repele, sem dúvida, situações pendentes. Deveras, o instituto da prescrição visa, exatamente, à estabilidade das situações constituídas pelo decurso do tempo.

Em se tratando de contratos administrativos, entendemos ser de cinco anos o prazo prescricional, prazo normal para se atacar as relações travadas pela Administração Pública.[6]

*6.5* A *decisão* do Tribunal de Contas, tanto sobre a legalidade das despesas quanto sobre a legalidade dos contratos, constitui-se em ato administrativo de controle externo, verificador da conformidade do ato praticado pela Administração Pública. É correspondente ao ato administrativo homologatório, com o mesmo regime jurídico desse ato.

Celso Antônio, ao se referir ao ato do Tribunal de Contas, no que diz respeito aos contratos, afirmou: "O exame pelos Tribunais de Contas dos contratos administrativos é manifestação de concordância para que possam produzir efeitos, isto é, para que sejam eficazes, é ato de homologação".[7]

Ao mencionar a produção de efeitos, está o autor, sem dúvida, referindo-se a efeitos válidos, uma vez que os contratos já de-

4. Consulte-se Eduardo Sotto Kloss, *apud* Celso Antônio Bandeira de Mello, *Ato Administrativo e Direitos dos Administrados*, São Paulo, Ed. RT, 1981; "L'entrée en application de l'acte administratif", in *Estudos em Homenagem ao Prof. Enrique Sayagues Laso – Perspectivas del Derecho Público en el Siglo Veinte*, v. IV/737, Madri, 1969.

5. Nesse mesmo sentido encontramos o pensamento de Olguín Juarez, no *Extinción de los Actos Administrativos, Revocación, Invalidación y Decaimento*, p. 562 e também de Stassinopoulos, ob. cit., pp. 291-294. Assim também nos pronunciamos em nosso *Disciplina Urbanística da Propriedade*, 2ª ed., pp. 155-177.

6. Veja-se o Decreto 20.910, de 6.1.1932. E, igualmente a Lei de Processo Administrativo n. 9.784/1999, art. 54, que fixa em cinco anos o prazo para a Administração desconstituir situações que beneficiam os administrados. Eis o teor do artigo: "Art. 54. O direito da Administração de anular os atos administrativos de que decorram efeitos favoráveis para os destinatários decai em cinco anos, contados da data em que foram praticados, salvo comprovada má-fé. § 1º. No caso de efeitos patrimoniais contínuos, o prazo de decadência contar-se-á da percepção do primeiro pagamento. § 2º. Considera-se exercício do direito de anular qualquer medida de autoridade administrativa que importe impugnação à validade do ato".

7. Esta citação refere-se ao *Curso de Direito Administrativo* de Celso Antônio, ao tempo em que se denominava ainda *Elementos de Direito Administrativo*. Trouxemos à colação porque entendemos exatamente da mesma forma.

tinham eficácia. Entretanto, a eficácia estaria sob condição resolutória. É dizer: se considerados ilegais, ditos contratos deveriam ser desfeitos, se ainda possível fosse ou tomada outra providência.

Quando o Tribunal de Contas não aprova determinada despesa faz ele a glosa. Em outras palavras: a glosa é a desaprovação, o não à despesa efetuada.

*6.6* Nessa última hipótese de exaustão do objeto contratual, (glosa em rejeição da despesa), é preciso, todavia, bem examinar as relações jurídicas criadas: se são ou não ainda disponíveis à Administração por se encontrarem protegidas pelo manto de outras normas do ordenamento jurídico, como, por exemplo, a prescrição ou a exaustão total do objeto. Se assim for, na última hipótese (cumprimento integral dos contratos), outras soluções devem ser aventadas, como, por exemplo, decreta-se, se ainda possível para a Administração,[8] a ilegalidade do contrato, se tiver havido superfaturamento, exige-se judicialmente a reposição aos cofres públicos e responsabiliza-se quem deu causa à irregularidade.

*6.7* Se houver vício na formação do ajuste e/ou aditamentos indevidos ou da licitação precedente, ou, ainda, em aditamentos contratuais indevidos, a invalidação do contrato administrativo por ilegitimidade é o restabelecimento da ordem jurídica violada.[9]

A teoria dos vícios do ato administrativo é plenamente aplicável aos contratos. Todavia, deixaremos de examinar um a um os vícios, que poderiam tornar o contrato passível de anulação, por desbordarem dos limites deste estudo.

*6.8* Enfatizamos que a inexistência de procedimento licitatório – quando este não seja dispensável ou inexigível,[10] hipóteses dos arts. 24 e 25 da Lei n. 8.666/1993 – ou vício no procedimento anterior, como, por exemplo, conluio entre os licitantes,[11] acarretará a ilegalidade do contrato.

O Direito brasileiro traz expressa referência à anulabilidade, ou o que denomina nulidade do contrato administrativo, nas situações descritas na Lei n. 4.717, de 29.6.1965, Lei da Ação Popular. Na Lei de Licitações e Contratos, o art. 59, já referido, trata do tema. Citem-se ainda os arts. 82 a 85 da mesma Lei n. 8.666/1993.[12]

*7.* Na verdade há de se atentar ao princípio da probidade administrativa com as figuras ressaltadas na Lei n. 8.429/1992, arts. 9º, 10 e 11. Cabe-nos, pois, falar brevemente sobre a improbidade administrativa, porque também referida ao tema em exame.

*7.1* Os atos de improbidade administrativa foram veiculados pelos arts. 9º (*atos de improbidade que importam enriquecimento ilícito*), 10 (*atos de improbidade que causam prejuízo ao Erário, e, notadamente, o inciso VIII desse artigo, referente à licitação*) e 11 (*atos de improbidade que atentam contra os princípios da administração*) da mencionada Lei n. 8.429/1992.

As penas encontram-se dispostas no art. 12 da mesma Lei n. 8.429/1992 e são bastante severas.

8. Se o contrato houver se exaurido totalmente e, também, o prazo prescricional já decorrido, não será mais possível decretar a invalidade do contrato. Nesta hipótese, teria a Administração de pleitear ao Judiciário a devolução ao Erário do superfaturamento, se ocorrido. E, ademais disso, responsabilizar quem dera causa ao contrato e/ou aditamentos indevidos.

9. Berçaitz, conceituado Professor argentino, e monografista do tema, aponta como vícios do contrato as seguintes espécies: incompetência, incapacidade do contratante, não observância da forma, ilicitude do objeto ou falta de causa.

10. Consulte-se, se necessário o alargamento da matéria, o nosso *Dispensa e Inexigibilidade de Licitação*, 3ª ed., Malheiros Editores, em co-autoria com Sérgio Ferraz, Cap. II.

11. O conluio dá-se, muitas vezes ou, no mais das vezes, com a participação do agente administrativo.

12. Além das sanções administrativas, poderão existir sanções penais como as descritas nos arts. 89 a 99 da Lei n. 8.666/1993.

*7.2* Deseja-se assinalar, todavia, que se deverá dar à Lei n. 8.429/1992 art. 11 (atentar contra os princípios da Administração) *interpretação conforme a Constituição*,[13] naquilo que parece exorbitar do texto constitucional (a culpa foi equiparada ao dolo), fazendo-se utilização plena da cláusula substantiva do devido processo legal.

Entendemos que, na hipótese do art. 11, o legislador equiparou a ilegalidade à improbidade, o que não havia feito o texto constitucional.

Conforme já dissemos, deve ser perquirida de que culpa se está a tratar em face da *razoabilidade e proporcionalidade*, ínsitas necessariamente ao devido processo legal substantivo. Interessa analisar se a culpa é grave, leve ou levíssima. Insista-se; isso se estiver em jogo o art. 11 da Lei n. 8.429/1992 (atentar contra os princípios da Administração) e não, evidentemente, qualquer dos artigos.

*7.3* As garantias constitucionais foram concebidas exatamente para que constrições, exercidas de forma ilegal ou abusiva, pudessem ser energicamente repelidas.

Por isso, quando houver imputações de condutas ilícitas, obriga-se, sem sombra de dúvida, ao contraditório preliminar,[14] sobretudo, quando estivermos em face de atos ablativos de direitos e/ou sancionatórios, ainda que se coloque a Administração diante da revisão de seus atos administrativos emanados ilegalmente. É totalmente necessária a audiência da parte beneficiária, para que produza esta suas razões, enfim que se defenda antes e não depois.

*7.4* Deveras, não pode a Administração suprimir direitos, desconstituir situações sem que ouça o administrado, no caso o contratado, e, necessariamente, preliminarmente.[15] O mesmo se diga no que tange aos seus funcionários, como se verificará.

7.4.1 Recordemos do escólio admirável de Almiro Couto e Silva sobre os atos que feriram a legalidade, porém, em que se deveriam observar outros princípios. Obviamente, está o autor a se referir a situações absolutamente excepcionais, que não infirmam o dever *geral* de a Administração anular seus atos desconformes do ordenamento jurídico.

"(...).

"Faz-se, modernamente, também, a correção de algumas distorções do princípio da legalidade da Administração Pública, resultantes do esquecimento de que sua origem radica na proteção dos indivíduos contra o Estado, dentro do círculo das con-

13. A respeito da *interpretação conforme*, muitos autores da maior suposição já se manifestaram. Vamos trazer à colação apenas Canotilho: "Ora, o princípio da interpretação conforme à Constituição é um instrumento hermenêutico de conhecimento das normas constitucionais que impõe o recurso a estas para determinar e apreciar o conteúdo intrínseco da lei. (...) Se a interpretação conforme à Constituição quiser continuar a ser interpretação, ela não pode ir além dos sentidos possíveis, resultantes do texto e do fim da lei. Por outras palavras: a interpretação conforme à Constituição deve respeitar o texto da norma interpretanda e os fins prosseguidos através do acto normativo sujeito a controlo" (J. J. Gomes Canotilho, 6ª ed. revista, Coimbra, Livraria Almedina, 1993, pp. 1.112-1.113).

14. Ver a Lei de Processo Administrativo, Lei n. 9.784/1999, arts. 1º, e, principalmente, 2º, inciso X, que se aplica subsidiariamente por força do art. 69.

15. A esse respeito veja-se acórdão magistral do Ministro Marco Aurélio Mello, de teor seguinte: "*Ato Administrativo. Repercussões. Presunção de legitimidade. Situação constituída. Interesses contrapostos. Anulação. Contraditório.* Tratando-se da anulação de ato administrativo cuja formalização haja repercutido no campo de interesses individuais, a anulação não prescinde da observância do contraditório, ou seja, da instauração de processo administrativo que enseje a audição daqueles que terão modificada situação já alcançada. *Presunção de legitimidade do ato administrativo praticado, que não pode ser afastada unilateralmente, porque é comum à Administração e o particular*" (STF, 2ª T., RE 158.543-RS, Rel. Ministro Marco Aurélio, m.v., j. 30.8.1994, Ement. 1.803-04 – destacamos). Atualmente, a jurisprudência é inteiramente voltada no mesmo sentido.

quistas liberais obtidas no final do século XVIII e início do século XIX, e decorrentes, igualmente, da ênfase excessiva no interesse do Estado em manter íntegro e sem lesões o seu ordenamento jurídico.

"Aos poucos, porém, foi-se insinuando a idéia da proteção à boa-fé ou da proteção à confiança, a mesma idéia, em suma, de segurança jurídica cristalizada no princípio da irretroatividade das leis ou no de que são válidos os atos praticados por funcionários de fato, apesar da manifesta incompetência das pessoas de que eles emanaram.

"(...)."

E, ao se referir o Professor Almiro a Otto Bachof, autor alemão de grande proficiência: "Informa ainda que a prevalência do princípio da legalidade sobre o da proteção da confiança só se dá quando a vantagem é obtida pelo destinatário por meios ilícitos por ele utilizados, com culpa sua, ou resulta de procedimento que gera sua responsabilidade. Nesses casos não se pode falar em proteção à confiança do favorecido".

*8.* Vê-se claramente estar o princípio da boa-fé bastante valorizado.

Afirmamos com Miguel Angel Berçaitz, monografista do tema "Contratos": "Cabe acrescentar que não se deve declarar qualquer nulidade, pela nulidade mesma, como no Direito Privado. Sem prejuízo econômico ou do interesse público, deve-se procurar a estabilidade do ato ou do contrato"[16] (tradução nossa).

*8.1* Também já dissemos em obra comum com Sérgio Ferraz[17] ao nos referirmos aos contratos inválidos.

"A situação aparece com contornos nitidamente mais difíceis na impossibilidade de saneamento. Não sendo possível sanear, a única maneira de regularizar é a anulação do ato viciado.

"Daí decorrem conseqüências diversas, relativas aos terceiros de boa-fé, ou aos agentes públicos que praticaram o ato inquinado de ilegalidade."

A questão traz como conseqüência o problema do enriquecimento sem causa, na hipótese de o contrato estar executado.

É de De Plácido e Silva[18] a seguinte definição de enriquecimento ilícito: "O enriquecimento ilícito ou sem causa é o que se promove, empobrecendo injustamente outrem, sem qualquer razão jurídica, isto é, sem ser fundado numa *operação jurídica, considerada lícita ou numa disposição legal*" (destaques nossos).

Gabriel Bayle,[19] no livro citado *Dispensa e Inexigibilidade de Licitação* averba:

"Mas, de outra parte, convém conciliar a recepção em direito administrativo do princípio de enriquecimento sem causa com a proteção dos fins públicos.

"(...).

"Mas há uma condição essencial para que a ação de restituição de enriquecimento possa ser exercida: é a ausência de uma causa jurídica ao desequilíbrio de uma situação."

Continuamos nós (Sérgio e eu) na obra aludida:

"Surgiu a figura do enriquecimento sem causa para a solução de determinados casos em que, anulado o contrato, não se poderia ressarcir a parte prestadora do serviço, obra ou fornecimento.

"Do mesmo modo, desenvolveu-se a figura do quase-contrato administrativo a busca de uma solução jurídica para indenizar o administrado que, ao colaborar, de boa-fé, com a administração, via-se, mercê da invalidação do ato administrativo, impossibilitado de ressarcir-se."

16. Miguel Ángel Berçaitz, *Teoría General de los Contratos Administrativos*, 2ª ed., Buenos Aires, Depalma, 1980, p. 511.

17. Lúcia Valle Figueiredo e Sérgio Ferraz, *Dispensa e Inexigibilidade de Licitação*, 3ª ed. esgotada, Malheiros Editores, p. 92.

18. *Vocabulário Jurídico*, p. 604.

19. Lúcia Valle Figueiredo e Sérgio Ferraz, id., ib.

*9.* Sem dúvida, embora haja valor fundamental a proteger, tal seja, o cumprimento da ordem jurídica, por outro lado, encontram-se outros valores, também albergados no ordenamento, merecedores de igual proteção como a boa-fé, a certeza jurídica, a segurança das relações estabelecidas com a Administração Pública.

Em caso tais – ausência de dano ao Erário (se não ficar provado, quer no Tribunal de Contas, quer na ação judicial, que tenha havido qualquer superfaturamento ou protecionismo à empresa contratada), o ato viciado não poderá ser anulado *sic et simpliciter*. Deverão ser indenizados os serviços prestados.

Deveras, a própria Lei de Licitações n. 8.666/1993, em seu art. 59, já citado, protege o contratado de boa-fé, quando resulta o contrato de licitação viciada ou de sua dispensa, se indevida.

## *III – O contrato como fato administrativo*

*10.* Se invalidado contrato administrativo, ou mesmo seus aditamentos, quer tenha sido executado quer ainda não o tenha sido totalmente, há de remanescer o fato administrativo. (acontecimento ao qual o ordenamento jurídico imputa efeitos).

Deveras, pode-se suprimir do mundo jurídico a norma contratual, quer seja referente ao contrato original, quer seja ao aditamento, mas não se poderá suprimir o fato administrativo. As conseqüências jurídicas de ter existido juridicamente antes da invalidação não podem ser totalmente suprimidas.

Juan Manuel Teran averba que:

"(...) Nas doutrinas dominantes afirma-se que os atos jurídicos são queridos e os fatos independentes da vontade.

"(...).

"Mas, os fatos jurídicos não produzem efeitos de direito enquanto estritamente são dados como fatos; somente produzem efeitos de direitos pela imputação jurídica; mas a imputação jurídica é sempre de caráter normativo, toca à esfera de conduta (...)"[20] (tradução nossa).

*10.1* Quando afirmamos que o contrato é extinto, ou deve ser extinto, de maneira anormal, chegamos a denominar essa forma de extinção de patológica, em monografia especializada a respeito do tema. Pretendemos afirmar que deixará de servir de suporte para que o administrado, no outro pólo da relação jurídica, possa invocá-lo como norma individual, garantidora de seu direito. Poderá, entretanto, invocá-lo como fato jurídico a gerar responsabilidade administrativa.

*11.* Deveras, deixando o contrato de ser uma norma, transfigurando-se, destarte, em fato jurídico, desencadeia, somente por isso, outras normas do ordenamento jurídico, que poderão ir a socorro do contratado, dependendo, evidentemente, de sua boa ou má-fé (art. 59 da Lei n. 8.666/1993).

A questão terá desdobramentos, dependendo da culpa concorrente do contratado, ou do seu eventual dolo (má-fé na linguagem legal). Todavia, cabe-nos recordar que a má-fé deve ser provada, a não ser que a lei impute diretamente tal conseqüência a determinadas situações.

A presunção de inocência é direito constitucional. É claro que veementes provas circunstanciais poderão elidir tal presunção.

*12.* No tocante às Comissões Parlamentares de Inquérito, CPI ou CPMI, objeto também deste estudo, cabe-nos a citação da Constituição em seu art. 58, § 3º, para afirmar que as Comissões Parlamentares de Inquérito integram o Congresso Nacional. Não são independentes deste. Visam a auxiliar as tarefas do Congresso Nacional e têm grande relevância.

Eis o art. 58 (*caput*) e seu § 3º:

> O Congresso Nacional e suas Casas terão comissões permanentes e tem-

20. Juan Manuel Teran, *Filosofía del Derecho*, Editorial Porrua, 1952, pp. 121 a 124.

porárias, constituídas na forma e com as atribuições previstas no respectivo regimento ou no ato de que resultar sua criação.

(...).

§ 3º. As Comissões Parlamentares de Inquérito, que terão poderes de investigação próprios das autoridades judiciais, além de outros previstos nos regimentos das respectivas Casas, serão criadas pela Câmara dos Deputados e pelo Senado Federal, em conjunto ou separadamente, mediante requerimento de um terço de seus membros, para a apuração de fato determinado e por prazo certo, sendo suas conclusões, se for o caso, encaminhadas ao Ministério Público, para que promova a responsabilidade civil ou criminal dos infratores.

Anote-se que as conclusões devem ser enviadas, quando for o caso, para o Ministério Público a quem caberá tomar as providências cabíveis: responsabilidade civil (normalmente ajuizamento da denominada ação civil pública de improbidade administrativa) e de ações penais.

*12.1* Mas, como já dito, ao falarmos da improbidade administrativa no item 7.1, à Administração, ao ter ciência dos fatos, quer seja por denúncia de particulares ou, por maioria de razão, por meio de Relatórios das CPMIs ou de decisões dos Tribunais de Contas, caberá a apuração sob pena de omissão e de atentar contra os princípios da Administração, sobretudo da legalidade e da moralidade administrativa, art. 11 da Lei n. 8.429/1992.

*13.* A prescrição administrativa para anulação dos atos pela própria Administração, como já assinalado, deverá ser respeitada, salvo na hipótese de comprovada má-fé. Aí teremos, consoante pensamos, a prescrição decenária conforme estabelecida no Código Civil, à míngua de disposição expressa administrativa.

A jurisprudência, que alude à prescrição vintenária, no caso está atenta ainda ao Código Civil anterior. Entendemos que, após a mudança das disposições do Código Civil, temos de considerar o prazo de dez anos.

*14.* No tocante ao prazo da ação civil pública temos, na jurisprudência, a comparação com o da Lei de Improbidade administrativa.

Estamos procurando fazer analogia entre as garantias constitucionais que são específicas, com objeto e finalidades próprias, das demais ações e, inclusive, das ações de ressarcimento por danos que agentes públicos possam causar ao Erário Público (art. 37, § 4º e 5º, da Constituição da República).

Na verdade, afirmam os autores que o prazo para propositura da ação popular, seja este denominado de decadência ou prescrição,[21] foi recebido pela Constituição, muito embora haja outros autores a afirmar, à luz da Constituição, do § 5º do art. 37, ser imprescritível a ação de reposição ao Erário.[22] Aliás, nós mesmos fomos desse entendimento, tendo-o modificado após nova reflexão para concluir que, nesses casos, a prescrição acompanharia o Código Civil e seria, então, decenária.

Assim, verifiquemos qual seria o prazo referentemente à ação popular porque envolve, sem dúvida, ressarcimento ao Erário, portanto, estaria, sob esse aspecto debaixo do art. 37, § 5º, da Constituição, que dá a intelecção de imprescritibilidade para o ressarcimento ao Erário.

A jurisprudência tem aplicado o art. 21 da Lei n. 4.717/1965, sem maiores questionamentos. Mencionem-se, por exemplo, os seguintes acórdãos:

21. Othon Sidou, ao comentar o art. 21 da Ação Popular (Lei n. 4.717/1965) em seu livro *"Habeas Corpus", Mandado de Segurança, Mandado de Injunção, "Habeas Data", Ação Popular* (5ª ed., Rio de Janeiro, Forense, 1998), diz ser de decadência o prazo para interposição da Ação Popular. Portanto, passados cinco anos, extinta estaria a possibilidade.

22. Celso Antônio Bandeira de Mello, *Curso de Direito Administrativo*, 21ª ed., São Paulo, Malheiros Editores, 2006, Cap. XXI, p. 1.005 e Maria Sylvia Zanella Di Pietro, *Direito Administrativo*, 18ª ed., São Paulo, Atlas, 2002, p. 734.

Ação popular. Prescrição. É de se reconhecer a ocorrência da prescrição em ação popular, *não obstante se tratar de anulação de atos lesivos ao patrimônio público*, porque também direitos não materiais são tutelados (TJDF, Remessa *Ex-Officio* n. 657/94, j. 18.4.1994 – destacamos).

Servidor público. Ação popular. (...). O art. 21 da Lei n. 4.717/1965 não pode estar sujeito a prorrogações ou alongamentos decorrentes de eventuais interrupções ou suspensões de seu curso. Lei n. 4.717/1965 que, ao contrário da de n. 8.429/1992, não distinguiu quanto aos prazos, não cabendo ao intérprete fazê-lo. Interesse da estabilidade dos atos da Administração, que deve prevalecer sobre o que ainda pudesse subsistir na invalidação deles. Extinção da ação. Provimento do apelo do réu. Prejudicados o apelo do Estado e o Reexame Necessário (TJRS, Apelação e Reexame Necessário n. 70003103587, j. 12.12.2001).

Ação popular. Qualquer cidadão tem legitimidade para recorrer da sentença de improcedência da ação inclusive quando reconhecida a prescrição. (...). Análise da sentença que deu pela prescrição da ação. Fenômeno prescricional presente na espécie, haja vista a incidência da regra do art. 21, da Lei n. 4.717/1965. Precedente desta Corte. Recurso de Apelação não conhecido. Sentença reafirmada em Reexame Necessário (TJRS, Apelação e Reexame Necessário n. 70003245800, j. 12.3.2001).

Processo civil e constitucional. Ação popular. Direito de ação. Prescrição. (...). 1. A ação popular deve ser ajuizada em até 5 (cinco) anos contados da publicidade do ato que se pretende impugnar, sob pena de se operar a prescrição prevista no art. 21, da Lei n. 4.717/1965. 2. Remessa oficial a que se nega provimento. Sentença mantida (TRF-1ª R., 1ª T., Remessa *Ex-Officio*, j. 28.9.2000).

Diga-se, também, que a 1ª Turma do Superior Tribunal de Justiça, no julgamento do REsp n. 406.545-SP, em 21.11.2002, aplicou, por analogia, o art. 21 da Lei n. 4.717/1965 à ação civil pública, declarando-a prescrita. O acórdão da decisão ficou assim ementado:

Ação civil pública. Ministério Público. Legitimidade. Prescrição. Cerceamento de defesa. Ausência. (...). 6. A Ação Civil Pública não veicula bem jurídico mais relevante para a coletividade do que a Ação Popular. Aliás, a bem da verdade, hodiernamente ambas as ações fazem parte de um microssistema de tutela dos direitos difusos onde se encartam a moralidade administrativa sob seus vários ângulos e facetas. Assim, à míngua de previsão do prazo prescricional para a propositura da Ação Civil Pública, inafastável a incidência da *analogia legis*, recomendando o prazo qüinqüenal para a prescrição das Ações Civis Públicas, tal como ocorre com a prescritibilidade da Ação Popular, porquanto *ubi eadem ratio ibi eadem legis dispositio*. (...).

Realmente não discrepam os autores na afirmação de que teria sido recebido pela Constituição o prazo para propositura da ação popular, seja este denominado de decadência ou prescrição.[23]

Acreditamos que para segurança jurídica, a imprescritibilidade do ressarcimento ao Erário em nada ajudaria, porque a incerteza das situações jurídicas leva, sem dúvida, à instabilidade, à falta de garantia quanto à certeza do direito.

### *IV – A possibilidade de aplicar sanção disciplinar aos empregados envolvidos em contratos declarados inválidos*

O Capítulo VII da Constituição, que versa sobre a administração pública, expres-

23. Othon Sidou, ao comentar o art. 21 da Ação Popular (Lei n. 4.717/1965) em seu livro *"Habeas Corpus", Mandado de Segurança, Mandado de Injunção, "Habeas Data", Ação Popular* (cit.), diz ser de decadência o prazo para interposição da Ação Popular. Portanto, passados cinco anos, extinta estaria a possibilidade.

samente incluiu a administração direta e indireta nas disposições gerais, e no art. 37, incisos I e II,[24] refere-se aos cargos, empregos e funções públicas. O emprego público, como sempre dissemos, é pertinente à administração indireta e aos cargos temporários, conforme dispõe o art. 37, inciso IX da Constituição Federal.

Os §§ 4º e 5º do supracitado artigo dispõem sobre a improbidade administrativa, estabelecendo as penas aplicáveis aos funcionários e os casos de prescrição dos atos ilícitos que causem prejuízo ao Erário. Quanto às penas disciplinares, o art. 23, I e II (Lei de Improbidade n. 8.429/1992) prevê que o prazo de prescrição para propositura das ações destinadas a levar a efeito as sanções previstas em lei será de cinco anos, contados do término do exercício do mandato de cargo em comissão ou função de confiança.

Por outro lado, com relação ao ressarcimento ao Erário, já nos pronunciamos anteriormente. A administração, se ainda não houver se consumado a preclusão administrativa, poderá instaurar processo administrativo para apená-los, dando-lhes amplo direito de defesa.

Todavia, se a administração já houver feito esse processo administrativo anteriormente e os tiver absolvido, há preclusão administrativa, hipótese em que terá o Executivo de recorrer ao Judiciário, se recomendada a fazer os processos administrativos pela CPMI.

Essas as respostas às indagações que formulamos.

24. "(...). I – Os cargos, empregos e funções públicas são acessíveis aos brasileiros que preencham os requisitos estabelecidos em lei, assim como aos estrangeiros, na forma da lei; II – A investidura em cargo ou emprego público depende da aprovação prévia em concurso público de provas ou de provas e títulos, de acordo com a natureza e a complexidade do cargo ou emprego, na forma prevista em lei, ressalvadas as nomeações para cargo em comissão declarado em lei de livre nomeação e exoneração; (...)."

DOUTRINA

# RESPONSABILIDADE CIVIL DO ESTADO
## Instrumentos processuais e meios alternativos para o ressarcimento de danos

MASSAMI UYEDA

Desembargador do Tribunal de Justiça do Estado de São Paulo. Mestre e Doutor em Direito (USP).
Coordenador de Direito Público da Escola Paulista da Magistratura.
Professor no Curso de Mestrado, em Direito, "stricto sensu", da UNIP/Campinas

Está assente no ordenamento jurídico de todos os povos civilizados que aquele que causar dano a outrem fica obrigado a repará-lo.

Cuida-se de emanação direta dos clássicos preceitos do Direito Natural que estatuem: *honestae vivere, alterum non laedere, suum cuique tribuere* (viver honestamente, não lesar a outrem, dar a cada um o que é seu).

Estes preceitos configuram, na essência, o cerne do Direito e da Ética que, como ciências culturais, fundamentam a retidão de conduta, como modelo de comportamento a seguir, devendo estar presente no cotidiano de todos, pessoas físicas e pessoas jurídicas, bem como estar no âmago das instituições.

Os preceitos éticos assim se confundem com os preceitos jurídicos e são transcendentes a estes, pois, como já concebido por Jeremias Benthan "*non omnis quod licet, honestum est*" (nem tudo que é lícito, é honesto).

A noção de responsabilidade civil vincula-se à obrigação de ressarcir danos, consubstanciando obrigação de ordem patrimonial, uma vez que a obrigação de ter de responder com o flagelo corporal ou até mesmo o sacrifício da vida, contida na prática do "olho por olho, dente por dente" de há muito está afastada do Estado de Direito.

O Estado de Direito é aquele em que o primado da lei – comando normativo de observância geral e obrigatória – deve ser obedecido em sua inteireza, tanto que a Constituição Federal de 1988, só para exemplificar, dispõe que "*ninguém será obrigado a fazer ou deixar de fazer alguma coisa senão em virtude de lei*" (art. 5º, II), configurando-se esta determinação no que se consagrou chamar de princípio da legalidade.

Mas, para a adequada compreensão deste princípio, que é basilar do Estado, necessário se faz esclarecer que aquele que promulgou a lei, no caso o Estado, por meio de seu Poder Legislativo, ou mesmo por meio de atos administrativos de conteúdo normativo editados pela Administração Pública – o Poder Executivo e, também, os demais Poderes, quando praticam atos de natureza material administrativa – também se submeta ao comando da lei por ele próprio editada. Esta angulação de interpretação é sintetizada no aforismo "*pati legis quam fecisti*" (suporta a lei que fizeste), segundo o qual o Estado deve, também, cumprir, obedecer à lei que ele próprio criou.

Esta introdução aqui é feita para rememorar a obrigação do Estado quando provoca dano a terceiros, contrapondo-se à teoria da divinização do poder, que vingou por longo período na história da humanidade e que justificava a total irresponsabilidade do governante pelos atos por ele cometidos, sob o fundamento de que sendo ele o governante, a personificação de Deus, na Terra, não poderia errar e, sendo assim, não poderia ser responsabilizado por seus atos.

Esta teoria da divinização do poder, contida na máxima "*the king can do no wrong*" (o rei não comete erro), como assim concebia o Direito inglês, até recentemente, cedeu lugar à teoria da responsabilização civil do Estado.

E esta noção da intangibilidade do poder, impeditiva de se responsabilizar o Estado, por seus atos, acha-se mesmo arraigada no inconsciente coletivo dos países, como o Brasil, de inspiração no Direito romano e não na *Common Law* do Direito anglo-saxão, porquanto, grande parte das vezes, o cidadão comum, leigo em Direito, chega a pensar que o Estado por gerir a coisa pública não tem como ser responsabilizado pelos atos praticados por seus agentes, uma vez que sendo coisa pública não é de ninguém, sendo impossível a sua delineação.

Mas, este sentimento popular não se distancia muito da evolução histórica da responsabilização civil do Estado, pois para se chegar ao disposto no art. 37, § 6º, da Constituição Federal que, *in verbis*: "Art. 37. A administração pública direta e indireta de qualquer dos Poderes da União, dos Estados, do Distrito Federal e dos Municípios obedecerá aos princípios de legalidade, impessoalidade, moralidade, publicidade e eficiência e, também, ao seguinte: (...). § 6º. As pessoas jurídicas de direito público e as de direito privado prestadoras de serviços públicos responderão pelos danos que seus agentes, nessa qualidade, causarem a terceiros, assegurado o direito de regresso contra o responsável nos casos de dolo ou culpa", longo caminho doutrinário e jurisprudencial foi percorrido.

O Direito Administrativo é ramo do Direito Público e sua autonomia científica só a partir de 1873 é que foi assim reconhecida, posto que, até então, embora a disciplina fizesse parte do Curso de Direito da Sorbonne, sob a regência do Barão de Gerando, seu estudo limitava-se ao escorço das leis que disciplinavam as atividades da Administração Pública. E este entendimento também fazia parte dos Professores da Academia de Direito de São Paulo, do Largo de São Francisco, do porte do Conselheiro Ribas.

Mas, nascimento do Direito Administrativo não significa autonomia. Esta só veio à luz, em 1873, com a decisão do Conselheiro Davi, que ao decidir, no Tribunal de Conflitos, ser da competência do Conselho de Estado francês o julgamento da ação de reparação de danos promovida por Agnes Blanco que foi atropelada por um vagonete da Companhia Nacional de Tabacos de Bordéus, ajuizada originariamente perante o Judiciário Comum francês, entre outras disposições, estatuiu:

"A responsabilidade que incumbe ao Estado pelos prejuízos causados aos particulares por ato das pessoas que ele emprega no serviço público não pode ser regida por princípios firmados pelo Código Civil, ao regular as relações de particular a particular; tal responsabilidade não é geral, nem absoluta; tem regras especiais que variam conforme as necessidades do serviço e a imposição de conciliar os direitos do Estado com os direitos privados" (cf. menciona José Cretella Júnior em *Direito Administrativo Comparado*, 4ª ed., Forense, p. 58).

E, assim, a autonomia científica do Direito Administrativo surge com uma decisão envolvendo caso de responsabilidade civil do Estado.

Por esta histórica decisão, constata-se que a interpretação do Direito Administrativo distingue-se da do Direito Civil. Neste, vigora o princípio da igualdade das partes, sob o prisma jurídico. No Direito Administrativo, ao se proceder à exegese dos atos administrativos e mesmo da conduta da Administração Pública, deve-se considerar o pressuposto da desigualdade jurídica da Administração Pública que tem, em relação ao particular, nítida preponderância. Esta distinção no método de interpretação pode ser facilmente constatada nos exemplos da compra e venda de um imóvel e no da desapropriação de um bem imóvel. Na compra e venda o negócio jurídico só se aperfeiçoa se as partes estiverem de acordo, ou seja, se há "*animus*" de venda e "*animus*" de compra e, na desapropriação, não se indaga ao expropriado se ele concorda com o despojamento de seu bem. Simplesmente, neste caso, há o "*animus*", o querer da Administração Pública.

No campo da responsabilidade civil, na seara do Direito Civil, necessário que a conduta causadora do dano seja decorrente do elemento subjetivo da culpa do agente causador do dano para que se estabeleça liame de responsabilização. A culpa, em sentido jurídico, consiste na motivação psíquico-psicológica da ação (ou omissão) causadora do dano. Significa o querer produzir o dano (vontade consciente) ou que a produção do dano seja decorrente de conduta desidiosa, imprudente, imperita ou negligente, ou seja, que a lesão tenha sido conseqüente à imprevidência do agente, em condições de previsibilidade (culpa *lato sensu*).

No tocante ao dano causado pelo Estado, por ato praticado por seu agente, não há necessidade de demonstrar-se o vínculo subjetivo de sua conduta. Basta para configurar a obrigatoriedade do ressarcimento, como conseqüência da responsabilidade civil do Estado, que o dano tenha ocorrido. É isto que se denomina responsabilidade objetiva. Ou seja, houve dano em decorrência de ação (ou omissão) do agente do Estado? Se houve, objetivamente há configuração de responsabilidade civil do Estado.

Mas, atente-se que a adoção singela de constatação objetiva da lesão ou do dano, pura e simplesmente, pode conduzir a situações de flagrante injustiça para com o Estado e, em última análise, para com o povo que, afinal, é quem irá ressarcir os prejuízos.

É o caso de se figurar a hipótese de o dano ou a lesão ter sido causada ou provocada pela própria vítima. É cabível a reparação, se foi a vítima quem se auto-lesionou ou provocou o dano em seu bem jurídico?

Obviamente, não será cabível.

Mas, em que hipóteses, haverá o cabimento?

Nas hipóteses em que a vítima não tenha concorrido para a eclosão do evento e que este, também e por outro lado, não seja resultado de caso fortuito e força maior, pois, então, nestas hipóteses, há causa de exclusão da responsabilidade civil do Estado.

Há teorias originadas da responsabilidade objetiva, que procuram fundamentar a obrigação de reparação de danos causados pelo Estado. Uma delas, a do risco administrativo estabelece que a obrigação existe se o serviço público a que se obrigou a prestar o Estado, em condições adequadas não foi prestado. Nesta hipótese, há necessidade de se provar que o serviço foi adequadamente prestado. O princípio do ônus da prova, ou seja, a obrigação de demonstrar o alegado que, de regra, compete a quem alega, em sede de prestação de serviço público, que, agora acha-se abrangido pelo Código de Defesa do Consumidor, transfere ao Estado o dever de demonstrar que o serviço foi adequadamente prestado.

E, há outra teoria que se baseia no risco integral, ou seja, é do Estado toda a responsabilidade causada por seu agente. Mas, esta teoria é extremada e pode levar a situações de injustiça, pois pode ocorrer a hipótese em que o dano seja causado por culpa exclusiva da vítima.

No dever de reparar os danos incluem-se parcelas referentes ao principal, que são os danos, aos lucros cessantes, que são aqueles que o lesionado se viu impedido de auferi-los em razão da lesão sofrida, bem como atualização monetária, juros, custas e honorários advocatícios.

A instrumentalização do direito à reparação dos danos há de ser feita por meio de ações judiciais, na esteira da dicção do art. 5º, inciso XXXV, da Constituição Federal, que dispõe:

> Art. 5º. Todos são iguais perante a lei, sem distinção de qualquer natureza, garantindo-se aos brasileiros e aos estrangeiros residentes no País a inviolabilidade do direito à vida, à liberdade, à igualdade, à segurança e à propriedade, nos termos seguintes:
>
> (...).
>
> XXXV – A lei não excluirá da apreciação do Poder Judiciário lesão ou ameaça a direito.

Estas ações podem, dependendo das hipóteses de configuração, ser aquelas deduzidas sob rito ordinário (procedimento comum ou procedimento sumário) ou de rito especial, como mandado de segurança, em trato de lesão ou dano individual; e, em trato de lesão a interesse difuso ou coletivo, em ação civil pública, ação popular, mandado de segurança coletivo e mandado de injunção.

E, também, pode ser instrumentalizada por via administrativa, por meio de conciliação, transação ou arbitragem.

Na realidade, há neste campo da resolução de conflitos decorrentes de responsabilidade civil do Estado resistência cultural quanto à forma extrajudicial de sua resolução, porque é comum, a nosso ver equivocado, o entendimento de que não há cabimento para a transação.

Mas a Lei Paulista n. 10.177, de 30 de dezembro de 1998, ao regular o procedimento administrativo no âmbito da Administração Pública Estadual, dispôs em seu art. 65 que: "Art. 65. Aquele que pretender, da Fazenda Pública, ressarcimento por danos causados por agente público, agindo nessa qualidade, poderá requerê-lo administrativamente, observadas as seguintes regras:".

Esta lei deve ser saudada e festejada, pois veio possibilitar a mais rápida e célere resolução do conflito de interesse. E, conquanto em seu art. 66 disponha que a indenização, se acolhida esta via administrativa, a ser paga será singela, somente o valor do principal, sem os juros legais, as atualizações e os honorários advocatícios, bem de ver que o pagamento desta indenização há de ser feita em tempo razoável, sob pena de caracterizar-se o enriquecimento ilícito do Estado.

Por razoabilidade deve-se entender a adequação entre meios e fins, no sentido de que deve haver um equilíbrio temporal que não ultrapasse o "*logos del razonable*" a que aludia Recaséns Siches (in Luis Recaséns Siches, *Tratado General de Filosofía del Derecho*, 1ª ed., Editorial Porrua, México, 1959, p. 428; "Experiencia jurídica, naturaleza de la cosa y lógica 'razonable'", *Publicaciones de Diánoia*, Fondo de Cultura Económica, Universidad Nacional Autónoma de México, México, 1971, p. 499).

*De lege ferenda*, ou seja, como proposição a ser considerada pelo legislador, deve-se incentivar a utilização dos meios alternativos de resolução de conflitos de interesses, mediante os institutos da conciliação e da transação e, até mesmo, pela utilização da arbitragem.

A nosso ver, é cabível o recurso aos meios alternativos e ao assim afirmar fundamentamo-nos no princípio do paralelismo de formas em relação ao instituto da licitação que, inegavelmente, é instrumento de moralidade administrativa no atinente às contratações efetuadas pelo Estado, as quais, obviamente, implicam em despesas públicas. Se, no referente à licitação, a própria lei prevê hipóteses de dispensa da licitação, exigindo-se apenas a fundamentação da dispensa, além das hipóteses legais de inexigibilidade da licitação (arts. 17, incisos I e II; 24, incisos I a XXIV e 25, da Lei 8.666/1993) porque não se permitir que o agente público a quem esteja afeta a competência para atuar na área de litígios decorrentes de reparações de danos não se permitir possa celebrar acordos? A lei que assim vier a ser promulgada há de estabelecer as hipóteses e os limites.

Por esta razão é que dissemos ser auspiciosa a promulgação da Lei Paulista n. 10.177, de 30 de dezembro de 1998.

Estas, em linhas gerais, um relance de um tema que há de merecer, por certo, reflexões mais detidas.

# AÇÃO DIRETA DE INCONSTITUCIONALIDADE DE LEI ESTADUAL OU MUNICIPAL FRENTE A CONSTITUIÇÃO ESTADUAL. REPENSANDO O CABIMENTO DE RECURSO EXTRAORDINÁRIO

Almiro do Couto e Silva

Professor de Direito Administrativo do Programa de Pós-Graduação em Direito da UFRGS

*1.* O sistema brasileiro de controle concentrado de constitucionalidade das leis, em razão da nossa estrutura federativa, apresenta peculiaridades, conforme as leis sejam federais, estaduais ou municipais.

(*a*) Em se tratando de lei federal, a competência para apreciar sua conformidade com a Constituição Federal é do Supremo Tribunal Federal (CF, art. 102, I).

(*b*) Cogitando-se de lei estadual, impugnada como contrária à Constituição Federal, também somente o Supremo Tribunal Federal é o competente para decidir a causa (CF, art. 102, I).

(*c*) Se, entretanto, a ADI questiona a validade de lei estadual perante a Constituição do Estado, a competência para julgá-la é do Tribunal do Estado (CF, art. 125, § 2º).

(*d*) Será igualmente competente o Tribunal do Estado para exercer o controle concentrado de constitucionalidade das leis municipais, diante da Constituição do Estado (CF, art. 125, § 2º).

*2.* Nesse quadro de linhas aparentemente tão simples, há, contudo, questões extremamente complexas. Uma delas diz respeito ao confronto de leis estaduais ou municipais com preceitos da Constituição estadual que reproduzem normas da Constituição Federal, as quais, por imposição desta, devem obrigatoriamente ser adotadas pelo Estado-membro.

Quanto a este tema estabeleceu-se controvérsia, no âmbito do Supremo Tribunal Federal, descrita na memorável decisão proferida na Reclamação n. 383-SP, Rel. Ministro Moreira Alves.

Uma linha de interpretação (Sepúlveda Pertence, Reclamação n. 307) sustentava que norma constitucional estadual que reproduz norma constitucional federal é "ociosa", devendo ser tratada como inexistente. Desse modo, o conflito entre a lei estadual e a norma constitucional estadual de reprodução obrigatória seria, na verdade, conflito direto com a Constituição Federal, cuja solução, em controle concentrado de constitucionalidade, é da competência da nossa Corte Suprema, em ADI a ser proposta perante ela, obviamente pelas pessoas e órgãos constitucionalmente legitimados para tanto.

O outro entendimento (Moreira Alves), que acabou prevalecendo, era o de que a norma de Constituição estadual, de reprodução obrigatória, não perdia sua natureza de norma estadual. Desse modo, o controle concentrado de inconstitucionalidade de lei estadual ou municipal, frente a Constituição estadual, seria da competência do Tribunal de Justiça, sem prejuízo, no caso de lei estadual, de sua impugnação, perante o STF, em ADI por violação da Constituição Federal.

Na hipótese, entretanto, de ser julgada improcedente a ADI pelo Tribunal de Justiça, seria, em tese, cabível o recurso extraordinário.

É o que se lê na ementa da Reclamação n. 383-SP:

> Reclamação com fundamento na preservação da competência do Supremo Tribunal Federal (CF, art. 125, § 2º). A ação direta de inconstitucionalidade proposta perante Tribunal de Justiça na qual se impugna Lei municipal sob a alegação de ofensa a dispositivos constitucionais estaduais que reproduzem dispositivos constitucionais federais de observância obrigatória pelos Estados. Eficácia jurídica desses dispositivos constitucionais estaduais. Jurisdição constitucional dos Estados-membros.
>
> Admissão da propositura de ação direta de inconstitucionalidade perante o Tribunal de Justiça local, com possibilidade de recurso extraordinário se a interpretação da norma constitucional estadual, que reproduz a norma constitucional federal de observância obrigatória pelos Estados, contrariar o sentido e o alcance desta. Reclamação conhecida, mas julgada improcedente.

*3.* Ao admitir, nessa hipótese, recurso extraordinário contra decisão de Tribunal de Justiça que julga ADI de lei municipal ou estadual em face da Constituição Estadual, o STF atribuiu nova dimensão ao controle concentrado de constitucionalidade instaurado no plano estadual, estruturando o processo em duas fases:

(*a*) A *primeira fase* transcorre perante o Tribunal de Justiça do Estado e nela se processa e é julgada a ação direta declaratória de inconstitucionalidade de lei municipal ou estadual diante da Constituição do Estado.

O lógico seria que as matérias discutidas nesta fase, ventiladas na inicial e na decisão, se cingissem exclusivamente ao direito positivo constitucional estadual, mesmo quando este reproduzisse normas constitucionais federais de observância obrigatória pelos Estados-membros. E isto pela simples razão de que o exame da constitucionalidade das leis estaduais, em controle abstrato, no cotejo com a Constituição Federal, é incumbência privativa do Supremo Tribunal Federal, não cabendo, pois, aos Tribunais estaduais fazê-lo, sob pena da invasão ou usurpação da competência do STF.

De outra parte, a Constituição Federal não outorgou competência a nenhum Tribunal nacional para exercer controle abstrato de constitucionalidade de lei municipal, mas, se o tivesse feito, certamente a teria confiado ao STF (Brossard, Reclamação n. 337). Só em controle difuso, em face do caso concreto, é que será possível, portanto, declarar a inconstitucionalidade de lei municipal perante a Constituição Federal.

Aliás, é oportuno lembrar que a exclusão das leis municipais do controle concentrado de constitucionalidade, pelo Supremo Tribunal, com relação à Constituição Federal foi motivada por uma razão prática, qual seja a da existência, na Federação brasileira, de mais de cinco mil Municípios. Assim, a diminuição do número de ações em que se discutisse, no controle concreto ou difuso, a constitucionalidade de leis municipais perante a Constituição Federal, que se obteria com a instituição do controle de constitucionalidade concentrado no Supremo Tribunal, seria muito possivelmente anulada pelo número de ações diretas de inconstitucionalidade de lei municipais ajuizadas no Supremo Tribunal Federal.[1]

1. Ou, como mais extensamente e melhor mostrou o Ministro Moreira Alves, ao examinar a

(*b*) A *segunda fase* é facultativa ou eventual; pode existir ou não. Ela se inicia com a interposição do recurso extraordinário e, após o juízo de admissibilidade, se esgota com o conhecimento e o julgamento do mérito do recurso pelo STF em decisão que, dando ou negando provimento ao recurso extraordinário, respectivamente, declara ou não a inconstitucionalidade da lei estadual ou municipal diante da Constituição Federal. Diz-se que essa fase é facultativa ou eventual porque, obviamente, ela depende da interposição de recurso extraordinário no devido prazo. Se não há recurso, ou se foi interposto fora do prazo, ela não se instaura, o que significa dizer que se consuma a coisa julgada e a eficácia *erga omnes*.

Como já se deixa perceber, o sistema brasileiro de controle concentrado de constitucionalidade apresenta, neste ponto, algumas imperfeições graves, ligadas, quase todas elas, ao seu hibridismo. É que a ação direta de inconstitucionalidade de lei estadual ou municipal, frente a Constituição estadual, pela interposição do recurso extraordinário transforma-se, como logo se verá, em ação direta de inconstitucionalidade frente à Constituição Federal.

*4.* Atente-se para estes aspectos:

(*a*) A causa de pedir e o pedido na ADI de lei estadual perante a Constituição Estadual, mesmo nos casos de repetição de preceitos da Constituição Federal, não se confundem com a causa de pedir e com o pedido da ADI de lei estadual em face da Constituição Federal.

Naquela o que se pleiteia é o reconhecimento da impossibilidade de coexistência da lei estadual ou municipal com a Constituição Estadual; nesta o que se postula é a declaração da incompatibilidade da lei estadual com a Constituição Federal.

Essa diversidade de *causa petendi* foi, aliás, reconhecida pelo STF na Reclamação n. 383-SP, como se verifica deste tópico do voto do Ministro Moreira Alves:

> Ora, na hipótese de não interposição de recurso extraordinário (ou de não oferecimento de reclamação, como acima observei), se a decisão do Tribunal de Justiça, na ação direta, for pela sua improcedência – o que vale dizer que a lei municipal ou estadual foi tida como constitucional –, embora tenha ela também eficácia *erga omnes*, essa eficácia se restringe ao âmbito da Constituição estadual, ou seja, a lei então impugnada, aí, não poderá mais ter sua constitucionalidade discutida em face da Constituição estadual, o que não implicará que não possa ter sua inconstitucionalidade declarada, em controle difuso ou em

matéria ainda no regime da EC n. 16/1965: "Por outro lado é de observar-se que essa Emenda que não se esqueceu das leis municipais em face das Constituições Estaduais a elas não se referiu para o efeito de darem ensejo à representação não-interventiva, quando em conflito com a Constituição Federal. Explica-se: não se deu competência ao Supremo para julgar representações dessa natureza, por se entender, evidentemente, que as questões municipais, em termos de volume com relação a dado município, não compensariam, para a redução da carga de processos do Supremo Tribunal Federal, o aumento de seu serviço com a possibilidade de argüição de inconstitucionalidade de leis em quase cinco mil municípios, tais inconstitucionalidades continuariam a ser declaradas *incidenter tantum*; e também não se deu essa competência aos Tribunais de Justiça Estaduais pelo simples fato de que não são eles guardiões da Constituição Federal, em processo de natureza política como é o da representação não-interventiva, só podem declarar a inconstitucionalidade de qualquer lei (municipal, estadual ou federal), em face da Constituição Federal, no exercício estrito do poder jurisdicional, na medida em que é preciso verificar a validade da lei a ser aplicada ao caso concreto em julgamento (declaração de inconstitucionalidade *incidenter tantum*" (voto no RE 94.039). Nesse mesmo voto do Ministro Moreira Alves destacou-se que, na Exposição de Motivos do Projeto da EC 16/1965 foi alegado que o objetivo da Emenda era o de "debelar, senão pelo menos minorar, as causas principais das chamadas crises das pautas de julgamento, caracterizada pelo acúmulo de processo a exigir decisão dos Tribunais Superiores", inserindo-se a representação não-interventiva entre as medidas para atingir esse fim.

controle concentrado (perante esta Corte, se se tratar de lei estadual), em face da Constituição Federal, inclusive com base nos mesmos princípios que serviram para a reprodução. E isso se explica não só porque a *causa petendi* (inconstitucionalidade em face da Constituição Federal e não da Constituição estadual) é outra, como também por ter a decisão desta Corte eficácia *erga omnes* nacional, impondo-se, portanto, aos Estados.

(*b*) As decisões, nessas duas ações, igualmente, são distintas: numa o *terminus comparationis* que define o *decisum* é a Constituição Estadual, na outra a Constituição Federal.

(*c*) Só existe ADI de lei municipal frente a Constituição estadual. Como já se afirmou, não há ADI de lei municipal em face da Constituição Federal. Sendo assim, o recurso extraordinário em ADI de lei municipal em confronto com Constituição estadual implica mudança da causa de pedir e do pedido formulados naquela ação, transformando o recurso extraordinário em ADI de lei municipal perante a Constituição Federal.

(*d*) As decisões de Tribunal de Justiça em controle concentrado de constitucionalidade só *indiretamente* podem implicar lesão à Constituição Federal, porque há, em primeiro lugar e diretamente, lesão à Constituição Estadual.

Como é sabido, via de regra, a *lesão indireta* à Constituição Federal não dá ensejo tanto a recurso extraordinário (*RTJ* 107/661; 120/912; 125/705; 155/921; 165/332) como à ação direta de inconstitucionalidade (*RT* 808/171; *RTJ* 133/69; 134/558; 137/550; 139/67 – cf. Theotonio Negrão, *CPC*, 37ª ed., nota 10ª ao art. 1º da Lei n. 9.868/1999, pp. 1.053 e ss.).

Por outro lado, não pode o Tribunal de Justiça pronunciar-se sobre a lesão direta à Constituição Federal e declarar a inconstitucionalidade de norma estadual ou municipal com relação à Carta da República, pois isso implicaria usurpação da competência do Supremo Tribunal Federal, no caso da norma estadual, e, no caso da lei municipal, na atribuição de uma competência que a Constituição Federal não outorgou a nenhum Tribunal.

(*e*) Assim, não é impertinente insistir em que o recurso extraordinário, nessas circunstâncias, perde as características de *recurso*, para assumir as de *ação*. Elucida o CPC, art. 301, § 2º, que "uma ação é idêntica à outra quando tem as mesmas partes, a mesma causa de pedir e o mesmo pedido". Portanto, daí se infere ser juridicamente inadmissível alterar-se, na mesma ação, a causa de pedir e o pedido. Na ADI de lei estadual ou municipal diante da Constituição Estadual a causa de pedir e o pedido, que constam da inicial, são, no recurso extraordinário, substituídos por outros. Vale dizer, instaura-se, sob o rótulo de recurso extraordinário, na verdade uma outra ação, qual seja uma ADI de lei estadual ou municipal com relação à Constituição Federal. Visualizado nas suas duas fases, perante o Tribunal local e perante o Supremo Tribunal Federal, torna-se fácil identificar, nesse conjunto, *duas ações* de inconstitucionalidade perfeitamente distintas, embora justapostas, sendo que a segunda se apresenta disfarçada sob o nome de recurso extraordinário.

(*f*) Contudo, os legitimados para a propositura de ADI no plano estadual e no plano federal são distintos.

(*g*) No concernente a recurso extraordinário em ADI de lei municipal em confronto com Constituição estadual a fratura lógica do sistema é ainda mais sensível, pois importa criação, por via oblíqua ou indireta, de controle abstrato ou concentrado de constitucionalidade de lei municipal em face da Constituição Federal, hipótese de que o legislador constituinte intencionalmente não cogitou e que a Constituição da República induvidosamente não só não acolheu como também implicitamente a proscreveu.

(*h*) Por último, não é convincente o argumento, invocado com certa freqüência pelo STF, de que a ação direta de inconstitucionalidade é "causa", razão pela qual é cabível recurso extraordinário da decisão que a julgar, nos termos do art. 102, III, da Constituição Federal. Não se discute que a ação direta de inconstitucionalidade seja "causa". Há que ponderar, porém, que nem em todas as "causas" decididas em única ou última instância pelos tribunais locais cabe recurso extraordinário. Em inúmeras hipóteses o recurso não é cabível. Não o será, por exemplo, dentre muitos outros casos, se a matéria constitucional federal não tiver sido prequestionada; ou se no recurso houver modificação da *causa petendi*; ou se, na esfera local, da decisão impugnada pelo recurso extraordinário cabia, ainda, o recurso de embargos infringentes.

*5.* O modelo brasileiro, neste particular, poderia ficar isento das deformações apresentadas se tivesse seguido, por inteiro, o paradigma alemão em que se inspirou. Mostrou o erudito voto do Ministro Moreira Alves, proferido na Reclamação n. 383-SP, que na Alemanha, como aqui, as Constituições Estaduais (dos *Länder*), por vezes contêm normas de conteúdo idêntico às da Constituição Federal, cuja reprodução é obrigatória nos textos estaduais. Contudo, das decisões proferidas em controle de constitucionalidade, nas jurisdições estaduais, referentes à contrariedade das leis com a Carta estadual, mesmo quando esta reproduza preceitos da Lei Fundamental impostos obrigatoriamente aos Estados-membros, não cabe recurso para o Tribunal Constitucional Federal.

*6.* Veja-se este tópico do voto: "Na Alemanha, eficácia *erga omnes* dessas decisões das Cortes Constitucionais Estaduais em face dos preceitos de reprodução existentes nas Constituições dos Estados-membros sempre se produz quando a lei é declarada inconstitucional e retirada, portanto, do âmbito estadual. E sempre se produz porque lá – ao contrário do que sucede aqui com o recurso extraordinário – não se admite sequer contra tais decisões a utilização da *Verfassungsbeschwerde* (uma espécie de recurso constitucional por violação de direitos fundamentais) perante a Corte Constitucional Federal, para que esta decida se a interpretação da norma de reprodução feita pela Corte Constitucional Estadual, para declarar a inconstitucionalidade da norma local, não fere o preceito reproduzido, que é nacional. A propósito, é categórico Friesenhann, em artigo que publicou sobre a delimitação de competência entre a jurisdição da Corte Constitucional Federal e da Corte Constitucional Estadual: '(...) Elas (tais decisões das Cortes Constitucionais Estaduais) não podem ser contestadas por meio de uma *Verfassungsbeschwerde* perante a Corte Constitucional Federal'".

*7.* É certo, entretanto, que a *Verfassungsbeschwerde*, verificados os seus demais pressupostos, é cabível perante o Tribunal Constitucional Federal, não contra decisões de Corte Constitucional Estadual, mas contra a lei estadual que afronta a Constituição Estadual, a par de hostilizar, também, a Constituição Federal. Em algumas Constituições Estaduais há previsão de *Verfassungsbeschwerde* estadual. Seja como for, conquanto se afirme no direito germânico a "dupla garantia" dos direitos fundamentais, que se expressa, também, no duplo controle de constitucionalidade, no plano federal e no plano estadual, esses dois planos não se comunicam, existem um ao lado do outro, mas totalmente independentes, sem qualquer ponte de ligação e, pois, absolutamente separados.[2]

*8.* Convém reiterar, porém, que a solução a que se chegou no Brasil, com a intromissão do recurso extraordinário, resultou da possibilidade de constituir-se coisa julgada, com eficácia *erga omnes*, de decisão de Corte estadual que vinculasse, no futuro, o Supremo Tribunal Federal.

Os casos paradigmáticos diziam respeito a dispositivos de Constituições Esta-

2. Leibholtz/Ruprecht, *Bundesverfassungsgerichtsgesetz*, Köln-Marienburg, Dr. Otto Schmidt, 1968, p. 393.

duais (p.ex., entre outras, as Constituições de São Paulo e do Rio Grande do Sul) que criaram controle concentrado de constitucionalidade, a ser exercido pelo Tribunal de Justiça, de leis municipais frente à Constituição Federal.

Em tais hipóteses, não se cogita, obviamente, de preceitos de Constituição Estadual que devam reproduzir, obrigatoriamente, norma da Constituição Federal. Bem ao contrário, trata-se, isto sim, de regras de Constituição Estadual que colidem frontalmente com disposições da Constituição Federal, uma vez que esta propositadamente restringiu, com exclusividade, ao controle difuso, ou *incidenter tantum*, o exame judicial da constitucionalidade das leis municipais frente à Constituição Federal, conforme reiterada jurisprudência do Supremo Tribunal Federal que dirimiu definitivamente a questão e eliminou qualquer controvérsia a seu respeito.

*9.* À época em que ainda subsistiam dúvidas quanto a esse tema – isto é, se poderiam as Constituições estaduais instituir controle concentrado de constitucionalidade de leis municipais frente à Constituição Federal – para evitar que decisões de tribunais estaduais, proferidas em ação direta de inconstitucionalidade de leis municipais em face da Constituição Federal, transitassem em julgado, com eficácia *erga omnes*, que vincularia o próprio Supremo Tribunal Federal nos casos futuros, é que o STF admitiu que aquelas decisões pudessem ser atacadas por recurso extraordinário. Aí está a raiz do hibridismo do sistema.

Isto ressalta muito claramente dos votos proferidos pelos Ministros Moreira Alves[3] e Leitão de Abreu,[4] respectivamente no RE n. 99.034-SP e no RE n. 92.169-SP, e pelo Ministro Celso de Mello,[5] na já citada Reclamação n. 383-SP.

*10.* De qualquer modo, na verdade, a única situação em que poderia dar-se vinculação do STF a decisões com eficácia *erga omnes* de Tribunal de Justiça em controle concentrado de constitucionalidade seria aquela de decisões que julgassem procedente ADI de lei municipal diante da Constituição Federal.

No que concerne a controle concentrado de constitucionalidade de leis estaduais com referência a Constituição estadual isto nunca poderia ocorrer. A coisa julgada teria eficácia apenas no plano estadual, como reconhecido pelo STF:

> A declaração de inconstitucionalidade de norma estadual em face da

3. "Aliás, se fosse possível aos Tribunais de Justiça dos Estados o julgamento de representações dessa natureza com relação a leis municipais em conflito com a Constituição Federal, poderia ocorrer a seguinte situação esdrúxula. É da índole dessa representação e isto é hoje matéria pacífica nesta Corte que ela, transitando em julgado, tem eficácia *erga omnes*, independentemente da participação do Senado Federal, o que só se exige para a declaração *incidenter tantum*, o que implica dizer que, se transitasse em julgado a decisão nela proferida por Tribunal de Justiça, esta Corte Suprema estaria vinculada à declaração de inconstitucionalidade de Tribunal que lhe é inferior, mesmo nos casos concretos futuros que chegassem por via de recurso extraordinário. O absurdo da conseqüência, que é de índole do instrumento, demonstra o absurdo da premissa" (*RTJ* 102/49).

4. "Não achei meios jurídicos, todavia, que me habilitassem a vencer o obstáculo, levantado pelo Ministro Moreira Alves, no que diz respeito à situação que se criaria no caso de se declarar, pelo Tribunal de Justiça, inconstitucionalidade de lei municipal, por denotar conflito com a Carta Federal, sem que dessa decisão se manifeste recurso extraordinário. Transitada em julgado decisão dessa natureza, ficaria, na verdade, o Supremo Tribunal Federal vinculado à declaração de inconstitucionalidade pronunciada pelo Tribunal de Justiça e, por via de conseqüência, impossibilitado de julgar casos pendentes futuros que, em recursos extraordinários, se trouxessem à sua apreciação" (*RTJ* 103/116-117).

5. "O comprometimento da integridade da competência do Supremo Tribunal Federal, uma vez transitada em julgado essa decisão local, resultaria do virtual bloqueio da possibilidade de acesso a esta Corte, de qualquer interessado, pela via da jurisdição difusa, posto que não mais seria lícito rediscutir matéria examinada em sede de ação direta e revestida da autoridade da *res judicata*."

Constituição estadual, quando se torna irrecorrível, tem eficácia *erga omnes*, vinculando, por isso, necessariamente o Tribunal local de que ela emanou, como corretamente salientou o acórdão recorrido (AI 255.353, AgR Moreira Alves, *DJ* 10.8.2000).

E o mesmo acontecerá quanto à decisão declaratória de inconstitucionalidade de lei municipal posta em confronto com Constituição estadual.

*11.* Tendo em vista, porém, que a outorga, por Constituições estaduais, de competência a Tribunais de Justiça para julgarem ações declaratórias de constitucionalidade de leis municipais em face da Constituição Federal parece ser uma prática que ficou no passado, por ter sido definitivamente erradicada do direito brasileiro pelas repetidas decisões do STF sobre essa matéria, tudo estaria a sugerir que se eliminasse, entre nós, a possibilidade de provocar, pelo recurso extraordinário, a manifestação do Supremo Tribunal Federal sobre a constitucionalidade de leis estaduais e municipais frente à Constituição Federal.

Com isso, nosso sistema de controle concentrado tornar-se-ia mais coerente e harmônico, sobretudo pela supressão da confusão entre *recurso* e *ação*, bem como por não consagrar exceção ao princípio de que só a lesão direta à Constituição Federal dá azo ao recurso extraordinário, além de reforçar incisivamente a idéia original de que a inconstitucionalidade de leis municipais face à Constituição Federal apenas pode ser declarada *incidenter tantum*, em controle difuso de inconstitucionalidade.

*12.* Pela situação atualmente existente, percebe-se que o controle de constitucionalidade de leis municipais frente a Constituição estadual, com a possibilidade de interposição de recurso extraordinário, orienta-se em sentido contrário ao das razões que levaram o legislador constituinte a apenas permitir o controle de constitucionalidade *incidenter tantum* das leis municipais em contraste com a Constituição Federal.

As questões de inconstitucionalidade que deveriam chegar ao STF apenas pela via do controle concreto, acabam chegando também pela via do controle abstrato, com a intermediação do recurso extraordinário.

*13.* De resto, a possibilidade de recurso extraordinário não elide, por si só, a consumação da coisa julgada, pois o recurso pode não ser interposto, ou ser interposto extemporaneamente.

*14.* Desta análise sumária resulta a conclusão de que o nosso sistema de controle de constitucionalidade de leis estaduais e municipais perante Constituição estadual, com a inclusão, nas hipóteses apontadas, de recurso extraordinário, sobre ser ilógico e atropelar, além disso, algumas noções básicas do processo, como a distinção entre recurso e ação, é ainda lacunoso e insuficiente, a par de apresentar outras deficiências já comentadas. Como já dissemos, melhor seria que, nos casos indicados, não se admitisse recurso extraordinário.

# CONSIDERAÇÕES SOBRE O DEVER DE MOTIVAÇÃO DOS ATOS ADMINISTRATIVOS AMPLIATIVOS

VLADIMIR DA ROCHA FRANÇA

Mestre em Direito Público pela UFPE. Doutor em Direito Administrativo pela PUC/SP. Professor Adjunto do Departamento de Direito Público da UFRN. Advogado em Natal/RN

*1. Introdução. 2. Motivação e legitimidade. 3. Elementos da motivação dos atos administrativos. 4. Bases constitucionais do dever de motivação dos atos administrativos. 5. Dever de motivação dos atos administrativos ampliativos. 6. Considerações finais.*

## *1. Introdução*

Um dos aspectos fundamentais ao Estado de Direito envolve demanda por instrumentos de controle efetivos da ação administrativa, especialmente quando esta atinge diretamente a liberdade individual e a propriedade privada. É interessante observar que a melhor fiscalização e compreensão dos provimentos da administração pública perpassam pelo exame dos fundamentos que inspiraram (ou justificaram) a sua expedição pela autoridade estatal.

O objetivo do presente ensaio é apreciar justamente a relevância da exposição dos pressupostos fáticos e jurídicos dos atos administrativos, dentro do ordenamento jurídico brasileiro. Especialmente, quando se trata de atos administrativos que outorgam direitos ou satisfazem interesses dos administrados, como as autorizações e as licenças. Estes provimentos são conhecidos na doutrina administrativa como *atos ampliativos*.

## *2. Motivação e legitimidade*

A motivação do ato administrativo compreende a fundamentação do ato administrativo.[1] Ela possui duas dimensões: (*i*) a dimensão formal; e (*ii*) a dimensão substancial.

Na dimensão formal, temos a motivação como a exposição, mediante enunciados, das razões de fato e de direito que ensejaram a expedição do ato administrativo, concedendo transparência à decisão administrativa (Andrade, 1992, p. 14).

Na dimensão substancial, a motivação é um meio que permite a recondução do

1. Empregamos motivação e fundamentação como sinônimas, apesar de abalizada doutrina rejeitar fortemente essa opção semântica (cf. Andrade, 1992, pp. 20-22; Ferraz e Dallari, 2001, p. 59; Real, 1982; e Sundfeld, 1985, p. 118). Mas se trata de uso admitido pelo vernáculo, ao examinarmos os verbetes "motivação", "motivado" e "motivar" do *Novo Dicionário Aurélio*, de Aurélio Buarque de Holanda Ferreira (1989).

conteúdo do ato a um parâmetro jurídico que o torne compatível com as demais normas do sistema do direito positivo (Andrade, 1992, p. 14). Noutro giro: *confere ao ato um laço de validade com o ordenamento jurídico*.

Mas aí, temos a motivação como produto da enunciação. Também é possível afirmar a motivação como uma ação, compreendendo a conduta de motivar, de fundamentar.

Nesse caso, é perfeitamente viável ao sistema do direito positivo qualificar a conduta de motivar como obrigatória, proibida ou permitida. Numa análise preliminar, haja vista as dimensões da motivação, isso será necessariamente feito em um princípio jurídico. Afinal, a motivação serve como instrumento de legitimação do ato dentro do ordenamento jurídico.

No caso brasileiro, não há na Constituição Federal um enunciado normativo que faça referência expressa ao dever de motivação do ato administrativo. Contudo, a Lei Maior[2] impõe ao Poder Judiciário o dever de fundamentar as suas decisões jurisdicionais e administrativas.

Até o advento da Lei Federal n. 9.784, de 27.1.1999,[3] o dever de motivação do ato administrativo era identificado a partir da conjugação de vários enunciados constitucionais e legais. Agora, há enunciados legais que prevêem: (*i*) a subordinação da Administração Federal ao princípio da motivação, colocando como critério a ser seguido por ela a indicação dos pressupostos de fato e de direito que determinarem as suas decisões; e, (*ii*) um rol de atos administrativos que devem ser motivados, bem como os requisitos que devem ser observados na motivação.

A disciplina da motivação do ato administrativo constante nesta lei reflete bem o espírito imposto pela Lei Maior nessa matéria, consagrando diretrizes da doutrina que sempre procurou prestigiar uma interpretação do regime jurídico-administrativo conforme as normas constitucionais. Não vemos maiores obstáculos à aplicação desses preceitos aos entes desprovidos de uma legislação própria sobre a matéria. Se bem que nos parece bem evidente que a legislação dos demais entes federativos deve observar o perfil constitucional conferido à motivação dos atos administrativos.

O princípio da juridicidade é fundamental para o regime jurídico-administrativo, pois o sistema do direito positivo é, simultaneamente, condição e fundamento da atividade administrativa (cf. França, 2000, pp. 52-67). Toda a atividade administrativa se sujeita aos princípios e regras do ordenamento jurídico.

No arbítrio, não há qualquer espaço para o dever de motivação dos atos jurídicos do Estado, uma vez que a legitimação da decisão se faz mediante a sua mera imposição material (cf. Andrade, 1992, p. 15). Logo, é manifesta a correlação entre a necessidade de fundamentação dos atos estatais e o Estado Democrático de Direito, no qual a legitimidade da decisão pressupõe a oportunidade de seu destinatário para compreendê-la e contestá-la.

No campo do direito privado, o princípio da autonomia da vontade torna desnecessária a motivação dos negócios jurídicos realizados por particulares (Andrade, 1992, p. 15). O motivo e a finalidade do negócio jurídico privado somente comprometem a validade desse ato jurídico quando o sistema do direito positivo excepcionalmente assim determina.

Como bem alerta José Carlos Vieira de Andrade (1992, p. 15), as diferenças entre as funções do Estado impedem a integração do dever de motivação do ato administrativo numa teoria geral da fundamentação dos atos estatais. O que na verdade é compartilhado é um princípio geral que veda o arbítrio.

2. Art. 93, IX e X.

3. V. arts. 2º, parágrafo único, VII, e 50.

A motivação do ato legislativo é, evidentemente, bem diversa daquela constante no ato administrativo. O regime jurídico do ato legislativo já outorga uma ampla publicidade no processo de sua expedição, permitindo a participação dos cidadãos mediante os seus representantes (Araújo, 1992, pp. 20-23; e Gomes Filho, 2001, pp. 77-78). Aí, a fundamentação do ato legislativo serve exclusivamente para fornecer elementos para a interpretação de seu conteúdo (cf. Andrade, 1992, pp. 15-16).

Raciocínio similar deve ser empregado para os atos normativos, nos quais a motivação se consubstancia em seus "considerandos". Inclusive, o controle de constitucionalidade das leis e atos normativos não aprecia os respectivos motivos,[4] embora a Administração possa ser compelida a explicar as razões de atos normativos que impliquem intervenção no domínio econômico.[5] Envolvendo-se matéria tributária, há controvérsia quanto à obrigatoriedade de sua fundamentação quando envolve a alteração de alíquotas.[6] Mas a lei pode eventualmente exigir a fundamentação expressa desses provimentos. Um bom exemplo é a obrigação constitucional da Administração de fixar os critérios, em ato normativo motivado, que devem ser empregados na exoneração de servidores públicos estáveis em razão do equilíbrio fiscal.[7] Nesse caso, acreditamos que a apreciação da constitucionalidade do ato normativo deverá envolver a análise dos motivos nele exarados.

4. Cf. STF, ADI n. 432-DF, Rel. Ministro Celso de Mello, Pleno, unânime pelo não conhecimento, j. 15.5.1991, *DJ* 13.9.1991.

5. Cf. STJ, MS n. 4.269-PE, Rel. Ministro Demócrito Reinaldo, 1ª Seção, unânime pelo deferimento parcial, j. 10.4.1996, *DJ* 17.6.1996

6. V. CF, art. 153, § 1º. A favor: STJ, 1ª T., REsp n. 40.719-SP, Rel. Ministro Milton Luiz Pereira, unânime pelo provimento, j. 31.5.1996, *DJ* 19.6.1996. Contra: STF, 1ª T., RE n. 222.330-CE, Rel. Ministro Moreira Alves, unânime pelo provimento, j. 20.4.1999, *DJ* 11.6.1999. V. item 5.5.

7. V. CF, art. 169, § 4º.

Entendemos que, independentemente do conteúdo do ato normativo, qualquer cidadão tem o direito de requerer à Administração a exposição das razões de fato e de direito que justificaram a sua emissão, ou pelo menos, o acesso aos autos do procedimento administrativo que o precedeu. Caso haja recusa da Administração, é perfeitamente viável ao requerente pedir um provimento jurisdicional que determine a efetivação de um desses pedidos. A cidadania e a inexistência de qualquer constrangimento para a eficiência administrativa com o atendimento desses pleitos fornecem-nos um forte alicerce para essa posição. Sem se olvidar, evidentemente, o direito à informação consagrado no art. 5º, inciso XXXIII, da Constituição Federal.

A motivação do ato administrativo e a motivação do ato jurisdicional também têm características distintas.[8] Malgrado ambos os atos veicularem regras individuais, não há no ato jurisdicional espaço para discricionariedade e, por conseguinte, para uma análise de conveniência ou oportunidade na emissão dessa decisão (cf. França, 2000, pp. 42-44). Contudo, isso não impede que recorramos ao regime jurídico dos atos jurisdicionais para a melhor compreensão da motivação dos atos administrativos que são expedidos em situações conflituosas.

### *3. Elementos da motivação dos atos administrativos*

A motivação do ato administrativo abrange tanto a exteriorização dos seus pressupostos de fato e de direito como, caso seja portador de mérito, a discriminação ordenada dos interesses determinantes para a sua expedição (cf. Andrade, 1992, pp. 23-44). Permite a dedução expressa da resolu-

8. Sobre a motivação das decisões judiciais, v.: Nojiri, 2000; Gomes Filho, 2001; e Pero, 2001. Como se verá, muitas de nossas considerações tiveram inspiração na doutrina do direito processual.

ção das premissas que lhe servem de base ou a exposição das razões que ensejaram uma determinada decisão e não a outra eventualmente cabível (Caetano, 1996, p. 123).

Dentro do complexo de requisitos dos atos administrativos, a motivação integra a formalização.[9] Afinal, a motivação funciona como discurso justificativo da atuação administrativa no caso concreto, compondo o modo como deve ser o revestimento lingüístico do ato administrativo (cf. Andrade, 1992, pp. 230-232; e Cintra, 1979, pp. 106-107). Ressalte-se: *a motivação é o discurso que oferece ao destinatário do ato administrativo, bem como à coletividade, os aspectos jurídicos e fácticos que outorgam legitimidade para a decisão administrativa no caso concreto.*

A motivação do ato administrativo não se identifica com a "história da decisão", ou seja, o percurso psicológico ou lógico realizado pelo agente público para decidir (cf. Cintra, 1979, pp. 108-109). É impossível reconstituí-lo integralmente mediante a linguagem (Scargiglia, 1999, p. 42). Em rigor, a formulação da fundamentação do ato é feita após a operação mental da decisão, embora seja exteriorizada junto com o ato. Na motivação, a autoridade administrativa tratará de concatenar os elementos fácticos e jurídicos relevantes para construir uma argumentação hábil para convencer a comunidade jurídica sobre a validade e oportunidade do próprio ato.

A complexidade da motivação está diretamente relacionada com o grau de relevância que o ato administrativo assume na disciplina jurídico-administrativa da liberdade e da propriedade do cidadão (cf. Andrade, 1992, pp. 240-241). Portanto, deve ser consignado que, *quanto maior o impacto do ato administrativo na esfera de direitos individuais dos administrados, maior demanda haverá por uma fundamentação mais densa desse ato jurídico.*

Adaptando-se o conceito de fato jurídico proposto por Paulo de Barros Carvalho (1999) ao ensinamento de Celso Antônio Bandeira de Mello (2001, p. 357), podemos afirmar que a motivação do ato administrativo é composta pelos seguintes elementos proposicionais: (*i*) o fato jurídico administrativo, o enunciado que se refere a um evento jurídico administrativo previamente tipificado pela lei ou qualificado como relevante pela autoridade administrativa;[10] (*ii*) a exposição das normas jurídicas que orientaram a autoridade administrativa na expedição do ato administrativo; (*iii*) a comprovação da incidência das normas jurídicas mencionadas pela autoridade administrativa como lastro de validade para o ato administrativo; bem como, (*iv*) a manifestação da causa, ou seja, da relação de razoabilidade e de proporcionalidade que deve haver entre o motivo do ato e o seu conteúdo, diante da finalidade, em se tratando de atos administrativos portadores de mérito.

Logo se vê que a motivação não se confunde com o motivo. O motivo com-

9. Há quem coloque a motivação como um requisito procedimental: Araújo, 1992, p. 96; Cintra, 1979, pp. 110-112; Duarte, 1996, pp. 218-219; e Sundfeld, 1985, pp. 124-125. Já seguimos anteriormente tal posição (cf. França, 2001, p. 241).

10. Em outra oportunidade, asseveramos: "O evento jurídico administrativo é o acontecimento da realidade – social ou natural – que foi previamente delimitado pela hipótese da norma jurídica ou valorado como relevante pela autoridade, diante do interesse público; já o fato jurídico administrativo, por sua vez, o enunciado produzido pela autoridade administrativa que torna essa ocorrência específica relevante para o Direito Positivo. Sem o relato competente do evento, articulado com os preceitos jurídicos que disciplinam as provas, as relações jurídicas que foram prescritas ficam impedidas de eclodir na realidade jurídica" (França, 2001, p. 224). Exemplificando com uma infração de trânsito (v. Lei Federal n. 9.503, de 23.9.1997, art. 162, I): constitui um evento jurídico, o acontecimento no qual um indivíduo dirigiu um automóvel sem carteira nacional de habilitação; já o fato jurídico, o enunciado que descreve essa ocorrência, feito pela autoridade competente.

preende o evento jurídico administrativo que justifica a ação administrativa. Já na motivação, há o relato dessa situação material em linguagem competente.

Também se mostra claro que a motivação não se limita ao fato jurídico administrativo. Embora admissível em algumas situações específicas,[11] o simples relato jurídico do evento não bastará para oferecer uma fundamentação válida para o ato administrativo na maioria dos casos.

Por conseguinte, a motivação do ato administrativo diferencia-se do antecedente normativo dessa regra (cf. Leite, 2001, pp. 147-151). Na verdade, a motivação apresenta-se como o modo que deve ser observado na elaboração do descritor da regra administrativa individual. Em termos lógicos, a existência da regra individual é perfeita diante da presença, ainda que elíptica, do fato jurídico. Todavia, essa proposição factual pode se mostrar insuficiente para assegurar a estabilidade de sua validade no ordenamento jurídico.

A motivação do ato administrativo deve também ser diferenciada do chamado motivo legal. O motivo legal compreende o conjunto de normas jurídicas que servem de supedâneo para a expedição do ato administrativo. São, portanto, as normas jurídicas que foram incididas pela Administração no caso concreto. A motivação, por sua vez, refere-se à indicação expressa desse complexo normativo.

É possível que o fato jurídico administrativo e a indicação do motivo legal sejam suficientes para uma motivação válida (cf. Bandeira de Mello, 2001, pp. 82-83). Entretanto, não raras vezes, diante das dificuldades e peculiaridades do caso concreto, a relação de subsunção que deve existir entre regra e evento não é apreendida pela simples leitura dos enunciados do fato e da norma (cf. Bandeira de Mello, 1979, p. 526; e Duarte, 1996, p. 254). Faz-se necessário expor como se deu o enquadramento do evento às hipóteses normativas das regras gerais que foram aplicadas com a expedição do ato administrativo.

E, por fim, tem-se a exposição da causa. Aqui, não se trata da mera justificação da incidência feita pela Administração. Nesse caso, a compreensão da causa servirá para aferir a necessidade, a adequação e a razoabilidade do ato administrativo. É a causa que permite uma maior rigidez no controle dos atos administrativos portadores de mérito (cf. França, 2000, p. 153; e Cunha, 2001, p. 68).

A fundamentação não pode ser confundida com os fundamentos, ao explicar a diferença entre a dimensão formal e a dimensão substancial desse discurso justificativo, como precisamente anota José Carlos Vieira de Andrade:

"A diferença entre a dimensão formal e a dimensão substancial do dever de fundamentação está, então, em que o dever formal se cumpre pela apresentação de pressupostos *possíveis* ou de motivos *coerentes* e *credíveis*, enquanto a fundamentação substancial exige a existência de pressupostos *reais* e de motivos *correctos* susceptíveis de suportarem uma decisão legítima quanto ao fundo" (1992, p. 231).[12]

Nesse aspecto, o magistério de Marcello Caetano é importante:

"Não interessa, aliás, ao jurista conhecer quaisquer motivos da vontade administrativa, mas tão-somente os *motivos determinantes*, aquelas razões de direito ou considerações de facto objectivamente anotadas sem cuja influência a vontade do órgão administrativo não se teria manifestado no sentido em que se manifestou. Entretanto,

11. Ou, até mesmo, a descrição genérica de eventos imputados a servidor público, quando se trata da deflagração de processo administrativo disciplinar. Cf. STJ, 3ª Seção, MS n. 7.736-DF, Rel. Ministro Félix Fischer, unânime pelo indeferimento, j. 24.10.2001, *DJ* 4.2.2002.

12. V. também: Araújo, 1992, p. 93; Duarte, 1996, p. 217; Carvalho Filho, 2002, p. 94.

pode presumir-se que os motivos invocados para fundamentar uma resolução administrativa, quando exarados nos próprios actos, sejam determinantes dessa resolução" (1996, p. 124).

Por conseguinte, uma coisa é obediência ao dever de motivação; outra, os elementos exarados na fundamentação do ato administrativo. Isso apenas reforça a importância da motivação para o controle de juridicidade das decisões administrativas.

### *4. Bases constitucionais do dever de motivação dos atos administrativos*

O dever de motivação do ato administrativo não é determinado por meio de regra jurídica. É um dever estabelecido por um princípio que integra o regime jurídico-administrativo: *o princípio da motivação.*[13]

Se o dever de motivação do ato administrativo encontra-se consubstanciado num princípio jurídico, é preciso aferir qual o estado de coisas nele positivado. Para a identificação desse complexo de valores, é necessário investigar a própria Constituição, para demarcá-lo com melhor precisão.

Pelo fundamento constitucional da cidadania deve ser assegurado ao cidadão o direito de conhecer os elementos que serviram de supedâneo para as decisões administrativas.[14] Não apenas aquelas que determinam os atos administrativos que atingem diretamente a sua liberdade e a propriedade, mas também os atos que envolvem direitos difusos e coletivos.

Como bem lembra Agustín Gordillo: "La lucha por la debida fundamentación del acto administrativo es parte de la lucha por la racionalización del poder y la abolición del absolutismo, por la forma republicana de gobierno y la defensa de los derechos humanos" (1999, p. X/17).

A própria noção de Estado Democrático de Direito determina que a legitimidade da atividade administrativa não se limita à obediência à lei.[15] A atividade administrativa existe para dar concreção aos interesses públicos previstos na Constituição, impondo-se aos titulares das competências administrativas a tarefa de expedir e materializar decisões coerentes como os parâmetros axiológicos e teleológicos determinados pela Lei Maior. Recorde-se que o interesse juridicizado na Constituição é o interesse jurídico do povo e que este é fonte de emanação e de legitimidade para o próprio Estado.[16]

Sobre esse aspecto, é bastante relevante o seguinte ensinamento de Alberto Ramon Real: "Trasladada al ejercicio de la función administrativa, la obligación de motivar los actos administrativos es también una forma práctica de imponer y de facilitar la fiscalización del imperio de la ley, o principio de legalidad, en el ámbito administrativo. Este principio que es uno de los pilares del Estado del derecho contemporáneo (fundado en la sumisión de la Administración a la ley y al juez), excede hoy a la mera legalidad formal y abarca la íntegra juridicidad, comprensiva de la constitución, los principios generales de derecho, las pautas axiológicas de razonabilidad y hasta la sumisión de los actos de alcance individual a las reglas emanadas de la administración misma (*legem patere quem fecisti*)" (1982, p. 10).

Afinal, no Estado de Democrático de Direito, as competências estatais pressupõem necessariamente a justificação de seu exercício que possua uma correção argumentativa, especialmente quando afetam a esfera jurídica do cidadão (cf. Nojiri, 2000, pp. 69-70; Gomes Filho, 2001, p. 76; e Gordillo, 1999, p. X/19).

13. Sobre a estrutura dos princípios jurídicos, v. Ávila, 2003.

14. V. CF, art. 1º, II. Sobre a cidadania, v. Torres, 1999.

15. V. CF, art. 1º, *caput*.

16. V. CF, art. 1º, parágrafo único. Cf. Sundfeld, 1985, pp. 119-120.

Ressalte-se que a Constituição Federal[17] determina que as decisões administrativas do Poder Judiciário devam ser fundamentadas. Se assim o é, é natural que tal obrigação seja identificada para o administrador (Figueiredo, 1999, p. 49).

É mediante a análise da fundamentação do ato administrativo que se mostra viável a verificação de sua racionalidade perante a ideologia constitucional. E não deixa de ser um meio para que a autoridade administrativa procure garantir a legitimidade política de sua decisão perante o povo, ao tentar convencê-lo quanto à justiça e certeza jurídica do ato que expediu (cf. Duarte, 1996, p. 240; e Scargigilia, 1999, pp. 42-43). A assertiva de Carlos Ari Sundfeld é precisa nesse aspecto: "O princípio da obrigatoriedade da motivação ata a linha circular que enclausura a atividade administrativa, outorgando eficácia plena aos postulados conhecidos no Estado democrático. O direito administrativo atua como força centrípeta, mantendo a autoridade junto ao seu centro motor: a lei. A falta de motivação favorece movimento centrífugo que, sendo inverso, colide com o sistema de garantias do administrado" (1985, p. 119).

A obrigatoriedade da fundamentação do ato administrativo também consiste numa contrapartida da Administração diante das prerrogativas que o regime jurídico-administrativo lhe outorga e dos atributos que as suas decisões recebem (cf. Araújo, 1992, p. 104; Duarte, 1996, pp. 237-239; Real, 1982, p. 13; e Sundfeld, 1985, p. 120).[18] Mostra-se útil e indispensável para que o administrado possa efetivamente compreender as razões da ação administrativa e oferece uma oportunidade para contraditá-las. Se o ordenamento jurídico exige que as impugnações judiciais ou administrativas sejam fundamentadas,[19] por que não deveriam sê-lo as decisões passíveis de impugnação?[20]

A lição de Celso Antônio Bandeira de Mello é imprescindível aqui: "(...) decisões imotivadas, sigilosas, entregues ao exclusivo e irrevisível 'arbítrio' ou 'juízo de consciência' dos próprios autores do ato são radicalmente inconviventes com o 'Estado de Direito', além de se chocarem com o simples senso comum, que postula naturalmente a aceitação da falibilidade humana e conseqüentes mecanismos de seu controle" (1992, p. 102).[21]

A motivação do ato administrativo tanto viabiliza um controle mais eficiente da sua juridicidade como ajuda a prevenir o seu desencadeamento pelo administrado.[22] Com o acesso aos fundamentos da decisão administrativa, o administrado ganha a oportunidade para oferecer uma contestação administrativa ou judicial mais competente e racional, bem como para aderir à decisão administrativa caso julgue pertinentes os elementos argüidos pela Administração. Afinal, a democracia pressupõe a busca do consenso e do diálogo (Gomes Filho, 2001, pp. 76-77).

A obrigatoriedade da motivação do ato administrativo reforça igualmente o princí-

17. Art. 93, X.

18. É interessante a seguinte assertiva de Arruda Alvim (1996, p. 597): "A liberdade do juiz ao decidir, conforme o Direito, encontra na necessidade de fundamentação ('justificação') o seu preço".

19. Cf. STJ, 3ª Seção, MS n. 7.834-DF, Rel. Ministro Félix Fischer, unânime pelo indeferimento, j. 13.3.2002, *DJ* 8.4.2002.

20. V. Lei Federal n. 9.784/1999, arts. 6º, IV, e 60. V. Lei Federal n. 8.112/1990, art. 176. V. CPC, arts. 282, III, e 514, II.

21. V. também, Meirelles, 2001, p. 92; e Scarciglia, 1999, p. 50.

22. Embora o trecho adiante transcrito se refira às sentenças judiciais, ele se apresenta plenamente aplicável aos atos administrativos: "(...) Quando a sentença é motivada, não só fica mais fácil verificar se vale a pena dela recorrer, como também facilita a visualização mais precisa das causas que levaram o juiz a decidir daquela forma, possibilitando ao sucumbente elaborar conscientemente as razões de seu recurso, individualizando o objeto da impugnação" (Nojiri, 2000, p. 34).

pio da separação dos poderes, uma vez que torna mais eficiente o controle legislativo e jurisdicional da atividade administrativa.

Outro ponto deve ser aclarado: a fundamentação do ato administrativo também auxilia na prevenção da quebra do princípio da impessoalidade.[23] A obrigatoriedade de expor os fundamentos de sua decisão nos atos que demandam o emprego de um juízo de oportunidade obriga a Administração a demonstrar que procurou atender o interesse público.

A isonomia encontra igual tutela na motivação do ato administrativo, pois impõe à Administração o dever de comprovar a sua imparcialidade no contexto do ato administrativo.

No princípio da motivação, instituem-se as seguintes finalidades básicas: (*i*) a melhoria da qualidade dos atos administrativos e outorga de legitimidade a essas decisões, haja vista a relevância que a fundamentação do ato tem para a ponderação dos interesses por ele afetados e para a aceitação da decisão pelos seus destinatários; (*ii*) garantir efetividade e eficiência ao controle de juridicidade dos atos administrativos; e, (*iii*) ampliar a publicidade da atividade administrativa (cf. Andrade, 1992, pp. 65-80; Araújo, 1992, pp. 107-112; Cintra, 1979, pp. 112-114).

Nos princípios jurídicos, é preciso haver uma avaliação da correlação entre as finalidades neles juridicizadas e os efeitos decorrentes da conduta reputada como necessária (cf. Ávila, 2003, p. 65). No princípio da motivação, deve-se ponderar, diante do estado de coisas nele determinado, as seguintes questões: (*i*) quando a motivação é obrigatória; (*ii*) se obrigatória, em que oportunidade deve ser exarada; e, por fim, (*iii*) quais são os requisitos que devem ser observados na motivação para que ela possa atender aquelas finalidades.

23. V. CF, art. 37, *caput*. O princípio da impessoalidade tem, para nós, a mesma dimensão semântica que o princípio da finalidade, que coloca o interesse público como meta que deve ser onipresente para a Administração (França, 2000, p. 62).

Tal como o princípio da fundamentação das decisões judiciais (Nojiri, 2000, p. 73), o princípio da motivação dos atos administrativos tem, conseqüentemente, patamar de norma constitucional. A utilização do Poder de Reforma para eliminar uma dimensão intrínseca ao Estado Democrático de Direito e à cidadania não se justifica, embora a lei possa restringir o dever de motivação dos atos administrativos quando outros princípios constitucionais assim determinarem.

### *5. Dever de motivação dos atos administrativos ampliativos*

Os atos administrativos podem apresentar os mais variados conteúdos. A obrigatoriedade ou não de sua fundamentação estará necessariamente relacionada à sua relevância para o atendimento do estado de coisas prescrito pelo princípio da motivação, assim como no perfil do Estado de Direito determinado pela Lei Maior.

Não raras vezes, a lei determina expressamente que o ato administrativo deve ser motivado. Nessas situações, não há caminho válido para Administração senão observá lo.

Há uma tendência natural pela ampliação do dever de motivação dos atos administrativos, haja vista o crescimento que o Estado Intervencionista impôs à atividade administrativa. Atualmente, a efetivação dos direitos sociais demanda de modo inequívoco uma maior intervenção da Administração na esfera jurídica dos administrados (cf. França, 2000, pp. 18-37).

O sistema do direito positivo determina que o ato administrativo deva ser motivado, consoante os interesses envolvidos em seu conteúdo. Essencialmente, apresenta-se obrigatória a fundamentação dos atos administrativos que: (*i*) determinem efeitos jurídicos desfavoráveis a direitos ou interesses legítimos de seus destinatários ou de terceiros; (*ii*) prescrevem uma alteração, exceção ou desvio diante da "jurisprudência" administrativa anterior; ou, (*iii*) resolvem os conflitos levados à apreciação da Administração (cf. Andrade, 1992, pp. 87-88).

Assim, o sistema do direito positivo afasta o dever de motivação quando o interesse tutelado pelo ato administrativo o torne: (*i*) desnecessário; (*ii*) impossível; (*iii*) impraticável; (*iv*) inconveniente; ou (*v*) inadmissível (cf. Andrade, 1992, pp. 88-89).

Diante do estado de coisas determinado pelo princípio da motivação, é inequívoco o dever da Administração de motivar os atos administrativos que restrinjam a esfera jurídica do administrado. Mas isso não significa afirmar que o dever de motivação se limite a esse caso.

Os atos administrativos pertinentes a uma relação jurídico-administrativa entre entes públicos, na qual um deles se encontre numa posição de subordinação, devem ser motivados, especialmente quando estão em jogo os direitos ou interesses da entidade, ou mesmo, os direitos fundamentais que devem tutelar (cf. Andrade, 1992, pp. 92-93).

Aparentemente, os atos administrativos ampliativos não estariam sujeitos à obrigatoriedade da motivação, uma vez que geram benefícios para os administrados. Mas adverte José Carlos Vieira de Andrade: "(...) Contudo, a exclusão de uma tal categoria de actos de pouco valerá neste contexto, já que sempre terá de verificar-se se esses actos não serão em parte desfavoráveis ao próprio destinatário ou destinatários, ou se, beneficiando estes, não prejudicarão direitos ou interesses de terceiros – isto é, apenas podem ficar desobrigados da fundamentação à partida os actos exclusivamente favoráveis" (1992, p. 94).

E, afinal, a motivação dos atos administrativos ampliativos não atinge a eficiência administrativa, servindo tanto para a melhoria desses provimentos administrativos, como para agilização de decisões futuras (cf. Duarte, 1996, p. 249). Não se deve olvidar que a motivação do ato ampliativo também se mostra um instrumento muito poderoso para a fulminação de provimentos expedidos pela Administração que geram benefícios incompatíveis com os princípios da moralidade e da impessoalidade (Bandeira de Mello, 2003, pp. 468-469).

Deve ser lembrado ainda que se prevê a qualquer pessoa física, no pleno exercício da cidadania, o direito de pedir ao Poder Judiciário a invalidação dos atos administrativos contrários ao interesse público, por via da ação popular.[24]

Restringir a esfera jurídica do administrado abrange tanto negação, limitação ou extinção de direitos individuais, como a imposição ou agravamento de deveres, encargos ou sanções. Igualmente tem relação com a denegação ou compressão de interesses individuais.

A Lei Federal n. 9.784/1999 determina que os atos administrativos federais que "neguem, limitem ou afetem direitos ou interesses"[25] devem ser motivados, bem como aqueles que "imponham ou agravem deveres, encargos e sanções".[26] Note-se que o enunciado normativo faz referência apenas a "direitos" ou "interesses", sem deixar claro de que se trata apenas dos direitos (ou interesses) individuais, ou se também abrange os direitos (ou interesses) difusos ou coletivos.

No art. 9º da Lei Federal n. 9.784/1999 estabelece-se como legitimados como "interessados" no processo administrativo: (*i*) as pessoas físicas ou jurídicas que o iniciem como titulares de direitos ou interesses individuais ou no exercício do direito de representação; (*ii*) aqueles que, sem terem iniciado o processo, têm direitos ou interesses

24. V. CF, art. 5º, LXXIII.

25. Art. 50, I. É impressionante a semelhança entre o rol descrito no art. 50 da Lei Federal n. 9.784/1999 e o elenco proposto por Oswaldo Aranha Bandeira de Mello (1979, pp. 528-529) para os atos sujeitos ao princípio da motivação.

26. Art. 50, II.

que possam ser afetados pela decisão a ser adotada; (*iii*) as organizações e associações representativas, no tocante a direitos e interesses coletivos; e (*iv*) as pessoas ou as associações legalmente constituídas quanto a direitos ou interesses difusos.

Direito subjetivo pressupõe a garantia da aplicabilidade e executoriedade de uma sanção ou a invalidação da regra jurídica que lhe seja incompatível (cf. Kelsen, 1991, pp. 251-258; Vilanova, 2000, pp. 224-230). Interesse, por sua vez, é uma finalidade que exige uma conduta humana para a sua satisfação.[27]

O direito subjetivo individual é um direito exclusivo do indivíduo. O exercício desse direito é realizado pelo seu titular ou em seu nome. Somente o seu titular ou seu representante legal têm legitimidade para provocar a aplicação da regra secundária que o assegura. Por conseguinte, interesse individual é sinônimo de interesse particular.[28]

Com efeito, em se tratando de ato que restrinja direito ou interesse individual, é imprescindível a motivação do ato administrativo. A rescisão unilateral de contrato administrativo,[29] a demissão de servidor público celetista (cf. Di Pietro; Beznos; Novelli, 1996),[30] a exoneração de servidor público em estado probatório[31] e a remoção *ex officio* de servidor público[32] representam bons exemplos disso.

Os interesses coletivos representam a dimensão coletiva dos interesses do indivíduo. São interesses que o indivíduo possui enquanto membro de um grupo dotado de um mínimo de coesão, organização e estrutura, constituído mediante um vínculo jurídico específico ou, porque há uma relação jurídica base que une os seus membros diante de uma parte adversa.[33]

27. É preciso anotar que a conduta necessária para atender materialmente um interesse pode ou não ser qualificada pelo sistema do direito positivo como obrigatória. Isso dependerá, naturalmente, se esse comportamento compuser o objeto de um direito subjetivo. Caso contrário, estaremos aqui diante de um mero interesse legítimo, nas hipóteses em que a lei não tipificar a referida ação (ou omissão) como ilícita.

28. A Lei Federal n. 8.078, de 11.9.1990 (Código de Defesa do Consumidor) faz referência a "interesses ou direitos individuais homogêneos, assim entendidos os decorrentes de origem comum" (art. 81, parágrafo único, III). A origem comum é um evento concreto que enseja o surgimento de vários direitos individuais. Isso permite a sua tutela coletiva pelas entidades devidamente habilitadas. Contudo, esses direitos não deixam de ser direitos individuais.

29. V. Lei Federal n. 8.666/1993, arts. 78, parágrafo único, e 79, § 1º. Cf. STJ, 1ª T., ROMS n. 5.478-RJ, Rel. Ministro Milton Luiz Pereira, unânime pelo provimento, j. 24.5.1996, *DJ* 19.6.1996.

30. Todavia, o TST (cf. Orientação Jurisprudencial n. 247 da Seção de Dissídios Individuais, Subseção I) entende perfeitamente cabível a dispensa imotivada nas empresas públicas e nas sociedades de economia mista. Ao nosso ver, essa prerrogativa somente se justifica quando a empresa estatal é exploradora de atividade econômica ou prestadora de serviço público que não lhe seja exclusivo. A possibilidade de dispensa imotivada nessas entidades é compatível com as demandas do mercado por uma maior eficiência e agilidade no desenvolvimento de atividades sujeitas à livre concorrência. Caso contrário, a dispensa sem justa causa parece-nos vedada pelo princípio da motivação. V. CF, art. 173, § 1º, III.

31. V. Súmula 21 do STF: "Funcionário em estágio probatório não pode ser exonerado nem demitido sem inquérito ou sem as formalidades legais de apuração de sua capacidade". Entretanto, o STJ entende que esse ato de exoneração não precisa ser precedido de um procedimento administrativo (cf. STJ, 5ª T., REsp n. 417.089-PR, Rel. Ministro Jorge Scartezzini, unânime pelo não provimento, j. 4.6.2002, *DJ* 26.8.2002).

32. Cf. STJ, 6ª T., ROMS n. 13.550-SC, Rel. Ministro Hamilton Carvalhido, unânime pelo não provimento, j. 10.9.2002, *DJ* 4.8.2003; STJ, 3ª Seção, AGREsp n. 258.949-DF, Rel. Ministro Jorge Scartezzini, unânime pelo não provimento, j. 19.9.2002, *DJ* 11.11.2002; e TJRN, 2ª CCív., AC n. 99.000077-0, Rel. Desembargador Manoel dos Santos, unânime pelo não provimento, j. 22.11.2001, *DJ* 6.12.2001.

33. V. CF, art. 8. V. Lei Federal n. 8.078/1990, art. 81, parágrafo único, II.

Quando assegurados mediante regras secundárias,[34] os interesses coletivos integram os direitos subjetivos coletivos. São direitos cuja titularidade reside no grupo, a quem cabe a exclusividade de invocar os meios de sua tutela se ameaçados ou lesionados (cf. Mancuso, 1997, pp. 48-55). Apesar de comporem a esfera jurídica do indivíduo, somente são exercidos por este em conjunto com os demais componentes do grupo.

Quanto aos interesses difusos, a questão é mais complexa.

No art. 81, parágrafo único, inciso I, da Lei Federal n. 8.078/1990, encontramos o seguinte enunciado:

> Art. 81. (...).
>
> Parágrafo único. A defesa coletiva será exercida quando se tratar:
>
> I – Interesses ou direitos difusos, assim entendidos, para efeitos deste Código, os transindividuais de natureza indivisível, de que sejam titulares pessoas indeterminadas ligadas por circunstâncias de fato.

Para nós, os interesses difusos são sinônimos de interesses públicos.[35] Tal como os interesses coletivos, os interesses difusos são interesses transindividuais, uma vez que não se limitam à esfera jurídica do indivíduo. São interesses positivados pela Constituição que os indivíduos possuem enquanto membros de uma comunidade jurídica, em um dado espaço e num dado tempo sociais. O direito difuso, ao qual se integra o interesse difuso, tem um sujeito ativo indeterminado, embora não o seja o seu sujeito passivo. O sujeito passivo do direito difuso pode ser qualquer pessoa, ou até mesmo o próprio Estado.

Os direitos subjetivos difusos brotam de "circunstâncias de fato" que envolvem situações litigiosas em torno de valores constitucionais. São eventos concretos que permitem o seu surgimento e ordenam sua tutela pelo Estado e, em especial, pelo Ministério Público.[36] Os cidadãos poderão, inclusive, perfeitamente formar entidades para a sua defesa.[37]

Quando a Lei Federal n. 9.784/1999 emprega os substantivos "direitos" e "interesses", sem adjetivá-los, o enunciado normativo não menciona apenas os direitos e interesses individuais.[38] Tal como deve ser visualizado o termo "direito" no art. 5º, inciso XXXV, da Constituição Federal (cf. Cavalcanti, 1997, pp. 93-101; e Pereira da Silva, 1996, pp. 216-220).

Note-se que o art. 9º, inciso IV, da Lei Federal n. 9.784/1999, classifica como "interessados" no processo administrativo as "pessoas" quanto a direitos difusos. Recorde-se que "pessoa" abrange tanto a pessoa física como a pessoa jurídica. Isso é reforçado pela ampla legitimidade para a interposição de recurso administrativo estabelecido no art. 58 dessa lei.

E, no art. 9º, inciso II, do mesmo diploma legal, admite-se a intervenção no processo administrativo, daqueles que, apesar de não terem solicitado a deflagração do procedimento, têm "direitos ou interesses" que possam ser afetados pela decisão. Se uma interpretação restritiva dessa expressão fosse empregada, as associações constituídas para a defesa do meio ambiente seriam impedidas de intervir, por exemplo, no processo administrativo instaurado para a outorga de uma licença que envolve uma área sensível do ponto de vista ambiental.[39]

34. As regras secundárias asseguram ao sujeito de direito o poder de pedir a tutela jurisdicional caso haja controvérsia em torno da observância dos deveres prescritos nas regras primárias dispositivas, ou mesmo para viabilizar a execução das sanções previstas nas regras primárias sancionadoras. Em algumas situações, como no caso da Administração, o titular do direito sonegado tem a prerrogativa de executar diretamente a sanção, sem necessidade de intermediação jurisdicional. V. França, 2005.

35. Em sentido contrário, v. Mancuso, 1997.

36. V. CF, art. 129, III.

37. V. Lei Federal n. 7.347/1985, art. 5º.

38. Em sentido similar: Freitas, 2000, p. 106.

39. As relações jurídicas que se encontram sujeitas ao regime jurídico-administrativo assumi-

Contudo, é preciso que a entidade comprove dentre os objetivos que justificaram a sua constituição, a defesa do direito (ou interesse) difuso ou coletivo pelo qual pretende atuar. Por conseguinte, é preciso se comprove a pertinência temática entre a pessoa jurídica e o direito (ou interesse) difuso ou coletivo que será (ou foi) afetado pelo ato administrativo (cf. Neves, 2001, pp. 148-152).

Por conseguinte, os atos administrativos que afetem diretamente direitos (ou interesses) difusos ou coletivos não são isentos da obrigatoriedade de motivação.[40] Caso o ato administrativo seja expedido no bojo de um processo administrativo desencadeado por entidades voltadas para a defesa desses direitos ou interesses, é evidente que a Administração tem o dever de exteriorizar as razões de fato e de direito que serviram de base para a decisão. É uma decorrência natural do enunciado do art. 5º, inciso XXXIII, da Constituição Federal:

> Art. 5º. (...).
>
> (...);
>
> XXXIII – todos têm direito de receber dos órgãos públicos informações de seu interesse particular, ou de interesse coletivo ou geral, que serão prestadas no prazo da lei, sob pena de responsabilidade, ressalvadas aquelas cujo sigilo seja imprescindível à segurança da sociedade e do Estado.

Do mesmo modo, ainda que o ato administrativo seja ampliativo, ou seja, implique a outorga de direitos ou a satisfação de interesses individuais, o dever de motivação se impõe caso a decisão possa atingir de frente os direitos coletivos ou difusos.[41] Embora fique sujeita à discricionariedade administrativa a realização de consultas e audiências públicas quando os atos disserem respeito a interesses coletivos ou difusos,[42] isso não afasta o dever da Administração de expor os fundamentos fácticos e jurídicos das decisões nesses casos.

Portanto, não procedem as críticas feitas à Lei Federal n. 9.784/1999, de que ela teria ignorado os atos administrativos ampliativos.[43] Ressalte-se que os atos que beneficiam agentes públicos, deferindo-lhes uma comodidade ou proteção especial e excepcional, demandam a sua fundamentação, diante dos princípios da impessoalidade, moralidade e isonomia.

*Um ato administrativo que, do ponto de vista do indivíduo seja ampliativo, pode se apresentar como restritivo diante de direitos (ou interesses) coletivos ou difusos.* Logo, os atos administrativos ampliativos de direitos ou interesses individuais que possam afetar direitos (ou interesses) coleti-

ram uma natureza plurilateral, como bem explica Vasco Manuel Pascoal Dias Pereira da Silva (1996, pp. 273-297), haja vista os bens usualmente envolvidos nas decisões administrativas. O forte laço que deve existir entre a atividade administrativa e os direitos fundamentais, p.ex., obrigam a Administração a ponderar a compatibilidade dos pleitos dos administrados com as exigências impostas pela tutela do meio ambiente.

40. Especialmente, quando a lei tipifica os eventos que devem ensejar a expedição desses atos (cf. STF, 1ª T., RE 76.601, Rel. Ministro Antônio Neder, unânime pelo provimento, j. 12.9.1978, publicado em 6.10.1978). Mas o ato ampliativo somente deve ser invalidado caso seja comprovada a sua manifesta incompatibilidade com os princípios do regime jurídico-administrativo (cf. STF, Pleno, RMS n. 9.774, Rel. Ministro Gonçalves Pereira, unânime pelo provimento, j. 2.5.1963, *DJ* 6.5.1963).

41. David Duarte (1996, p. 250) coloca com precisão: "Esta categoria de decisões, caracterizáveis pelo seu impacto colectivo, deve estar sujeita ao imperativo da fundamentação, não só por razões derivadas da valorização dos factores de racionalização da decisão, como também por justificações baseadas na publicidade, no consenso e na redução pública das resistências à decisão". Isso acontece especialmente nos atos administrativos que concedem a concessionários de serviço público o direito de cobrar tarifas mais elevadas do cidadão.

42. V. Lei Federal n. 9.784/1999, arts. 31 a 34.

43. Como se faz em Bandeira de Mello, 2003, pp. 468-469. Pelo caráter exemplificativo do rol do art. 50 da Lei Federal n. 9.784/1999, v.: Di Pietro, 2003, pp. 82-83; e Freitas, 2000, pp. 106-107.

vos ou difusos se enquadram perfeitamente na hipótese do art. 50, inciso I, da Lei Federal n. 9.784/1999.

A motivação do ato administrativo ampliativo somente é dispensável, por conseguinte, quando o mesmo não atingir diretamente direitos individuais, coletivos ou difusos. Nesse caso o dever de motivação nos parece manifestamente desnecessário (cf. Andrade, 1992, pp. 118-119; e Cavallo, 1993, pp. 62-63). Se, contudo, a Administração for instada a explicar os fundamentos para a expedição do ato, ela deverá fazê-lo em homenagem ao art. 5º, incisos XXXIII e XXXIV, da Lei Maior.

## *6. Considerações finais*

A lição de que os atos administrativos ampliativos não devem ter a sua validade apreciada sob a ótica do princípio da motivação mostra-se incompatível com a contemporaneidade. Sem o acesso aos pressupostos de fato e de direito das decisões administrativas atendem as pretensões individuais dos administrados, não há como se exercer, com a devida efetividade e percuciência, a proteção dos direitos subjetivos coletivos e difusos.

Afinal, a concessão de um direito ao indivíduo ou a satisfação de uma pretensão particular não pode ser realizada sem se levar em consideração o seu impacto no campo do interesse público. A motivação do ato administrativo revela-se aí como um poderoso instrumento para um maior proveito no controle da atividade administrativa, tanto pelos órgãos que desenvolvem o controle externo da Administração, como pelas entidades da sociedade civil organizada.

## *Referências bibliográficas*

ANDRADE, José Carlos Vieira de (1992). *O Dever da Fundamentação Expressa dos Actos Administrativos*. Coimbra, Almedina.

ARAÚJO, Florisvaldo Dutra de (1992). *Motivação e Controle do Ato Administrativo*. Belo Horizonte, Del Rey.

ARRUDA ALVIM (1996). *Manual de Direito Processual Civil – Processo de Conhecimento*. v. 2, 5ª ed., São Paulo, Ed. RT.

ÁVILA, Humberto (2003). *Teoria dos Princípios: da Definição à Aplicação dos Princípios Jurídicos*. São Paulo, Malheiros Editores.

BANDEIRA DE MELLO, Celso Antônio (1992). *Discricionariedade Administrativa e Controle Jurisdicional*. São Paulo, Malheiros Editores.

_____ (2001). *Curso de Direito Administrativo*. 13ª ed., São Paulo, Malheiros Editores.

_____ (2003). *Curso de Direito Administrativo*. 15ª ed., São Paulo, Malheiros Editores.

BANDEIRA DE MELLO, Oswaldo Aranha (1979). *Princípios Gerais do Direito Administrativo*. v. 1, 2ª ed., Rio de Janeiro, Forense.

CAETANO, Marcello (1996). *Princípios Fundamentais do Direito Administrativo*. Coimbra, Almedina.

CARVALHO, Paulo de Barros (1999). *Direito Tributário – Fundamentos Jurídicos da Incidência*. 2ª ed., São Paulo, Saraiva.

CARVALHO FILHO, José dos Santos (2002). *Manual de Direito Administrativo*. 9ª ed., Rio de Janeiro, Lumen Juris.

CAVALCANTI, Francisco de Queiroz Bezerra (1997). "Breves considerações sobre o controle da função administrativa e plenitude da tutela jurisdicional", *Anuário dos Cursos de Pós-Graduação em Direito* 8/77-116, Recife, Universidade Federal de Pernambuco, Centro de Ciências Jurídicas, Faculdade de Direito do Recife.

CAVALLO, Bruno (1993). *Tratado di Diritto Amministrativo (Diretto da Giuseppe Santaniello) – Provvedimenti e Atti Amministrativi*. v. 3, Milão, CEDAM.

CUNHA, Elke Mendes (2001). "O princípio da motivação e a Lei 9.784/1999", in FIGUEIREDO, Lúcia Valle (coord.), *Ato Administrativo e Devido Processo Legal*. São Paulo, Max Limonad, pp. 13-78.

DI PIETRO, Maria Sylvia Zanella (2003). *Direito Administrativo*. 15ª ed., São Paulo, Atlas.

_____; BEZNOS, Clóvis; e NOVELLI, Vera de Andrade (1996). "Necessidade de motivação do ato de dispensa de servidor celetista – Processo: PGE n. 97.827/1987", *Revista Trimestral de Direito Público* 13/74-82, São Paulo, Malheiros Editores.

DUARTE, David (1996). *Procedimentalização, Participação e Fundamentação: para uma Concretização do Princípio da Imparcialidade Administrativa como Parâmetro Decisório*. Coimbra, Almedina.

FERRAZ, Sérgio; e DALLARI, Adilson Abreu (2001). *Processo Administrativo*. São Paulo, Malheiros Editores.

FERREIRA, Aurélio Buarque de Holanda (1989). *Novo Dicionário Aurélio*. Rio de Janeiro, Nova Fronteira.

FIGUEIREDO, Lúcia Valle (1999). *Curso de Direito Administrativo*. 4ª ed., São Paulo, Malheiros Editores.

FRANÇA, Vladimir da Rocha (2000). *Invalidação Judicial da Discricionariedade Administrativa no Regime Jurídico-Administrativo Brasileiro*. Rio de Janeiro, Forense.

______ (2001). "Invalidação administrativa na Lei Federal n. 9.784/1999", *Revista de Direito Administrativo* 225/221-248, Rio de Janeiro, Renovar, jul.-set.

______ (2005). "Anotações à teoria das normas jurídicas", *Revista Tributária e de Finanças Públicas* 60/11-23, São Paulo, Ed. RT, jan.-fev.

FREITAS, Juarez (2000). "Processo administrativo federal: reflexões sobre o prazo anulatório e a amplitude do dever de motivação dos atos administrativos", in SUNDFELD, Carlos Ari, e MUÑOZ, Guillermo Andrés (coords.), *As Leis do Processo Administrativo (Lei Federal 9.784/1999 e Lei Paulista 10.177/1998)*. São Paulo, Malheiros Editores, pp. 94-108.

GOMES FILHO, Antônio Magalhães (2001). *A Motivação das Decisões Penais*. São Paulo, Ed. RT.

GORDILLO, Agustín (1999). *Tratado de Derecho Administrativo (El Acto Administrativo)*. t. III, 4ª ed., Buenos Aires, Fundación de Derecho Administrativo.

KELSEN, Hans (1991). *Teoria Pura do Direito*. Trad. João Baptista Machado, 3ª ed., São Paulo, Martins Fontes.

LEITE, Fábio Barbalho (2001). *Os Regimes Jurídicos de Invalidação dos Atos Administrativos Viciados*. São Paulo (Dissertação de Mestrado, Pontifícia Universidade Católica de São Paulo).

MANCUSO, Rodolfo de Camargo (1997). *Interesses Difusos – Conceito e Legitimação para Agir*. 4ª ed., São Paulo, Ed. RT.

MEIRELLES, Hely Lopes (2001). *Direito Administrativo Brasileiro*. 26ª ed., atualizada por Eurico de Andrade Azevedo *et al.*, São Paulo, Malheiros Editores.

MOREIRA NETO, Diogo de Figueiredo (2001). *Curso de Direito Administrativo: Parte Introdutória, Parte Geral, Parte Especial*. 12ª ed., Rio de Janeiro, Forense.

NEVES, Fernando Crespo de Queiroz (2001). "Dos interessados no processo administrativo: Lei n. 9.784/1999", in FIGUEIREDO, Lúcia Valle (coord.), *Ato Administrativo e Devido Processo Legal*. São Paulo, Max Limonad, pp. 131-157.

NOJIRI, Sérgio (2000). *O Dever de Fundamentar as Decisões Judiciais*. 2ª ed., São Paulo, Ed. RT.

PEREIRA DA SILVA, Vasco Manuel Pascoal Dias (1996). *Em Busca do Acto Administrativo Perdido*. Coimbra, Almedina.

PERO, Maria Thereza Gonçalves (2001). *A Motivação da Sentença Civil*. São Paulo, Saraiva.

REAL, Alberto Ramón (1982). "Fundamentación del acto administrativo", *Revista de Direito Público* 62/5-20, São Paulo, Ed. RT, ano XV, abr.-jun.

SCARCIGLIA, Roberto (1999). *La Motivazione dell'Atto Amministrativo – Profili Ricostruttivi e Analisi Comparatistica*. Milão, Giuffrè.

SUNDFELD, Carlos Ari (1985). "Motivação do ato administrativo como garantia dos administrados", *Revista de Direito Público* 75/118-127, São Paulo, Ed. RT, jul.-set.

TORRES, Ricardo Lobo (1999). "A cidadania multidimensional na era dos direitos", in TORRES, Ricardo Lobo (org.), *Teoria dos Direitos Fundamentais*. Rio de Janeiro, Renovar, pp. 239-335.

VILANOVA, Lourival (2000). *Causalidade e Relação no Direito*. 4ª ed., São Paulo, Saraiva.

# VITALICIEDADE E APOSENTADORIA COMPULSÓRIA DE MAGISTRADOS AOS SETENTA ANOS DE IDADE: UMA NOVA LEITURA CONSTITUCIONAL

José Sérgio Monte Alegre

Professor de Direito Administrativo na UNIT.
Procurador do Ministério Público Especial junto ao TCE/SE

*1. Vitaliciedade. Aposentadoria. Setenta anos de idade. A questão a resolver e as respostas tradicionais. 2. Vitaliciedade. Setenta anos de idade. A questão a resolver e a proposta de nova leitura.*

*Verdade? O que é isso?*
(Pilatos, diante de Cristo, no mais dramático encontro da história da Humanidade).

## *1. Vitaliciedade. Aposentadoria. Setenta anos de idade. A questão a resolver e as respostas tradicionais*

*1.1* Originariamente redigida, a Constituição Republicana em vigor prescrevia como garantia dos juízes a vitaliciedade que, no primeiro grau, só seria adquirida após dois anos de exercício, dependendo a perda do cargo, nesse período, de deliberação do tribunal a que estivesse vinculado, e, nos demais casos, de sentença judicial transitada em julgado (art. 95, I). Isso nada obstante, dentre os princípios de compulsória observância pelo Estatuto da Magistratura, a ser formalizado em lei complementar, de iniciativa do Supremo Tribunal Federal, deveria constar o da *aposentadoria compulsória*, com proventos integrais, nos casos de invalidez e aos setenta anos de idade (art. 93, VI), no que interessa aos limites deste artigo. Sobreveio então a Emenda n. 20/1998 que manteve assim uma como a outra, conquanto remetesse a inativação dos magistrados e a pensão dos seus dependentes para a disciplina do art. 40, modificado. Quanto aos Ministros do Tribunal de Contas da União, lhes foram estendidas as garantias, prerrogativas, impedimentos e vantagens dos Ministros do Superior Tribunal de Justiça. No âmbito dos Estados, embora não apenas destes, aos membros da Corte congênere caberia o tratamento dispensado aos Desembargadores, por servil submissão das Constituições locais ao modelo federal, segundo uma simetria alçada à categoria de princípio por interpretação construtiva do Supremo Tribunal Federal, idosa de vários anos (art. 75 da CF), inalterado. Aliás, é exatamente o que está consignado no art. 71, § 2º, da Constituição do Estado de Sergipe. Portanto, nenhuma dúvida séria aflige o leitor constitucional quanto ao limite de idade, indiferente o tratar-se de Juízes ou Ministros e Conselheiros de Contas.

*1.2* Aqui, uma curta reportagem da aposentadoria de juízes, por idade, na trajetória acidentada do constitucionalismo brasileiro, que vai da exaltação à tragédia. Na *Constituição Imperial de 1824*, nada se dispunha a respeito, no que foi seguida pela *primeira Constituição Republicana*, a de 1891. Já a *Constituição de 1934* inovou na matéria, ao fixar a idade máxima de setenta e cinco anos (art. 64, alínea *a*), e que mereceu de Pontes de Miranda, seguramente o seu melhor intérprete, o seguinte comentário: "A aposentadoria compulsória dos juízes federais, de qualquer espécie, só se dá aos 75 anos de idade, absurdo limite que os membros da Assembléia constituinte não tiveram o pejo de adotar" (*Comentários à Constituição da República dos Estados Unidos do Brasil*, t. 1, p. 609, comentários ao art. 64). Posteriormente, reduzida para sessenta e oito anos (art. 91, *a*) na *Constituição de 1937*, e ampliada para setenta anos na *Constituição de 1946* (art. 95, § 1º), que se manteve na *Constituição de 1967* (art. 108, § 1º), na *Emenda n. 1 de 1969* (art. 113, § 1º), e, enfim, *na atual* (art. 93, VI).

*1.3* Leitura atenta dos textos conclui que o conceito de vitaliciedade, nas *duas* primeiras Constituições, *coincidia com a formulação lingüística do cotidiano* – perpetuidade no exercício do cargo – mas logo a seguir acabou *redimensionado e confinado* a um presumível período de vida útil, sensata e produtiva, fixado em números de aniversários. Vitaliciedade *pro tempore*. Vitaliciedade insólita, exótica, uma esquisitice, degenerada contradição nos termos. Mas o certo é que Constituições Republicanas, *a partir da Carta de 1934*, dele se apoderaram e lhe deram densidade diversa daquela que designava *o que se detém por toda a vida*, tal como sucede com as monarquias, vitalícias ademais de hereditárias. Contudo, não só isso, o que já seria muito. A dogmática constitucional, inspirada na novidade, foi adiante para assinalar como advento desse termo certo o haver o juiz *atingido, alcançado, chegado* aos setenta anos. *Era* assim que estava escrito na Constituição de 1937, *no respeitante aos funcionários públicos* (art. 150, *d*). Somente nela. Todavia, essa interpretação prevaleceu e hoje é impressionante a sua unanimidade, na doutrina tanto quanto na jurisprudência, como intérpretes de modelos normativos de qualquer estatura. Trata-se de uma dessas verdades, contra a qual nada se pode objetar talvez sem o risco do estigma, da marca de ferro quente, ou da descompostura da heresia. Quem sabe (?) não se está diante da hoje superada verdade de que o Sol é que gira em redor da terra, ou a de que a mulher é menos inteligente do que o homem porque tem o cérebro menor, ou que brancos nasceram para a liberdade e negros para a escravidão. Não foi verdade que livros foram empilhados uns sobre os outros e colocados no *Index* para não serem lidos? Em razão dessa verdade, em quantos séculos se atrasou o progresso da civilização? Joana D'Arc não foi queimada viva na fogueira? Durou quanto tempo a verdade de que homens nasciam para serem nobres e outros para plebeus? Foi historicamente falso que Salomão teve trezentas esposas e setecentas concubinas? Era imoral? A nossa cultura condena o suicídio, mas não é verdade que em nome da *jihad* a prática se vem popularizando? Quantas vezes a Humanidade foi vítima dessas verdades, repetidas a mais não poder? Na vigência da Constituição de 1981, a cláusula da irredutibilidade de vencimentos dos magistrados foi interpretada por João Barbalho U. C. como excludente inclusive da incidência de impostos, tal como era nos Estados Unidos da América até mesmo durante a Guerra da Secessão (*Constituição Federal Brasileira*, Comentários, Senado Federal, Secretaria de

Documentação e Informação, 1992, no qual se relata casos no Brasil e nos Estados Unidos, de devolução pela Fazenda Pública de imposto cobrado a magistrados, p. 57). Hoje, todavia, a "*verdade*" transformou o que era uma garantia funcional em odioso privilégio! Durante que número de anos se aplicou neste País o prejulgado trabalhista até que o Supremo Tribunal Federal considerasse revogado o art. 902 da CLT, na Representação n. 946? Sabe-se lá que causas não teriam tido solução diferente? Por qual tempo se teve como inconcussa a doutrina de que a lei inconstitucional era lei nenhuma e por isso a decretação de inconstitucionalidade teria sempre efeito *ex tunc*? Por quantos longos anos somente o Procurador-Geral da República estava legitimado para suscitar o controle concentrado de inconstitucionalidade de leis e demais atos normativos federais ou estaduais? Foi curto o tempo de duração da expressão funcionários públicos, hoje em desuso salvo do Código Penal da época do fascismo? De quanto tempo precisou o Supremo Tribunal Federal para admitir que a lei orçamentária pode ser objeto de controle abstrato, que antes negava? E o Pretório Excelso também não se desdisse a respeito de sua afirmativa inicial de que o Banco do Brasil não estava sujeito ao controle do Tribunal de Contas da União? E dias atrás a Corte Suprema não alterou a sua jurisprudência tradicional acerca do momento da comprovação dos requisitos para a investidura de cargo inicial da carreira do Ministério Público, que até então eram exigidos somente por ocasião da posse? Ou talvez fosse mais apropriado dizer que o Supremo não muda de opinião... e sim evolui? Vinícius de Moraes foi exonerado da diplomacia em 1969, durante os anos de chumbo, como bêbado, boêmio e subversivo, e na noite de oito de setembro em curso foi homenageado pelo próprio Itamaraty, com toda a pompa e circunstâncias justamente devidas, como o mais novo embaixador brasileiro! Bem por isso alguém escreveu, a propósito do memorável encontro entre o Nazareno e Pilatos, que este perguntou Àquele: "Verdade? O que é isso?"

## 2. *Vitaliciedade. Setenta anos de idade. A questão a resolver e a proposta de nova leitura*

*2.1* O que *não* se alterou, na *linguagem convencional* que *não* foi redefinida no *vocabulário constitucional* durante cada alvorecer e cada entardecer, *ao contrário* da vitaliciedade, *foi* o conceito de *anos de idade*. Ora, *ano* é o tempo que a Terra leva para completar uma volta em torno do Sol ou *medida da idade* (Koogan/Houaiss, Edições Delta, 1994). E *anual* é o que dura um ano, que se dá *uma* vez por ano (idem). Nessa toada, *o que* se dá *uma* vez por *ano* é o aniversário, ocasião em que se completa um ou mais anos de um acontecimento: data aniversária, dia em que se faz *mais* um ano de vida (ibidem). E ninguém ignora que este ano *é o civil*, compreendido como "o período de doze meses contados do início ao dia e mês correspondente do ano seguinte" (art. 1º da Lei n. 810, de 6.9.1949). Tais formulações lingüísticas bem *poderiam* ter sido reformuladas pelos diversos textos constitucionais, alguns dos quais morreram na infância da idade ou na adolescência, ou mal ingressados na idade adulta. Entretanto, *não* o foram. E isso *só* pode significar que se o vocabulário constitucional *assume* uma palavra ou expressão com o sentido convencional do seu tempo e do seu momento histórico e *não* as redefine, *podendo fazê-lo*, então *é* porque *quis* preservar o seu conteúdo significante. Assim, quando a Constituição se serve dos anos para medir a idade, o que estará dizendo? Afinal, *como* se desejaria interpretada? Inobstante alguns documentos legislativos antecipem regras de hermenêutica, como a Lei de Introdução ao Código Civil (art. 5º) e o Código Tributário Nacional (arts. 107 a 112), a verdade é que as Leis Fundamentais brasileiras não o costumam fazer, ou mais exatamente, se têm invariavelmente se evadido dessa tarefa, reversamente ao que aconteceu com a Constituição portuguesa de 1976, escrupulosa no catálogo e na eficácia dos direitos fundamentais, ao ponto de estatuir que "*Os preceitos constitucionais e legais relativos aos direitos fundamentais devem ser interpretados e integrados de harmonia com a Declaração Universal dos Direitos do Homem*" (art. 16º, 2, sem o itálico no original). No Brasil, talvez unicamente a Constituição do Estado de Sergipe resolveu romper com a tradição, ousar ser contemporânea, diferente, exemplar único. Com efeito, diz a Carta sergipana: "*Esta Constituição será interpretada de modo que os seus dispositivos tenham, só por si, a maior eficácia possível*" (art. 277), no que fez muitíssimo bem, seguindo as melhores vertentes do pensamento criativo, inovador, arejado, sem preconceitos de escola, de que são exemplos luminares Tobias Barreto, Fausto Cardoso, Silvio Romero, Gumercindo Bessa e Laudelino Freire, espíritos livres e inquietos que nunca juraram fidelidade a reputações feitas, prontas e acabadas, nem a aceitar que a Ciência tivesse nome próprio! Jamais prestaram compromisso de subserviência intelectual ao argumento de autoridade, *mas apenas à autoridade do argumento.*

*2.2* Pois bem. Nos dias que correm, vige a Constituição de 5 de outubro de 1988, essa mesma que, *pela primeira vez* na história do constitucionalismo nacional, declarou os direitos e garantias fundamentais *antes* de desenhar a organização política e administrativa do Estado brasileiro (Títulos II e III, respectivamente), o que longe está de ser um indiferente jurídico; justo ao contrário, significa que o Estado brasileiro foi organizado *em termos de* garantir e promover os direitos fundamentais – dentre os quais o da *liberdade* de trabalho, ofício ou profissão – *para* realizar os objetivos essenciais da criação de uma sociedade *livre*, justa e solidária; garantir o desenvolvimento nacional; erradicar a pobreza e a marginalização e reduzir as desigualdades sociais e regionais; promover o bem de todos, sem preconceitos de origem, raça, sexo, cor, *idade* e quaisquer outras formas de discriminação (art. 18 c/c o art. 5º e o art. 3º, I a IV). A Carta que, sobre prescrever que a República Federativa do Brasil é um Estado Democrático de Direito, antecipou com a autoridade da sua supremacia normativa os princípios sobre os quais se assenta: soberania; cidadania; *dignidade da pessoa humana*; os valores sociais do *trabalho* e da livre iniciativa; e o pluralismo político (art. 1º, I a V). A Lei que, como visto acima, incluiu no rol dos direitos fundamentais a *liberdade* de qualquer trabalho, ofício ou profissão, atendidas as qualificações *profissionais* que a lei estabelecer (art. 5º, XIII). O Estatuto Supremo que fez do *trabalho* o primado da ordem social (art. 193), após torná-lo fundante da Ordem Econômica (art. 170). Malgrado o candente discurso normativo-constitucional, insiste-se em ter como boa, firme e valiosa, uma interpretação vincada de autoritarismo, de soberba, de irracionalidade, de excesso, que *pressupõe* no juiz septuagenário *incapacidade* absoluta para o desempenho da judicatura, arrastando por atração membros de Tribunais de Contas e quantos mais. Chega a ser bizarra, paradoxal, essa presunção em uma Constituição que proíbe o preconceito de idade (art. 3º, inciso IV) e garante a liberdade de trabalho, ademais de elevá-lo a fundamento republicano e da Ordem Econômica, e primado da Ordem Social. Mas já não se disse que o Constituinte tudo pode? A ele, ao louco e ao poeta tudo se permite... Ou então se lhe irrogam loucuras, desatinos e quejandos. Sequer se tem em conta, nesse modo de apreensão e compreensão do fenômeno normativo, já não a degeneração da vitaliciedade judicante, que parece ser fato consumado. Vai-se ao nível de entre *duas* interpretações *escolher* aquela que *amplia* uma *exceção*, o que é *inadmissível* no homem de leis de boa inspiração, conforme, aliás, severa reprimenda do Supremo

Tribunal Federal (MS 23.990-DF, no *Informativo* 235/2001, Rel. o Ministro Celso de Mello), antecedida da advertência de quem é chamado o "príncipe da hermenêutica", Carlos Maximiliano, a propósito de *como* se deve interpretar *restrições* a regras gerais: "*Liberdade* – Interpretam-se *estritamente* as disposições que limitam a *liberdade*, tomada esta palavra em *qualquer* das suas acepções: *liberdade* de locomoção, *de trabalho*, trânsito, *profissão*, indústria, comércio, etc." (*Hermenêutica e Aplicação do Direito*, 9ª ed., Forense, p. 231, sem o itálico no original). Tão antiga é essa lição, que parece remontar mesmo ao *Digesto*, Liv. 50, Tit. 17: "*em todas as coisas maior valor se atribua a liberdade*" (ob. cit., p. 231, idem). Todavia, realmente não bastava ao espírito do tempo, ao constitucionalismo escrito a partir da segunda Constituição Republicana dizer que vitaliciedade *não* é vitaliciedade. Era preciso mais nessa marcha da insensatez. Tornava-se necessário reforçar pela *hermenêutica* que os setenta anos *terminam onde começam*! Quanta deformação e quanta iniqüidade! Sim, porque em *nenhum* momento a Constituição diz, como dizia a de 1937 para *os funcionários públicos* (art. 156, *d*), que a aposentadoria compulsória se dá ao *alcançar*, *chegar*, *atingir* o juiz a idade de setenta anos. O que está escrito, em bom vernáculo (expressão tão a gosto do Ministro Marco Aurélio), é que a compulsoriedade ocorre *aos* setenta anos de idade (art. 93, VI), o que é bem diferente. Decorridos tantos anos, ainda é atual a lição de Martin Luther King, na sua incansável luta pelos direitos civis dos homens de cor preta: "*Não me interessa saber o que dizem as vossas leis e sim o que diz a jurisprudência dos vossos tribunais*". E para evitar juízos depreciativos, acusações apressadas de fetichismo gramatical, sempre presentes em espíritos intolerantes, nunca é demais lembrar que quando se diz "fulano rouba, mas faz" *não* se está dizendo o mesmo de quando se diz que "fulano faz, mas rouba"... O elogio imerecido é evidente no primeiro caso; a censura justa, no segundo. Ou então que meretíssima é equivalente de meritíssima... Ou que precatório é o mesmo que predatório... Em Direito, a linguagem não tolera que com ela se tomem intimidades; deseja-se levada a sério. Oportuna a lição de um mestre da hermenêutica: "*Uma vez que a lei está expressa em palavras, o intérprete há-de começar por extrair o significado verbal que delas resulta, segundo a sua natural conexão e as regras gramaticais (...). O sentido das palavras estabelece-se com base no uso lingüístico, o qual pode ser diverso conforme os lugares e os vários círculos profissionais. Normalmente as palavras devem entender-se no seu sentido usual comum, salvo se dá conexão do discurso ou da matéria tratada derivar um significado especial técnico*" (*Interpretação e Aplicação das Leis*, por Francesco Ferrara, 3ª ed., Armênio Amado-Editor, Sucessor-Coimbra, 1978, p. 139, sem o itálico). No mesmo sentido, dois outros inexcedíveis doutrinadores, Carlos Maximiliano, no seu *Hermenêutica e Aplicação do Direito*, 9ª ed., Forense, e Alípio Silveira, em *Hermenêutica no Direito Brasileiro*, Ed. RT, dezembro de 1968. Além do que, o empenho está em situar a palavra no *contexto* do discurso normativo-constitucional, *articulando-a* com outras *sistemicamente* e atendendo à sua *teleologia*, que radica na *centralidade* dos direitos fundamentais sobremodo na dignidade da pessoa humana e na valorização do trabalho, estes últimos como *fundamentos republicanos*. Agora, retomando o caminho principal. *Quando* é que o Juiz (ou Ministro ou Conselheiro de Tribunal de Contas) tem setenta anos de idade? *De um aniversário a outro, o que ocorre no intervalo de um ano*! Ano civil, como definido na Lei n. 810/1949. Pelo que, *enquanto* tiver setenta anos, o Juiz (ou o Ministro ou Conselheiro) está apto a permanecer no cargo para o qual foi nomeado e tomou posse. Com isso, *restaura-se* a ordem de valores *positivados* na Constituição. Valoriza-se o trabalho, rendem-se obséquios à dignidade da pessoa humana. Prestigia-se a liberdade de qualquer trabalho, ofício ou profissão, que é a *regra geral*, nunca a exceção. *Insisto em que* o quê *é interditado* a tais agentes estatais é o exercício do cargo de Conselheiro para *além* dos setenta anos, o que somente ocorreria ao aniversariar novamente. *Repetindo*: o que é vedado não é *chegar* aos setenta anos e sim ir *adiante* deles. Neste ponto, convém perguntar se a interpretação tradicionalíssima, que exclui do serviço ativo quem *alcançou* os setenta anos, não seria fruto também do mau vezo, contra o qual adverte o autorizado magistério doutrinário de J. J. Gomes Canotilho e Vital Moreira, de interpretar a Constituição conforme às leis e não o contrário? Na doutrina dos autores portugueses, "*O cânone interpretativo fundamental é o de que as leis devem ser interpretadas de acordo com as superiores normas da Constituição, e não o inverso*" (*Fundamentos da Constituição*, Coimbra Editora, 1991, p. 53, sem o itálico). Estaria aí a origem de todo o mal? Portanto, pouco importa o que digam em contrário (se é que dizem) os escalões normativos inferiores, porque não são eles intérpretes autênticos da obra constituinte. Falta-lhes hierarquia para tanto. Leia-se: "*No terreno da interpretação constitucional está vedada a interpretação autêntica pelo legislador ordinário. O legislador não pode arrogar-se o direito de fixar o sentido das normas constitucionais, pois ele não está em relação à constituição na mesma posição que tem em relação às leis que dele emanam*" (idem). Neste trânsito para a busca de uma interpretação mais consentânea com o sistema de valores impregnados na Constituição como tatuagem, não vou ao delírio, ao despautério, à extravagância de dizer que a aposentadoria é, em si mesma, indigna. O que afirmo sem arrogância, mas com a altivez de uma convicção, nada importando se solitária, *é* que têm esses agentes o *direito público subjetivo* de exercer o seu ofício *enquanto* tiverem setenta anos, de celebrar a graça de exercerem seu ofício até a undécima hora, obedientes à lição de Confúcio no sentido de que, escolhida uma atividade do seu agrado, o homem não teria de trabalhar um dia sequer! Somente.

*2.3* Aí está o que considero ser o direito líquido e certo deles, ameaçado de lesão iminente, pois nada os autoriza a supor razoavelmente que se deixe de cumprir o que ainda hoje se vem invariavelmente cumprindo. É, aliás, o quanto basta para legitimar o uso do remédio expedito do Mandado de Segurança *Preventivo* (art. 5º, XXXV e LXIX, constitucional), desde que reconhecidas cumulativamente satisfeitas a plausibilidade jurídica da tese (*fumus boni iuris*) e o *periculum in mora*, que acredito sinceramente presentes. Senão, veja-se: está no art. 7º, II, da Lei n. 1.533/1951, a previsão da concessão de liminar quando sejam relevantes os fundamentos da impetração e do ato impugnado puder resultar ineficácia da ordem judicial, se concedida a final. Na doutrina, tanto quanto na jurisprudência, firmou-se o entendimento da *provisoriedade e da natureza cautelar* da medida, que *não* antecipa nenhum juízo final de mérito, nada decide, nada resolve em definitivo, mas apenas resguarda *possível* direito do impetrante, preservando-o de lesão iminente, irreparável, ou de difícil ou incerta reparação (por todos, o clássico *Mandado de Segurança*, de Hely Lopes Meirelles, 25ª ed., Malheiros Editores, atualizada por Arnoldo Wald e Gilmar Ferreira Mendes, p. 76). Na jurisprudência do Supremo Tribunal Federal também é assim (*RTJ* 91/67; *RTJ* 112/140; *RTJ* 136/589; MS 21.206 (AgR) DF, dentre outros). Recentemente: "Com efeito, ambas as Turmas do Supremo Tribunal Federal já firmaram entendimento no sentido de que o ato decisório – que apenas verifica a ocorrência do *periculum in mora* e a relevância jurídica da pretensão deduzida pelo autor – não traduz manifestação jurisdicional conclusiva em torno da procedência, ou não, dos fundamentos jurídicos alegados pela parte interessada (...)" (AI

598.883-9, com citação de precedentes, Rel. o Ministro Celso de Mello, *DJU* 28.8.2006, Seção 1, p. 50). Essa relevância dos fundamentos da impetração, para efeito de concessão de liminar, é aferida em juízo de *mera delibação*, dispensando-se para *mais adiante* uma apreciação de maior rigor da tese jurídica deduzida na inicial (Suspensão de Liminar 112-4, Rel. Ministro Presidente, Ellen Gracie, *DJU* da mesma data, p. 25; e MC em Rcl 4.528-5, Rel. o Ministro Joaquim Barbosa, *DJU*, idem, p. 39). Cuida-se de plausibilidade, qualidade do que é plausível, aceitável, razoável, que pode passar por verdadeiro (Koogan/Houaiss, *Enciclopédia e Dicionário*, edições Delta, 1994). O (talvez) ineditismo da abordagem agora deduzida não deve servir de obstáculo instransponível a eventuais pretensões nessa direção. Nem sempre a razão encontra endereço certo nas maiorias ou unanimidades. A História é pródiga de exemplos: Arquimedes, Confúcio, Aristóteles, Sócrates, Platão, Rousseau, Voltaire, Montesquieu, Buda, Krisna, Galileu Galilei, Isaac Newton, Nicolau Copérnico, Lavoisier, Albert Einstein, Von Braun, Mahatma Gandhi e, por todos, Jesus de Nazaré, o Cristo. Para prevenir mal-entendidos e contumélias irremissíveis, *não* me comparo a nenhum deles. Sirvo-me unicamente de exemplos de matemáticos, filósofos, cientistas e místicos que desafiaram verdades à sua época tidas como evidentes em si mesmas. Ademais, já houve um instante em que se escreveu que a luta de um indivíduo pelo que considera ser o seu direito não é um anátema, expressão de heretismo, merecedor de escárnio, nem o torna um Lázaro, mas sim "poesia do caráter" (Rudolf von Ihering). Já se disse que só não muda de opinião quem não a tem. Com maior proficiência, Heráclito, o grego, afirmava que tudo no Universo é impermanente, que não se atravessa o mesmo rio duas vezes, tudo muda, tudo se transforma. Musicalmente, o cancioneiro popular a todos encanta com o seu "nada do que foi será de novo do jeito que já foi um dia, pois tudo passa, tudo sempre passará". Ou: "Prefiro ser uma metamorfose ambulante a ter aquela velha opinião formada sobre tudo". Fiado neles, compareço aqui para propor uma nova leitura da aposentadoria compulsória fundada nos setenta anos de idade. E acredito fazê-lo de maneira séria, responsável e refletida, sem desconhecer, no entanto, os riscos a que conscienciosamente me exponho. A despeito disso, sinto-me confortado na doutrina de Josef Kohler: "(...) a interpretação da lei de maneira nenhuma pode ficar sempre a mesma. É de todo o ponto inadmissível falar de uma interpretação única e só ela exacta, que tenha de acompanhar a lei desde o começo dos seus dias até ao seu último momento (...)" (excerto extraído do *Ensaio sobre a Teoria da Interpretação das Leis*, de Manuel A. Domingues de Andrade, 3ª ed., Armênio Amado-Editor, Sucessor Coimbra, 1978, p. 18). E ainda quando essa nova leitura não pareça convincente, ainda quando reste uma dúvida sequer, que se *resolva* a favor da liberdade como *direito fundamental*, tudo na esteira da doutrina do pranteado Carlos Maximiliano: "*se a limitação não é certa, se oferecem margem a dúvidas por falta de clareza ou por impropriedade da linguagem, interpreta-se contra a restrição, a favor da liberdade*" (ob. cit., p. 231, sem o itálico no original). Na verdade, o só fato de tratar-se de tema de *estatura constitucional* já seria relevante para efeito de concessão da liminar. O juízo da sua *plausibilidade*, contudo, é e será sempre da magistratura de toga. *Quanto ao "periculum in mora"*: o arrojado impetrante será todo aquele que estiver na iminência de alcançar setenta anos. Atente-se sobretudo para quem fez tal escolha, a de colocar-se ao serviço do público: tudo lhe é muito caro, estimado e testemunho de uma vida dedicada ao múnus público. Se tiver que aguardar a decisão final de mérito, essa lhe poderá resultar inútil. Seria ganhar, mas não levar, ter o triste consolo de saber que tinha razão. Uma experiência tão dolorosa quanto a de Schilok, celebrizado no Mercador de Veneza, de Sheakspeare. Ademais, a sua eventual permanência no cargo em nada agravará a Fazenda Pública. Haverá trabalho prestado pelo mesmo indivíduo como contrapartida do subsídio. O contrário é que seria gravoso para o Erário, posto que seriam pagos os proventos do aposentando e os subsídios de novo Magistrado ou Ministro, ou Conselheiro. Enfim, porém não menos importante, tramita no Congresso Nacional, pronta para discussão e votação no Plenário, a Proposta de Emenda Constitucional n. 457/2005, já com redação final aprovada, que eleva para setenta e cinco anos de idade o limite para a permanência no serviço ativo para todos os servidores públicos, neles incluídos magistrados e membros de Tribunais de Contas. Acaso lhes seja indeferida a liminar e aprovada a proposta um mês depois? Dias passados, aprovou-se na Câmara dos Deputados, cuja pauta de achava obstruída, contrariando avaliações até de especialistas em assuntos parlamentares. Vê-se então a que riscos reais, e não imaginários, de impossível reparação estaria sujeito o (eventual) impetrante. Tudo milita, pois, ao meu ver, em favor da liminar.

*2.4* Por derradeiro, cônscio de que os argumentos ora apresentados à crítica dos doutos, não "*são leves como roupa de verão*", ciente de que mesmo quando se trate de direito individual a *norma que o protege e promove tem inegável interesse público* (já era assim no art. 179, 2º, da Constituição Imperial, e depois na doutrina de Carlos Maximiliano, no seu *Constituição Federal Brasileira*, 1992, Senado Federal, Secretaria de Documentação e Informação, p. 216, n. 251), concluo com Goethe, que em "22 de janeiro de 1811, escrevia a Reinnard depois da leitura duma história comparada dos sistemas filosóficos": "ao ler esta obra, compreendi de novo aquilo que o autor muito claramente exprime, isto é: as diversas maneiras de pensar acham afinal o seu fundamento na diversidade dos homens e por isso sempre será impossível criar neles convicções completamente uniformes. Se chegarmos a saber de que lado estamos, já conseguiremos bastante; poderemos então ficar tranqüilos com a nossa consciência e seremos mais tolerantes com os outros" (Gustav Radbruch, Professor da Universidade de Hidelberg, no seu *Filosofia do Direito*, com tradução e prefácio do Professor L. Cabral de Moncada, 5ª ed., Armênio Amado, Editor, Sucessor, Coimbra, 1974, pp. 58-59).

Aracaju, 13 de setembro de 2006.

# APLICAÇÃO DA SÚMULA VINCULANTE

Sérgio Sérvulo da Cunha

Advogado

*1. Introdução. 2. O enunciado sumular. 3. A aplicação da súmula vinculante.*

## *1. Introdução*

*1.1* A locução *efeito vinculante* aparece pela primeira vez, no ordenamento jurídico brasileiro, com a EC n. 3/1993, que deu ao art. 102 da Lei Magna, em seu § 2º, a seguinte redação: "As decisões definitivas de mérito, proferidas pelo Supremo Tribunal Federal, nas ações declaratórias de constitucionalidade de lei ou ato normativo federal, produzirão eficácia contra todos e efeito vinculante, relativamente aos demais órgãos do Poder Judiciário e ao Poder Executivo".[1]

Quando se buscam figuras semelhantes no Direito de outros países, encontramos expressões como: "As decisões do Tribunal Constitucional são obrigatórias para todas as entidades públicas e privadas e prevalecem sobre as dos restantes tribunais e de quaisquer outras autoridades" (Lei portuguesa de organização, funcionamento e processo do Tribunal Constitucional, art. 2º).[2] A locução contida na EC n. 3/1993 (eficácia com relação a todos e efeito vinculante) corresponde a expressões encontradas no Direito alemão, como *Gesetzeskraft* (força de lei) e *Bindungswirkung* (efeito vinculante).

Podemos reconhecer vários tipos de "efeito vinculante": *a*) como fator ativo da eficácia – vínculo correspondente ao nascimento, à modificação, à extinção, à exigibilidade ou à efetividade de direitos – todo efeito é vinculante; *b*) decisão proferida pela instância superior, no julgamento de recurso, vincula a instância inferior; esse "efeito vinculante", porém, é efeito intraprocessual, não se confundindo com a eficácia sentencial; *c*) já quando se fala da sentença, o que vincula, nela, são seus efeitos condenatório, constitutivo, executivo e mandamental; *d*) no contexto dos arts. 102-§ 2º e 103-A da Constituição brasileira – que aqui nos interessa – o efeito vinculante

1. Em seguida à EC n. 3/1993, outras disposições legais trataram do efeito vinculante; vejam-se as Leis ns. 9.868, de 10.11.1999 (dispõe sobre o processo e julgamento da ação direta de inconstitucionalidade e da ação declaratória de constitucionalidade perante o STF), em seu art. 28, parágrafo único; 9.882, de 3.12.1999 (dispõe sobre o processo e julgamento da argüição de descumprimento de preceito fundamental), em seu art. 10, § 3º; e o art. 557 do CPC, com a redação que lhe foi dada pela Lei n. 9.756, de 17.12.1998.

2. Note-se que a Constituição portuguesa fala em "força obrigatória geral" da declaração de inconstitucionalidade ou de ilegalidade (art. 281).

é efeito extraprocessual mandamental, dirigido à totalidade dos órgãos judiciais.

*1.2* A Emenda Constitucional n. 45, de dezembro de 2004, modificando o art. 102 da Constituição brasileira, deu ao seu § 2º a seguinte redação: "As decisões definitivas de mérito, proferidas pelo Supremo Tribunal Federal, nas ações diretas de inconstitucionalidade e nas ações declaratórias de constitucionalidade produzirão eficácia contra todos e efeito vinculante, relativamente aos demais órgãos do Poder Judiciário e à administração pública direta e indireta, nas esferas federal, estadual e municipal".

Há nesse texto, como se vê, uma distinção implícita entre "eficácia contra todos" (na verdade, eficácia com relação a todos, e não "contra" todos) e "efeito vinculante". Daí se tiram duas conclusões: *a*) o entendimento do Supremo Tribunal Federal, concernente à constitucionalidade em tese de uma disposição legal, tem a eficácia geral própria da lei; *b*) idêntico entendimento deve ser adotado obrigatoriamente por todos os órgãos do Judiciário e da administração pública, nos atos de sua competência.

Esse é caso único de decisão com duas cargas de eficácia máxima: a constitutiva, produtiva de efeito material que alcança a todos, e a mandamental, produtiva de efeito extraprocessual difuso, que é dirigida aos órgãos do poder jurisdicional e da administração pública. Ambas dizem respeito àquilo que os alemães chamam de *Leitsatzbindung*, e que podemos designar como "núcleo vinculante" da decisão.

*1.3* A mesma Emenda Constitucional instituiu a "súmula vinculante" ao mandar inscrever na Constituição brasileira o art. 103-A, com a seguinte redação:

> O Supremo Tribunal Federal poderá, de ofício ou por provocação, mediante decisão de dois terços dos seus membros, após reiteradas decisões sobre matéria constitucional, aprovar súmula que, a partir de sua publicação na imprensa oficial, terá efeito vinculante em relação aos demais órgãos do Poder Judiciário e à administração pública direta e indireta, nas esferas federal, estadual e municipal, bem como proceder à sua revisão ou cancelamento, na forma estabelecida em lei.
>
> § 1º. A súmula terá por objetivo a validade, a interpretação e a eficácia de normas determinadas, acerca das quais haja controvérsia atual entre órgãos judiciários ou entre esses e a administração pública que acarrete grave insegurança jurídica e relevante multiplicação de processos sobre questão idêntica.
>
> § 2º. Sem prejuízo do que vier a ser estabelecido em lei, a aprovação, revisão ou cancelamento de súmula poderá ser provocada por aqueles que podem propor a ação direta de inconstitucionalidade.
>
> § 3º. Do ato administrativo ou decisão judicial que contrariar a súmula aplicável ou que indevidamente a aplicar, caberá reclamação ao Supremo Tribunal Federal que, julgando-a procedente, anulará o ato administrativo ou cassará a decisão judicial reclamada, e determinará que outra seja proferida com ou sem a aplicação da súmula, conforme o caso.

Com a "súmula vinculante" busca-se conferir, a decisões adotadas em processos de controle concreto de constitucionalidade, o mesmo efeito que, mediante o § 2º do art. 102, se obtém em processos de controle *in abstracto*. O art. 103-A não fala em eficácia com relação a todos, mas essa eficácia se produz na medida em que os órgãos do Judiciário e da administração pública se vêm obrigados a adotar o entendimento sumulado, nos atos da sua competência. Nesse efeito vinculante está implícita, portanto, a eficácia com relação a todos.

A súmula vinculante é uma súmula de jurisprudência à qual se conferiu efeito vinculante. Quanto a ambos tenho dedicado alguns textos.[3] O art. 103-A não cria "*a* sú-

3. V. Sérgio Sérvulo da Cunha: "Nota breve sobre o efeito vinculante" (*Revista de Informação Legislativa do Senado* 129/5, *Revista Trimestral de Direito Público* 12/143); ainda "O efeito vinculante" (*RTDP* 18/124); *O Efeito Vinculante e*

mula vinculante", mas *um* determinado tipo de súmula vinculante, cujos requisitos são aí mencionados.

Promulgada a EC n. 45/2004, não se trata mais de examinar a súmula vinculante *de lege ferenda* como vinha fazendo, mas de refletir sobre sua aplicação, que é o que pretendo aqui fazer. Boa parte das linhas que seguem, entretanto, colhidas naqueles textos, são reproduzidas sem aspas e sem referência à respectiva fonte.

*1.4* No ordenamento brasileiro é equívoco o termo "súmula de jurisprudência", que se costuma dizer abreviadamente apenas *súmula*. A fonte dessa figura encontra-se em ato normativo do Supremo Tribunal Federal posteriormente incorporado aos arts. 102 e 103 de seu Regimento Interno. Lê-se na primeira dessas disposições: "A jurisprudência assentada pelo Tribunal será compendiada na 'Súmula do Supremo Tribunal Federal'. § 1º. A inclusão de enunciados na 'Súmula', bem como a sua alteração ou cancelamento, serão deliberados em Plenário, por maioria absoluta. § 2º. Os verbetes cancelados ou alterados guardarão a respectiva remuneração com a nota correspondente, tomando novos números os que forem modificados (...)".

De acordo com esse texto, a Súmula do Supremo Tribunal Federal não é uma coleção de todas as suas decisões, mas da sua "jurisprudência assentada", distribuída por verbetes. Na forma como tem sido editada, a Súmula do Supremo Tribunal Federal mostra-nos cada um desses *verbetes* como um *enunciado* que sumaria a "jurisprudência assentada" sobre determinado tema; mostra-nos também que a jurisprudência assentada corresponde a decisões reiteradas, que fixam o entendimento da Suprema Corte quanto a esse tema.

Entretanto, em nota ao art. 102 do RISTF, informa o consagrado *Código de Processo Civil* anotado por Theotonio Negrão e José Roberto Ferreira Gouvêa, que "foram canceladas ou revogadas expressamente as seguintes Súmulas: Súmula 4 (cancelada) (...)" e assim por diante. Já aí tomou-se por "súmula" o que, segundo o RISTF, não passaria de um simples verbete da Súmula. Esta a acepção prevalecente, e que também se mostra seja no art. 479 do CPC, seja no art. 103-A da Constituição da República.[4]

Podemos dizer, portanto, em conclusão: a súmula de jurisprudência é um enunciado, estabelecido após decisões reiteradas, que sumaria o entendimento de um tribunal sobre determinado tema; esse enunciado, identificado por um número, pode figurar como verbete no repertório da jurisprudência assentada desse tribunal.

A *súmula vinculante* referida no art. 103-A da Constituição é o enunciado, aprovado por no mínimo dois terços dos membros do Supremo Tribunal Federal, que sumaria reiteradas decisões dessa corte sobre o mesmo tema constitucional, e que tem efeito vinculante em relação aos demais órgãos do Poder Judiciário e à administração pública. Isto é: esses enunciados têm a força de lei, devendo, portanto, ser geralmente observados, o que está implícito na afirmação de que vinculam todos os órgãos do Poder Judiciário.

*1.5* Cabem agora algumas considerações quanto à inconstitucionalidade da EC n. 45, na parte em que instituiu a súmula vinculante.[5]

*os Poderes do Juiz* (São Paulo, Saraiva, 1999); e, por último, já depois da promulgação da EC n. 45, "A arcaica súmula vinculante" (in Sérgio Rabello Tamm Renault e Pierpaolo Bottini, *Reforma do Judiciário*, São Paulo, Saraiva, 2005, pp. 29-52).

4. Diz o art. 479 do CPC, pertencente ao capítulo sobre uniformização da jurisprudência: "O julgamento, tomado pelo voto da maioria absoluta dos membros que integram o tribunal, será objeto de súmula e constituirá precedente na uniformização de jurisprudência".

5. Como tenho sustentado em outros escritos, também me parece inconstitucional o efeito vinculante conferido a decisões proferidas em processos de controle *in abstracto* de constitucionalidade despidos da necessária "objetividade".

De Direito, decisões proferidas pelo Supremo Tribunal Federal – como, aliás, as de qualquer corte ou juízo – têm efeito apenas com relação às pessoas que tenham participado do respectivo processo, por si mesmas ou mediante substituto processual.

Essa característica – considerada uniformemente como traço distintivo da jurisdição – é indissociável de três garantias fundamentais, a saber:

"Ninguém será obrigado a fazer ou deixar de fazer alguma coisa senão em virtude de lei" (Constituição brasileira, art. 5º-II);

"A lei não excluirá da apreciação do Poder Judiciário lesão ou ameaça a direito" (Constituição brasileira, art. 5º-XXXV);

"Aos litigantes em processo judicial ou administrativo (...) são assegurados o contraditório e a ampla defesa, com os meios e recursos a ela inerentes" (Constituição brasileira, art. 5º-LV).

Não é demais assinalar que o termo "lei", aí, abrange Emendas à Constituição. Direitos e garantias fundamentais incluem-se no cerne da Lei Magna, inadmitindo contrariedade mesmo em decorrência de emenda, donde o consenso de que pode haver emenda inconstitucional. Reza o art. 60 da Constituição brasileira, em seu § 4º, que "Não será objeto de deliberação a proposta de emenda tendente a abolir: (...) IV – os direitos e garantias individuais".

Aplicada a súmula vinculante, pessoas que não defenderam seu direito em juízo serão atingidas pelas respectivas decisões, e, embora não as tenham discutido antes, ficarão impedidas de, em seguida, submeter suas razões ao Judiciário. Se insistirem, essas razões não serão conhecidas, como se depreende do referido art. 103-A.

A súmula obrigatória, portanto, afronta os princípios da legalidade, do acesso à prestação jurisdicional, do contraditório e da ampla defesa, consagrados não só pela Constituição brasileira, mas por inúmeras declarações internacionais de direitos, e por pactos de que o Brasil é signatário. Ela agride, além disso, os princípios da divisão dos poderes e da imodificabilidade do sistema de controle de constitucionalidade. Com efeito, o controle de constitucionalidade é meio de defesa do povo contra o governo; o sistema de controle, estabelecido em defesa de si própria pela Constituição, não pode ser alterado sem ruptura constitucional.[6]

A questão da inconstitucionalidade da súmula vinculante deve ser deixada entre parênteses, para que possamos estudar o modo de sua aplicação caso o juiz a entenda constitucional. Para que possamos fazê-lo, é preciso examinar, antes, ainda uma outra noção.

## 2. *O enunciado sumular*

Sem que isso afete sua função como proposições de dever-ser, os enunciados sumulares adotam a mesma forma declarativa que têm as ementas de acórdãos,[7] e, na maior parte das vezes, os enunciados das disposições legais.

Todo acórdão proferido no Brasil costuma ser encimado por uma ementa, mas a obrigação de que a contenha só foi criada legalmente com a Lei n. 8.950, de 13.12.1994, que deu ao art. 563 do CPC, sem entrar em mais detalhes, a seguinte redação: "Todo acórdão conterá ementa". Antes disso, via-se referência à ementa nos regimentos dos tribunais, como acontece com o do STF: "A publicação do acórdão, por suas conclusões e ementa, far-se-á, para todos os efeitos, no *Diário da Justiça*" (art. 95). O mesmo preceito encontra-se no Regimento Interno do STJ (art. 102). O Regimento Interno do TJSP é ligeiramente mais explícito, pois estabelece que "os acórdãos serão precedidos de ementas redigidas pelos relatores".

6. V. *O Efeito Vinculante e os Poderes do Juiz*, cit., conclusão "n" (p. 209).

7. O termo "ementa" (do latim "ementa", algo que provém da mente, idéia, pensamento), passou a significar apontamento, rol, lembrança, sumário, resumo.

Na praxe judiciária brasileira a ementa é mais do que um resumo do que se decidiu; nosso modelo normativista induziu a que o relator, em vez de apenas resumir o que foi decidido, o faça ao modo do legislador, a fim de que o enunciado abstrato constante da ementa sirva como orientação para o comportamento ou a decisão em casos semelhantes. A ementa possui, por isso, a mesma característica identificada, nos assentos, por Castanheira Neves: ela "se desvincula, na sua formulação, do caso jurídico concreto que esteja em sua origem, e passa a operar sem concreta relação com esse caso, apenas como diretiva que se observa na autonomia formal do seu próprio e abstrato conteúdo".[8]

A diferença entre a ementa e a súmula está em que a ementa sumaria a decisão tomada num caso determinado, enquanto a súmula sumaria várias decisões adotadas em casos distintos. A súmula não é uma síntese que agrupa sob um mesmo denominador decisões assemelhadas, nem é uma decisão autônoma em que o Supremo enuncia entendimento ainda não manifestado, mas um enunciado que reproduz ementas semelhantes, distintas apenas pela causa que as ensejaram. Em sua elaboração inexiste judicialidade, porque nada se julga; mas há procedimento e deliberação quanto à fidelidade entre seu enunciado e o das várias ementas que estão à sua base. Daí a necessidade de maior cuidado ao se redigir cada ementa, no sentido de se identificar o núcleo vinculante das decisões da Suprema Corte em matéria constitucional.

No *common law* essa é uma discussão freqüente, travada doutrinariamente ou caso a caso. Aí, o precedente é casuístico: tem-se uma aplicação do particular ao particular, por razões de identidade, semelhança ou analogia. Mas se no sistema do *civil law* a decisão judicial passa a ter força obrigatória de lei, é preciso determinar-se não apenas aquilo que, dentro dela, tem força de lei (excluindo-se, por exemplo, os *obiter dicta*), como também transformar-se, num enunciado geral e abstrato, aquilo que foi decidido. No sistema atual, embora encime qualquer acórdão, a ementa não se integra à sua eficácia (ela tem apenas um efeito paradigmático com relação a casos futuros). Mas a partir da introdução do precedente obrigatório, a ementa (em que se costuma sintetizar a *ratio decidendi*) será então um elemento do decisório, e como tal precisará ser apreciada pelo colégio e constar também da ata da sessão de julgamento.

Devido à abstração sofrida pela decisão aproveitada no enunciado sumular, é quase como se ela se decompusesse em duas: a primeira, contendo aquilo que alguns autores gostariam de designar como "norma individual", com efeito intraprocessual no caso concreto; e a outra para as hipóteses futuras, com efeito extraprocessual. Isso evita que, à semelhança do que acontece no *common law*, se rediscutam passo a passo, em casos assemelhados, todas as circunstâncias implicadas na prolação do precedente, para verificar se ele realmente é adequado à nova hipótese.

### *3. A aplicação da súmula vinculante*

Tal como acontece com a lei, a súmula vinculante, desde que editada, se acrescenta ao ordenamento como fonte do Direito. Entra, portanto, na consideração do juiz, no momento em que deve despachar a petição inicial.

Não consta, porém, do art. 103-A nenhuma orientação sobre como deve proceder o juiz ao receber pedido contrário à súmula. Este o objeto da nossa indagação.

À primeira vista, se o pedido contraria a súmula, caracteriza-se a incompetência absoluta do juízo. Com efeito, a edição da súmula parece criar uma espécie de "reserva sumular", ficando a respectiva maté-

8. Castanheira Neves, *O Instituto dos Assentos e a Função Jurídica dos Supremos Tribunais*, Coimbra, Coimbra Editora, 1983, p. 228.

ria restrita à competência do Supremo Tribunal Federal. A hipótese se enquadraria, portanto, no chamado *référé*, isto é, naquilo a que, em determinado momento da tramitação da reforma do Judiciário, se designou como "questão constitucional" ou como "incidente de inconstitucionalidade", de modo que, suspenso o processo, o juiz deveria reportar-se ao Supremo para que decidisse essa questão incidental.[9]

Não é isso, entretanto, o que acontece. Havendo súmula, mesmo o Supremo fica impedido de apreciar pedido que a contraria, a não ser na instância administrativa (na verdade instância política) do seu cancelamento ou revisão. O que faz a súmula é retirar a questão sumulada do universo da justiciabilidade: sua apreciação por qualquer tipo de juízo só poderá voltar a ocorrer em caso de revisão ou cancelamento da súmula, na forma estabelecida em lei. A alegação contrária à súmula é injusticiável. Aqui é violento e direto o choque com o art. 5º-XXXV da Constituição. Continuemos, entretanto, como se não o fosse.

No ordenamento brasileiro, nem mesmo o pedido contrário à lei é injusticiável. Dentre as nove hipóteses do art. 295 do CPC, que fazem cabível o indeferimento da petição inicial, a única em que parece se abrigar a contrariedade à lei é a do inciso I, combinada com a do inciso III do seu parágrafo único, isto é: inépcia da inicial, quando o pedido for juridicamente impossível. Essa também parece a disposição incidente em caso de gritante contrariedade à súmula. Nesse caso caberá apelação por parte do autor, e o processo prosseguirá em seus trâmites, segundo o previsto no art. 296 do CPC. A alegação do apelante será a de que o enunciado da súmula não incide sobre os fatos que fundamentam o pedido, ou, quanto ao Direito, a de que seu pedido não contraria a súmula, que está sendo incorretamente interpretada pelo juiz.

Se parecer, ao juiz, que a contrariedade à súmula só se poderá caracterizar após a instrução, ou que o pedido possui mais de um fundamento, de tal modo que existe a possibilidade de se proferir sentença sem contrariedade à súmula, a petição inicial poderá ser deferida. Em tal caso o réu poderá argüir a contrariedade à súmula em contestação, ou, desde logo, em reclamação ao Supremo Tribunal Federal.

Pode acontecer que o autor postule abertamente contra a súmula, desde logo sustentando sua inconstitucionalidade, material ou formal; quanto à argüição da inconstitucionalidade formal, pode surgir com referência ao próprio art. 103-A, na medida em que na edição da súmula não se tenham observado os seus requisitos.[10]

9. Na competência do Supremo Tribunal de Justiça, em seu art. 191º, a Constituição portuguesa de 1822 incluía "propor ao rei, com o seu parecer, as dúvidas, que tiver ou lhe forem apresentadas por quaisquer autoridades, sobre a inteligência de alguma lei, para se seguir a conveniente declaração das Cortes". Na França, vinha de longe (Ordenança de 1667 fazia-o expressamente obrigatório) aquilo que se passou a denominar *référé*, um mecanismo segundo o qual o juiz, em caso de dúvida ou dificuldade na aplicação da lei, deveria suspender o processo e solicitar a interpretação do monarca. Quanto a isso a Revolução nada alterou, tendo apenas substituído a pessoa do monarca pela soberania do Poder Legislativo. Decreto de 16-24 de agosto de 1790 proibiu os tribunais de fazerem regulamentos e induziu-os a se dirigirem ao Legislativo toda vez que julgassem necessário interpretar uma lei. Em dezembro desse ano instituiu-se a Corte de Cassação e criou-se o *référé nécessaire*, uma consulta ao Poder Legislativo em caso de divergência jurisprudencial. Mesmo após o Código de Napoleão subsistiu o mecanismo, devendo ser acionado o Conselho de Estado como o competente para a interpretação autêntica, o que persistiria até a Lei de 1-2 de abril de 1837, que situou definitivamente a Corte de Cassação acima de qualquer outro órgão judiciário ou político. Sobre o *référé* veja-se *O Efeito Vinculante e os Poderes do Juiz*, cit., pp. 131-133.

10. P.ex.: o Dr. Luiz Armando Badin, Consultor-Chefe do Ministério da Justiça, verificou que das 621 primeiras súmulas de jurisprudência do STF, 79 foram editadas com base em apenas um

Nesse caso há mais de uma alternativa para o juiz: *a*) discordando das alegações do autor, indeferir a inicial; *b*) embora concordando com as alegações do autor, indeferir a inicial por uma razão de política judiciária; *c*) concordando com as alegações do autor, ou achando que elas merecem melhor exame, dar seguimento ao processo. Na alternativa "b", o juiz entende ser inútil discordar da súmula, dado que ao Supremo Tribunal Federal cabe a última palavra nessa questão. Na alternativa "c" o juiz pode entender que ao Supremo cabe a última palavra, mas não o monopólio da jurisdição constitucional.[11] Se adotar a alternativa "b" o juiz poderá dar ciência do processado ao Supremo Tribunal, a quem – tendo-se em vista a eventualidade de revisão ou cancelamento da súmula – será útil o conhecimento das impugnações que lhe estão sendo opostas.

Tendo em vista a valia dessa impugnação, o juiz poderá ou não condenar a parte como litigante de má-fé. Se a oposição é útil para o reexame da súmula, seu interesse assume uma dimensão coletiva, e seria desproporcionado exigir que a parte o silencie, permitindo-se apenas sua manifestação administrativa. Impõe-se aqui o inciso XXXV do art. 5º.[12] No julgamento da já referida questão de ordem sobre a EC n. 3/1993, assim votou o Ministro Carlos Velloso: "(...) a declaração de constitucionalidade da lei não impede, a meu ver, diante de alteração das circunstâncias fáticas ou da realidade normativa, a propositura da ação direta de inconstitucionalidade. Penso que esta é uma posição que a Corte Constitucional deve assentar. É que, como foi dito: hoje, a lei pode ser constitucional,

único precedente, e 74 com base em apenas dois precedentes. A tais súmulas faltaria o requisito do art. 103-A, segundo o qual a súmula vinculante deve sumariar decisões reiteradas.

11. Vem à baila, aqui, o voto do Ministro Francisco Rezek, ao julgar-se questão de ordem sobre a constitucionalidade da EC n. 3/1993: "Houve uma época – membros mais antigos deste Tribunal o recordam – em que determinado Tribunal de Justiça, numa prestigiosa unidade da Federação, dava-se crônica e assumidamente a desafiar a jurisprudência do Supremo a respeito de um tema sumulado (um tema, por sinal, menor: a representatividade da ofendida em caso de crime contra os costumes). O Supremo tinha posição firme, constante e unânime a tal respeito, e certo Tribunal de Justiça, porque pensava diferentemente, dava-se à prática de decidir nos termos de sua própria convicção, valorizando a chamada 'liberdade de convencimento' própria de todo juiz ou tribunal. Resultado: todas essas decisões eram, mediante recurso, derrubadas por esta casa. Aquilo que deveria acabar na origem, à luz da jurisprudência do Supremo, só acabava aqui, depois de um lamentável dispêndio de recursos financeiros, de tempo e de energia, num Judiciário já congestionado e com tempo mínimo para cuidar de coisas novas. E quando acontecia de a jurisprudência do Supremo acabar não prevalecendo, e de a decisão do tribunal rebelde encontrar seu momento de glória? Quando o réu, porque assistido por advogado relapso, ou porque carente de outros meios, não apresentava recurso (...). Só nessa circunstância infeliz a rebeldia contra a jurisprudência do Supremo dava certo. Com todo o respeito pelo que pensam alguns processualistas, não vejo beleza alguma nisso. Pelo contrário, parece-me uma situação imoral, com que a consciência jurídica não deveria, em hipótese alguma, contemporizar" (*RTJ* 157/393).

12. Em nota ao art. 16 do CPC, Theotonio Negrão alinha as seguintes decisões: "Não se caracteriza a litigância de má-fé se a parte argúi teses de direito que, embora não prevalentes na jurisprudência, encontram respaldo em doutrina ou em votos minoritários" (*RF* 328/208); "Se a parte utiliza os meios disponíveis no direito positivo para a defesa dos seus direitos, não se pode pretender, pelo vigor com que litiga, que exista fundamento para a condenação por litigância de má-fé" (*RSTJ* 132/338). A meu ver, ofendem aos princípios da proporcionalidade e da insubordinabilidade as sanções legais (nelas incluídas as injunções) que representem, por si sós, impedimento à prática do ato sancionado. Diz Eduardo Garcia Maynez: "En cuanto expresión de deberes, las normas dirígense a seres capaces de cumplirlas o violarlas. El supuesto filosófico en que descansan es la existencia de la libertad. Si el individuo no pudiese dejar de hacer lo que prescriben, no serían normas genuinas, sino leyes naturales" (*Ética*, México, Porrua, 1989, p. 21).

amanhã não" (*RTJ* 157/401). O Ministro Gilmar Mendes também busca escapatória à rigidez, afirmando: "declarada a constitucionalidade de uma lei, ter-se-á de concluir pela inadmissibilidade de que o Tribunal se ocupe, uma vez mais, da aferição de sua legitimidade, salvo no caso de significativa mudança das circunstâncias fáticas ou de relevante alteração das concepções jurídicas dominantes" (*Cadernos de Direito Constitucional* 4/130).[13]

Em instância superior, a postulação contrária à súmula pode ensejar o não-conhecimento do recurso ou da ação de competência originária do tribunal, e a inadmissão de recurso especial ou extraordinário. Diz o art. 557 do CPC: "O relator negará seguimento a recurso manifestamente inadmissível, improcedente, prejudicado ou em confronto com súmula ou com jurisprudência dominante do respectivo tribunal, do Supremo Tribunal Federal ou de Tribunal Superior. § 1º-A. Se a decisão recorrida estiver em manifesto confronto com súmula ou com jurisprudência dominante do Supremo Tribunal Federal, ou de Tribunal Superior, o relator poderá dar provimento ao recurso".[14]

Cabe-nos agora examinar a reclamação para o Supremo Tribunal Federal, que nos termos do § 3º do art. 103-A, é a providência cabível se o ato administrativo ou a decisão judicial contrariar a súmula ou indevidamente a aplicar.

A reclamação[15] não é recurso, mas – à semelhança dos embargos de terceiro e do mandado de segurança contra decisão judicial – ação autônoma de impugnação de ato judicial.[16] É importante assinalar que, como anota Theotonio Negrão, o Supremo: *a*)

13. Sobre inconstitucionalidade e mudança nas relações fáticas, veja-se o mesmo autor, *Controle de Constitucionalidade* (São Paulo, Saraiva, 1990, p. 88). No tocante especificamente à declaração de constitucionalidade, afirma: "A força de lei (*Gesetzeskraft*) da decisão do *Bundesverfassungsgericht* que confirma a constitucionalidade revelar-se-ia problemática se o efeito vinculante geral, que se lhe reconhece, impedisse que o Tribunal se ocupasse novamente da questão (cf., a propósito, *BVeerfGE* 33, 199, 203 e ss.; Hans Brox, "Zur Zulässigkeit der erneuten Überprüfung einer Norm durch das Bundesverfassungsgericht", in *Festschrift für W. Geiger*, p. 810)" (in Nelson Jobim e Gilmar F. Mendes, "A Reforma do Judiciário – A jurisdição constitucional na revisão constitucional de 1994 – Parte I, *Revista de Direito Administrativo* 202/111).

14. Em nota a esse artigo Theotonio Negrão arrola decisões do STF que julga constitucionais suas disposições; mas, em contrário, refere acórdãos da 2ª Turma do STJ, tomados por maioria, no sentido de que a nova redação do art. 557 do CPC "constitui inequívoca restrição ao princípio da ampla defesa". Quanto à inconstitucionalidade do art. 557, veja-se Lenio Luiz Streck, *Jurisdição Constitucional e Hermenêutica*, Rio de Janeiro, Forense, 2004, pp. 501 e ss.

15. A princípio prevista apenas no Regimento Interno do STF, a reclamação foi incluída na competência constitucional daquela Corte (art. 102-I-l) por sugestão do Dr. Theotonio Negrão durante o processo constituinte. A seu propósito, veja-se Ada Pellegrini Grinover, "Da reclamação", *Revista Brasileira de Ciências Criminais* 38/75-83 (abr.-jun. 2002).

16. Sobre a reclamação assim dispõe o Regimento Interno do STF: "Art. 156. Caberá reclamação do Procurador-Geral da República, ou do interessado na causa, para preservar a competência do Tribunal ou garantir a autoridade das suas decisões. Parágrafo único. A reclamação será instruída com prova documental. Art. 157. O relator requisitará informações da autoridade, a quem for imputada a prática do ato impugnado, que as prestará no prazo de cinco dias. Art. 158. O relator poderá determinar a suspensão do curso do processo em que se tenha verificado o ato reclamado, ou a remessa dos respectivos autos ao Tribunal. Art. 159. Qualquer interessado poderá impugnar o pedido do reclamante. Art. 160. Decorrido o prazo para informações, dar-se-á vista ao Procurador-Geral, quando a reclamação não tenha sido por ele formulada. Art. 161. Julgando procedente a reclamação, o Plenário ou a Turma poderá: I – avocar o conhecimento do processo em que se verifique a usurpação de sua competência; II – a ordenar que lhe sejam remetidos, com urgência, os autos do recurso para ele interposto; III – cassar decisão exorbitante de seu julgado, ou determinar medida adequada à observância de sua jurisdição. Art. 162. O Presidente do Tribunal

considera inexistir prazo para sua apresentação (*RTJ* 133/526); mas *b*) inadmite reclamação contra decisão transitada em julgado (*RTJ* 56/539, 132/620, 142/385). Assim, salvo decisão irrecorrida que o tenha trancado, o processo em que se discute aplicação da súmula continua até que, em processo de reclamação: seja suspenso por decisão do relator, do Pleno ou da Turma; seja circunduzido por decisão final que, cassando decisão contrária à súmula ou que indevidamente a aplicar, determine a prolação de outra.

Tendo sido suspenso, retoma-se o processo a partir do ponto em que foi suspenso em caso de: *a*) ter sido a reclamação julgada improcedente; *b*) ter sido cancelada ou revista a súmula em questão.

ou da Turma determinará o imediato cumprimento da decisão, lavrando-se o acórdão posteriormente". Essas disposições são reproduzidas nos arts. 13 a 18 da Lei n. 8.038/1990.

# A LEI DE LICITAÇÕES, O PRINCÍPIO DA BOA-FÉ OBJETIVA E O ABUSO DE DIREITO

EGON BOCKMANN MOREIRA

Mestre e Doutor em Direito do Estado pela Faculdade de Direito da UFPR.
Pós-Graduado em Regulação Pública pelo CEDIPRE,
da Faculdade de Direito da Universidade de Coimbra.
Advogado e Consultor

*1. Introdução. 2. Contextualização da Lei de Licitações e Contratos Administrativos. 3. A importância da Lei de Licitações. 4. O conceito de licitação e a sua finalidade. 5. Os princípios do Direito Administrativo e a Lei de Licitações. 6. A Lei de Licitações e o Código Civil de 2002: o princípio da boa-fé objetiva: 6.1 O princípio da boa-fé e o direito dos contratos administrativos; 6.2 O princípio da boa-fé, o abuso de direito e o desvio de poder; 6.3 As licitações, o princípio da boa-fé objetiva e o abuso de direito; 6.4 O princípio da boa-fé, o abuso de direito e o mandado de segurança. 7. Conclusões.*

## *1. Introdução*

Este ensaio tem o objetivo de analisar a figura do abuso de direito em face da Lei de Licitações e Contratos Administrativos (Lei 8.666/1993). Trata-se de uma abordagem inicial, a qual visa a estimular o debate sobre o tema em sede de Direito Administrativo. A idéia central está na aplicação do princípio da boa-fé, em especial tal como positivado no novo Código Civil brasileiro.

A exposição será divida em seis tópicos, além desta introdução e das conclusões. Em primeiro lugar, será feita uma breve notícia sobre a Lei de Licitações e Contratos Administrativos – inserindo-a no contexto histórico em que foi emanada. Depois, o texto abordará a importância fundamental da Lei 8.666/1993 para o Direito e Economia brasileiros, bem como apresentará o conceito de licitação pública e a finalidade que tal instituto jurídico contempla.

Uma vez estabelecidas tais premissas, o texto discorrerá sobre o tema dos princípios gerais de direito e as licitações públicas – com o que será possível o tratamento do princípio da boa-fé objetiva e o abuso do direito. Aqui, será necessário o exame do texto do novo Código Civil como diretriz hermenêutica das licitações e contratos administrativos, sobremaneira quanto à boa-fé e ao abuso de direito. Ao final, será enfrentado o controle do abuso em licitações e contratos através do mandado de segurança.

## 2. *Contextualização da Lei de Licitações e Contratos Administrativos*

Como todos os diplomas normativos, a Lei de Licitações e Contratos Administrativos é um retrato fiel do seu tempo. Foi elaborada e promulgada depois de um período razoavelmente conturbado da História brasileira. Menos de um ano antes de sua publicação, deu-se a exposição de inúmeros casos de corrupção, culminando no *impeachment* do Presidente da República. O País passava por uma reorganização político-administrativa e pela busca de novos paradigmas éticos para a Administração Pública. Houve uma preocupação acentuada em se romper com o passado recente e sepultar os traumas.

À época, era notório que parcela das licitações e contratos administrativos envolvia desvios de verba pública. Esses fatos ficaram registrados com clareza na obra coordenada por Modesto Carvalhosa, denominada *O Livro Negro da Corrupção*, bem como na coletânea de acórdãos publicados em livro cujo título é *Impeachment*, com apresentação do então Presidente do Supremo Tribunal Federal, Ministro Sepúlveda Pertence.[1]

Talvez daí advenha a aridez do tratamento de alguns temas, o que resultou em algumas das críticas que a doutrina lança ao diploma. Às vezes o legislador foi rígido demais, às vezes supérfluo e, outras tantas, enigmático. A intensidade e a extensão do número de regras fez com que alguns preceitos não gerassem um ambiente acolhedor nem para a Administração nem para as pessoas privadas. Também esses excessos dão razão às lamentações de doutrinadores do porte de Carlos Ari Sundfeld, que qualificou a Lei como "um martírio para os milhares de profissionais obrigados a cumpri-la cotidianamente".[2] Enfim, tentou-se solucionar todos os problemas das contratações públicas (sociais, éticos, econômicos, gerenciais etc.) com o recurso a um formalismo exacerbado – incidindo no erro da suposição de que mera promulgação de leis (mundo do dever-ser) pode mudar por completo a realidade (mundo do ser).

Mas já se passaram mais de dez anos da promulgação do diploma e o cenário jurídico permite uma compreensão mais tolerante do texto (sem ignorar os seus defeitos). O que deriva do auxílio da construção doutrinária, das decisões jurisprudenciais e dos diplomas normativos supervenientes.

Fixadas essas premissas, a hermenêutica que se propõe é eminentemente pragmática: devido à importância da Lei de Licitações, ela deve ser aplicada com parcimônia e sensatez, sempre à luz da Carta Magna. A rica construção doutrinária e jurisprudencial destes últimos dez anos permite alinhavar tal proposta. Como bem firmou Marçal Justen Filho, o formalismo ortodoxo da letra da lei foi superado através de sua própria aplicação: "O processo de aplicação concreta da Lei foi produzindo uma espécie de depuração legislativa, tal como sempre ocorre. Logo, a interpretação da Lei n. 8.666 vem produzindo uma espécie de superação da tradição recepcionada, de molde a que os princípios jurídicos fundamentais sejam efetivamente realizados".[3]

## 3. *A importância da Lei de Licitações*

A Lei 8.666/1993 é um dos diplomas normativos infraconstitucionais mais importantes no Direito Público brasileiro. Fornece as normas gerais relativas à quase tota-

1. Cf. "Brasil – Supremo Tribunal Federal", *Impeachment: Jurisprudência*, Brasília, Imprensa Nacional, 1995, e Modesto Carvalhosa (coord.), *O Livro Negro da Corrupção*, São Paulo, Paz e Terra, 1995.

2. *Licitação e Contrato Administrativo*, São Paulo, Malheiros Editores, 1994, p. 11.

3. *Comentários à Lei de Licitações e Contratos Administrativos*, 10ª ed., São Paulo, Dialética, 2004, p. 12.

lidade das licitações e contratações públicas – de todas as pessoas políticas, da Administração direta e indireta. Envolve a forma de dispêndio de elevada quantia de verbas públicas. Da sua aplicação resulta a construção e o aperfeiçoamento da infraestrutura econômica nacional e o funcionamento do aparelho estatal. Boa parte da economia nacional depende, direta ou indiretamente, da Lei de Licitações e Contratos Administrativos.

A sua boa aplicação, orientada pela interpretação razoável de suas previsões normativas, importa ganhos públicos – não só na economia de verbas, mas especialmente no eficiente desempenho das funções administrativas do Estado e na construção de obras que permitam o desenvolvimento econômico do País.

## *4. O conceito de licitação e a sua finalidade*

A licitação pública é o processo administrativo por meio do qual a Administração Pública seleciona pessoas aptas a executar com excelência determinados contratos administrativos. O seu objetivo é instalar uma concorrência isonômica entre pessoas interessadas e detentoras de qualificação técnica para prestar determinados serviços e/ou realizar certas obras, tendo como contratante a Administração Pública. Através dela obtém-se a seleção do licitante que, em vista dos requisitos do edital em confronto com as propostas dos demais concorrentes, presume-se que prestará com maior eficiência o objeto contratual (a alta qualidade técnica unida ao menor custo possível).

A licitação deve estimular a competição entre os potenciais interessados para realizar o contrato administrativo. A Administração tem o dever de instalar a competição *ex ante*, a fim de obter o melhor resultado técnico e econômico-financeiro. Parte-se do conceito de que quanto maior o número de participantes maior a competição e menores os preços que serão ofertados. Os particulares são estimulados a incrementar a própria eficiência gerencial, a fim de fornecer obras e serviços de alta qualidade ao mais baixo custo possível.

As contratações públicas envolvem esse dever de deflagração da concorrência entre as pessoas privadas, de molde a não privilegiar os detentores de poder econômico e a evitar a formação de grupos econômicos cartelizados. Procura impedir a formação de eventuais barreiras de entrada ao setor de obras e serviços públicos. Por isso que os requisitos das licitações só podem ser aqueles essenciais à boa prestação do contrato que se pretende celebrar. Caso haja exigências extravagantes, haverá um impedimento à participação no universo de licitantes e, em decorrência, o risco do aumento artificial dos preços.

A finalidade da licitação é a escolha do contratado que traga maiores vantagens à Administração – benefícios esses cuja legitimidade resulta de uma conjugação de requisitos técnicos com a menor proposta de preços (dados que não podem ser compreendidos isoladamente). O interesse público primário da Administração será atendido pela proposta que conseguir unir a competência técnica ao menor preço possível. Obras e serviços que desprezam a boa técnica sempre resultam em maiores custos aos cofres públicos. Portanto, o foco não está apenas na economia derivada do preço baixo (o que poderia dizer respeito a um interesse secundário), mas na vantagem oriunda da fusão boa técnica e preço adequado.

O desfecho da licitação gera a presunção *juris tantum* de que será realizada a melhor contratação: a legitimidade do resultado do certame resiste íntegra até o seu eventual questionamento (administrativo ou judicial). Como nos demais atos administrativos, a presunção de legitimidade admite impugnação pela parte interessada.

Na apurada síntese de Celso Antônio Bandeira de Mello, a licitação "é um certame que as entidades governamentais devem promover e no qual abrem disputa entre os interessados em com ela travar determinadas relações de conteúdo patrimonial, para escolher as propostas mais vantajosas às conveniências públicas. Estriba-se na idéia de *competição*, a ser travada isonomicamente entre os que preencham os atributos e aptidões necessários ao bom cumprimento das obrigações que se propõem assumir".[4]

Para Carlos Ari Sundfeld "é o procedimento administrativo destinado à escolha de pessoa a ser contratada pela Administração ou a ser beneficiada por ato administrativo singular, no qual são assegurados tanto o direito dos interessados à disputa como a seleção do beneficiário mais adequado ao interesse público".[5]

Na pena de Marcos Juruena Villela Souto, licitação "é o processo administrativo pelo qual a Administração seleciona, por meio de habilitação de proponentes e julgamento objetivo de propostas, candidatos que com ela estão aptos a celebrar contratos ou a tornarem-se permissionários de serviços públicos ou do uso de bens públicos".[6]

Por fim, é de se mencionar a ampla definição de Hely Lopes Meirelles: "*Licitação* é o procedimento administrativo mediante o qual a Administração Pública seleciona a proposta mais vantajosa para o contrato de seu interesse. Visa a propiciar iguais oportunidades aos que desejam contratar com o Poder Público, dentro dos padrões previamente estabelecidos pela Administração, e atua como fator de eficiência e moralidade nos negócios administrativos. É o meio técnico-legal de verificação das melhores condições para a execução de obras e serviços, compra de materiais e alienação de bens públicos. Realiza-se através de uma sucessão ordenada de atos vinculantes para a Administração e para os licitantes, sem a observância dos quais é nulo o procedimento licitatório, e o contrato subseqüente".[7]

### *5. Os princípios do Direito Administrativo e a Lei de Licitações*

O Direito Administrativo brasileiro é disciplina jurídica autônoma orientada por princípios explícitos e implícitos da Constituição da República. Esse feixe de normas superiores dá identidade ao regime jurídico-administrativo pátrio, bem como parâmetros e limites à atuação da Administração Pública. Ao seu tempo, a Lei de Licitações enaltece uma gama de princípios com especial aplicação frente a essa atividade administrativa do Estado. O elenco consignado na Lei (máxime no art. 3º) é exemplificativo, vez que a força motriz do Direito Administrativo é o texto constitucional.

Os princípios podem ser compreendidos como normas jurídicas de segundo grau (normas secundárias, de estrutura, de organização ou de competência), as quais embasam a integralidade do Ordenamento Jurídico. Dizem respeito "tanto à formação quanto à modificação, à extinção e à conservação do patrimônio jurídico de um ordenamento".[8] Detentores de intenso conteúdo axiológico, os princípios são por demais abstratos para se submeterem ao conceito de regra de conduta ou de comportamento. Antes do que isso, "são – na dicção de Humberto Ávila – normas imediatamente finalísticas. Eles estabelecem um fim a ser atingido".[9]

Além disso, não há uma hierarquia estática entre os princípios jurídicos, mas uma integração mútua (ponderação principiológica), fazendo com que assumam diferen-

4. *Curso de Direito Administrativo*, 18ª ed., São Paulo, Malheiros Editores, 2005, Cap. IX, 1.

5. *Licitação e Contrato Administrativo*, cit., p. 15.

6. *Direito Administrativo Contratual*, Rio de Janeiro, Lumen Juris, 2004, p. 1.

7. *Licitação e Contrato Administrativo*, 12ª ed., São Paulo, Malheiros Editores, 1999, p. 23.

8. Norberto Bobbio, "Norma giuridica", in *Contributi ad un Dizionario Giuridico*, Turim, Giappichelli, 1994, p. 231.

9. *Teoria dos Princípios*, São Paulo, Malheiros Editores, 2003, p. 70.

tes intensidades valorativas recíprocas em face dos casos concretos.[10] Compreendidos como mandamentos de otimização da aplicação das normas e regras de determinado Ordenamento Jurídico, aos princípios reserva-se o momento inicial da atividade hermenêutica (e da própria definição da conduta a ser adotada pelos agentes públicos). Por isso, seria imperfeita uma singela compreensão autônoma de apenas algum dos princípios jurídicos, vez que todos estão irremediavelmente integrados. Entre eles se dá uma ampla gama de "relações de complementaridade, de condicionamento e conjugação" – as quais, segundo a lição de J. J. Gomes Canotilho e Vital Moreira – "explicam a necessidade de estabelecer operações de 'concordância prática' entre eles. A especificidade, conteúdo, extensão e alcance próprios de cada princípio em relação aos outros, antes reclamam a *harmonização* dos mesmos, de modo a obter-se a máxima efectividade de todos eles".[11]

Em suma, os princípios configuram o fundamental de determinado sistema jurídico. Trata-se da base primeira do Ordenamento, de sua estrutura essencial. Disso trata a primeira seção da Lei 8.666/1993: das finalidades buscadas pelo legislador através da positivação deste diploma normativo, bem como do escopo prático firmemente estabelecido ao administrador público quando de sua aplicação.

### 6. A Lei de Licitações e o Código Civil de 2002: o princípio da boa-fé objetiva

Depois da promulgação do Código Civil de 2002, o princípio da boa-fé tornou-se o cerne da legislação contratual brasileira. Outrora implícito na leitura do Ordenamento Jurídico brasileiro, assumiu uma dimensão normativa ainda maior, configurando uma diretriz funcional do comportamento das partes contratantes – antes, durante e depois da execução do contrato. Não se trata de estabelecer uma hierarquia cerrada entre princípios, mas de uma abordagem relativa à sua magnitude – *the dimension of weight or importance*, nas palavras de Dworkin.[12] E o princípio da boa-fé é o eixo em torno do qual giram e devem ser compreendidas todas as demais normas regentes dos negócios jurídicos.

Como bem firmou Jesús González Pérez, é indubitável que se trata de um princípio de "especial relevância como limite à atividade discricionária da Administração. Porém sua eficácia é mais ampla: estende-se a toda a atividade das Administrações públicas e, à toda evidência, à dos administrados em suas relações com aquelas".[13]

#### *6.1 O princípio da boa-fé e o direito dos contratos administrativos*

Pode-se afirmar que ao nível dos contratos administrativos o princípio da boa-fé assume maior importância, tal como poucas vezes encontrada no Direito Privado. Isso porque os atos da Administração Pública gozam de *presunção de legitimidade*. Os atos administrativos são, para todos os efeitos de direito, perfeitos até a impugnação e prova em contrário. Essa característica excepcional faz com que os particulares compreendam tais atos como manifestações públicas orientadas por uma boa-fé qualificada.

Mais do que isso: a positivação constitucional do princípio da moralidade públi-

10. A esse respeito, consultar o nosso "O Direito Administrativo da Economia, a ponderação de interesses e o paradigma da intervenção sensata", in Leila Cuéllar e Egon Bockmann Moreira, *Estudos de Direito Econômico*, Belo Horizonte, Fórum, 2004, pp. 53-98.

11. *Constituição da República Portuguesa Anotada*, 3ª ed., Coimbra, Coimbra ed., 1993, p. 54.

12. *Taking Rights Seriously*, 8ª impr., Londres, Duckworth, 1996, p. 26.

13. *El Principio General de la Buena Fe en el Derecho Administrativo*, 2ª ed., Madri, Civitas, 1983, p. 39.

ca torna cogente a adoção de condutas éticas por parte da Administração. Essa carga principiológica faz com que os atos administrativos presumam-se obedientes à moral (e à boa-fé). O ponto de partida é esse, o da obediência institucional aos princípios da moralidade e da boa-fé.

A presunção de legitimidade atribui uma qualidade superior relativa à fidedignidade dos atos administrativos (da qual os atos privados não dispõem). Para o Direito, a confiança é ínsita às relações com as entidades, órgãos e agentes públicos, gerando conseqüências jurídicas a ela proporcionais e razoáveis. A conduta dos particulares deve ser pautada pela crença, *juris tantum*, da plena legitimidade dos atos estatais. Isso deve representar uma equivalente garantia de segurança e estabilidade de tais atos da Administração.

Situação que assume parâmetros peculiares no que diz respeito às licitações e aos contratos administrativos: as pessoas privadas tomam conhecimento dos futuros contratos através de atos administrativos. Os editais e convites são atos jurídicos que dão ciência pública da possibilidade de contratar, dentro de limites estreitos (formais e materiais). Presumem-se perfeitos, são submetidos a esclarecimentos e culminam na celebração do contrato com a proposta mais vantajosa para a Administração. As pessoas privadas alocam recursos, fazem investimentos e executam tarefas tendo como base atos públicos cuja legitimidade goza de presunção *juris tantum*. Logo, o princípio da boa-fé objetiva deve apurar a compreensão desses atos jurídico-administrativos, de modo a preservar os seus efeitos e a consolidar no tempo o relacionamento público-privado.

Os particulares não podem ver frustradas as suas expectativas e investimentos pela "mudança de humores" da Administração, pela eleição do próximo governo ou devido a uma compreensão instável dos vínculos contratuais. Se o princípio da *pacta sunt servanda* é célebre no Direito Privado, gerando a legítima crença objetiva de que as prestações serão cumpridas, o mesmo se diga em relação aos contratos administrativos (excepcionadas as possibilidades de alterações unilaterais e respectivas conseqüências quanto ao equilíbrio econômico-financeiro). Caso a Administração detecte uma nulidade e resolva anular os seus próprios atos e contratos, é indispensável o devido processo legal, bem como a plena, justa e prévia indenização ao particular.

O mesmo se diga em relação aos atos praticados pelas pessoas privadas em face da Administração Pública. "Sob o aspecto subjetivo, o princípio da moralidade pública atinge não só a Administração (direta e indireta), mas também as pessoas privadas, quando em relação com os entes públicos".[14] Tem-se que partir do pressuposto de que os particulares devem se comportar com boa-fé em relação ao Poder Público – que os atos deles não estão eivados de malícia ou conduzidos à percepção de lucros abusivos. Caso adotem condutas com tais matizes, as pessoas privadas estarão operando em violação ao princípio da boa-fé previsto no Código Civil e ao princípio da moralidade (Constituição, art. 37). Os atos produzidos com esses vícios frente à Administração podem (devem) ser objeto de controle administrativo e jurisdicional.

É pacífico que em termos de Direito Civil a boa-fé contratual exige uma contextualização do instrumento celebrado: as partes que o elaboraram, sua condição sócio-econômica e cultural, o momento da celebração, as condições objetivas e subjetivas de formação da vontade exteriorizada no contrato.

Já em termos de Direito Administrativo, a boa-fé dos contratos impõe algumas ponderações suplementares: de regra, a Administração elabora unilateralmente o edital e a minuta do contrato (havendo uma inte-

14. Egon Bockmann Moreira, *Processo Administrativo: Princípios Constitucionais e a Lei 9.784/1999*, 2ª ed., São Paulo, Malheiros Editores, 2003, p. 96.

ração parcial posterior, quando dos esclarecimentos e eventuais impugnações).[15] Mais do que isso – e conforme frisado – os documentos administrativos são revestidos de presunção de legitimidade, além de a sua emanação exigir profundo apuro técnico.

Por mais que se pretenda valorizar a dignidade das pessoas privadas interessadas na contratação, fato é que a licitação se desenrola precipuamente numa relação de subordinação de interesses (não de coordenação[16]). O interesse público primário posto à guarda da Administração orienta o interesse privado; aquele estabelece premissas e limites ao exercício deste. Essa relação subordinativa acentua as possibilidades de desvios – exigindo um prestígio exacerbado ao princípio da boa-fé em sede de Direito Administrativo. "Porque, com efeito, a presença dos valores de lealdade, honestidade e moralidade que a sua aplicação comporta é especialmente necessária no mundo das relações da Administração com os administrados".[17]

Nessa medida, o art. 422 do Código Civil de 2002 é essencial à hermenêutica dos contratos administrativos: "Os contraentes são obrigados a guardar, assim na conclusão do contrato, como em sua execução, os princípios de probidade e boa-fé".

A idéia básica é a de que a boa-fé deve estabilizar todas as relações contratuais, desde a cogitação inicial até a extinção do vínculo. "A boa-fé incorpora o valor ético da confiança. Representa uma das vias mais fecundas de irrupção do conteúdo ético-social no ordenamento jurídico e, concretamente, o valor de confiança".[18] A má-fé na elaboração de edital, propostas, contratação, execução ou nos momentos posteriores ao exaurimento do objeto do contrato, envolve casos de patologia contratual que merecem ser firmemente rechaçados. Segundo Judith Martins-Costa ao conceito estão subjacentes as idéias de "boa-fé como *regra de conduta* fundada na honestidade, na retidão, na lealdade e, principalmente, *na consideração para com os interesses do 'alter', visto como um membro do conjunto social que é juridicamente tutelado*".[19]

Miguel Reale destaca que "a boa-fé objetiva apresenta-se como *exigência de lealdade*, modelo objetivo de conduta, arquétipo social pelo qual impõe o poder-dever que cada pessoa ajuste a sua própria conduta a esse arquétipo, obrando como obraria uma pessoa honesta, proba e leal".[20]

Destaque-se que a boa-fé objetiva não envolve a crença subjetiva dos contratantes. Não diz respeito à concepção íntima que os indivíduos possam ter sobre a correção do seu comportamento ou a aspectos da formação psicológica da vontade dos contratantes (ou o *móvel* do ato administrativo, na dicção de Celso Antônio Bandeira de Mello[21]). O que se acentua em termos

15. Cf. o nosso "O edital e os 'esclarecimentos relativos à licitação' (Lei 8.666/1993, art. 40, inc. VIII)", *RTDP* 32/101-106, São Paulo, Malheiros Editores, 2000.

16. As exceções a respeito das quais se pode cogitar dizem respeito ao art. 31 da Lei 9.074/1995 (*concessões e permissões de serviço público*) e ao art. 3º da Lei 11.074/2004 (*parcerias público-privadas*) – os quais permitem que o interessado elabore o projeto básico da licitação, ofereça-o à Administração e depois participe da licitação. Aqui não se trata apenas de uma relação de subordinação unilateral pura (ou substituição/sucessão/exclusão de esferas público e privada), mas de algo com nuances de uma relação de coordenação de interesses (ou cooperação).

17. Jesús González Pérez, *El Principio General de la Buena Fe*, cit., pp. 41-42.

18. Idem, pp. 52-53.

19. *A Boa-Fé no Direito Privado*, São Paulo, Ed. RT, 2000, p. 412.

20. "A boa-fé no Código Civil", *RDB* 21/11-13, São Paulo, Ed. RT, jul.-set. 2003, p. 12.

21. *Móvel* é "representação *subjetiva, psicológica, interna* do agente e correspondente àquilo que suscita a vontade do agente (intenção)" (*Curso de Direito Administrativo*, cit., p. 369). Já "o *motivo do ato é a própria situação material*, empírica, que efetivamente serviu de suporte real e objetivo para a prática do ato" (ob. cit., p. 368).

de Direito Administrativo, no qual os agentes públicos devem comportar-se objetivamente na concretização da *função administrativa*: exercem a sua competência visando ao melhor atendimento dos interesses públicos primários postos à sua guarda.

Logo, a boa-fé objetiva diz respeito aos padrões comportamentais objetivos, referentes à interação escorreita entre indivíduos cuja dignidade se reputa igual numa mesma sociedade. "A boa-fé comporta uma regra de conduta ou comportamento *civiliter*, uma conduta norma, reta e honesta, a conduta de um homem corrente, se um homem médio".[22] É regra de conduta e parâmetro comportamental referente ao prestígio recíproco ao outro, à correção do caráter considerada de forma objetiva em vista de paradigmas sociais adequados ao contexto em que se dá a relação contratual.

Lembre-se que também o art. 112 do Código Civil reporta-se à boa-fé objetiva: "Os negócios jurídicos devem ser interpretados conforme a boa-fé e os usos do lugar de sua celebração". E a disciplina do *abuso de direito*, prevista pelo art. 187, fixa que "Também comete ato ilícito o titular de um direito que, ao exercê-lo, excede manifestamente os limites impostos pelo seu fim econômico ou social, pela boa-fé ou pelos bons costumes". O que autoriza novas ponderações sobre o tema.

### *6.2 O princípio da boa-fé, o abuso de direito e o desvio de poder*

A teoria do abuso de direito envolve o exercício extravagante de um direito, prerrogativa ou competência – temas habituais do Direito Administrativo. Como de há muito firmou Oswaldo Aranha Bandeira de Mello: "A teoria do abuso de direito, vulgarizada, modernamente, no direito privado, se aplica, na realidade, nos diferentes ramos jurídicos, e, portanto, também no direito público".[23] Neste caso, o agente público dispõe de legítima competência (ou prerrogativa) para praticar o ato, mas o faz de molde a trair o espírito dessa outorga e frustrar a finalidade normativa autorizadora.

O exercício do direito é lícito em sua fonte, mas abusivo em seu escopo. "Distinguem-se, pois, as esferas do ato ilícito e do abusivo, ambos geradores de responsabilidade; naquele transgridem-se os limites objetivos traçados pela própria lei, negando-se ou excedendo-se ao direito; no ato abusivo há obediência apenas dos limites objetivos do preceito legal, mas fere-se ostensivamente a destinação do direito e o espírito da instituição".[24]

Nesse sentido, e por oportuno, note-se que o legislador do Código Civil de 2002 "não foi feliz" – como destacam Gustavo Tepedino, Heloisa Helena Barboza e Maria Celina Bodin de Moraes – "ao definir o abuso de direito como uma espécie de ato ilícito. (...) Assim sendo, o art. 187 do CC, que define o abuso de direito como ato ilícito, deve ser interpretado como uma referência a uma ilicitude *lato sensu*, no sentido de contrariedade ao direito como um todo, e não como uma identificação entre a etiologia do ato ilícito e a do ato abusivo, que são claramente diversas".[25]

Isto é, "sustenta-se na atualidade a noção de abuso como uma conduta que, embora lícita, mostra-se desconforme com a finalidade que o ordenamento pretende naquela circunstância fática alcançar e promover. Almeja-se com a disciplina do abuso de direito uma valoração axiológica do exercício de determinada situação jurídica subjetiva –

22. Jesús González Pérez, *El Principio General de la Buena Fe*, cit., p. 53.

23. Oswaldo Aranha Bandeira de Mello, *Princípios Gerais de Direito Administrativo*, v. I, 2ª ed., Rio de Janeiro, Forense, 1979, p. 480.

24. Alvino Lima, *Culpa e Risco*, São Paulo, Ed. RT, 1960, p. 219.

25. *Código Civil Interpretado Conforme a Constituição da República*, v. I, Rio de Janeiro, Renovar, 2004, p. 342.

não apenas dos direitos subjetivos, mas também dos interesses potestativos, dos poderes jurídicos etc. – à luz dos valores consagrados no ordenamento civil-constitucional".[26]

No Direito Administrativo, o ato abusivo agride a razão essencial pela qual ao agente público foi atribuída determinada competência (em vista do caráter teleológico inerente ao respectivo exercício); no Direito Privado, choca-se com a finalidade econômica ou social inerente ao direito detido pela pessoa privada. Contudo, o vínculo funcional do exercício da atividade pública torna ainda mais necessário o firme controle desse abuso. O tema recebeu especial tratamento tanto no que diz respeito ao desvio de finalidade como em sede de controle dos atos administrativos pelo mandado de segurança.

Aplicada ao Direito Administrativo, a teoria do abuso de direito – na pena de Oswaldo Aranha Bandeira de Mello – abrange extensa área: "ante a sua maleabilidade, abraça já a teoria dos motivos determinantes dos atos administrativos já a do desvio de poder, quanto ao exercício dos poderes discricionários da Administração Pública". E na perfeita conclusão do célebre autor: "Se o ato administrativo envolve o exercício de direito com desnaturamento do instituto a que ele se refere, com falseamento, portanto, da razão de existir desse instituto, se tem como verificado o abuso de direito, independente da apuração do móvel que o provocou, relegada para plano inferior, ainda, a cogitação da intenção do titular do direito. Basta a verificação objetiva da impropriedade do exercício do direito para se configurar o seu exercício abusivo".[27]

Ora, não há dúvidas de que a violação ao princípio da boa-fé por parte da Administração Pública pode dar incidência ao vício do abuso de direito. Isso porque a Constituição e o Código Civil positivam o dever de que todas as condutas sejam orientadas pela moralidade e pela boa-fé (objetiva e subjetiva).

### *6.3 As licitações, o princípio da boa-fé objetiva e o abuso de direito*

As ponderações acima demonstram com clareza que o abuso de direito é um tema ínsito ao controle das condutas administrativas (e privadas) na seara das licitações e contratos administrativos. Isso tanto ao nível da elaboração do ato convocatório como quando da sua interpretação, apresentação de propostas e execução do contrato. O controle do desvio de poder (ou de finalidade) nas licitações e contratos administrativos aproxima-se e é orientado pelo princípio da boa-fé objetiva: na construção e execução dos contratos administrativos importa sim o respeito ao *alter*, o prestígio à *res publica* e à regra essencial da lealdade nas relações humanas. Atos abusivos ou desviantes, públicos ou privados, não têm guarida no Ordenamento Jurídico brasileiro.

Em momento algum a autoridade administrativa a quem foi atribuída a competência para, no exercício da função pública, realizar a melhor escolha possível, visando à celebração do contrato mais adequado ao interesse público posto em jogo, poderia ficar imune ao princípio da boa-fé e ao controle de eventuais abusos. O que autoriza um rápido exame do remédio previsto em sede constitucional contra o abuso de poder.

### *6.4 O princípio da boa-fé, o abuso de direito e o mandado de segurança*

Ainda no que diz respeito ao abuso de direito, também é de se consignar que a

26. Gustavo Tepedino, Heloisa Helena Barboza e Maria Celina Bodin de Moraes, *Código Civil Interpretado conforme a Constituição da República*, v. I, cit., p. 341.

27. *Princípio Gerais de Direito Administrativo*, v. I, cit., pp. 483-484.

Constituição da República prevê, em seu art. 5º, inc. LXIX, que se concederá mandado de segurança "para proteger direito líquido e certo, não amparado por *habeas corpus* ou *habeas data*, quando o responsável pela ilegalidade ou abuso de poder for autoridade pública ou agente de pessoa jurídica no exercício de atribuições do Poder Público".

O *abuso de poder público* pode ser lido na mesma dimensão cognitiva do *abuso de direito privado* – ambos configurando desvios diversos da ilicitude em sentido estrito.[28] A rigor, a expressão constitucional merece ser lida como abuso de *dever-poder* (Celso Antônio Bandeira de Mello). Não se trata de um "poder" em sentido estrito, vez que este não existe sozinho em sede de Direito Público. O que se dá é a existência de um conjunto de deveres atribuídos aos agentes públicos em suas respectivas (e limitadas) esferas competenciais. O poder é conferido aos agentes com a finalidade exclusiva de conferir eficácia a tais deveres. O abuso de poder tem em sua essência um descumprimento de deveres – tais como estampados em sede normativa, nos princípios e regras que dão configuração ao Direito Administrativo brasileiro.

Para o Direito Administrativo, esse ato coator (ilícito ou abusivo) tem amplíssimo espectro: tanto pode "decorrer de atos jurídicos como de fatos jurídicos, comportamentos materiais; tanto pode provir de comportamentos comissivos quanto de comportamentos omissivos".[29] Por isso que o mandado de segurança "é meio processual adequado, consoante definição constitucional, para proteger direito líquido e certo, sempre que ilegalmente ou com abuso de poder, alguém sofrer violação por parte de autoridade pública".[30]

Logo, os atos administrativos praticados no curso da licitação e quando da execução do contrato que transgredirem o princípio da boa-fé e assim exteriorizarem abuso de poder também podem ser controlados pela via mandamental. Nesse sentido, o STJ cassou ato administrativo que, em abuso de poder, violou o princípio da isonomia. Confira-se parte da ementa da decisão:

"O processo licitatório inadmitindo a discriminação, desacolhe ato afrontoso ao princípio da isonomia, numa clara proibição do abuso de poder por fuga à vinculação ao Edital. Ato, decorrente de expressas razões recursais, desconhecendo-as para fincar-se em outras de caráter subjetivo, fere o princípio da legalidade. No caso não se compõe a discricionariedade sob os albores do interesse público, conveniência e oportunidade."[31]

O mesmo se dá em relação ao controle dos atos abusivos praticados pelos licitantes. Isso tanto no que diz respeito ao prestígio aos atos administrativos que rejeitam o abuso de direito por parte das pessoas privadas como na cassação daqueles que os prestigiam. O STJ esposa dessa compreensão, pois já firmou que o abuso de direito por parte do licitante não merece ser prestigiado pela Administração:

"A constituição de nova sociedade, com o mesmo objeto social, com os mesmos sócios e com o mesmo endereço, em substituição a outra declarada inidônea para licitar com a Administração Pública Estadual, com o objetivo de burlar à aplicação da sanção administrativa, constitui abuso de forma e fraude à Lei de Licitações Lei n. 8.666/1993, de modo a possibilitar a aplicação da teoria da desconsideração da per-

28. Não se cogita aqui de uma ilegalidade oriunda da ausência de competência ou do exercício *contra legem* dela. Trata-se do abuso oriundo de condutas amorais, imorais ou de má-fé.

29. Celso Antônio Bandeira de Mello, "Ato coator", in Celso Antônio Bandeira de Mello (coord.), *Curso de Mandado de Segurança*, São Paulo, Ed. RT, 1986; São Paulo, Ed. RT, 2000, pp. 10-11.

30. STJ, MS 5.361-DF, Ministro Demócrito Reinaldo, *RSTJ* 117/55.

31. MS 5.289-DF, Ministro Milton Luiz Pereira, *RSTJ* 112/25.

sonalidade jurídica para estenderem-se os efeitos da sanção administrativa à nova sociedade constituída".[32]

Em suma, o instituto do abuso do direito é um meio apto ao controle de desvios por parte das pessoas públicas e privadas que interagem nas licitações públicas.

## 7. *Conclusões*

De há muito a doutrina e a jurisprudência vêm desenvolvendo o controle do abuso do exercício do poder público em sede de Direito Administrativo. A doutrina do desvio de poder, célebre desde os primeiros anos do Direito Administrativo francês, firmou as bases para a compreensão de que não basta o singelo cumprimento da letra da lei: é necessário que o agente público persiga a finalidade estampada no texto legal. Tornou-se pacífica a compreensão de que não é possível ao administrador abusar de sua competência que lhe foi outorgada ou desviar-se dos fins previstos no espírito da lei.

Contudo, e apesar de célebre há mais de 200 anos, esse controle tem de ser reiterado todos os dias frente à Administração Pública brasileira. Isso significa que parte da Administração ainda não realizou a dimensão ocupada pelo princípio da moralidade e da boa-fé quando do exercício de sua função pública. Espera-se que a promulgação do novo Código Civil brasileiro irradie com ainda mais força a necessidade de observância cogente de tais princípios maiores em toda a convivência diária da Administração, máxime na seara das licitações e contratos administrativos.

Curitiba, março de 2005.

32. RMS 15.166-BA, Ministro Castro Meira, *RSTJ* 172/247.

# UMA HISTÓRIA DO DIREITO ADMINISTRATIVO: PASSADO, PRESENTE E NOVAS TENDÊNCIAS

EDILSON PEREIRA NOBRE JR.

Juiz Federal – Professor da UFRN e do Programa de Pós-Graduação em Direito da Faculdade de Direito do Recife/UFPE (Mestrado e Doutorado) – Mestre e Doutor em Direito Público pela Faculdade de Direito do Recife/UFPE

*1. Uma proposta de trabalho. 2. Antigüidade. 3. A Idade Média. 4. O Absolutismo. 5. O direito administrativo no Estado Liberal de Direito. 6. O direito administrativo no Estado Social e Democrático de Direito e novas tendências.*

## *1. Uma proposta de trabalho*

Muito embora seja costume de grande parcela da doutrina apontar as revoluções liberais, irrompidas ao final do século XVIII, como o marco inicial da sistematização do direito administrativo, não podemos esquecer que a história deste ramo jurídico se confunde com o surgimento do próprio Estado.

Daí que este escrito tem em mente esboçar uma aligeirada descrição do exercício de competências inerentes à função administrativa nos diversos períodos de existência da Humanidade.

Sem pretensão de maior aprofundamento, passar-se-á ao enfoque, nos tópicos seguintes, dos traços marcantes da organização administrativa desde as mais incipientes civilizações até as perspectivas que aparecem como predominantes na atualidade. A abordagem, então, nortear-se-á pelo cotejo das distintas fases da administração pública frente aos diversos tipos de organização estatal.

De se advertir que não constituirá propósito destas linhas – até por razões de brevidade – discorrer sobre a evolução do direito administrativo brasileiro, remetendo-se o leitor a trabalhos que, com maestria, cuidaram do tema.[1] Roga-se, desde já, escu-

1. A título de sugestão: Themístocles Brandão Cavalcanti (*Tratado de Direito Administrativo*, 5ª ed., vol. I, Rio de Janeiro, Freitas Bastos, 1964, pp. 23-46; e "Apresentação" à edição da obra *Ensaio de Direito Administrativo*, de autoria do Visconde do Uruguay, publicada no ano de 1960 no Rio de Janeiro, pp. I-X), Ruy Cirne Lima (*Princípios de Direito Administrativo*, 6ª ed., São Paulo, Ed. RT, 1987, pp. 26-35), Oswaldo Aranha Bandeira de Mello (*Princípios Gerais de Direito Administrativo – Introdução*, 2ª ed., vol. I, Rio de Janeiro, Forense, 1979, pp. 117-125), Sérgio de Andréa Ferreira (*Direito Administrativo Didático*, 2ª ed., Rio de Janeiro, Forense, 1981, pp. 34-39), Hely Lopes Meirelles (*Direito Administrativo Brasileiro*, 33ª ed., São Paulo, Malheiros Editores, 2007,

sa caso não procedida menção exaustiva aos autores que contribuíram para o sedimentar deste ramo da ciência jurídica.

## 2. *Antigüidade*

Inicialmente, de mencionar o Oriente Antigo, notabilizado, dentre outras características, pela Monarquia teocrática, pelo autoritarismo e pela inexistência de direitos do indivíduo frente aos detentores do poder.

Naquele se sobressaem as sociedades mesopotâmica, egípcia e persa. As necessidades, logo sentidas, de realização de obras públicas, principalmente hidráulicas, bem como de formação de exércitos para empreendimentos de caráter militar, com vistas à conquista de novos territórios, chamaram a atenção dos soberanos à cobrança de tributos, para a qual restou indispensável a formação de um conjunto de funcionários.[2] Assim, notável, no Egito, o aperfeiçoado corpo funcional administrativo implantado sob a dinastia dos faraós, enquanto indevido desprezar-se a organização territorial militar dos persas, a gravitar repartida em circunscrições (satrapias) sob a direção dos sátrapas, os quais enfeixavam diversas funções.

Na Grécia predominaram as cidades-Estado, de pequena extensão territorial, resultantes do agrupamento de clãs. Nelas vicejaram diversas formas políticas, tais como a aristocrática, a tirânica e, de forma embrionária, a democrática. Exemplo desta foi a cidade de Atenas, onde os cidadãos, desde que livres, tinham direitos de participação política, exprimindo sua vontade na elaboração, no seio das assembléias, das leis, a princípio iguais para todos.[3]

A diminuta extensão das cidades gregas não tornou prescindível a manutenção de um funcionalismo. Surgiram, à sombra das assembléias políticas, inúmeras magistraturas, com atribuições administrativas e julgadoras. Diogo de Freitas do Amaral,[4] em apreciável síntese histórica, indica a existência de magistrados especializados, exemplificados pelos: (a) arcontes, responsáveis pelas questões legislativas, judiciais e religiosas; (b) estrategos, voltados ao comando dos exércitos e à negociação de tratados; (c) exegetas, na qualidade de intérpretes do direito sacro. Isso sem contar outros servidores incumbidos da arrecada-

pp. 38 e ss.) e Maria Sylvia Zanella Di Pietro ("500 anos de direito administrativo brasileiro", disponível em: *http://www.conlicitacao.com.br*, acesso em 17.11.2004 – no qual a ilustre autora faz menção a vasto acervo bibliográfico).

2. Vestígio dessa afirmativa está no famoso *Código de Hamurabi*, imperador da Mesopotâmia no curso do século XXIII a.C., cujo Capítulo IV se ocupava em disciplinar os direitos e deveres dos oficiais, dos gregários e dos vassalos, *ut* texto apresentado por João Batista de Souza Lima (*As Mais Antigas Normas de Direito*, 2ª ed., Rio de Janeiro, Forense, 1983, pp. 5-6). No particular da III à V dinastia egípcia (séculos XXVIII-XXV a.C.) há substancioso relato de John Gilissen: "O rei governa com os seus funcionários. Os chefes dos departamentos da Administração formam um verdadeiro *Conselho de Ministros*, presidido pelo vizir, uma espécie de chanceler. Os funcionários são agrupados em departamentos: finanças, registos, domínios, obras públicas, irrigação, culto, intendência militar etc. Cada departamento possui os seus ofícios na maior parte dos 42 nomes (províncias). Todos os funcionários são nomeados por um *djet*, uma *ordem real*; eles são remunerados; e podem ascender todos eles às mais altas funções, seguindo uma rigorosa carreira administrativa" (*Introdução Histórica ao Direito*, 3ª ed., Lisboa, Fundação Calouste Gulbenkian, 2001, p. 54).

3. De notar, contudo, que na Atenas da Antigüidade a *cidadania*, como atributo de participação política, tinha sua abrangência restrita a poucos habitantes, já que dela não gozavam os metecos (estrangeiros) e escravos. Daí novamente noticiar John Gilissen (*Introdução Histórica ao Direito*, 3ª ed., p. 74) que na referida cidade havia cerca de 40.000 cidadãos, ou 6.000, de acordo com determinadas fontes, ao passo que existiam centenas de milhares de metecos e escravos.

4. Diogo de Freitas do Amaral, *Curso de Direito Administrativo*, 2ª ed., vol. I, Coimbra, Livraria Almedina, 1998, p. 54.

ção de impostos e da gerência do Tesouro Público.

Entre nós, José Cretella Jr.[5] procedeu à descrição minuciosa das várias espécies de agentes públicos encontradiços nos governos das cidades gregas, destacando-se, quanto a Esparta, a existência de funcionários dedicados a vigiar a formação dos jovens e a direção dos adultos, bem como cozinheiros públicos e um superintendente das comidas públicas, enquanto no tocante a Atenas aponta contribuição embrionária de estruturas que, na atualidade, denominamos de *tribunais de contas*, com órgãos e instrumentos aferidores da legalidade e moralidade da administração financeira do Estado.

Não desconsiderar, por fim, a organização administrativa vivenciada em Roma, a qual, originalmente uma pequena comuna, de economia basicamente agrária, transformou-se, a partir do século II a.C., num vasto império.[6]

Aqui, igualmente, a imprescindibilidade de realização de grandes obras, de formação de grandes empreendimentos militares, de administração dos territórios conquistados, de cobrança de impostos, entre outras – a demonstrar, em tom incontestável, a ocorrência de legado romano no direito administrativo.

A descrição do contributo romano é objeto de realce em Antonio Fernández de Buján.[7] Este principia apontando o desenvolvimento das instituições administrativas romanas no sistema provincial, de organização dos territórios anexados, as quais ostentavam, conforme o caso, o nome de *município*[8] ou *colônia*, sendo reguladas mediante lei específica.

Doutro lado, indigita o autor inúmeras competências então atribuídas à Administração Pública, tais como as relativas à atividade militar, de polícia, política econômica e financeira, assistência e salubridade pública, ensino, religião, obras públicas, prestação de serviços públicos por associações privadas, concessões administrativas, vias e minas, espetáculos públicos – entre outras.

Remonta também aos romanos o embrião dos atuais contratos administrativos, calcado nas convenções celebradas com particulares para a edificação de obras pú-

5. José Cretella Jr., "Historia do direito administrativo", in R. Limongi França (coord.), *Enciclopédia Saraiva do Direito*, vol. 41, São Paulo, Saraiva, 1977, p. 297. O autor, em sua longa enumeração, alude à presença de: (a) superintendência da indústria e do comércio, especialmente nas cidades onde existente mercado dotado de importância; (b) serviço de inspeção dos edifícios públicos, de polícia das casas, das ruas, dos campos e dos bosques; (c) recebedores e tesoureiros das rendas públicas; (d) funcionários responsáveis por redigir os documentos relativos ao procedimento legal e às decisões judiciais, ouvidores de queixas, carcereiros etc.; (e) oficiais das administrações naval e militar; (f) funcionários encarregados de comprovar as contas, de rever os documentos de quem manejava os fundos públicos; (h) superintendentes do culto público.

6. Recorrendo ao plano etimológico, Massimo Severo Giannini (*Premissas Sociológicas e Históricas del Derecho Administrativo*, 2ª ed., Madri, Instituto Nacional de Administración Pública, 1987, p. 11) chega a afirmar que os vocábulos *administrare*, *administrador*, *administer*, *administra* e *administratio* surgiram no linguajar romano da República, significando uma função mais elevada, representada pela frase "desenvolver uma atividade especializada como auxiliar ou conselheiro secundário". Mais tarde, passaram à acepção "cuidar do manejo de", de maneira que *administrare bellum* significava dirigir a guerra, enquanto *administratio navis*, governar a nave, e *administrare negotia*, cuidar dos negócios. Já *ministerium*, durante o Império, começa a expressar ofício, função; sentido posteriormente consolidado no período bizantino.

7. Antonio Fernández de Buján, *Derecho Público Romano y Recepción del Derecho Romano en Europa*, 5ª ed., Madri, Civitas, 2000, pp. 207-223.

8. O berço romano da instituição municipal é ratificado por José Cretella Jr. ("Historia do direito administrativo", in R. Limongi França (coord.), *Enciclopédia Saraiva do Direito*, vol. 41, p. 298).

blicas. De modo idêntico, há contribuição quanto ao reconhecimento de bens públicos, exemplificada pelas *res publicae in publico uso*, cujo desfrute poderia ser atribuído, gratuitamente, a todos os cidadãos, ressalvada a outorga de uso a título especial, e pelas *res publicae in penunia populi*, que eram as coisas públicas capazes de produzir benefícios econômicos ao Estado.

Isso tudo sem esquecer a formulação legislativa de exceção à idéia tradicional, consoante a qual o proprietário do solo seria, de modo incondicional, igualmente senhor do subsolo, considerando-se este como integrante do domínio público, o que acarretou – e ainda se encontra a acarretar – grande relevo quanto ao direito à exploração mineral.

Incisivas, a esse respeito, as palavras de Antonio Fernández de Buján: "Isso se deve à mudança da idéia tradicional de que o proprietário do solo o é, assim mesmo, sem limitações, do subsolo. Irrompe na legislação a idéia de que o subsolo é de domínio público, sem detrimento, por isso, das faculdades e compensações que se reconhecem ao dono do solo. O estudo do regime jurídico da mineração pública, que constituiu uma importante fonte de ingressos para o Erário e, posteriormente, para o Fisco em Roma, e da concessão mineira, que se requer, em todo caso, para iniciar a exploração ou explotação de minas ou pedreiras, põe de manifesto a minuciosidade e o tecnicismo com que essa questão foi abordada no Direito Romano".[9]

Ainda quanto ao domínio público, restou esboçado um regime peculiar deste, marcado pelos traços da inalienabilidade, imprescritibilidade e nulidade das estipulações realizadas sobre os bens integrantes daquele.

Não olvidar a *publicatio*, consistente em cerimônia pela qual um bem passava a integrar o domínio público – correspondente àquilo que hoje denominamos de *afetação* –, podendo tal ocorrer por razões naturais ou pela natureza do bem.

Ponto digno de destaque o de que ao final da República começaram a ser propostos perante os tribunais conflitos a envolver a responsabilidade administrativa, como, por exemplo, nos casos de indenização irrisória nas expropriações ou rendimentos ilícitos nas contratações de obras públicas. Suscitou-se, da mesma maneira, a possibilidade de os funcionários serem responsabilizados pelos danos que, por dolo ou culpa, provocassem perante terceiros ou perante o Fisco.[10]

Observando-se os institutos administrativos atuais, alude, ainda, a outros vestí-

9. "Ello se debe al cambio de la idea tradicional de que el propietario del suelo o es asimismo, sin limitaciones, del subsuelo. Irrumpe en la legislación la idea de que el subsuelo es de dominio público, sin detrimento por ello de las facultades y compensaciones que se reconecen al respecto al dueño del suelo. El estudio del régimen jurídico de la minería pública, que constituyó una importante fuente de ingresos para el Erario y con posterioridad para el Fisco en Roma, y de la concesión administrativa minera, que se requiere, en todo caso, para iniciar la exploración o explotación de minas o canteras, pone de manifiesto la minuciosidad y el tecnicismo con que se abordó esta cuestión en el Derecho Romano" (Antonio Fernández de Buján, *Derecho Público Romano y Recepción del Derecho Romano en Europa*, 5ª ed., pp. 210-211).

10. De recordar datarem também dos romanos a demarcação entre o patrimônio público (*aerarium e fiscus*) e os bens pessoais do imperador (*patrimonium*). Não obstante, consta de Amaro Cavalcanti (*Responsabilidade Civil do Estado*, t. I, Rio de Janeiro, Borsói, 1956, pp. 371-372) versão diversa, na qual, muito embora sem referência a período determinado da vida romana, salienta-se paradoxo entre o aperfeiçoamento atingido pelas letras jurídicas e a idéia de ser contrária (e, até mesmo, repugnante) aos princípios do direito comum, visto que ao administrado não cabia o poder de acionar o Estado ou a Administração Pública, em razão de não ser admissível que aos atos dos funcionários estatais pudesse ser imputada injúria, já que aqueles, levados a cabo na suposição do bem comum, eram sempre legítimos

gios da influência romana, que podem assim ser sumariados: (a) a tentativa de disciplinar os efeitos da atividade dos funcionários de fato, como nas hipóteses em que um escravo se faz passar por um pretor ou questor, com o estabelecimento da convalidação de suas atuações, em atenção a razões de utilidade pública; (b) o desenvolvimento pela praxe administrativa, fundada, à falta de lei geral, no costume constitucional, da expropriação forçada por necessidade e utilidade pública, a qual sempre esteve vinculada ao pagamento de uma compensação ou indenização ao expropriado;[11] (c) a adoção, na seara financeira e tributária, da distinção entre impostos diretos e indiretos, da proporcionalidade e generalidade como princípios básicos, da eqüidade como base das isenções etc.

Fixando-se no ponto inerente à arrecadação de recursos, é forçoso registrar a elevada importância que alcançara o correspondente setor da estrutura administrativa romana, atingindo seu apogeu na primeira metade do Império. A propósito, bem se expressou Mário Bretone: "Entre os ramos mais relevantes da administração pública encontra-se, sem dúvida, o ramo financeiro. Também a este se estende o controlo do príncipe. Nas províncias havia registos cadastrais e censos tributários; a empreitada dos impostos às sociedades de publicanos foi pouco a pouco substituída pela cobrança directa por meio de funcionários equestres criados para este fim; constituíram-se novas estruturas computáveis, os *fisci*. A caixa do príncipe, o *fiscus Caesaris*, não se formou de uma só vez como instituição unitária. Assumiu só no decurso do século I a figura de um ente com uma autonomia jurídica própria, e, a partir de Adriano, os *advocati fisci* podiam defendê-lo em julgamento".[12]

Vê-se, desse modo, que, mesmo sem a possibilidade da visualização do perfil moderno de administração, surgido recentemente, não se pode descartar a importância dos povos antigos no desenvolver dos institutos que pertencem ao direito administrativo dos nossos dias. O que, na realidade, não existiu, nem mesmo em Roma, foi a presença de uma ciência do direito administrativo como objeto de estudo por parte dos juristas. Diferentemente, no viver dos povos antigos pode-se, com facilidade, descortinar a administração como um fato, cuja regência coube a um conjunto de fontes jurídicas, em sua maior parte costumeiras, mescladas por uma escassa e multifária legislação, a corroborar a assertiva de Fernando Andrade de Oliveira[13] no sentido de que mesmo nos mais simples e primitivos agrupamentos, antecedentes da organização

11. A despeito de se desenvolver com esteio na práxis administrativa, derivada de costume constitucional, a desapropriação nos tempos romanos, segundo mais uma vez se pode colher em Antonio Fernández de Buján (*Derecho Público Romano y Recepción del Derecho Romano en Europa*, 5ª ed., pp. 217-219), observava alguns parâmetros, nalguns pontos até mais avançados que a legislação atual brasileira, a saber: (a) o motivo da medida se radicou inicialmente na necessidade pública, e posteriormente na utilidade pública, sem perder de vista o princípio do mínimo sacrifício da propriedade privada; (b) vinculação da expropriação à entrega ao administrado de uma compensação ou indenização, representativa não somente do preço da coisa, mas, ainda, da completa reparação dos danos sofridos pelo proprietário; (c) consideração do instituto como uma venda forçada; (d) abrangência de todas as espécies de bens privados, sem exceção; (e) a declaração de utilidade pública advinha de decreto do ocupante do Poder Executivo; (f) o direito do proprietário atingido de questionar a própria expropriação perante o magistrado competente; (g) responsabilização do agente público competente frente ao proprietário quando o valor da compensação fosse inferior ao real da coisa expropriada, ou se a indenização outorgada fosse muito superior ao valor daquela.

12. Mário Bretone, *História do Direito Romano*, Lisboa, Editorial Estampa, 1988, p. 188.

13. Fernando Andrade de Oliveira, "Conceituação do direito administrativo", *RDA* 120/26, Rio de Janeiro, abril-junho/1975 (trad. de Isabel Teresa Santos e Hossein Seddighzadeh Shooja).

estatal hodierna, a vida comunitária se desenvolvera sob um poder diretivo.

Tal circunstância não impediu que, no campo doutrinário, florescesse preocupação com o estudo de assuntos ligados ao direito público. Do *Digesto*, compilação que abrigou extratos de obras de aproximadamente 1.500 jurisconsultos do período clássico, visualiza José Cretella Jr.[14] a abordagem de vários temas inerentes à matéria.

### 3. A Idade Média

Após a queda do Império Romano do Ocidente (476 d.C.), a fragmentação do vasto território deste pelos diversos povos invasores acarretou ao poder político uma diferente configuração. A característica do tipo estatal do período é assinalada pela atomização do poder, que, não mais concentrado unicamente nas mãos do rei, é repartido com os senhores feudais,[15] proprietários de grandes extensões de terra, afora a pretensão de supremacia exercida pelo Papado.

Isso não quer dizer que a administração não fosse notada como um fato passível de observação.

No entanto, essa atividade administrativa alcança sua representação na dominação exercida pelo senhor feudal, através da outorga, como apanágio resultante do direito de propriedade, de poderes civis e militares, normativos e executivos.

Traçando divisor de águas a partir do século XII, José Cretella Jr.[16] alude a uma nova fase da administração medieval, qual seja, a da administração comunal, baseada no modelo da constituição municipal dos romanos, com a qual se criou, pela já sentida influência dos burgueses e das corporações de artes e de ofícios, uma organização administrativa nova.

Singularidade dos tempos medievos foi a prevalência do entendimento de que a expropriação se fundava no domínio eminente que o rei, ou senhor feudal, possuía sobre todos os bens dos indivíduos, resultando no reconhecimento de um poder absoluto e incondicional, onde o direito à indenização do proprietário era incerto.[17] Reação a esse estado de coisas adveio com a Magna Carta outorgada pelo rei João-sem-Terra aos seus barões, em cujo art. 39 a privação dos bens de um homem livre dependeria de julgamento regular, nos termos da lei do país.

Ainda de se observar que a vinculação entre suserano e vassalo, apesar de representar ambiente onde impossível supor a

14. José Cretella Jr., "Historia do direito administrativo", in R. Limongi França (coord.), *Enciclopédia Saraiva do Direito*, vol. 41/299-300. A mesma constatação se vê em Caio Tácito ("Evolução histórica do direito administrativo (notas de aula)", in *Temas de Direito Público – Estudos e Pareceres*, vol. I, Rio de Janeiro, Renovar, 1997, p. 2). Em instante anterior (pp. 1-2) o autor afirma ser possível a identificação de um conjunto de normas relativas à administração nas Constituições de Diocleciano e no *Corpus Juris Civilis*.

15. Dessa divisão de poder são, entre outras, características o direito de guerra privada, de cunhagem de moedas pelos senhores feudais e a impossibilidade de burgueses e camponeses, sem autorização do senhor do lugar, reclamarem perante a justiça do rei.

16. José Cretella Jr., "História do direito administrativo", in R. Limongi França (coord.), *Enciclopédia Saraiva do Direito*, vol. 41, pp. 299-301.

17. Não obstante, narra Fernando Alves Correia (*As Garantias do Particular na Expropriação Pública*, Coimbra, 1982, p. 19) debate ocorrido, em meados do século XII, na Universidade de Bolonha, entre Bulgarus e Martinus, discípulos de Irnério. Para Martinus, o príncipe era possuidor do direito real de propriedade sobre os bens dos cidadãos, detendo, por isso, ilimitado poder de expropriação. Diferentemente, Bulgarus reconhecia ao príncipe apenas um direito de proteção e jurisdição sobre os bens particulares, de modo que a competência de expropriar deveria estar jungida a uma justa causa. Segue-se, então, que a doutrina medieval teve o merecimento de principiar pelo desvendar de dois traços fundamentais da desapropriação: os conceitos de *utilidade pública* e de *indenização*.

existência de obrigações jurídicas do Estado para com o indivíduo, não suprimiu a tendência embrionária à responsabilidade civil, formulada – na descrição de Amaro Cavalcanti[18] – inicialmente em favor daqueles tidos como estranhos à coletividade, e posteriormente para os membros desta, através do desenvolvimento alcançado pela pena dos jurisconsultos mais distintos, entre os quais Paulus de Castro e Pontanus, dos princípios do direito individual e da justiça imanentes à vida social.

Ressaibo desses tempos, com prosseguimento durante a Idade Moderna, foi representado, ainda, pela natureza patrimonial das funções públicas, cujo acesso se baseava na propriedade, na venalidade dos cargos e na sucessão hereditária, gérmen daquilo que se convencionou denominar *administração patrimonialista*.

### *4. O Absolutismo*

A mudança da base econômica da sociedade, com o crescimento do comércio frente à agricultura de subsistência, aliada à superação, pelo monarca, principalmente em função de campanhas militares, dos poderes dos senhores feudais e da Igreja, tornou inevitável o surgimento de uma nova modalidade de organização política, conhecida como o Estado Absoluto ou de Polícia.

Ancorado no conceito básico de *soberania*, o Estado Absoluto se notabilizou pela intensa concentração de poder nas mãos do rei, na qualidade de protetor do reino, operada mediante um complexo hierarquizado de agentes e sob um sólido lastro financeiro. Nessa qualidade, em torno daquele se concentraram todas as competências estatais, inclusive a distribuição da justiça, cabendo às demais autoridades o exercício de atribuições em virtude de delegação.

O modelo estatal em questão não se distinguiu apenas pela concentração de poder em favor do soberano, mas sim por representar um forte aparato de dominação social, intervindo, através de sua burocracia, em todas as manifestações da coletividade. A economia, a educação, a cultura e a religião passaram a ser alvo de regulamentação real.

Algumas características do aparato administrativo que deu suporte ao Absolutismo são identificáveis. A primeira delas residiu na continuidade do fenômeno da patrimonialidade dos cargos públicos, cuja alienação pelo monarca constituía uma fonte normal para o financiamento dos gastos reais.

Não obstante, remonta àquela época o aparecimento de uma burocracia profissional, provocado pelo mau vezo daqueles que, na condição de proprietários dos cargos que ocupavam, muitas vezes não ofereciam a docilidade exigida aos mandamentos e objetivos traçados pelo rei. O passo inicial coube à Prússia, onde no século XVII se reconheceu a necessidade de pôr à disposição do Estado um corpo funcional competente e profissionalizado, com o recrutamento dos servidores mediante o regime de mérito.

O sistema logrou aperfeiçoamento com Frederico Guilherme I, na primeira metade do século XVIII, responsável pelas seguintes inovações: (a) criação nas universidades alemãs da cadeira de "Ciência da Administração", exigindo-se o respectivo diploma como requisito de acesso à função pública superior; (b) introdução de cursos de admissão ao funcionalismo; (c) vedação da acumulação de cargos públicos com empregos privados; (d) abolição da transmissão patrimonial dos cargos públicos.

O regime jurídico era, ainda, assinalado por forte componente costumeiro, não existindo um ramo específico para reger a atividade do Poder Público. Isso não impediu a crescente tendência ao quebrantamento do direito comum, o que, arrimado na superioridade substantiva do rei, implicara o ressurgimento, no que concerne ao patri-

18. Amaro Cavalcanti, *Responsabilidade Civil do Estado*, t. I, pp. 373-377.

mônio real, de complexo normativo exorbitante dos romanos quanto aos bens públicos.

A discussão sobre se o monarca, na condição de governante supremo, estava submetido ao ordenamento jurídico não chegara a uma conclusão afirmativa. Prevaleceram as fórmulas do *l'État c'est moi* e do *the king can do no wrong*, tanto que Gordillo,[19] com sua habitual precisão, afirmou que as relações do Estado com os particulares se esgotavam num único preceito: direito ilimitado de administrar, aliado ao não-reconhecimento de direitos do indivíduo frente ao soberano e à constatação de que o particular é um objeto do poder estatal, ao invés de um sujeito que com este se relaciona.

Tributa-se ao Absolutismo a aparição de novas modalidades de atuação estatal, ainda com relevo na atualidade. Foram elas as *atividades de polícia*, a designar a atividade exercida no governo da comunidade, e o *fomento*, reunindo as ações destinadas a promover o bem-estar e a felicidade dos súditos.

Por seu turno, a expropriação ainda não pudera atingir um grau esperado de desenvolvimento de sua regulação jurídica, mantendo-se o clima de insegurança no que tange às garantias dos súditos. O direito ao recebimento de indenização, assegurado pela magnanimidade de Luís XIV aos proprietários de terra afetados pela construção dos Canais de Languedoc e de Orleans e pelos §§ 74 e 75 do Código Geral Prussiano, não impedia que aquele fosse atribuído de maneira arbitrária e aleatória pelo soberano.

Em suma, a ausência de Constituição escrita que garantisse o particular contra os ataques arbitrários do Executivo, através do estabelecimento de uma reserva parlamentar para definir o âmbito do direito de propriedade, favorecia, como salienta Fernando Alves Correia, a que o príncipe pudesse "ordenar a prática de quaisquer actos ablatórios do direito de propriedade dos súditos, sem que estes pudessem reclamar judicialmente da sua legalidade. E o ressarcimento do dano causado pelo acto expropriatório, que era o contrapolo, o reverso do direito de expropriação pertencente ao monarca, estava desligado de todo e qualquer critério legal".[20]

Não obstante o conjunto dos poderes do Estado gravitasse ao redor da pessoa do rei, nesse período se pôde notar um diminuto progresso na direção da submissão daquele ao Direito e à jurisdição civil.

Tal consistiu em desenvolvimento da figura do Fisco, cuja origem repousa no Direito Romano e que, ao lado do imperador,

19. Agustín A. Gordillo, *Tratado de Derecho Administrativo – Parte General*, 5ª ed., t. 1, Buenos Aires, Fundación de Derecho Administrativo, 1998, p. II-2. A não-submissão do monarca à legalidade figurou da narrativa de Luís S. Cabral de Moncada: "Não se pode falar ainda da legalidade administrativa propriamente dita, porque o conjunto dos poderes do Estado radicava na pessoa do rei, limitado apenas pelos espaços que competiam à jurisdição na medida em que independente da sua vontade. Havia como que uma presunção de competência a favor do poder legislativo, executivo e até judicial que o rei corporizava" (*Lei e Regulamento*, Coimbra, Coimbra Editora, 2002, p. 31). Exemplar dessa prática recaiu no famoso caso das minas do Brasil, no qual D. José I, a instâncias de D. Sebastião José de Carvalho e Mello, depois Marquês de Pombal, substituiu o sistema de quintos pelo pagamento, por parte dos mineradores, como forma de se quitarem do direito senhorial, de 100 arrobas de ouro por ano, prestação a ser dividida entre todos aqueles. A proposta encontrara objeção do Conselho Ultramarino, levando Alexandre de Gusmão a formular extensa e acrimoniosa consulta, a receber de D. Sebastião José de Carvalho e Mello, que, falando em nome do rei, lançara a seguinte repulsa: "O Conselho fique sabendo que as suas mais óbvias e mais indispensáveis obrigações consistem no profundo e sempre inviolável respeito às minhas leis". O episódio é narrado por João Lúcio de Azevedo (*O Marquês de Pombal e sua Época*, São Paulo, Alameda Casa Editorial, 2004, pp. 109-112).

20. Fernando Alves Correia, *As Garantias do Particular na Expropriação Pública*, p. 25.

apresentava-se como uma pessoa jurídica, à qual pertenciam os bens vinculados ao atendimento dos fins do Estado.

Passou-se, assim, à distinção entre os bens do Fisco e os privados do príncipe.[21] Tinha-se no Estado duas pessoas jurídicas, sendo uma delas o Fisco, consistente numa sociedade de interesses pecuniários ou pessoa jurídica de direito civil, e, de outro lado, o Estado propriamente dito, ou seja, a associação política. O primeiro tinha a natureza do homem privado ordinário, administrando patrimônio submetido ao direito civil, a quem cabia submeter à jurisdição civil os litígios promovidos pelos súditos, enquanto o segundo estava, em contrapartida, investido do poder público, do direito geral de mando, e não se achava sujeito aos tribunais nem ao direito civil.

### 5. *O direito administrativo no Estado Liberal de Direito*

O crescimento econômico da burguesia, cada vez mais vertiginoso a partir do século XV, tornando-a detentora do poder comercial, industrial e financeiro, aliado a novas descobertas no plano científico e à filosofia iluminista, produziu sensível confronto entre aquela e a nobreza em torno do poder político.

A restrição aos burgueses do acesso aos títulos relativos à nobiliarquia bem como ao controle do aparato administrativo e militar, a despeito de sua influência econômica, fez eclodir, ao final do século XVIII, movimentos revolucionários tendentes à extinção do totalitarismo estatal representado pelo Absolutismo.

Essa nova forma de Estado, cujo marco indelével reside na Revolução Francesa, é fiel a vários traços peculiares. De início tem-se a idéia da divisão de Poderes, não como meio para a racionalização da atividade estatal, mas, ao invés, com o objetivo precípuo de evitar o arbítrio, gerado pela concentração de poder, assegurando-se, com isso, a liberdade dos cidadãos. O monarca decaíra do atributo da atividade legislativa, que passava a uma assembléia de representantes dos cidadãos, a encarnar uma nova concepção de soberania, enquanto ao Executivo restava confiada a gestão do aparato administrativo. Isso, contudo, não implicava que não se reconhecesse, em favor do Executivo, uma competência normativa subordinada – qual seja, a competência regulamentar.[22]

Em segundo lugar, reconhecia-se aos cidadãos um conjunto de direitos inatos e invioláveis, inerentes à liberdade, à igualdade e à propriedade. Afirmam-se nessa época os direitos fundamentais de primeira geração, também denominados de liberdade ou de defesa, tendentes a garantir, em prol do indivíduo, uma esfera de inviolabilidade frente ao Estado, simbolizada por vários documentos celebrizados pela história constitucional, entre os quais a Declaração de Direitos da Virgínia (1776), a Declaração dos Direitos do Homem e do Cidadão (1789), as 10 primeiras emendas à Constituição dos Estados Unidos da América, aprovadas em 25.9.1789, com ratificação em 15.12.1791,

21. A existência de bens privados do soberano persistiu ainda no século XIX, havendo em Alexandre Dumas (*Napoleão – uma Biografia Literária*, Rio de Janeiro, Jorge Zahar Editor, 2005, p. 202), mais especificamente em anexo ("O testamento de Napoleão"), remissão à dita lista civil, a dar idéia do conjunto de bens em dinheiro, ativos ou passivos, que a lei ou a Constituição atribuía àquele.

22. As Constituições liberais previam expressamente essa possibilidade. A Constituição francesa de 3.9.1791 (Capítulo IV, Seção III – "Da Promulgação das Leis", art. 6º), malgrado vedar ao Poder Executivo fazer alguma lei, mesmo de caráter provisório, consignava sua competência para a edição de proclamações conformes às leis; no que foi seguida pela Constituição do Ano VIII, de 13.12.1799, cujo art. 44 dispunha: "O Governo propõe as leis e faz os regulamentos necessários para assegurar a sua execução". Idem a Constituição de Cádiz (arts. 170 e 171) e o Estatuto Albertino (art. 6º).

e as Constituições francesas de 1791 e 1793.[23]

Restaram, assim, proclamados direitos inerentes à liberdade de locomoção, de expressão do pensamento, de culto, de reunião pacífica, de endereçar petições às autoridades, de consentir na instituição de contribuições para o custeio da coisa pública e a inviolabilidade da propriedade. No que concerne a esta, tem-se, a partir do art. 17º da Declaração de Direitos do Homem e do Cidadão de 1789, importante condicionamento à competência expropriatória, consistente em situação de necessidade pública, legalmente fixada, e no pagamento de justa e prévia indenização.

Outro ponto importante fora a submissão da administração à lei, que, vislumbrada como expressão da vontade geral, transformara a atividade administrativa em uma atividade regrada. Surge, assim, o princípio da legalidade como bússola daquela.

Disso descortina-se a admissão da possibilidade de o indivíduo invocar, em detrimento do aparato estatal, a tutela de direito próprio, conforme consignado no Título Primeiro da Constituição francesa de 3.9.1791. Todavia, o respeito tributado na França à separação de Poderes afastava, num primeiro instante, que a observância da legalidade e dos direitos dos administrados, pelos administradores, se fizesse mediante garantia de acesso à tutela judicial, já que diploma de 1790 proibia que os juízes molestassem a atuação dos órgãos administrativos.

É durante esse estado de coisas que aparece o direito administrativo não mais como um mero fato, representativo da disciplina da atuação material do Estado, mas sim como uma ciência dotada de sistematização, despertando a atenção dos juristas. Contrariamente, o Estado Absolutista, ou de Polícia, a exemplo de seus antecedentes, não fornecia o cenário possível para a elaboração de um ramo jurídico sistematizado cientificamente, uma vez a execução das funções estatais pelo monarca, sem pressupor uma demarcação de limites, não se caracterizava como um processo jurídico.

Acertado, portanto, o remate de Ernst Forsthoff segundo o qual a "ciência do direito administrativo é, com efeito, uma das disciplinas mais modernas dentro da ciência do direito público: suas origens se encontram no século XIX, e somente alguns precedentes isolados podem ser descobertos em épocas anteriores".[24]

A despeito de possível alongamento desnecessário deste tópico, interessante sejam apontadas algumas das principais contribuições à construção inicial da ciência do direito administrativo, inclusive com a menção a traços modelares das estruturas administrativas surgidas durante o período oitocentista.

Do solo francês, onde surgiram as expressões *droit administratif*, *acte administratif*[25] e *fonctionaire*, destaque merece a

23. Não obscurecer a importância dos documentos ingleses de garantia da liberdade, cuja série, iniciada com a Magna Carta de 15.7.1215, teve prosseguimento com a *Petition of Rights*, de 7.6.1628, a Lei de *Habeas Corpus*, de 1679, o *Bill of Rights*, de 13.2.1689, e o *Act of Settlement*, de 12.6.1701.

24. "La ciencia del derecho administrativo es, en efecto, una de las disciplinas más modernas dentro de la ciencia del derecho público: sus orígenes se encuentran en el siglo XIX, y sólo algunos precedentes aislados pueden descubrirse en épocas anteriores" (Ernst Forsthoff, *Tratado de Derecho Administrativo*, Madri, Institutos de Estudios Políticos, 1958, p. 70 – tradução livre).

25. A expressão "ato administrativo", diga-se, constou do *Répertoire de Jurisprudence* de Merlin de Douais, publicado em 1812. Sua gestação, porém, coincidira com os albores da Revolução Francesa. A Instrução de 8.1.1790, relativa à Lei de 22.12.1789 (criação das Assembléias Primárias e das Assembléias Administrativas), dispunha, em seu art. 7º, que todo ato dos tribunais e das cortes de justiça tendente a contrariar os movimentos da Administração seria inconstitucional, restando sem efeitos e sem poder deter os corpos administrativos na execução de suas operações –

organização administrativa implantada por Napoleão Bonaparte, o qual, revelando-se também como notável administrador, dotou aquele país de leis e instituições que estruturaram a atividade estatal. As inovações podem ser assim sumariadas: (a) estruturação da atividade central em cinco Ministérios (Guerra, Justiça, Finanças, Negócios Estrangeiros e Interior), divididos em várias repartições; (b) criação do Conselho de Estado com atribuições de consulta, que, com seu desenvolvimento, transformou-se no órgão máximo de controle contencioso dos atos da Administração;[26] (c) o território da França, repartido em 83 Departamentos, em 1790, passando cada um deles a ser administrado por representante do imperador, denominado *préfet*, enquanto os Municípios (*Communes*) deixaram de ser geridos por órgãos eleitos, substituídos por *maires* designados pelo Poder Central; (d) o funcionalismo, submetido a forte controle hierárquico, passa a ter seu recrutamento efetuado com base no mérito,[27] sendo,

no que foi seguida pela Lei de Organização Judicial de 24 de agosto do mesmo ano. Atentara-se, assim, às expressões "movimentos da Administração" e "operações dos corpos administrativos". Quase um qüinqüênio adiante, a Lei de 3.9.1795 (16 do Frutidor do Ano III) empregara o dito "atos da Administração", ratificando o propósito de excluí-los da apreciação dos tribunais. Em 22.4.1797 (02 do Germinal do Ano V) o Diretório francês enunciava que como "operações dos corpos e atos administrativos" deviam ser entendidas todas as operações produzidas dentro das ordens do Governo, por seus agentes imediatos, sob sua vigilância e com recursos do Tesouro Público.

26. A bem da verdade, o Conselho de Estado é bastante anterior à Revolução de 1789. Originara-se do antigo *Conseil du Roi*, implantado por Felipe, o Belo, no início do século XIV, o qual, reformulado em 1497, fora dividido em duas seções – o *Grand Conseil* e o *Conseil d'État* –, competindo-lhe atribuições específicas nas administrações interior e exterior. A partir dos éditos luisinos de 1657 e 1673 ficou conhecido como *Conseil d'en Haut*. Restabelecido o Conselho de Estado em 1800, em face da extinção do Conselho do Rei pela Revolução, Bonaparte, em 1806, dota-o da Seção do Contencioso Administrativo, que tem a virtude de tornar definitiva a possibilidade de recurso do cidadão contra atos administrativos, ante a incompetência para tanto dos juízes. Também se deveu a Napoleão a criação, mediante lei do mesmo ano, dos Conselhos de Prefeituras, aos quais foi atribuída competência para o conhecimento de determinados tipos de reclamações, ostentando o Conselho de Estado a condição de grau recursal superior – o que até hoje se mantém, e com notada ampliação a partir da reforma de 1953.

27. Com efeito, na França setecentista a nobreza ou aristocracia, dividida entre dois grupos principais – quais sejam, a *noblesse d'épée* (a tradicional nobreza de espada) e a *noblesse de robe* –, formada por burgueses de posses elevadas e que, desde o início do século XVII, haviam adquirido o direito à aquisição de cargos públicos, tinha o privilégio de ocupar os mais elevados lugares na burocracia real, incluindo-se os principais postos militares, e, pela condição de donos das grandes propriedades, exerciam os direitos concernentes aos antigos senhores feudais do lugar, tais como direitos de justiça, vigilância local, monopólios (tais eram chamados de *banalités*, e consistiam no direito exclusivo de caçar, ter um moinho, um forno ou um *lagar*) e, acima de tudo, o de exigir, de seus camponeses, rendas e serviços de caráter feudal. Coube, de maneira efetiva, a Bonaparte pôr cobro a essa situação de desigualdades e privilégios, declarando as carreiras do serviço público abertas ao talento, sem contar a Constituição de 3.9.1791, no seu Título Primeiro, art. 1º, haver declarado: "Que todos os cidadãos são admissíveis aos lugares e empregos, sem outra distinção senão aquela das virtudes e dos talentos" ("Que tous les citoyens sont admissibles aux places et emplois, sans autre distinction que celle des vertus et des talants") (disponível em: *http://constitucion.rediris.es*, acesso em 15.7.2003). Exemplo prático dessa opção, com referência à administração militar, foi a criação do marechalato, composto de 12 oficiais, cuja indicação mais se devia ao merecimento atestado nos campos de batalha que a critérios de nascimento ou favor. A título de ilustração, na China ocorreu, com a nobreza, situação distinta. Cuidava-se dos *shen-shih* (nobreza erudita), que administraram o Estado para o imperador por aproximadamente dois milênios e decorriam de origem honrosa, cuja escolha era calcada na meritocracia manifestada pela submissão a concursos. Eis o relato de Peter Burke: "Durante grande parte desse período, a elite política, magistrados e mandarins,

para esse fim, criadas escolas de formação de funcionários, assegurando-se a estes garantias, de modo que não poderiam ser responsabilizados civil e criminalmente pelos atos relativos às suas atribuições, a não ser com base em decisão do Conselho de Estado; (e) realização de obras públicas confiada a corpos funcionais especializados; (f) controle da gestão financeira aprimorado mediante a criação da *Inspection-Générale des Finances* e de um tribunal especial (*Cour des Comptes*),[28] com o quê se procurava concretizar o disposto no art. 15º da Declaração de 26.8.1789, a assegurar à sociedade o direito de exigir a todo agente público a prestação de contas de sua administração.

O chamado "direito administrativo napoleônico", embora inserido cronologicamente na fase do Estado Liberal, mostrou-se dotado de face autoritária, apresentando, como nos informa Sabino Cassese,[29] as seguintes características: (a) reforço do Poder Público nos confrontos com os cidadãos; (b) sobreposição do Poder Público a normas do direito comum e atribuição àquele de poderes especiais, o que era notabilizado pela máxima *le prince n'est point obligé aux lois civiles*; (c) preponderância da centralização e uniformidade administrativas; (d) amplitude da competência regulamentar da Administração; (e) evidente separação entre as funções administrativa e jurisdicional, estabelecendo-se que os juízes não poderim perturbar, de maneira alguma, a atividade dos corpos administrativos, tocando a um órgão administrativo especial – o Conselho de Estado – o conhecimento dos conflitos administrativos.

A influência do direito administrativo estruturado por Bonaparte, como nos ensina Enterría,[30] produziu seu marco na Espanha quando da renúncia de Carlos IV, em maio/1808, e conseqüente assunção do trono por José Bonaparte, responsável por dotar o novo reino de uma Constituição, jurada em 8 de julho do referido ano, na qual, dentre outros aspectos, pôde-se observar: (a) a criação de Ministérios e a previsão de responsabilidades dos ministros (arts. 27 e 31); (b) a consagração da liberdade de comércio e indústria, com exclusão de privilégios (arts. 40 e 88); (c) a supressão de aduanas internas (art. 116); (d) a exigência de legalidade e igualdade nas contribuições (art. 117); (e) a independência do Poder Judicial, com o desaparecimento das Justiças eclesiásticas e senhoriais (art. 98); (f) a estruturação legal da Fazenda Pública (art. 118); (g) os direitos individuais, tais como a inviolabilidade do domicílio (art. 126), a liberdade de locomoção (arts. 127 a 129), a supressão do tormento (art. 133), a igualdade, através da redução da nobreza à qualidade de mera distinção honorífica (art. 140), a liberdade de imprensa (art. 145) etc.

Em 1819, sob o jugo da Restauração, surge na Universidade de Paris a cátedra

era escolhida com base em concursos em diferentes níveis (o Distrito, a Prefeitura, a Província e, finalmente, a Metrópole). Os candidatos eram isolados em cubículos individuais no local do concurso. Suas respostas, em geral comentários sobre clássicos do Confucionismo, eram avaliadas por examinadores que não conheciam a identidade dos candidatos" (*Uma História Social do Conhecimento – De Gutemberg a Diderot*, trad. de Plínio Dentzien, Rio de Janeiro, Jorge Zahar Editor, 2003, p. 35). Conclui o autor que o sistema chinês de recrutamento de sua nobreza pela cultura e conhecimento, ao invés do sangue e do parentesco, influenciara Quesnay e Voltaire, podendo haver inspirado a introdução dos concursos para o serviço público na França, Prússia e Inglaterra, durante a centúria oitocentista.

28. A criação da Corte de Contas ocorrera em 16.9.1807 em substituição ao *Bureau de Comptabilité*, instituído nos albores da Revolução frente à extinção das *Chambres des Comptes* da realeza.

29. Sabino Cassese, "La costruzione del diritto amministrativo: Francia e Regno Unito", in *Tratato di Diritto Amministrativo – Diritto Amministrativo Generale*, t. I, Milão, Giuffrè Editore, 2000, pp. 11-12.

30. Eduardo García de Enterría, *La Lengua de los Derechos*, Madri, Alianza Editorial, 2001, pp. 188-189.

de *Droit Public et Administratif*,[31] antecedida pelo pioneirismo, em 1814 e 1818, respectivamente, das obras de Foucart, *Précis de Droit Public et Administratif*, e Macarel – sobre justiça administrativa –, *Eléments de Jurisprudence Administrative*, as quais foram acompanhadas de cátedras e outras obras importantes. Outros escritores de então foram Gerando, Cormenin e Vivien, os quais, a exemplo de Macarel, eram integrantes do serviço público, mais precisamente o Conselho de Estado, de sorte que seu método de estudo é essencialmente prático, tomando por base a análise jurisprudencial.

Contradizendo o período de escassa proteção da liberdade, vivenciado entre Napoleão I a Napoleão III,[32] durante a Terceira República, instaurada em 1870, o direito administrativo francês inaugura uma fase de marcante liberalismo. Antes esse progresso já pôde ser notado em dois precedentes, consistentes na atribuição ao juiz ordinário, no ano de 1810, do procedimento de expropriação e pela introdução no art. 10 da Constituição de 1848 do princípio, já adotado como critério de boa vontade, do mérito para a seleção daqueles que viessem a ingressar no funcionalismo.[33]

Como inovações, o governo republicano suprimiu a garantia dos funcionários, inerente à sua responsabilização civil e penal,[34] e reconheceu, de modo pleno, o Conselho de Estado como autêntico órgão judicante. Este, com a Lei de 24.5.1872, saiu do regime de justiça reservada (*justice rétenue*),[35] exercida sob o consentimento do soberano, para o de justiça delegada (*justice déléguée*), em que a função de decidir lhe

31. Suprimida pouco tempo depois de criada, tal cátedra foi restabelecida em 1828.

32. Importante ressalvar – como fez François Grazier ("O Conselho de Estado francês", *Cadernos de Administração Pública* 29/7, Rio de Janeiro, Escola Brasileira de Administração Pública/ FGV) – haver Napoleão III, com vistas a compensar o clima de autoritarismo político reinante, proporcionado aos seus súditos a ampla possibilidade de protestar contra os excessos de poder da Administração, facilitando-lhes, assim, a acessibilidade ao Conselho de Estado.

33. À laia de ilustração, segue-se o teor do citado dispositivo: "Todos os cidadãos são igualmente admissíveis a todos os empregos públicos, sem outro motivo de preferência a não ser o de seu mérito, e segundo as condições que serão fixadas pelas leis. São abolidos para sempre todo título nobiliárquico, toda distinção de nascimento, de classe ou de casta" ("Tous lês citoyens sont églalement admissibles à tous lês emplois publics, sans autre motif de préférence que leur mérite, et suivant les conditions qui seront fixées par les lois. Sont abolis à toujours tout titre nobiliaire, toute distinction de naissance, de classe ou de caste" (disponível em: *http://www.constitucion. rediris. es*, acesso em 15.7.2003 – tradução livre).

34. Tratava-se do art. 75 da Constituição do Ano VIII, ao subordinar a responsabilização pessoal, perante os tribunais ordinários, dos servidores públicos, por fatos relativos às suas funções, a prévia autorização do Conselho de Estado, revogado pelo Decreto de 18.9.1870. Todavia, o Tribunal de Conflitos, no "aresto Pelletier", de 30.7.1873, muito embora salientando a revogação do referido dispositivo, sustentou ser ofensivo à separação de Poderes os danos causados pela Administração serem, de forma indiscriminada, imputados aos servidores e julgados pelos tribunais ordinários. Assim, a competência destes somente se justificaria para aqueles fatos danosos que pudessem ser apreciados com abstração de qualquer exame do comportamento do órgão ou entidade administrativa, ou seja, hipóteses de culpa pessoal e destacável do seu autor, separável do exercício normal da função.

35. Resquício do *Ancien Régime*, a *justiça reservada* persistira mesmo após 1789, tocando ao Conselho de Estado, apenas e tão-só, a elaboração de pareceres, a serem submetidos à apreciação do monarca, que, de costume, os seguia. Segundo Lei de 28 do Pluvioso do Ano VIII (1799), a *justiça delegada* somente era titularizada pelos Conselhos de Prefeitura, com competência bastante reduzida. Não obstante, importante advertir que, antes da Revolução, a expressão "justiça reservada" assumia também um significado diferente, mais característico da concentração de poderes de então, qual seja, o de que o próprio rei chamava para si a decisão dos processos, afastando qualquer intervenção dos tribunais.

é transferida a título próprio. Simultaneamente, referido diploma legal, antevendo a necessidade de resolução de conflitos de competência entre o juiz ordinário e o juiz administrativo, trouxe à baila o Tribunal de Conflitos, de composição paritária, com integração por três membros da Corte de Cassação e três do Conselho de Estado, cabendo-lhes a escolha dos outros dois juízes, enquanto sua presidência tocava ao Ministro da Justiça.

A despeito do forte preconceito francês à atividade criativa da jurisprudência, foi graças ao fecundo labor dos juízes (*rectius*, dos membros do Conselho de Estado)[36] que o direito administrativo se tornou, ao final do século XIX, um instrumento de tutela dos cidadãos diante do Poder Executivo. Assim, numa radical transformação, o Conselho de Estado assumiu o papel de atento censor da Administração. Aspecto bastante notável – como nos diz Sabino Cassese[37] – foi a introdução e desenvolvimento, por mencionado órgão, dos princípios gerais do Direito, propiciando um papel essencialmente criativo, que compensou a presente carência de normas gerais administrativas.

A profunda influência do Conselho de Estado na sedimentação dos alicerces do sistema administrativo da França é destacada na pena de Daniel Pepy: "O direito administrativo francês contém, sem dúvida, numerosas disposições legislativas ou regulamentares, mas o papel da jurisdição administrativa é de tal importância, que são freqüentes manuais e cursos começando pelo estudo do Conselho de Estado. (...). Em país de Direito escrito, o Conselho de Estado, emanação do Poder Executivo, deveria, parece, adotar atitude diametralmente oposta, aplicando a lei, e apenas a lei. Mas nunca houve, na França, um código administrativo no sentido em que existe um Código Civil ou um Código Penal, embora o direito administrativo seja, antes de tudo e de mais nada, o direito do Conselho de Estado".[38]

Não demasiada a sempre precisa percepção de Enterría: "O direito administrativo formula seus princípios, e se desenvolve, no caminho da doutrina jurisprudencial do Conselho de Estado nas decisões dos recursos, cada vez mais freqüentes e mais elaboradas".[39]

O primeiro – e talvez o mais relevante – resultado do funcionamento do Conselho de Estado recaíra no sistema de aberturas,[40] construído através do *récours pour excès de pouvoir*. Inicialmente veio a análise do ato administrativo fundado na incompetência da autoridade que o perpetrara, seguida pelo controle do vício de forma, de maneira a se avaliar se o ato cumpria suas exigências de forma, porquanto em caso contrário haveria, igualmente, excesso de poder. Em terceiro lugar surge o *détournement de pouvoir*, a prescrever que a competência administrativa tem sempre uma finalidade a ser respeitada, e, caso desta o ato venha a se afastar, deverá ser anulado.[41] Haveria, do

36. Mesmo situando-se fora da estrutura do Judiciário, o caráter jurisdicional do Conselho de Estado é de reconhecimento indiscutível pela doutrina (Jean Rivero, *Direito Administrativo*, Coimbra, Livraria Almedina, 1981, pp. 212, 218, 228 e 230).

37. Sabino Cassese, "La costruzione del diritto amministrativo: Francia e Regno Unito", in *Tratato di Diritto Amministrativo – Diritto Amministrativo Generale*, t. I, p. 22.

38. Daniel Pepy, "Justiça inglêsa e justiça administrativa francesa", *RDA* 58/31 e 33, Rio de Janeiro, outubro-dezembro/1959.

39. "El derecho administrativo formula sus principios y se desarrolla al hilo de la doctrina jurisprudencial del Consejo de Estado en estas decisiones de recursos, cada vez más frecuentes y más elaboradas" (Eduardo García de Enterría, *La Lengua de los Derechos*, p. 194).

40. A esse respeito sugere-se a leitura de David Duarte, *Procedimentalização, Participação e Fundamentação: para uma Concretização do Princípio da Imparcialidade Administrativa como Parâmetro Decisório*, Coimbra, Livraria Almedina, 1996, pp. 45-48.

41. O aresto apontado como marco da jurisprudência do Conselho de Estado no desenvolvi-

mesmo modo, um extravasamento do poder enfeixado pela autoridade para a emissão do ato administrativo. À derradeira, o Conselho de Estado integra no campo do recurso por excesso de poder o recurso pela violação da lei e dos direitos adquiridos.

A influência jurisprudencial francesa não parou por aí, merecendo realce suas formulações no plano da responsabilidade civil, como fora o "*arrêt* Blanco", julgado em 8.2.1873, em cuja motivação o Tribunal de Conflitos reconheceu que a responsabilidade do Estado decorrente de prejuízos causados aos particulares por atos das pessoas que ele emprega no serviço público não poderia ser regida pelos princípios estatuídos no Código Civil, mas sim por regras especiais; seguido dos arestos "Anguet" (Rec. 146, de 3.2.1911) e "Regnault-Desroziers" (Rec. 329, de 28.3.1919),[42] ambos do Conselho de Estado, componentes embrionários das teorias da culpa administrativa (*faute du service*) e do risco administrativo, respectivamente.

Do mesmo modo, decisiva fora a participação do Conselho de Estado na identificação, com objetivos processuais, dos contratos administrativos como instituto jurídico diverso dos contratos de direito privado, como se pôde notar do "*arrêt* Terrier" (Rec. 94, de 6.2.1903), onde se adotou, para fins de competência jurisdicional, o critério do serviço público como o da delimitação material da atividade administrativa.

Doutro lado, não pode passar despercebida a contribuição inglesa. Em contraposição ao experimentado na França, aquela se baseou em vertentes distintas, caracterizadas pela (o): (a) aplicação do direito comum à Administração Pública, muito embora não pudessem ser desconhecidos o princípio da imunidade da Coroa e o gradual surgimento de um Direito diverso daquele, produzido pela atividade parlamentar, consentindo a Administração em expropriar, construir coercivamente na propriedade particular, instituir obrigações de fazer, recolher tributos etc.; ou seja, em recorrer à força nos contrastes com os indivíduos; (b) autogoverno dos entes locais (*self-government*); (c) ausência de organismos especiais para solução dos litígios entre os cidadãos e a Administração, os quais eram dirimidos pela Justiça Comum, sem contar que a fraqueza desta era demonstrável pela imunidade da Coroa e pela figura da *privative clause*, a excluir a impugnação de determinados atos; (d) aumento do corpo funcional, em resposta à ampliação das tarefas da organização administrativa, o qual chegou a aproximadamente 100.000 na segunda metade do século XIX, com a adoção de uma política de promoções com base na antigüidade ao invés do mérito.

Em meados do século XIX a estrutura administrativa começava a sofrer transformações. A necessidade de manter, mesmo ao depois de Waterloo, um potente aparato militar, a fim de fazer face às exigências daquele que iria afirmar-se como o maior império colonial de então, aliada ao fortalecimento da opinião pública, que, uma vez beneficiada com a ampliação do direito de sufrágio, fez-se portadora dos crescentes reclamos às condições desfavoráveis advin-

mento da teoria do desvio de poder foi o "caso Lesbats" (Rec. 209, de 25.2.1864), onde se firmou a impossibilidade de prefeito regular a entrada, o estacionamento e a circulação de veículos nos pátios das estações ferroviárias, porque não exercida a regulação no interesse público, mas para assegurar a execução de contrato entre uma companhia de estrada de ferro e um empreendedor de veículos públicos. Há, todavia, quem afirme – como faz Caio Tácito (*Temas de Direito Público – Estudos e Pareceres*, vol. I, p. 105) – recair o julgado pioneiro no "caso Vernes", de 16.5.1858.

42. Antes mesmo desse acórdão, o Conselho de Estado já se havia deparado com a aceitação da teoria do risco, embora limitando-a ao risco profissional. Acontecera no "*arrêt* Cames", de 21.6.1895 (Rec. 509), decorrente do fato de o autor, operário no arsenal de *Tarbes*, haver padecido de ferimento em sua mão esquerda em decorrência de estilhaços de metal projetados por um forte choque com um martelo, impossibilitando-o definitivamente para o trabalho.

das com a industrialização (concentração populacional nas grandes cidades; urbanização e condições sanitárias precárias; imigração irlandesa; condições decadentes de vida e de trabalho nas fábricas; exploração do trabalho feminino e de menores; etc.), deu ensejo a uma pletora legislativa, regulando os mais diversos setores sociais, como indústria, ferrovias, educação, mineração, prisões, saúde pública – entre outros. Tratou-se, portanto, de uma abundante, mas desorganizada, legislação administrativa, na qual já se notava uma interseção entre o liberalismo e o intervencionismo.[43]

A isso se some a aparição de sólido estuque doutrinário. Demais de Dicey – cujos ensinamentos, lançados em livro clássico (*The Law of the Constitution*), tiveram responsabilidade decisiva para a negativa da existência do caráter especial do regime administrativo –, de destacar a função precursora de Rudolf Gneist, autor alemão que, no próprio idioma, escrevera, em 1883, sobre o direito administrativo inglês, tendo sua obra sido vertida para o Italiano em 1893 (*L'Amministrazione e il Diritto Amministrativo Inglese*). A primazia na língua inglesa coube a Frank J. Goodnow (*Comparative Administrative Law*, 1893; *Principles of Administrative Law of the United States*, 1905), que afirmou a existência, tanto na Inglaterra quanto nos Estados Unidos, de regime jurídico administrativo equivalente ao europeu continental, observadas, no entanto, as peculiaridades próprias de cada um deles, tendo sido acompanhado por Farlie (*The National Administration of the United States*, 1905), Mathews (*Principles of American State Administration*, 1917), F. T. Port (*Administrative Law*, 1923) e Munro (*Principles and Methods of Municipal Administration*, 1924).

Mais lento, mas nem por isso menos relevante, o desenrolar científico do direito administrativo na Alemanha. A precedência radica, antes mesmo da unificação, na obra *Direito Político do Reino de Württemberg*, de Robert v. Mohl, na qual consta uma articulação sistemática das funções estatais, bem como o tratamento autônomo do direito constitucional e do direito administrativo, continuando-se na pena de Lorenz v. Stein, ao devotar-se ao estudo da ciência da administração, cujo objeto não deveria recair na limitação do poder pelos direitos individuais, mas na atividade a serviço da coletividade.

No entanto, assinala Ernst Forsthoff[44] que dois fatores foram decisivos para a sistematização germânica do direito administrativo. Inicialmente, tal decorreu do predomínio da teoria – de gênese controversa – da personalidade jurídica do Estado, a implicar a concepção de que os vínculos deste com os súditos pudessem ser tidos como relações jurídicas bilaterais, merecendo destaque o escrito sobre direitos públicos de Carl Friedrich Gerber, de 1852. Em segundo lugar, o impulso derivou das reformas realizadas entre 1870 e 1880, com ênfase à criação de tribunais administrativos especiais, formando cenário apropriado para a aparição de vasto labor monográfico.

Sobressai, dentre os diversos autores, o trabalho de Otto Mayer (1846-1924).[45]

43. Constatando a intensidade do prosseguimento do fenômeno intervencionista ainda na primeira metade da centúria passada, noticia René David: "Um intenso movimento legislativo desenvolveu-se na Inglaterra nos últimos 100 anos, muito especialmente depois da Guerra de 1939. Multiplicaram-se as leis de inspiração dirigista, modificando profundamente o Direito antigo e criando todo um setor no Direito inglês" (*Os Grandes Sistemas do Direito Contemporâneo*, 2ª ed., trad. de Hermínio A. Carvalho, São Paulo, Martins Fontes, 1993, p. 346).

44. Ernst Forsthoff, *Tratado de Derecho Administrativo*, pp. 82 e ss.

45. A influência desse autor foi tamanha que Karl-Peter Sommermann, jurista moderno, em trabalho recente ("A execução forçada por quantia certa contra a fazenda pública no Direito alemão", in *Execução Contra a Fazenda Pública*, trad. de Luís Greco, Brasília, Conselho da Justiça Fede-

Este, tomando como paradigma o direito administrativo francês,[46] lançou-se em desenvolver a construção jurídica das formas de atuação da Administração no Estado de Direito, além de, em correspondência com o direito privado, haver adentrado o exame de instituições correspondentes no direito público, tais como os direitos reais públicos, o direito de obrigações especiais, as limitações administrativas à propriedade, a empresa pública etc.

A peculiaridade da investigação estava em que tais conceitos não se limitavam a uma mera repetição do vivenciado no direito civil. Procedera o autor, ao revés, à sua visualização de modo independente, em conformidade com os traços essenciais do direito público, o que alcançou serventia para a busca da autonomia científica do direito administrativo.

Tributa-se ainda ao referido autor importante passo na elaboração da teoria das relações especiais de poder, que representara uma exceção à vinculação da Administração à lei, pela qual o ingresso de alguém em uma instituição pública (por exemplo, a condição de estudante numa escola pública) conduziria à submissão aos deveres impostos por aquela, cujo estudo na atualidade está a justificar indispensáveis aprofundamentos.

Em reforço, tem-se que a proveitosa ação jurisprudencial germânica deu azo à sedimentação de vários princípios jurídicos incorporados à legislação, principalmente com relação ao poder de polícia, o que pode ser comprovado pela Lei prussiana de Polícia de 1.6.1931, a constituir um resumo das orientações estabelecidas durante anos pelo Tribunal Supremo Administrativo.

Outras contribuições podem ser citadas. Na Itália há a atuação, com primado cronológico, de Romagnosi, com seu *Principi Fondamentali del Diritto Amministrativo*, de 1814, destacando-se também Orlando, sob cuja direção colaboradores do porte de Santi Romano, Ranelletti, Borsi, Forti, Cammeo e Vitta elaboraram, em 18 volumes, o *Primo Trattato Completo di Diritto Amministrativo Italiano*, surgindo sua 1ª edição em 1897. Já na Espanha podem ser referidos os estudos de Silvela (*Colección de Proyectos, Dictámenes y Leyes Orgánicas o Estudios Prácticos de Administración*, 1839) e de Pedro Sáliz Andino (*Enciclopedia Española de Derecho y Administración*, 1848). Por sua vez, aparece em Portugal, no ano de 1857, o trabalho de Justino Antônio de Freitas, *Instituições de Direito Administrativo Português*.

No Brasil, onde a disciplina começou a ser ministrada nos cursos jurídicos então existentes em agosto/1851, após a edição do Decreto 608, de 16 de agosto, podem ser mencionadas as publicações de Vicente Pereira do Rego (*Elementos de Direito Administrativo Brasileiro*, 1857), Veiga Cabral (*Direito Administrativo Brasileiro*, 1859), Visconde do Uruguai (*Ensaio de Direito Administrativo*, 1862[47]), Furtado de Mendonça (*Excerpto de Direito Administrativo Brasileiro*, 1865), Antônio Joaquim Ribas (*Direito Administrativo Brasileiro*, 1866) e José Rubino de Oliveira (*Epítome de Direito Administrativo Brasileiro*, 1884).

### *6. O direito administrativo no Estado Social e Democrático de Direito e novas tendências*

O crescente movimento em prol da intervenção estatal na vida social e econômi-

ral/Centro de Estudos Judiciários, Série Cadernos do CEJ, vol. 23), àquele se refere como o pai do direito administrativo alemão.

46. A afirmativa é confirmada por René David (*Os Grandes Sistemas do Direito Contemporâneo*, 2ª ed., p. 74) quando diz que o primeiro tratado de direito administrativo escrito na Alemanha foi um tratado de direito administrativo francês, a partir do qual o seu autor, Otto Mayer, considerou-se apto a escrever sobre o sistema jurídico de seu país.

47. Feliz iniciativa do Ministério da Justiça, sob a direção do então titular, Min. Nelson

ca verificado nas últimas décadas do século XIX ocasionou o aparecimento de um novo tipo de Estado, denominado "do Bem-Estar" ou *Welfare State*.[48] Várias foram as causas que provocaram sua irrupção, podendo-se citar: (a) as crises econômicas surgidas a partir da I Guerra Mundial; (b) a continuidade das crises bélicas mesmo depois do conflito de 1914-1918, a requerer a versão de forte parcela dos recursos estatais; (c) a expansão de princípios democráticos, nascidos da reivindicação pelas classes proletárias e campesinas não só por direitos fundamentais de proteção, mas igualmente acesso às condições necessárias a uma vida digna, surgindo daí os chamados *direitos sociais*;[49] (d) a consolidação do fenômeno da urbanização, decorrente do acelerado crescimento demográfico das cidades, o que tivera início com a Revolução Industrial.

Esse novo modelo estatal, que as Constituições do II Pós-Guerra convencionaram intitular de "Estado Social e Democrático de Direito",[50] caracteriza-se pela

Jobim, de republicar tal obra em 1997, na série "Arquivos do Ministério da Justiça", acrescida de "Introdução" da lavra do Min. Célio Borja.

48. Guarda contemporaneidade com esse marco evolutivo o surgimento de forte produção doutrinária francesa – de que exemplos, entre muitos: Gaston Jèze, Hauriou, Berthélemy, Roger Bonard, Roland, Waline, Péquinot, Laubadère e Duez –, o que de modo algum obscureceu o talento jurisprudencial, notabilizado pelo aresto da *Cie. Générale d'Éclairage de Bordeaux* (Rec. 125, de 30.3.1916), que fincou em bases sólidas a teoria da imprevisão, em detrimento do dogma da autonomia da vontade, pedra-de-toque da teoria contratual liberal. No plano anglo-americano, apreciáveis as contribuições de Cecil T. Carr (*Concerning English Administrative Law*, 1941), William Robison (*Justice and Administrative Law*, 1947), Bernard Schwartz (*Law and the Executive Britain*, 1949), Griffith e Street (*Principles of Administrative Law*, 1952), Wade (*Administrative Law*, 1961) e J. F. Garner (*Administrative Law*, 1963).

49. À irrupção, no plano do Direito escrito, dos *direitos sociais*, também denominados de *direitos fundamentais de segunda geração*, precederam fortes reclamos da sociedade, cristalizados no *Manifesto Comunista* (1848), na *Comuna de Paris* (1871) e na *doutrina social da Igreja*, inaugurada com a Encíclica *Rerum Novarum*, de 15.5.1891, de autoria do Papa Leão XIII, após a qual se seguiram a *Quadragesimmo Ano* (1931, Pio XII), *Mater et Magistra* (1961, João XXIII), *Pacem in Terris* (1963, João XXIII), *Populorum Progressio* (1967, Paulo VI), *Redemptor Hominis* (1979, João Paulo II) e *Laborem Exercens* (1981, João Paulo II). Embora obscurecido pela maioria dos autores, as reivindicações em torno dos direitos sociais tiveram seu início com o movimento dos trabalhadores franceses que volveram às ruas de Paris em julho/1830, para a derrubada de Carlos X, da dinastia dos Bourbons, para os quais, como noticia George Rudé, "os fatos de 1830 significavam não somente – como o era para a burguesia liberal – o término da tarefa não concluída de 1789 e o retorno aos decadentes 'princípios de 89', mas também algo novo: o direito ao trabalho e, por combinação, a ganhar um salário que lhes permitisse viver" ("los hechos de 1830 significaban no sólo – como era el caso para la burguesía liberal – la terminación de la tarea inconclusa de 1789 y el retorno a los decaídos 'principios del 89', sino también algo nuevo: el derecho al trabajo y, por asociación, a ganar un salario que les permitiera vivir") (*La Revolución Francesa*, vol. 1, Buenos Aires, Ediciones B. Argentina, 2004, p. 292).

50. Cf. Constituições da Alemanha de 1949 (art. 20.1), da Espanha de 1978 (art.1.1), de Portugal de 1976 (art. 2º) e a vigente em nosso país (art. 1º, *caput*). Estas duas últimas aboliram o vocábulo "social", o que de forma alguma traduz mudança de sentido. Atenta a observação de Ernst Forsthoff (*Stato di Diritto in Trasformazione*, Milão, Giuffrè Editore, 1973, p. 45), para quem, no Estado Social, a garantia dos direitos não visa apenas a criar delimitações à ação estatal, mas a prestações positivas; ou seja, não se aspira à liberdade, mas à participação. Esta característica, segundo o autor tedesco, faz subentender um Estado "que executa prestações, que atribui, distribui, divide, que não abandona o indivíduo à sua situação social, mas lhe vem em ajuda com concessões" ("che esegue delle prestazioni, che attribuisce, distribuisce, divide, che non abbandona il singolo alla sua situazione sociale, ma gli viene in aiuto con concessioni") (idem, p. 46). Atraente também a leitura de Giannini, *Diritto Aministrativo*, 3ª ed., vol. I, Milão, Giuffrè Editore, 1993, pp. 48-51.

vertiginosa expansão de sua estrutura, a fim de que possa ser provido, a contento, um complexo de serviços públicos essenciais e de prestações inerentes ao trabalho subordinado, à seguridade social, à saúde, à habitação, à educação e cultura. Isso sem contar que a amplitude da ação do Poder Público fora incrementada, na segunda metade da centúria recém-finda, com a aparição dos direitos coletivos e difusos, ditos de terceira geração, tais como os inerentes à preservação do meio ambiente e ao resguardo do consumidor frente à realidade contratual de massa.

Essa conjuntura, como não poderia deixar de ser, trouxe um grande impulso ao direito administrativo, ora pela inevitabilidade de crescimento dos órgãos públicos, inclusive daqueles incumbidos do controle da economia, ora pela aproximação cada vez mais sentida entre Estado e sociedade, antes reputados como corpos estanques.

Daí, alguns resultados poderem ser enunciados. Um deles foi a descentralização administrativa, decorrente da multiplicidade de funções que passaram ao Poder Público, com a criação de um variado conjunto de entidades administrativas, dotadas de personalidade distinta daquela do ente central e com autonomia administrativa e de gestão financeira (autarquias, fundações públicas, agências reguladoras e executivas).

Em segundo lugar, a intervenção do Estado na economia houve de se fazer não só como disciplinador do mercado, mas como fornecedor de bens e serviços, dando existência, para tanto, a empresas com capital predominantemente público, constituídas na forma do direito comercial, cuja regência de seus atos se pauta pelas normas do direito obrigacional privado, somente aplicando-se o regime jurídico administrativo em caráter supletivo.

Depois, há de se notar que o conceito de *legalidade*, como parâmetro da atividade administrativa, fora sensivelmente ampliado, representando uma idéia de conformação ao Direito. Abandonou-se, com isso, o perfil tradicional de vinculação exclusiva da atuação da Administração Pública à lei formal, aportando-se na idêntica necessidade de observância dos princípios jurídicos, na condição de suporte e fundamento do sistema jurídico.

Assim têm vislumbrado os recentes textos constitucionais, não sendo demasiado recordar que a Lei Fundamental alemã, no seu art. 20.3, proclama que o legislador está sujeito à ordem constitucional, enquanto o Executivo e o Judiciário à lei e ao Direito; o que vem repetido pela Constituição espanhola (art. 103.1, parte final).[51] A seu turno, a Constituição Política da República do Chile, de 1980, com a reforma de 1997, afirma que o Estado deve, em sua ação, obediência à Constituição e às normas ditadas em conformidade com esta.

Ressalte-se, ainda, que, com o Estado Social e Democrático de Direito, restou fortalecido o paradigma do procedimento administrativo como instrumento de controle da atividade pública e de garantia dos direitos do cidadão, o que, a partir do primeiro quartel do século XX, pode ser observado pela eclosão de inúmeros diplomas legais cuidando da matéria.[52]

51. De referir, igualmente, que o art. 9.1 da Constituição hispânica menciona que os cidadãos e os Poderes Públicos estão sujeitos à Constituição e ao resto do ordenamento jurídico.

52. Entre outros exemplos, cf. a pioneira Lei austríaca de 21.7.1925, para cuja elaboração foi de importância fundamental a boa tradição administrativa austríaca, legada pela jurisprudência do Tribunal Administrativo daquele país, ao influxo da Escola de Viena e da forma federal introduzida pela Constituição de 1920. Referido diploma influenciou as leis da Polônia (1928), da Tcheco-Eslováquia (1928) e da Iugoslávia (1930), passando por reforma parcial em 1991. Realce também ao norte-americano *Federal Administrative Procedure Act* de 1946, sendo, sem sombra de dúvida, o mais importante diploma a reger a atividade da Administração Pública, que naquele país é fortemente marcada pela atividade das agências reguladoras, com influxo na elaboração da *Legge* 241/1990 e da recente lei japonesa. Outro padrão é o

E, como não bastasse o prestígio em nível legislativo, a elevada dignificação da importância do procedimento administrativo é objeto de realce da doutrina, conforme se vê da pena de Massimo Severo Giannini: "É, por isso, possível constatar que a atividade administrativa das Administrações contemporâneas se desenvolve mediante procedimentos administrativos: este constitui um princípio do direito administrativo contemporâneo".[53]

Contudo, não se pode olvidar que, aproximadamente a contar das duas últimas décadas do século XX, o papel do Estado vem sendo alvo de mudança, a refletir na atividade da Administração Pública. O antes não imaginado desenvolvimento tecnológico, a culminar no desaparecimento das fronteiras territoriais com o surgimento da Internet, aliado ao desmedido fortalecimento das instituições financeiras e à globalização dos mercados, implicou diminuição do aparato estatal.[54]

espanhol, introduzido pela Lei de 1958, substituída pelas Leis do Regime Jurídico das Administrações Públicas e do Procedimento Administrativo Comum de 1992, servindo de base à formulação da *Loi Fédéral sur la Procédure Administrative* da Suíça (1968) e da Lei alemã de Procedimento Administrativo de 1976 (*Verwaltungsverfahrensgesetz*). Ainda na Espanha, não se omita o lustre constitucional que alçou o instituto, como se obtém, primeiramente, do art. 105 da Constituição de 1978, ao dispor: "A lei regulará: a) a audição dos cidadãos, diretamente ou através das organizações e associações, reconhecidas pela lei, no procedimento de elaboração das providências administrativas que lhes digam respeito; b) o acesso dos cidadãos aos arquivos e registros administrativos, salvo em matérias relativas à segurança e defesa do Estado, à investigação criminal e à intimidade das pessoas; c) o procedimento de formação dos atos administrativos, garantindo, quando for o caso, a audição dos interessados" ("La ley regulará: a) la audiencia de los ciudadanos, directamente o a través de las organizaciones y asociaciones reconocidas por la ley, en el procedimiento de elaboración de las disposiciones administrativas que les afecten; b) el acceso de los ciudadanos a los archivos y registros administrativos, salvo en lo que afecte a la seguridad y defensa del Estado, la averiguación de los delitos y la intimidad de las personas; c) el procedimiento a través del cual deben producirse los actos administrativos, garantizando, cuando proceda, la audiencia del interesado") (disponível em: *http://constitucion.rediris.es/legis/1978/ce1978.html*, acesso em 16.12.2004). Mais adiante, no art. 149, 1.18, referida Constituição estatui ser da competência exclusiva do Estado Espanhol legislar sobre o procedimento administrativo comum, sem prejuízo das especialidades derivadas da organização própria das Comunidades Autônomas. Na América Latina, de vislumbrar os Direitos argentino (*Ley* 19.549, de 25.5.1976, denominada de "Lei Nacional de Procedimento Administrativo") e uruguaio (Decreto 500, de 27.9.1991) e, mais recentemente, o brasileiro, com a Lei 9.784, de 29.1.1999, precedida pela Lei 10.117, de 30.12.1998, do Estado de São Paulo.

53. "È quindi possibile constatare che l'attività amministrativa delle Amministrazioni contemporanee si svolge mediante procedimenti amministrativi: ciò costituisce un principio del diritto amministrativo contemporaneo" (Giannini, *Diritto Amministrativo*, vol. II, Milão, Giuffrè Editore, 1993, p. 100).

54. Digna de leitura a descrição feita por Francisco Cavalcanti (*O Novo Regime Previdenciário dos Servidores Públicos*, Recife, Nossa Livraria, 1999, pp. 13-23), inclusive com destaque à fragilização dos Estados ditos periféricos, excessivamente endividados. Interessante, sobre a viragem pela qual o direito administrativo vem passando na atualidade, a leitura de estudo de Sabino Cassese, "As transformações do direito administrativo do século XIX a XXI" (*Interesse Público* 24/16-23, março-abril/2004), o qual, partindo do cotejo com as características tradicionais daquele, aponta as seguintes mutações: (a) o Estado não mais é a fonte única do direito administrativo, advindo o fenômeno de sua europeização e internacionalização; (b) a supremacia da Administração sofre abalos, sendo partilhada com soluções de consenso e bilateralidade; (c) apesar de mantida sua preponderância no plano substancial, o direito administrativo cede lugar ao direito privado no que tange à forma de parte de sua atuação; (d) diminuição da importância do governo, que cede espaços ao domínio de entes não necessariamente nacionais, ou para o desenvolvimento de autoridades independentes em relação ao Poder central;

Várias conseqüências podem ser apontadas. De logo, resulta a preocupação constante com a contenção dos gastos com a seguridade social, passando os vários sistemas previdenciários e de assistência social por reformulações, exemplificadas, entre nós, pelas Emendas Constitucionais 20/1998 e 41/2003.

Noutro passo, de se verificar a retirada do Estado da qualidade de agente econômico e de responsável pela prestação de serviços públicos, materializada através de intenso processo de privatização.[55] Desapareceram os antigos monopólios, permitindo-se a entrada de novos operadores no exercício das atividades antes privativas das empresas estatais.

No particular dos serviços públicos, desfez-se o Estado dos amplos poderes de controle e direção das empresas prestadoras, que antes lhe pertenciam, assumindo a posição de regulador e árbitro da livre concorrência e do respeito aos direitos dos usuários. Consuma-se, assim, um movimento de maior aproximação ao direito privado.

(e) paulatino crescimento da importância da jurisdição na solução dos litígios administrativos. Sobre as transformações pelas quais vem sofrendo o direito administrativo, cf., nestas plagas, Odete Medauar (*O Direito Administrativo em Evolução*, São Paulo, Ed. RT, 1992) e Patrícia Baptista (*Transformações do Direito Administrativo*, Rio de Janeiro, Renovar, 2003); e, na literatura Argentina, Juan Carlos Cassagne (*Fragmentos de Derecho Administrativo – Entre la Justicia, la Economía y la Política*, Buenos Aires, José Luis Depalma Editor, 2003).

55. Noticia Tomás-Ramón Fernández ("Las transformaciones del derecho administrativo a resultas de las privatizaciones", in *Os Caminhos da Privatização da Administração Pública – IV Colóquio Luso-Espanhol de Direito Administrativo*, Coimbra, Coimbra Editora, *Boletim da Faculdade de Direito da Universidade de Coimbra, Stvdia Ivridica* 60/337, colloquia 7, 2001) que nos finais de 1998 a participação das empresas públicas no PIB fora reduzida em dois terços, enquanto a partir de 1982 foram privatizadas 100 delas, sendo 66 por um governo socialista e as demais por um governo popular.

No Brasil essa tendência pode ser bem visualizada com as reformas constitucionais patrocinadas pelas Emendas Constitucionais 6/1995, 8/1995, 9/1995 e 19/1998, com alento na revitalização dos contratos de concessão, com sua disciplina nas Leis 8.987/1995 e 9.074/1995, sem olvidar a transferência, no que concerne a atividades de cunho não-econômico, à esfera pública não-estatal, como é o exemplo das organizações sociais e das organizações da sociedade civil de interesse público, instrumentalizadas com as Leis 9.637/1998 e 9.790/1999, respectivamente.[56]

A predisposição liberalizante – necessário enfatizar – não constituiu fator impeditivo do avanço das instituições administrativas noutras searas de grande importância. Em primeiro lugar, na atualidade é cada vez mais presente o reclamo da ética no exercício da função pública, a pressupor, entre outros, o permeio de valores como a lealdade institucional, a economicidade no manuseio dos recursos públicos, a tomada de decisões com base em critérios objetivos e imparciais, o regime de mérito no acesso à função pública, o combate à corrupção e a adequada prestação de serviços públicos.

Ajunte-se a isso a busca de uma aproximação, cada vez mais sentida, entre o governante e o cidadão, a suceder tanto no controle como na gestão da função administrativa.

Atento a essa singularidade, Caio Tácito modela a face atual do regime jurídico da Administração Pública, qual seja, o direito administrativo participativo, como resultante, no plano interno, da feliz junção do poder com a cidadania, averbando: "O direito administrativo tende ao abandono da vertente autoritária com a acolhida da participação democrática da sociedade. O direito

56. Cf., a esse respeito, o Plano Diretor da Reforma do Aparelho do Estado, de novembro/1995, subscrito pelo então Presidente Fernando Henrique Cardoso (*www.planalto.gov.br/publi_04*).

administrativo de mão única caminha para modelos de colaboração que procurei caracterizar em estudos diversos".[57]

Apesar de restrita, até o momento, ao Continente Europeu, outra propensão atual do direito administrativo centra-se no direito comunitário, resultante do movimento de integração de vários países, iniciado, com objetivos primordialmente econômicos, com os Tratados de 18.4.1951 e de 25.3.1957, e que culminou com o Tratado da União Européia (Tratado de Maastricht) de 7.2.1992, em razão do qual à Comunidade foram transferidas várias competências materiais executivas, instituídos, para esse fim, órgãos de direção, como o Conselho Europeu, o Conselho das Comunidades Européias e a Comissão das Comunidades Européias.

Prova disso é a influência que o direito administrativo teve na elaboração do direito comunitário europeu, traduzida pelos princípios de larga aplicação na vida administrativa dos Estados-membros da Comunidade. A particularidade é destacada por Fausto de Quadros: "O Direito da Comunidade Européia é, na sua essência, direito administrativo, e, de modo especial, direito administrativo da economia. Confluem nele concepções jurídicas dos ordenamentos francês, alemão, italiano, e alguns outros; depois, ele irradia-se, por sua vez, para essas ordens jurídicas estaduais. Isso acontece assim tanto no domínio da produção das normas como também no da sua interpretação, da sua percepção dogmática e da sua sistematização".[58]

Eis, portanto, nestas mal-aligeiradas linhas, os principais aspectos que, hodiernamente, tendem a dominar o direito administrativo no alvorecer do Terceiro Milênio, coroando a evolução pela qual percorreram as mais embrionárias formas de atividade administrativa.

57. Caio Tácito, "Transformações do direito administrativo", *BDA* 2/84, Ano XV, São Paulo, fevereiro/1999.

58. Fausto de Quadros, *A Nova Dimensão do Direito Administrativo – O Direito Administrativo Português na Perspectiva Comunitária*, Coimbra, Livraria Almedina, 1999, p. 11.

# ESTADO E DIREITO

REIS FRIEDE

Mestre e Doutor em Direito.
Desembargador Federal.
Professor Adjunto da Faculdade Nacional de Direito/UFRJ

*1. Concepção filosófica do Direito e sua relação com o Estado. Notas Complementares: 1. Estados Paralelos transnacionais e transideológicos. 2. Estado Paralelo clássico.*

Historicamente, duas diferentes *doutrinas* sobre a relação entre o *Estado* e o *Direito* evoluíram, em relativa situação de aproximado paralelismo, buscando explicar o gênesis da *concepção jurídico-legal* do *Direito* em contraposição à efetiva realidade político-formal do *Estado*: a *doutrina dualista* e a *doutrina pluralista*.

A primeira, de natureza *dual*, simplesmente afirma tratar-se o *Estado* e o *Direito* de duas realidades distintas, desprovidas de qualquer forma relacional, e plenamente independentes; ao passo que a segunda, de natureza *plural*, defende tese oposta, segundo a qual o *Direito* é sempre resultado da sociedade (e dos agrupamentos coletivos) e das instituições públicas e sociopolíticas (ainda que primitivas e iniciais) que necessariamente a compõem.

De fato, não obstante a insistência perpetuadora de alguns adeptos da primeira linha de pensamento (muito mais fundamentada em concepções filosóficas, religiosas e mesmo mitológicas do que propriamente realistas), a *corrente pluralista* tem demonstrado, de forma cada vez mais categórica, sua base científica, mesmo desde os primórdios da antigüidade clássica.

Aristóteles (385-322 a.C.), discípulo de Platão, já afirmava que o *Estado* era o elemento fundamental para prover as condições para a *ordem perfeita* (*nomos*) e a *lei* o instrumento para a racionalização desta. Hobbes (1588-1679) já apregoava o *Direito* como produto do *Estado* para proteger os cidadãos contra inimigos externos e discórdias internas. Rousseau (1712-1778), traduzindo o *Estado* através de um *contrato social*, defendia o *Direito* como mecanismo de conciliação entre a vontade individual e o bem coletivo. Montesquieu (1689-1775) interpretava o *Estado*, simplesmente, como o "sujeito que estabelece *normas*". Durkheim (1858-1917), Max Weber (1864-1920), H. Levy-Bruhl (1857-1939) e R. Pound (1870-1964), por sua vez, creditavam ao *Estado* a natureza *institucional*, associando o *Direito* como elemento, respectivamente, de *conexão com a coação orga-*

*nizada, disposição da ordem coercitiva, de criação de normas obrigatórias e de controle do processo de reconhecimento e realização das necessidades humanas.*[1]

Por outro prisma, não há como deixar de reconhecer que formas elementares de *Direito* não somente regulavam (como ainda regulam, mesmo que excepcionalmente) *agrupamentos sociais básicos* e a *sociedade primitiva*, muito antes do advento das *sociedades complexas*, das *Nações* e, por via de conseqüência, do próprio *Estado*, como também continuam, sob certo aspecto, a regular condutas de organização comportamental interna e externa de *grupos paraestatais* e mesmo, em algum grau, de *indivíduos isolados*.[2]

Ainda assim, é correto afirmar que, com o advento do *Estado* – na qualidade de ente coletivo último, resultante do processo evolutivo dos agrupamentos sociais humanos (considerando a própria impossibilidade fática de sobrevivência isolada (solitária) do ser humano) –, o *Direito*, não obstante a aparente diversidade de suas pretensas *ordens jurídicas* (*infra-estatal*/sociedades civis de modo geral, *supra-estatal*/organismos internacionais, *paraestatal*/contrária à ordem estatal oficial e mesmo *transestatal*/indiferente à ordem estatal oficial), sempre se *efetiva* como conseqüência do mesmo, ainda que possa, eventualmente, se *exteriorizar* (temporariamente) de forma diversa e paralela em relação ao próprio *ente estatal oficial*.

Tal fato, cumpre esclarecer, decorre da sinérgica existência do terceiro elemento constitutivo do *Estado*, ou seja, a *soberania* (em seu aspecto substantivo) que encer-

1. É importante consignar, consoante lição de Luís Mir (in *Guerra Civil*, 1ª ed., São Paulo, Geração Ed., 2004, pp. 186 e ss.) que o *Direito* é considerado um fenômeno verificável em todas as *organizações sociais* que, a exemplo do *Estado*, se constituem em verdadeiros *centros de produção de normas*, até porque *ubi societas ibi jus* (onde houver *sociedade* haverá *Direito*).

2. Tal constatação, vale esclarecer, encontra, entretanto, muito mais de sua verdade na irrefutável constatação de que o *Direito* se constitui em uma inexorável *realidade ficcional* – necessitando pois, sempre e em qualquer hipótese, da existência concreta de um *elemento garantidor*, dotado de *capacidade real* de transformar o *Direito originariamente abstrato* (teórico) em um *Direito concreto e efetivo* (pragmático) –, do que propriamente na pseudo-idéia de que possa existir (de forma permanente) entidades geradoras de *Direito* concorrendo diretamente com o *Estado*, considerando que – como bem adverte Hans Kelsen (1881-1973), em sua consagrada obra *Teoria Pura do Direito* (*Reine Rechtslehre*) –, em grande medida, a realidade do *Estado* se confunde com a própria realidade do *Direito*, fazendo com que a *força operativa do Estado* e a *vigência das leis que o mesmo edita* criem o denominado "*constrangimento organizado*" (fruto da exteriorização do *poder soberano*) e a chamada *ordem jurídica* dotada de caráter de *organização totalizante* em que o *território estatal* passa a ser um simples *âmbito geográfico de aplicação espacial da lei*, ao passo que o *povo* uma mera esfera de *aplicação pessoal da lei*.

Portanto, quando *grupos paraestatais* (ou mesmo, excepcionalmente, indivíduos isolados) competem com o poder normativo, inerente ao *Estado*, o que existe, em essência, é o início (ou mesmo a consolidação) de um genuíno "*Estado Paralelo*", em um processo dialético de confronto, cujo resultado será, necessariamente (ainda que sem um lapso temporal totalmente previsível), a *substituição* do *Estado Oficial* (existente) pelo (novo) *Estado Paralelo* (caso clássico da Alemanha no final da década de 20 e início dos anos 30, do século anterior, quando o Estado Oficial deu lugar ao Estado Nazista) ou, ao reverso, a sua *absorção*, com a conseqüente descaracterização (ou mesmo efetiva destruição) do mesmo (como é o caso da ampla maioria dos Estados contemporâneos consolidados, especialmente no chamado Primeiro Mundo).

No que concerne, por outro lado, à indiscutível existência do *Direito* em *Sociedades* anteriores ao advento de *Estado* – e mesmo em *Nações* dotadas ou não de *territórios* –, é cediço concluir quanto à inconteste *direção evolutiva* destas *coletividades sociais* na futura construção político-estrutural do *Estado* (como é o caso da Palestina). Neste sentido, resta oportuno consignar a idéia aristotélica de uma autêntica *organização teleológica* das comunidades naturais: "a *Cidade* (Estado) é o fim de todas as comunidades naturais" (*Pol.* I, 2).

ra, em sua vertente exteriorizante, a própria concepção estrutural do *Estado* e do *poder originário constituinte*, na qualidade de derradeiro responsável pela sua caracterização existencial e funcional.[3]

Não é por outro motivo que Alessandro Groppali (in *Dottrina dello Stato*) afirma textualmente que, através do *poder soberano* (*superanus, supremitas, supremacia*), o *Estado* se impôs como entidade dotada de poder incontestável, assegurando, para si, com plena hegemonia, o monopólio exclusivo da criação da *normatividade jurídica*.

"As normas que qualquer outra sociedade expedir para sua própria organização e funcionamento são de caráter meramente social e *somente se tornam jurídicas quando reconhecidas pelo Estado* ou admitidas na ordem jurídica estatal. Os grupos sociais minoritários que existem no Estado podem ser regulados por um código próprio de normas, mas estas somente serão consideradas como ordens jurídicas válidas apenas no âmbito interno, pois, se observadas do lado de fora, isto é, do ponto de vista da ordem estatal, ficam imediatamente privadas de autonomia. Se forem contrárias à ordem jurídica estatal, serão eliminadas. (...)

"(...) Mesmo uma empresa criminosa organizada, denominada *societas sceleris*, pode apresentar uma hierarquia com especificação de direitos e deveres, e suas normas podem, até, ser análogas às normas do Estado, mas nunca serão idênticas, pois não são verdadeiras. Autênticas normas jurídicas são o contrário disso: seus membros agem em aberto contraste com a ordem jurídica que tutela um determinado conjunto de valores sociais" (Alessandro Groppali, in *Douttrina dello Stato*).

## *1. Concepção filosófica do Direito e sua relação com o Estado*

Não obstante a relativa primazia, no seio da *doutrina pluralista*, da concepção política do *poder soberano*, afirmando o *Estado* como entidade criadora do *Direito* (positivo), sob a ótica técnico-jurídica, não podemos deixar de registrar a existência de uma *concepção interpretativa*, de nítida *feição filosófica*, que traduz o *fenômeno jurídico* em relativa contraposição, como uma espécie de "*freio e contrapeso*" ao próprio poder estatal.

Esta *concepção ideológica* que, de maneira simplificada, percebe o Direito como instrumento de oposição ao pretenso "*poder imperial*" do *Estado*, ignora, todavia, os vícios de sua própria origem histórica, qual seja: a luta dos *agrupamentos humanos* organizados dentro do Estado, mormente na Europa absolutista, contra o *poder imperial do Rei* (*governante*), fundado, por sua vez, na concepção vigente à época, naquele continente, relativamente à chamada *soberania teocrática*.

Por efeito conseqüente, toda a *construção filosófica* de um pretenso *Direito* contra o *Estado* (e não produzido pelo mesmo), foi (e, em outras situações, continua a ser) cunhada muito mais para respaldar ideologicamente a "derrubada" de um *regime político* do que propriamente para afirmar a possibilidade da existência de um *Direito* – genuinamente legítimo e forjado por um indivíduo ou um grupo de indivíduos (o que se coaduna mais próximo da realidade pertencente a um *Estado*, em inexorável contraposição político-jurídica ao mesmo,

3. Resta evidente, por outro lado, que a *temporariedade* relativamente à exteriorização de um reconhecido *direito paralelo*, especialmente de natureza *paraestatal* – concorrendo com o *direito estatal* (e, em alguns casos, até mesmo desafiando a ordem jurídico-política oficial) –, depende, sobretudo, da capacidade efetiva de projeção da *soberania* (e de seu conseqüente *poder de concreção*) do Estado, na exata medida que em sendo a *soberania* um conceito meramente abstrato, somente através da exteriorização de característicos *elementos de força* (militar, econômica, política e psicossocial) é verdadeiramente possível a efetiva e concreta existência do *Estado* como genuína *realidade político-jurídica*.

sem a intenção (direta ou indireta) de, na coexistência temporal de Direitos antagônicos (o estatal oficial e o grupal (ou mesmo individual)), forjar um novo *Estado* substitutivo ao oficialmente existente).

Não podemos nos esquecer que todos os *direitos fundamentais individuais* (e as liberdades públicas de modo mais amplo) encontram-se assegurados no que convencionamos chamar de *Constituição* que, em linguagem simples, nada mais é do que a *declaração última* de conclusão da construção do próprio *Estado*, obra derradeira do denominado *Poder Constituinte*, na qualidade de *expressão máxima da soberania nacional*.

Portanto, é o próprio *Estado* – através de sua inerente normatividade –, que assegura, em última instância, *os direitos individuais*, afirmando os limites de atuação do poder público governamental em sentido amplo (ações executivas, legislativas e jurisdicionais) em relação aos seus cidadãos (nacionais) e eventualmente aos estrangeiros em seu território geográfico.

"A expressão *Direitos Constitucionais Fundamentais* se refere, sobretudo, a uma ideologia política de determinada ordem jurídica e a uma concepção de vida e do mundo histórico, designando, no *Direito Positivo*, o conjunto de prerrogativas que se concretizam para a garantia da convivência social digna, livre e igual da pessoa humana na *estrutura* e *organização do Estado*" (Pinto Ferreira, in *Manual de Direito Constitucional*, p. 52).

## *Notas Complementares*

### *1. Estados Paralelos transnacionais e transideológicos*

É de considerar, em necessário acréscimo, que nem sempre o objetivo último dos *grupos paraestatais* ou mesmo *transestatais* é a "*derrubada*" formal do *Estado oficial* (e de seu conseqüente *Direito positivo*) para, em seu lugar, construir, na mesma extensão do *âmbito espacial* (território geográfico em sua totalidade) e *pessoal* (somatório dos nacionais (povo)), um novo *Estado*, em sua plenitude estrutural.

Muito pelo contrário, contemporaneamente, estes grupos, de nítida feição *transideológica* e *transnacional*, buscam – de um modo diametralmente diverso de outros movimentos típicos da realidade dos séculos XIX e XX –, a obtenção de uma *soberania restrita* a uma *dimensão territorial reduzida* (porém compreendida nas fronteiras do território estatal oficial) e a uma igualmente *dimensão pessoal reduzida* (apenas sobre uma parcela populacional existente no território restrito ou de interesse específico), procurando estabelecer, neste contexto, a caracterização efetiva de um autêntico "*Estado Paralelo*" em que seja possível o exercício pleno de um correspondente "Direito Paralelo".[4]

Esta realidade, resta registrar, é típica do que convencionou-se denominar por *Estados Fracos* (dotados de regimes políticos não plenamente consolidados) em que a efetivação do *poder* inerente à *soberania* ainda não ocorreu (ou jamais ocorrerá), forjando um *Direito* de exteriorização meramente ficcional.

4. Sem precisar citar diretamente a situação da *Colômbia*, em que, há mais de 40 anos, *grupos paramilitares* (como as FARC) controlam parcela expressiva do território estatal e da população, exercendo – como se Estado fosse – a primazia dos poderes inerentes à *soberania*, dentre as quais a *edição das leis*; vale mencionar a própria situação da cidade do *Rio de Janeiro*, onde a ausência, pelo menos parcial, do *Estado oficial* tem viabilizado a *caracterização estrutural* de verdadeiros *territórios* (fragmentados) em que a *população local* é regida por *leis paralelas* que têm permitido não somente a edição de *normas administrativas de postura municipal* próprias (*v.g.*, cotas (gabarito) de construção civil), passando pela *exploração paralela de serviços públicos*, até a criação de *órgão policial e judicante*, inclusive com permissivo legal-constitucional de execução de pena e morte.

"(...) *Os danos são evidentes* (relativamente à instalação do "*Estado Paralelo*" nas favelas cariocas). Principalmente no que tange à segurança pública. Como esses locais se transformaram em trincheiras, com toda a dificuldade de acesso e monitoramento, *a polícia não consegue desencastelar os bandidos*. As explosões de violência são previsíveis e toleradas. Na semana passada, traficantes tomaram um ônibus e queimaram vivos os passageiros. Cinco pessoas que voltavam para casa morreram carbonizadas, entre elas uma menina de 2 anos. Doze pessoas ficaram feridas. Foi o 73º ataque de traficantes a ônibus no Rio de Janeiro neste ano. Nada foi feito antes para evitar esses ataques. Previsivelmente, nada será feito agora. *Em um país civilizado, manifestações de crueldade e impunidade dessa magnitude derrubariam o prefeito, o governador, o ministro da justiça e o presidente. No Brasil, vai-se colocar a culpa na desigualdade de renda e tudo continuará na mesma. Se o crescimento descontrolado das favelas é um drama, a impunidade dos criminosos que elas escondem é uma tragédia.*

"O primeiro passo para entender a favelização é notar que o processo é secular e nunca foi enfrentado a sério. *A favelização ocorreu no vácuo do Estado*. (...)" (Ronaldo Franco e Ronaldo Soares, in "O drama do populismo urbano", Revista *Veja*, 7.12.2005, p. 84).

## 2. *Estado Paralelo clássico*

É no chamado *Estado Paralelo clássico* – em virtual oposição aos objetivos restritivos dos *grupos paraestatais* (e, em certo aspecto, transestatais) típicos do século XXI –, que se verifica a plena (e gradativa) substituição do *Estado Oficial* pelo novo *Estado*, com nítida e diferente matiz ideológica.

Além do caso clássico da *Alemanha*, destaca-se o exemplo do *Vietnã* onde, durante muitos anos, perdurou a existência de diversos *grupos paraestatais* (*v.g.*, o movimento *vietcongue*) atuando em confronto com o *Estado Oficial do Vietnã do Sul*, apoiado por um governo estrangeiro (EUA), que por sua vez, encontrava-se constantemente ameaçado pelo *Estado Oficial do Vietnã do Norte* que acabou, em 1975, por invadi-lo e unificá-lo, absorvendo não só os *vietcongues* como todos os demais grupos paramilitares e de guerrilha, expulsando os últimos soldados e assessores norte-americanos, e solidificando, assim, uma única e efetiva *soberania política*, caracterizando, desta feita, a construção (e a correspondente consolidação) – em *território* geográfico e sobre o *povo* do antigo Vietnã do Sul –, de um novo *Estado*, gerador de uma nova e oficial *normatividade jurídica*, ainda que, neste caso particular, preexistente em Estado vizinho (o que a doutrina clássica costuma designar por *transformação* do Estado na modalidade *extinção* (através de conquista ou incorporação)) mesmo se considerarmos, na hipótese, a evidente identidade sócio-cultural de ambas populações que se constituíram à época (como obviamente ainda se constituem) em um só *povo* e, conseqüentemente, em uma única *Nação*.

# PRINCÍPIO DO PARALELISMO DAS FORMAS. ATO NULO DA ANATEL – APLICAÇÃO IMEDIATA DA MODULAÇÃO DA TU-RL PREVISTA NOS CONTRATOS DO STFC

CELSO ANTÔNIO BANDEIRA DE MELLO

Professor Titular de Direito Administrativo da Faculdade de Direito da PUC/SP

Empresa de telecomunicações, formula-nos a seguinte

*CONSULTA*

"Submetemos a V.Sa. caso que se converteu em objeto de processo administrativo que hoje tramita na Agência Nacional de Telecomunicações, a partir de Reclamação apresentada pela Consulente em face da empresa X, concessionária do Serviço de Telefonia Fixa Comutada ("STFC") na modalidade Local.

"I. Em 20.12.2005, foi publicado no *DOU* o Ato da ANATEL n. 54.694. Tal ato fixa os valores máximos das Tarifas de Uso de Rede do STFC Local ("TU-RL") das concessionárias e suspende a aplicação da modulação horária para todas as prestadoras do STFC Local, na vigência do regulamento aprovado pela Resolução n. 33/1998 da ANATEL.

"II. Os novos contratos de concessão do STFC Local, assinados em 22.12.2005 pelas concessionárias e em vigor desde 1.1.2006, prevêem a aplicação da regra modulação horária na cobrança dos valores correspondentes ao uso de rede do STFC Local (Tarifa de Uso de Rede Local, "TU-RL").

"Obs.: assim, o valor da TU-RL equivale a:

"*50% do minuto de chamada local*, de segunda a sexta-feira, entre 6h e 24h, bem como nos sábados, de 6h às 14h.

"*50% do valor da chamada local*, de segunda a sexta-feira de 0h às 6h; nos sábados, a partir de 14h, durante todo o domingo e feriados, até as 6h da segunda-feira (ou do dia subseqüente ao feriado).

"III. Mesmo após a assinatura de seu contrato de concessão, a empresa X recusa-se a aplicar a modulação horária, com base no Ato n. 54.694 e no Regulamento aprovado pela Resolução n. 33/1998 da ANATEL.

"IV. A Consulente ingressou com Reclamação na ANATEL, que julgou improcedente o seu pedido, ensejando a apresentação de recurso por parte desta Companhia.

"O exame do material em anexo permite identificar que a controvérsia jurídica entre as Partes pode ser reduzida à questão da superioridade dos contratos de concessão em relação aos atos administrativos em sentido estrito.

"Assim, respeitosamente encaminhamos as seguintes indagações:

"I. Há contrariedade entre o Ato n. 54.694 e os contratos de concessão?

"II. Em caso de divergência, o que deve prevalecer: o Ato n. 54.694 ou os contratos?

"III. A cláusula 25.2, § 1º, dos contratos de concessão, especialmente no que tange à aplicação da modulação horária, é exigível desde 1.1.2006?"

Às indagações respondo nos termos que seguem.

***Parecer***

*1.* Bem o disse Yhering: "Inimiga jurada do arbítrio a forma é a irmã gêmea da liberdade" (*L'Esprit du Droit Roman*, t. 3º, 3ª ed. revista e corrigida, Paris, Librairie Marescq Ainê, 1887, p. 164).

A forma, como se sabe, é, sob tal denominação ou sob a denominação de formalidade, um dos notórios pressupostos de validade do ato administrativo.

O império das formas, disse Montoro Puerto citando Jellinek, "es más intenso en el Derecho Administrativo por la especial naturaleza del sujeto, del ente que no crea ni manifiesta la voluntad, ni desarrolla la acción, sino por medio de formas.

"Al mismo tiempo, la más estricta exigencia de la forma en el campo del Derecho público, tiene su razón de ser en la función de garantía que las formalidades están llamadas a ejercer en las modernas organizaciones estatales, como señala Alessi función garantía que arraiga en los orígenes mismos de la ciencia jurídico-administrativa, porque ésta nacía como producto de un Estado que desconfiaba de sus poderes" (*Teoría de la Forma de los Actos Jurídicos en Derecho Público*, Editorial Marfil, 1976, p. 36).

Com efeito, é no *modus procedendi*, é no atendimento às formas e condições disciplinadoras do comportamento do Poder Público, é em suma, na rigorosa obediência ao *due process of law* que residem as garantias dos indivíduos e grupos sociais personalizados. Sem isto, os membros do corpo social ficariam inermes ante o agigantamento dos poderes de que veio a dispor o Estado como consectário natural das necessidades da sociedade moderna.

O Estado contemporâneo caracteriza-se pela multiplicação das finalidades que lhe foram reconhecidas como próprias e pela intensificação de seus poderes. Um e outro foram havidos como necessários à promoção do progresso e a organização das relações sociais e econômicas em vista de satisfazer objetivos considerados, na atualidade, pertinentes à esfera pública. Tanto razões ideológicas quanto reclamos ditados pela sofisticação e complexidade da vida moderna, ensejados pelo avanço tecnológico, acarretaram tais mudanças. Por força destas transformações, a proteção dos indivíduos não mais resulta, sobretudo, da prévia delimitação das finalidades perseguíveis pelo Estado, mas reside especialmente na prefixação dos *meios*, *condições* e *formas* a que se tem de cingir para alcançá-las.

Bem por isso, a legislação em todos os Países esmera-se em clausular a ação do Estado mediante enunciação dos pressupostos condicionadores do exercício de seus poderes e em formalizar cada vez mais acentuadamente o "procedimento" através do qual se formam as decisões estatais. Vale dizer: regula-se o "iter" formativo da medida a ser imposta aos administrados. Então, como a passagem do poder em abstrato (competência) para sua expressão em concreto (ao ato final) transita por providências intermédias, preestabelecidas, pode-se controlar a correção e procedência do que foi decidido. Verifica-se, pois, se a Administração atendeu ao que deveria atender para chegar à decisão que chegou ou se, reversamente, sua conduta foi caprichosa, aleatória, desabrida ou simplesmente precipitada.

Dessarte, tornou-se comum nos doutrinadores contemporâneos do direito público falarem em "jurisdicionalização do procedimento administrativo" para aludir, precisamente, ao conjunto das providências que visam assegurar uma correta formalização no surgimento da "vontade" da Administração, de molde a obter-se simultaneamente, eficácia em sua atuação e garantia aos administrados.

*2.* Em vista destes pressupostos, a questão formulada na Consulta não se apresenta difícil. É que seu desate resulta da mera aplicação de um notório princípio de Direito, relacionado com o tema da forma, de importantíssima vigência na esfera do direito público em geral e do direito administrativo em particular, conquanto sua vigência tenha extensão ainda muito mais ampla.

Trata-se do universalmente conhecido princípio do "*paralelismo das formas*", cuja enunciação freqüenta não só os mais conspícuos tratados, mas, por sua generalizada acolhida, é mencionado até mesmo em artigos jurídicos publicados em periódicos da imprensa.

Encarecendo-lhe a supina relevância o renomado catedrático de direito constitucional da Universidade de Sevilha, Professor Javier Pérez Royo, averbou: "El paralelismo de las formas es lo que hace que el Derecho (con mayúscula) del Estado Constitucional sea un ordenamiento y no un amontonamiento de normas o justaposición de normas. Una norma jurídica tiene que ser dictada por un órgano siguiendo un determinado procedimiento y únicamente puede ser modificada o derogada por ese mismo órgano siguiendo ese mismo procedimiento" (in "El paralelismo de las formas", *El País*, 25.1.2005).

Tornando a versar este tema, veio a dizer: "El paralelismo de las formas es lo que hace que el derecho sea un ordenamiento jurídico. Una norma es norma jurídica, en primer lugar, porque es producida por un órgano constitucionalmente habilitado para ello de manera directa o indirecta y porque dicho órgano actúa de acuerdo con un procedimiento que está también constitucionalmente reglado de manera directa o indirecta. Pero esto no basta. Para que una norma tenga el carácter de norma jurídica es imprescindible, en segundo lugar, que la norma producida por dicho órgano siguiendo el procedimiento establecido únicamente pueda ser modificada por el mismo órgano siguiendo el mismo procedimiento con el que la creó. Esto es lo que en el mundo del derecho llamamos el paralelismo de las formas, sin el cual el derecho no sería un ordenamiento, sino un caos" (*El País*, 29.7.2006).

Em suma: o paralelismo das formas significa que, *salvo disposição legal em contrário, um ato só pode ser revogado, alterado ou suprimido pelo mesmo instrumento que o criou, com obediência aos mesmos requisitos e formalidades que a ordem jurídica haja considerado necessários para a prolação do ato afetado.* O princípio em causa é, por certo, uma das mais antigas exigências concernentes ao tema da forma, como insuprimível requisito de validade dos atos jurídicos em geral.

*3.* No direito administrativo português existe até mesmo um dispositivo expresso, o art. 144, no vigente Código de Procedimento (1991), em que, ao cogitar da revogação estatui: "São de observar na revogação dos actos administrativos as formalidades exigidas para a prática do acto revogado, salvo nos casos em que a lei dispuser de forma diferente".

Mesmo antes dele, a generalidade da doutrina tradicionalmente afirma o paralelismo de forma entre o ato revogatório e o ato revogado. Assim, Marcello Caetano, já em 1965, ao respeito assim se expressara:

"Quanto à forma da revogação, não havendo preceito legal em contrário, deve ser a que estiver prescrita ou tiver sido adoptada para o acto revogado: é o velho princípio de que os atos se desfazem pela mesma forma por que são feitos.

"Compreende-se de resto que se houve razões determinantes da exigência de dada forma para a prática de certa categoria de actos, as mesmas razões imperem quando se trate de os revogar" (*Manual de Direito Administrativo*, 7ª ed., Lisboa, depositária: Coimbra Editora, 1965, p. 281).

No mesmo sentido Robin de Andrade (*A Revogação dos Actos Administrativos*, Coimbra, Atlântida Editora, 1969, pp. 330 a 344).

Entre nós, nas raríssimas monografias sobre revogação, encontram-se equivalentes observações, como pode ser visto em Daniele Coutinho Talamini (*Revogação do Ato Administrativo*, Malheiros Editores, 2002, p. 213) e em Walter Campaz, o qual anota: "Tem-se sustentado que a forma do ato revogador deve ser a mesma do ato revogado. Todavia, ainda é preciso mais. Há que se observar o mesmo procedimento e a intervenção das mesmas autoridades, quer consultivas, quer de controle, necessárias para a edição do ato revogando" (*Revogação dos Atos Administrativos*, Ed. RT, 1983, p. 79).

*4.* Ora bem, o caso concreto que nos foi submetido a exame exibe justamente um primário vício de forma (ou formalidade, se se preferir esta terminologia para o sucedido na hipótese vertente), com óbvia força invalidante. É que o princípio do paralelismo das formas foi desobedecido de modo flagrante ao se adotar providência modificadora de uma Resolução.

Com efeito, consoante relatado na Consulta, em 20.6.2003, por via da Resolução Normativa n. 341, o Conselho Diretor da ANATEL fixou a regra da *modulação horária*, aprovada para os contratos de telecomunicações nas modalidades local e longa distância. Esta providência, na conformidade do que exige o art. 42 da Lei n. 9.472/1997, Lei Geral de Telecomunicações, *foi precedida de Consulta Pública*, a qual é obrigatória para as decisões normativas.

Sem embargo, em 20.12.2005 por meio do Ato n. 54.694, *não precedido de Consulta Pública*, foi suspensa a aplicação da regra da modulação horária. Ou seja, o segundo ato, conquanto revestido de forma menos solene e cautelosa que o anterior e ademais carente de motivação explicitadora da razão pela qual entendia de deter a regra da *modulação*, propôs-se a alterar o que constava da Resolução, ou seja, veio a introduzir normatividade diversa, na medida em que aligeiradamente sustou a aplicação de disposições que nele residiam.

Em síntese: não cumpriu requisitos legais para introduzir a sobredita normatividade. Aliás, cumpre notar, a providência em questão suspendeu a modulação horária apenas onze dias antes do encerramento dos contratos e da data prevista para renovação deles, portanto, praticamente em cima da ocasião em que surgiriam os liames jurídicos a serem regulados pela Resolução expedida com tempestividade e pelo Ato expedido intempestivamente.

Ocorre, ademais, que em 22.12.2005, ou seja, apenas decorridos dois dias do citado Ato, foram assinados contratos para vigorar em janeiro de 2006 nos quais, entretanto, a modulação horária foi expressamente prevista na cláusula 25.2, cujo § 1º reza: "Os valores máximos das Tarifas de Uso da Rede Local (TU-RL) estarão limitados ao produto do multiplicador M pelas tarifas de utilização do serviço local, observada a modulação horária e demais condições fixadas no Anexo n. 3 deste Contrato e na regulamentação (...)".

*5.* O ato suspensivo da modulação horária da TU-RL traz consigo uma verdadeira coleção de vícios, pelo que deve ser havido como nulo e incapaz de deter a aplicação da regra contratual. Veja-se.

Desde logo, há nele, como dito, uma violação primária ao princípio básico do paralelismo de formas. Com efeito, a regra da modulação, como dito, foi imposta pela Resolução n. 341. Por se tratar de disposição normativa tinha que ser – como o foi –

precedida de Consulta Pública, *ex vi* do art. 42 da Lei n. 9.472/1997. Efetivamente, o preceptivo em causa dispõe:

> Art. 42. As minutas de atos normativos serão submetidas à consulta pública, formalizada por publicação no *Diário Oficial da União*, devendo as críticas e sugestões merecer exame e permanecer à disposição do público na Biblioteca.

Aliás, esta obrigação também consta do art. 47 do Regimento Interno, de acordo com o qual:

> Art. 47. Os atos de caráter normativo da Agência serão expedidos por meio de Resoluções, de competência exclusiva do Conselho Diretor, observado o disposto no art. 45 deste Regimento, relativo ao procedimento de Consulta Pública.

O art. 45, ao qual se reporta o artigo "supra" citado estatui em seus §§ 1º e 2º:

> § 1º. A Consulta Pública será formalizada por publicação no *Diário Oficial da União, com prazo não inferior a dez dias*, devendo as contribuições ser apresentadas conforme dispuser o respectivo ato.
>
> § 2º. Os comentários e as sugestões encaminhados e devidamente justificados deverão ser consolidados em documento próprio a ser enviado à autoridade competente, contendo as razões para sua adoção ou não, ficando o documento arquivado na Biblioteca da Agência, à disposição do público interessado.

Em suma: há toda uma tramitação que pressupõe o transcurso de algum prazo, a saber: a divulgação da Consulta Pública com, pelo menos, dez dias de antecedência.

Ora, como visto, a matéria afetada pelo Ato n. 54.694, de 20.12.2005 foi a *Resolução Normativa* n. 341 de 20.6.2003. Sua alteração, pois, *deveria ter sido efetuada também por Resolução e, evidentemente, precedida de Consulta Pública.*

Aliás, norma que suspende a vigência de outra norma tem, como é óbvio, caráter normativo, isto é, a mesma natureza jurídica da norma suspensa. A gravidade, contudo, não está no uso do veículo "Ato", mas no fato de que, ao usá-lo – ao que parece não ingenuamente – o que se pretendeu foi esquivar a obrigatória realização de Consulta Pública, fraudando, dessarte, a exigência legal e regimental que, além disso, nem mesmo teria como realizar-se a tempo, pois os novos contratos deveriam vigorar a partir de 1º de janeiro, ao passo que o Ato n. 54.694 é de 20.12.2005.

*6.* Sobremais, o "Ato" em questão é também nulo por violar o art. 40 da Lei n. 9.472, de 16.7.1997 – Lei Geral de Telecomunicações – preceptivo segundo o qual: "Os atos da Agência deverão ser sempre acompanhados da exposição formal dos motivos que os justifiquem".

Ora, no Ato 54.694 *não há uma única linha dizendo porque resolveu-se suspender a modulação horária da TU-RL.*

Ressalte-se que também o Regimento Interno da ANATEL exigiria providência de tal ordem, visto que, a teor de seu art. 33:

> Art. 33. Os procedimentos administrativos observarão, dentre outros, os critérios de:
>
> (...);
>
> VII – indicação dos pressupostos de fato e de direito que determinarem a decisão;
>
> VIII – observância das formalidades essenciais à garantia dos direitos dos interessados;

Anote-se, sobretudo, que dita exigência era *in casu* particularmente severa, pois, a teor do art. 54:

> Os atos administrativos deverão ser motivados, com indicação dos fatos e dos fundamentos jurídicos que os justifiquem, especialmente quando:
>
> I – neguem, limitem ou afetem direitos ou interesses;
>
> (...);
>
> VII – importem em anulação, revogação, *suspensão* ou convalidação de ato administrativo.
>
> § 1º. A motivação exigida neste artigo deve ser *explícita, clara* e *congruente*, podendo consistir em declaração de concordância com fundamentos de pareceres anteriores e decisões que, neste caso, serão parte integrante do ato.

De resto, o dever jurídico de motivar reside expressamente em numerosos dispositivos da lei federal reguladora do processo administrativo: Lei n. 9.784, de 29.1.1999. Assim, seu art. 2º determina:

> A Administração Pública obedecerá, dentre outros, aos *princípios* da legalidade, finalidade, *motivação*, razoabilidade, proporcionalidade, moralidade, ampla defesa, contraditório, segurança jurídica, interesse público e eficiência.

No § 2º deste mesmo artigo indica entre os critérios a serem observados:

> VII – indicação dos pressupostos de fato e de direito que determinarem a decisão;
>
> VIII – observância das formalidades essenciais à garantia dos direitos dos administrados;

Especificamente no que concerne a atos que afetem direitos ou interesses ou que suspendam atos anteriores, ao tratar do dever de motivar, a referida lei estatuiu:

> Art. 50. *Os atos administrativos deverão ser motivados, com indicação dos fatos e dos fundamentos jurídicos, quando*:
>
> I – neguem, limitem ou *afetem direitos ou interesses*;
>
> (...);
>
> VIII – importem anulação, revogação, *suspensão* ou convalidação de ato administrativo.

O ilustre Professor e Desembargador Antônio Carlos de Araújo Cintra, em monografia excelente, indica como terá de ser a compostura da motivação para ser havida como suficiente:

"Assim, em primeiro lugar, é preciso que a motivação indique as premissas de direito e de fato em que se apóia o ato motivado, com menção das normas legais aplicadas, sua interpretação e, eventualmente, a razão da não aplicação de outras; e com referência aos fatos, inclusive a avaliação das provas examinadas pelo agente público, a seu respeito. Em segundo lugar, o agente público deve justificar as regras de inferência através das quais passou das premissas à conclusão, se houver necessidade (...) quanto aos atos discricionários, deve o agente público justificar as opções que tenha exercido, em função das alternativas que lhe estavam abertas, demonstrando assim, que realmente apreciou as questões de conveniência e oportunidade que a lei lhe confiou.

"(...).

"Por outro lado, sob o aspecto formal, a motivação deve ser clara e congruente, a fim de permitir uma efetiva comunicação com seus destinatários" (*Motivo e Motivação do Ato Administrativo*, Ed. RT, 1979, pp. 127-128).

Eis, pois, que também por falta de motivação, o Ato n. 54.694 é escandalosamente inválido e, pois, despido de força jurídica para deter a imediata aplicabilidade da regra da modulação das *Tarifas de Uso da Rede Local*.

*7.* Aliás, parece claro que a própria ANATEL já tinha consciência clara da nulidade deste ato e de sua impossibilidade de afetar a aplicação da modulação na TU-RL. Tanto isto é exato que apenas dois dias depois de sua emissão assinou os novos contratos de telefonia (em 22.12.2005) deles fazendo constar, como tinha de ser, a cláusula da modulação, prevista na cláusula 25.2, cujo § 1º reza:

> Os valores máximos das Tarifas de Uso da Rede Local (TU-RL) estarão limitados ao produto do mutiplicador M pelas tarifas de utilização do serviço local, *observada a modulação horária* e demais condições fixadas no Anexo n. 3 deste Contrato e na regulamentação (...).

Com efeito, se não tivesse existido o intento de implicitamente dar como inválido o Ato n. 54.694, não teria sido possível assinar aqueles contratos abrigando a cláusula mencionada, pena de estar sendo assumida *conscientemente* uma conduta ilegal, da qual resultaria responsabilidade patrimonial para o Poder Público, e responsabilidade administrativa para os agentes que a houvessem firmado ou concorrido para tanto.

É que, como se sabe, a Lei n. 8.429, de 2.6.1992, lei que sanciona a "Improbidade Administrativa", mesmo nos casos em que não haja lesão para o erário, capitula como ato de improbidade, no art. 11, I, "praticar ato visando fim proibido em lei ou regulamento ou diverso daquele previsto, na regra de competência".

Pela incursão neste dispositivo o agente se assujeita, a teor do art. 12, III, da mesma lei à:

> (...) ressarcimento integral do dano, se houver, perda da função pública, suspensão dos direitos políticos de três a cinco anos, pagamento de multa civil de até cem vezes o valor da remuneração percebida pelo agente e proibição de contratar com o Poder Público ou receber benefícios ou incentivos fiscais ou creditícios, direta ou indiretamente, ainda que por intermédio de pessoa jurídica da qual seja sócio majoritário, pelo prazo de três anos.

É óbvio que ninguém em seu juízo perfeito se exporia a isto de maneira tão desabrida, o que leva à convicção de que a ANATEL já se apercebera da invalidade do citado Ato e houve por bem ignorá-lo quando do travamento dos contratos, considerando implicitamente que padecia de ilegitimidade.

*8.* Cumpre notar, ademais, que inúmeras razões concorriam para a mais pronta adoção da modulação horária na TU-RL. É que só deste modo estar-se-ia atendendo ao que é de justiça e cumprindo exigências da própria Lei n. 9.472. Comece-se por lembrar o que consta de seu art. 152. De acordo com ele:

> O provimento da interconexão será realizado em termos não discriminatórios, sob condições técnicas adequadas, garantindo preços isonômicos e justos, atendendo ao estritamente necessário à prestação do serviço.

Nela, em dispositivos precedentes, está imposta a obediência a certas pautas, como a da justa competição entre todas as empresas (art. 6º) e determinado que a ANATEL, no exercício de toda sua atividade, logo também no da atividade reguladora que lhe compete, se submeta aos princípios da razoabilidade, da proporcionalidade e da igualdade, entre outros, como se lê no art. 38, segundo cujos termos:

> A atividade da Agência será juridicamente condicionada pelos princípios da legalidade, celeridade, finalidade, razoabilidade, proporcionalidade, impessoalidade, igualdade, devido processo legal, publicidade e moralidade.

Ora, evidentemente, não é razoável que a Consulente deva pagar pela utilização da rede de outrem como se o valor que este último cobra de seus usuários não estivesse, ele próprio, baseado em uma modulação horária. Deveras, se à própria empresa cuja rede é utilizada parece compensador o valor modulado, como pode ela pretender da Consulente que lhe pague valor não correlacionado com a modulação?

Sobre não ser razoável, salta aos olhos que ofende a relação de proporcionalidade que entre ambas as situações há de estar estabelecida, sob pena de desacato ao princípio da proporcionalidade.

Finalmente, é claro que se a ANATEL, em sua regulação, não prestigia este equilíbrio, estará concorrendo de modo direto e decisivo para instaurar uma desigualdade entre as empresas do sistema e, dessarte, incidirá em patente violação do princípio da igualdade.

Eis, pois, que uma cópia de razões se acotovela para exibir a procedência do entendimento de que a TU-RL, deve ser cobrada com modulação horária tal como consta dos contratos do STFC local vigentes a partir de 1º de janeiro de 2006.

*9.* É claro a todas as luzes que o Ato n. 54.694, de 20.12.2005, foi editado para contraditar a *Resolução Normativa* n. 341, de 20.6.2003. Se não fosse para isto ele se apresentaria como um sem-sentido, uma inutilidade cabal, salvo, unicamente, no que atina a fixação dos valores tarifários máximos das TU-RL. Deveras, o parágrafo único do art. 2º não tem outro sentido, outra razão de existir, outra explicação lógica prestante senão a de pretender sustar a operacionalidade imediata, desde 1º de janeiro de 2006, da modulação horária das TU-RL.

Note-se: se a aplicabilidade delas não fosse reconhecível pela ANATEL *como de eficácia plena*, ou seja, operacionalizavel desde logo, a partir dos novos contratos, não faria sentido algum o parágrafo único do art. 2º.

É que nem mesmo um tonto suspenderia a aplicação de algo que já fosse, por si mesmo, insuscetível de se aplicar. Vale dizer: se a modulação horária da TU-RL, prevista na cláusula 25.2, § 1º, dos contratos fosse algo liminarmente detido por sua própria compostura, não haveria porque afirmar sua não aplicabilidade enquanto vigorasse a Resolução n. 33, de 13.7.1998. O pressuposto lógico de tal suspensão é a plena aplicabilidade da modulação em apreço.

Assim, sendo nulo e inoperante o Ato, a cláusula contratual mencionada produz seus naturais efeitos a partir da vigência destes contratos, a qual está prevista para o dia 1º de janeiro de 2006.

***10.*** Ante todo o exposto e considerado, às indagações da Consulta respondo:

I. Há contrariedade entre o Ato n. 54.694, de 20.12.2005, e os contratos de concessão firmados em 22.12.2005;

II. Prevalece o disposto nos referidos contratos de concessão, pois o mencionado Ato é nulo e incapaz de afetar o que consta dos contratos em apreço;

III. A cláusula 25.2, § 1º, dos contratos de concessão, notadamente a aplicação da modulação horária na cobrança da TU-RL, é exigível a partir de 1º de janeiro de 2006.

É o meu parecer.

São Paulo, 10 de agosto de 2006.

# LEI MUNICIPAL DISCIPLINANDO A PUBLICIDADE EXTERNA – PROIBIÇÃO EXPRESSA E TOTAL DO EXERCÍCIO DESSA ATIVIDADE – PRINCÍPIOS CONSTITUCIONAIS OFENDIDOS – INCONSTITUCIONALIDADE

ADILSON ABREU DALLARI
Professor Titular de Direito Administrativo da PUC/SP

*CONSULTA*

Oferecendo para exame farto material ilustrativo e demonstrativo, inclusive matérias jornalísticas distribuídas pela Secretaria de Comunicação da Prefeitura Municipal de São Paulo e publicadas pela imprensa em geral, a Consulente solicita um exame do Projeto de Lei n. 379/2006, que "Dispõe sobre a ordenação dos elementos que compõem a paisagem urbana do Município de São Paulo", sob o aspecto de sua constitucionalidade.

Esclarece que a publicidade externa é atualmente disciplinada pela Lei n. 13.525, de 28.2.2003, que dispõe sobre os anúncios na paisagem do Município de São Paulo, a qual possibilita, ao mesmo tempo, o exercício dessa atividade e a defesa do interesse público, inclusive e principalmente sob o aspecto da estética urbana, mas que a nova disciplina proposta pelo Projeto de Lei em questão tornará totalmente inviável a exploração econômica da publicidade externa e, praticamente, criará uma reserva de mercado a ser explorada pela própria Municipalidade.

Ao final, solicita sejam respondidas objetivamente as seguintes indagações:

*1.* A Lei Municipal n. 13.525/2003, atualmente em vigor, regulamenta a atividade de mídia exterior e estabelece uma série de requisitos e restrições para a realização de anúncios publicitários visando, dentre outros objetivos, a mitigar a poluição visual. Ao reconhecer a sua ineficiência na fiscalização dos anúncios publicitários irregulares e pretender proibir o exercício da atividade econômica de mídia exterior, o Município não estaria violando o princípio da eficiência, disposto no *caput* do art. 37 da Constituição Federal?

*2.* Ao proibir o exercício de uma atividade econômica lícita – a de mídia exterior, o Projeto de Lei, se aprovado, não representaria afronta aos fundamentos da Ordem Econômica insculpidos no art. 170 da Constituição Federal, a saber, da valorização do trabalho humano e da livre iniciativa, ou ainda aos princípios da Ordem Econômica da propriedade privada, livre concorrência e busca do pleno emprego?

*3.* De acordo com os arts. 173 e 174 da Constituição Federal, o Estado tem o dever de, na qualidade de agente normativo e regulador da atividade econômica, exercer, na forma da lei, as funções de fiscalizá-la e incentivá-la. Considerando que o Projeto de Lei tem como um de seus pressupostos a ineficiência do Município do exercício de seu dever de fiscalizar a atividade de mídia exterior e considerando que o Projeto de Lei visa a, ao contrário de incentivar uma atividade econômica lícita, proibi-la, seria ele inconstitucional também por esse motivo?

*4.* Considerando que o Projeto de Lei venha a ser aprovado, seria correto afirmar que os contratos que as empresas de mídia exterior tenham firmado para a colocação de *outdoors* que sejam regulares à luz da Lei Municipal n. 13.525/2003 são atos jurídicos perfeitos e que os direitos oriundos de tais contratos, tanto das empresas de mídia exterior, quanto dos particulares no caso das propagandas realizadas em imóveis particulares, bem como das empresas anunciadas são direitos adquiridos e que, portanto, tais contratos e *outdoors* não poderão ser afetados pela nova lei?

*5.* Ao proibir a publicidade instalada em propriedades privadas e propriedades públicas estaduais e federais, o Projeto de Lei não estaria criando uma restrição ao direito de propriedade? Em caso afirmativo, referida restrição é lícita?

*6.* Caso o Projeto de Lei seja aprovado, os investimentos realizados pelas empresas de mídia exterior para o exercício da atividade econômica que o Projeto de Lei visa a proibir, bem como os prejuízos decorrentes da cassação de referida atividade econômica deverão ser indenizados pelo Município?

### *Parecer*

### *I – Os fatos*

É absolutamente essencial consignar que a publicidade externa atualmente existente não é ilícita, nem, muito menos, desprovida de quaisquer limites ou controles.

A primeira legislação que disciplinou de maneira sistemática a publicidade no espaço urbano, com vistas à defesa da paisagem, foi a Lei n. 12.115, de 28 de junho de 1996. Há dez anos, portanto, a publicidade externa vem sendo feita de maneira ordenada, segundo critérios e padrões estabelecidos pela Municipalidade. Evidentemente, como em qualquer outra área de atividade controlada, sempre existem transgressões que devem ser coibidas e punidas.

Com o propósito de colaborar no combate à publicidade irregular, em 1998, o Sindicato das Empresas de Publicidade Exterior do Estado de São Paulo – SEPEX-SP firmou com a Prefeitura, um convênio para o fornecimento de material e mão-de-obra gratuita para retirada de anúncios irregulares da Cidade e para cadastro das empresas credenciadas a explorar a publicidade (CADEPEX).

Mais recentemente, aquela legislação foi revogada e substituída pela Lei n. 13.525, de 28 de fevereiro de 2003, que modernizou a tratamento da matéria, promovendo uma adequação aos mandamentos do Plano Diretor Estratégico, estabelecendo limitações mais restritivas e zelando efetivamente pela defesa da paisagem urbana.

Essa lei foi sancionada com vetos, os quais, entre outros artigos, acabaram atingindo a parte referente às regras para a outorga de licença. Além disso, ela criava alguns mecanismos operacionais de difícil implantação (como é o caso do Fundo de Preservação da Paisagem Urbana), os quais foram revogados por legislação posterior (Lei n. 14.110/2005). Por último havia um empecilho de ordem técnica, consistente na inaptidão do aparelhamento administrativo para lidar com o detalhamento e a complexidade dessa nova Lei.

Mas o Sindicato das Empresas de Publicidade Exterior do Estado de São Paulo – SEPEX-SP renovou, em 17.6.2003, o convênio que havia firmado com a Prefeitura, mantendo o seu propósito de colaborar e colaborando efetivamente para o saneamento do mercado publicitário e a melhoria da qualidade da paisagem urbana.

Durante aquela fase inicial de implantação da Lei n. 13.525/2003, dada a impossibilidade de emissão das licenças nela previstas, na prática aplicava-se o disposto no art. 59, o qual permitia que, uma vez apresentado o requerimento com os dados do anúncio que se queria instalar, o local e todas as informações requeridas à SEHAB, em não havendo manifestação pelo órgão competente em 45 dias, a empresa interessada deveria enviar uma carta informando que colocaria o pretendido anúncio uma vez decorridos mais 15 dias, após o que, não havendo novamente qualquer manifestação, seria permitido ao requerente colocar o anúncio. Ou seja, mesmo nessa fase a Prefeitura não perdeu o controle da situação, pois tinha informação sobre o que estava sendo feito, e, assim, poderia, a qualquer tempo, controlar os anúncios publicitários.

A partir de janeiro de 2006 (imediatamente após promulgação da Lei n. 14.110/2005, que removeu os empecilhos existentes) a área técnica da SEHAB preparou os atos normativos destinados a disciplinar os requerimentos para a outorga das licenças. Em 17 de junho de 2006, esse processo se completou e, dessa forma, em fins de junho, foram emitidos os primeiros "Comunique-se" para troca dos requerimentos anteriores, possibilitando a emissão das primeiras licenças, bem como a retirada das peças publicitárias irregulares.

Desde então e até abril do corrente ano foram retiradas 1.050 peças irregulares pelas próprias empresas. Além disso, a Prefeitura tarjou peças e publicou no *Diário Oficial* a lista de peças e endereços, de empresas e anunciantes, supostamente irregulares.

Paradoxalmente, porém, no momento em que a legislação atualmente vigente passou a ser efetivamente aplicada, alegando que a Municipalidade não tem como impedir a publicidade irregular, em 8 de junho de 2006, o Prefeito enviou à Câmara dos Vereadores o Projeto de Lei PL 379/2006, que dá novo tratamento à matéria e, entre outras coisas, proíbe totalmente a colocação de anúncios publicitários.

Neste passo, a bem da verdade dos fatos e em face das conseqüências jurídicas da eventual aprovação desse mencionado Projeto de Lei, é preciso que se proceda a uma análise da legislação atualmente em vigor, a Lei n. 13.525, de 28.2.2003, para esclarecer que não se trata de substituir o caos pela ordem, mas, de substituir as limitações administrativas pela proscrição de uma atividade lícita, produtiva e essencial ao desenvolvimento econômico e social.

Com efeito, a Lei n. 13.525/2003, em seus 91 artigos, ordena, efetivamente, a colocação de anúncios na paisagem paulistana definindo objetivos a serem atingidos e diretrizes a serem seguidas. Estabelece uma classificação dos anúncios segundo suas características e finalidades, estipulando os requisitos a serem observados em todos os anúncios e, também, as proibições no tocante à colocação de anúncios. Em diversos artigos estabelece determinações especiais para determinadas espécies de anúncios e para determinados locais de colocação. Especifica as competências dos órgãos e entidades municipais no tocante a essa matéria. Cuida, detalhadamente, do processo administrativo de outorga de licença para a colocação de anúncio, bem como das penalidades aplicáveis em caso de descumprimento de suas normas. Disciplina, com maior detalhamento, o Cadastro de Anúncios – CADAN, criado pela Lei n. 8.730, de 7.7.1978, de maneira a assegurar um perfeito controle da colocação e manutenção de anúncios, possibilitando a efetiva arrecadação das taxas correspondentes ao desenvolvimento das atividades de publicidade externa.

Tudo isso reforça a afirmação e o entendimento de que não existe um caos conspurcando a paisagem urbana, mas, ao contrário, existe uma completa disciplina que começou a ser implantada. Conforme o farto noticiário da imprensa, a Municipalidade, alegando uma impossibilidade de controlar os anúncios irregulares, em lugar de aperfeiçoar os mecanismos de controle, preferiu apresentar um Projeto de Lei proibindo toda e qualquer publicidade externa.

Salta aos olhos o absurdo dessa orientação, pois em toda e qualquer atividade desenvolvida pelos particulares na cidade sempre haverá transgressores das normas existentes. Assim sendo, se a Municipalidade mantiver essa orientação, no sentido de vedar atividades lícitas sempre que houver irregularidades cometidas por alguns, em pouco tempo haverá um oceano de proibições na cidade, impedindo o funcionamento de suas funções básicas: habitação, trabalho, circulação e recreação. Mas, conforme se verá mais adiante, punir os inocentes pelos atos dos culpados, além de ser uma gritante injustiça, é também uma patente inconstitucionalidade.

## *II – Síntese da legislação proposta*

Não é o caso de se proceder a um exame completo e detalhado da legislação proposta, a qual em grande parte simplesmente repete disposições da legislação atualmente em vigor, às vezes com alterações mínimas. É preciso, porém, destacar o que nela existe de maior relevância para os fins deste estudo.

Em seu art. 6º, inciso I, o Projeto de Lei faz uma distinção muito importante. Depois de definir "anúncio" como "qualquer veículo de comunicação visual presente na paisagem visível do logradouro público", define o que é "anúncio indicativo" e "anúncio publicitário", nestes termos:

> a) anúncio indicativo: aquele que visa apenas identificar, no próprio local da atividade, os estabelecimentos e/ou profissionais que dele fazem uso;
>
> b) anúncio publicitário: aquele destinado à veiculação de publicidade, instalado fora do local onde se exerce a atividade;

No tocante aos anúncios indicativos o Projeto é de tal maneira restritivo que chega a ponto de tornar inútil a indicação, pois ela será quase invisível.

Mas o problema fundamental está no tocante aos anúncios publicitários, dado que o art. 18 estabelece uma proibição total e absoluta:

> Art. 18. Fica proibida, no âmbito do Município de São Paulo, a colocação de anúncio publicitário nos imóveis públicos e privados, edificados ou não.

A constitucionalidade, ou não, de tal proibição é o tema central do presente estudo.

Entretanto, é também essencial, para que se entenda o propósito, a lógica ou a finalidade de tão espantosa e inusitada proibição, que se transcreva, ainda, o disposto no art. 21 do mesmo Projeto de Lei:

> Art. 21. A veiculação de anúncios publicitários no mobiliário urbano será feita mediante procedimento licitatório, na modalidade concorrência pública, por empresas que possuam comprovadamente capacidade para conceber, desenvolver, fornecer, instalar e manter os equipamentos.

Isto significa, nada mais nada menos, que a criação de uma reserva de mercado para a Prefeitura. Explica-se: sendo vedada a publicidade em imóveis públicos e privados em geral, essa atividade somente poderia ser exercida em imóveis públicos da prefeitura, componentes do chamado "mobiliário urbano", tais como abrigos de paradas de transportes coletivos, sanitários públicos, painéis indicativos, placas de ruas e praças, quiosques para informações culturais, cabines de segurança, bancas de jornais, grades de proteção, lixeiras, relógios etc.

Somente poderão explorar a publicidade externa as poucas empresas que forem selecionadas pela Prefeitura e que pagarão, a ela Prefeitura, pelo uso do mobiliário urbano.

Como se pode claramente observar, o Projeto de Lei foi apresentado como uma nova disciplina da paisagem urbana, mas, em lugar disso, em lugar de disciplinar, condicionar, controlar a atividade de publicidade externa, ele proíbe o exercício dessa tradicional atividade econômica livre (operada atualmente por cerca de 200 empresas) e cria uma reserva de mercado para um reduzido número de empresas, que somente poderão operar em parceria com a Municipalidade. Ou seja, em síntese: converte uma atividade econômica lícita e socialmente útil em algo ilícito, transformando-a em uma atividade pública, que somente pode ser exercida mediante outorga da Municipalidade, violando uma pluralidade de dispositivos e princípios constitucionais.

Não obstante a probidade administrativa seja um princípio constitucional, foge aos objetivos deste estudo destacar o enorme potencial de corrupção, manipulações, favorecimentos etc. que essa reserva de mercado pode propiciar. Por essa razão, passa-se, em seguida, ao exame da questão à luz dos outros princípios constitucionais mais diretamente afetados.

## *III – Considerações doutrinárias*

### *a) A relevância e eficácia dos princípios jurídicos*

O princípio jurídico, por sua importância, serve exatamente para orientar a interpretação e a aplicação de toda e qualquer norma. Na ausência de norma específica, o princípio condiciona ou determina, diretamente, a atuação do agente da administração.

Seja permitido transcrever aqui alguns apontamentos feitos por Geraldo Ataliba, em sua notável monografia sobre *República e Constituição* (São Paulo, Ed. RT, 1985, pp. 5 e ss.) a respeito do valor da noção de princípio:

"Os princípios são as linhas mestras, os grandes nortes, as diretrizes magnas do sistema jurídico. Apontam os rumos a serem seguidos por toda a sociedade e obrigatoriamente perseguidos pelos órgãos do governo (poderes constituídos).

"Eles expressam a substância última do querer popular, seus objetivos e desígnios, as linhas mestras da legislação, da administração e da jurisdição. Por estas não podem ser contrariados; têm que ser prestigiados até as últimas conseqüências."

Nem mesmo o legislador pode criar, extinguir ou modificar direitos (por lei) contrariando um princípio constitucional. Administradores e legisladores devem estar atentos para os valores contidos e, especialmente, para as finalidades apontadas nos princípios.

Os princípios obrigam, são de observância obrigatória, não podem ser contrariados. Princípios também são "normas", no sentido de que, embora com maior generalidade, prescrevem comportamentos obrigatórios ou proibidos. Os princípios afirmados por disposições constitucionais são dotados da maior positividade.

A Constituição Federal de 1988 é pródiga na afirmação de princípios, o que levou alguns intérpretes a entender que esses princípios, para que tivessem aplicabilidade, dependeriam de uma "regulamentação" por lei ordinária. Tal posicionamento foi vigorosamente combatido pela melhor doutrina e, atualmente, é manso e pacífico o entendimento, tanto doutrinário quanto jurisprudencial, no sentido de que todos os preceitos constitucionais, sejam formulados por meio de normas específicas ou por meio de princípios, obrigam direta e imediatamente.

Por caber como uma luva ao caso em exame, cabe registrar a lição exposta por Luis Roberto Barroso (*O Direito Constitucional e a Efetividade de suas Normas*, Renovar, 1990, p. 138):

"As disposições constitucionais, já se demonstrou, são normas jurídicas dotadas de força normativa e aptas, em muitos casos, a produzir efeitos concretos independentemente de regramento ulterior. Conquanto isto pareça uma obviedade, tem sido ela tão longamente negligenciada que diversas Constituições modernas se viram na contingência de declarar expressamente a aplicabilidade imediata dos preceitos constitucionais.

"Assim faz a Lei Fundamental da República Federal da Alemanha, em seu art. 1º, item 3, ao estatuir:

"'Os direitos fundamentais aqui enunciados constituem preceitos jurídicos diretamente aplicáveis, que vinculam os Poderes Legislativo, Executivo e Judicial.'

"Por igual, a Constituição portuguesa, em seu art. 18, item 1, lavrou:

"'Os preceitos constitucionais respeitantes aos direitos, liberdades e garantias são diretamente aplicáveis e vinculam as entidades públicas e privadas.'

"Seguindo diretriz análoga, a Comissão Provisória de Estudos Constitucionais (Comissão Afonso Arinos) fez incluir em seu Anteprojeto o dispositivo seguinte:

"'Art. 10. Os direitos e garantias constantes desta Constituição tem aplicação imediata.'

"Incorporando esta tendência, a Constituição de 5 de outubro de 1988, no § 1º do art. 5º, estatui expressamente:

"'As normas definidoras dos direitos e garantias fundamentais tem aplicação imediata.'

"Ainda quando se afigure pouco lógica a existência de uma regra afirmando que as normas constitucionais são aplicáveis, parece bem a sua inclusão no Texto, diante de uma prática que reiteradamente nega tal evidência. Por certo, a competência para aplicá-las, se descumpridas por seus destinatários, há de ser do Poder Judiciário."

Para os efeitos deste estudo, convém destacar um rol de princípios constitucionais que incidem diretamente sobre a questão especificamente em exame, qual seja, a proibição absoluta e total da colocação de anúncios publicitários nos imóveis públicos e privados, edificados ou não.

*b) Os princípios constitucionais da ordem econômica*

A Constituição Federal, por meio da afirmação de uma série de princípios, delineia os traços principais da ordem econômica. Essa ordem econômica constitucionalmente estabelecida obriga ou condiciona a atuação do legislador ordinário. Nenhuma lei pode contrariar os princípios definidores da ordem econômica.

Logo em seu art. 1º, inciso IV, a Constituição Federal elenca entre os fundamentos da República, como um valor social, exatamente a "livre iniciativa". A regra geral, formulada por um princípio duplamente qualificado (como "fundamental" e como correspondente a um "valor social") é a da liberdade de desempenho das atividades econômicas.

Em seguida, no art. 5º, ao cuidar dos direitos fundamentais, no inciso XIII, a Constituição Federal afirma que: "é livre o exercício de qualquer trabalho, ofício ou profissão, atendidas as qualificações profissionais que a lei estabelecer". Isto significa que, salvo aquelas atividades que forem qualificadas (por lei emanada da autoridade competente) como ilícitas, as demais atividades econômicas podem e devem ser disciplinadas, mas não podem ser proibidas.

Mais adiante, no Título especificamente dedicado à disciplina da ordem econômica, no *caput* do art. 170, a Constituição Federal reafirma a "livre iniciativa" como um de seus pilares, no inciso IV, afirma o princípio da "livre concorrência". A liberdade de iniciativa ou de desenvolvimento de atividades econômicas não pode levar ao domínio dos mercados, mas, ao contrário, deve ser estimulada e garantida a concorrência entre as empresas privadas.

Imediatamente em seguida, no art. 173, a Constituição estabelece que apenas excepcionalmente, em casos de segurança nacional ou de relevante interesse coletivo, o Poder Público poderá desenvolver atividades econômicas. Não pode a Administração Pública concorrer com os particulares, nem, muito menos, retirar da iniciativa privada, e tomar para si, atividades que estejam sendo desempenhadas a contento, cumprindo sua função social.

Saindo um pouco do tema específico da ordem econômica, mas para completar o quadro de princípios constitucionais relevantes para o exame da questão objeto deste estudo, cabe mencionar que o art. 37, *caput*, menciona, entre os princípios da Administração Pública, o princípio da "eficiência". Isso significa que o Poder Público tem o dever de fazer respeitar os princípios da ordem econômica, devendo ser eficiente no controle das atividades econômicas desenvolvidas pelos particulares, de maneira a garantir a livre concorrência e impedir comportamentos irregulares.

A simples leitura dos dispositivos constitucionais acima referidos já seria suficiente para levar ao entendimento de que a regra geral é a da liberdade de desempenho de atividades econômicas, motivo pelo qual quaisquer restrições e limitações devem ser excepcionais e plenamente justificadas. Mas isso fica ainda mais claro nas lições publicadas pelos mais respeitáveis doutrinadores.

Leila Cuellar faz uma formidável síntese dos lineamentos da ordem econômica, mostrando o equilíbrio entre a liberdade de iniciativa e o controle, pelo Poder Público, do exercício de atividades econômicas:

"O modelo econômico brasileiro é do tipo capitalista, fundado na livre iniciativa, mas com previsão da possibilidade de intervenção do Estado na economia.

"A liberdade de iniciativa implica liberdade de acesso ao mercado, ao exercício da generalidade das atividades econômicas, sem necessidade de prévia autorização do poder público, salvo as exceções legais. Abrange igualmente a subsidiariedade de exploração estatal de atividade econômica.

"Isso não significa dizer que a liberdade de iniciativa seja irrestrita. As limitações à atuação privada são aspectos importantes da regulação pública da economia, no intuito de resguardar os interesses públicos e de se manter as condições de liberdade e igualdade de todos os indivíduo.

"Protege-se a liberdade de concorrência, a qual envolve autorização aos agentes econômicos para ingressarem no mercado e agirem livremente na conquista da clientela, bem como a faculdade de os clientes ou consumidores escolherem os produtos ou serviços de que necessitem. Por outro lado, autoriza-se ao Estado intervir no mercado, participando diretamente do processo econômico ou fiscalizando e coordenando as atividades econômicas.

"Desse modo, no modelo brasileiro, o Estado pode impor limites à atuação individual e reprimir comportamentos capazes de causar dano ao mercado e à livre concorrência" ("Abuso de posição dominante no direito de concorrência brasileiro", in *Estudos de Direito Econômico*, Leila Cuellar e Egon Bockmann Moreira, Belo Horizonte, Editora Fórum, 2004, pp. 35 e 36).

Do riquíssimo texto acima transcrito dois pontos merecem especial destaque: *a*) assim como a liberdade não é absoluta, também a possibilidade de estabelecer controles e limites não pode chegar ao ponto de, simplesmente, proibir o exercício de atividade econômica lícita; e *b*) o modelo econômico capitalista tem como característica absolutamente fundamental a concorrência, a disputa pelo mercado, sendo a propaganda, a publicidade, um instrumento essencial e imanente ao sistema capitalista.

A liberdade empresarial requer liberdade de organização e de produção, mas, também, necessariamente, a liberdade para apresentar, exibir, oferecer e propagar as qualidades dos produtos, na disputa da preferência dos consumidores. Conforme adverte Ariño Ortiz, sem todas essas liberdades não existe livre empresa:

"Para llevar a cabo esta labor creadora, el empresario requiere libertad. Libertad de producción, de organización, de oferta, de modelo y de productos, de atención al cliente, de contratación de servicios, de ubicación y domiciliación de su negocio, de horarios de trabajo, de ventas y de todo cuando se pueda imaginar para adaptar, en cada momento y en cada lugar, su empresa al entorno: a la sociedad, a las necesidades y preferencias de los ciudadanos.

"De esta forma sobre la propiedad (con su *ius utendi, fruendi et disponendi*) se funda la empresa, y la libertad es el aire, el entorno en que debe desarrollarse su actuación. Sin libertad, aunque exista propiedad, no puede existir empresa, sino organización burocrática, estatalizada o no" (Gaspar Ariño Ortiz, *Principios de Derecho Público Económico*, 3ª ed., Granada, Comares Editorial, 2004, p. 254).

Note-se, portanto, que a proibição de publicidade não afeta apenas as empresas que operam no mercado publicitário, mas, sim, todo o mercado, todas as empresas que disputam o mercado, lutando pela obtenção da preferência dos consumidores.

Esse problema nem existe nas economias estatizadas, mas a publicidade é elementar ao regime capitalista. Seja permitido lembrar o dito popular largamente conhecido: "a publicidade é a alma do negócio". Convém, entretanto, repetir que, mesmo sendo essencial e indispensável no regime capitalista, a publicidade comporta o estabelecimento de limites ao seu exercício, mas desde que tais limitações não sejam irracionais, despropositadas e arbitrárias, conforme destaca Rivero Ortega:

"Otra de las formulaciones del contenido esencial de la libertad de empresa resalta las libertades de acceso, de ejercicio y de cesación en el mercado, si bien condicionadas a su regulación por el poder público: concesiones, autorizaciones u planificaciones, entre otras técnicas de intervención. Todas estas intervenciones sobre la libertad de empresa son legítimas siempre que no constituyan limitaciones irracionales, desproporcionadas o arbitrarias que pueden impedir o menoscabar gravemente el ejercicio de dicha actividad (empresarial). Luego de nuevo el contenido esencial nos lleva a un juicio de razonabilidad de las limitaciones al ejercicio de este derecho constitucional, consistente como hemos visto en el reconocimiento a los particulares de una libertad de decisión no solo para crear empresas y, por tanto, para actuar en el mercado, sino también para establecer los propios objetivos de la empresa y dirigir y planificar su actividad en atención a sus recursos y a las condiciones del propio mercado" (Ricardo Rivero Ortega, *Introducción al Derecho Administrativo Económico*, 3ª ed., Salamanca, Ratio Legis, 2005, pp. 129-130).

Alguém poderia objetar, afirmando que a publicidade externa é apenas uma das diversas possíveis formas de publicidade e que, portanto, sua proibição não significaria uma proscrição completa da propaganda dos produtos. Entretanto, é inerente à liberdade empresarial a liberdade de escolha dos meios publicitários mais eficientes e mais adequados aos produtos. Essa escolha não cabe ao Poder Público, mas, sim, aos empresários que disputam o mercado.

Marcos Juruena, com muita perspicácia, mostra que a liberdade publicitária não só extravasa o interesse das empresas publicitárias como também o interesse das empresas em geral, pois atinge e afeta o interesse do indivíduo, do cidadão da massa de consumidores, que também é especialmente protegida pela Constituição Federal:

"Ora, a livre iniciativa, antes de ser um princípio da ordem econômica – CF, art. 170, parágrafo único – e um direito do indivíduo – CF, art. 5º, XIII –, é um fundamento da República Federativa do Brasil – CF, art. 1º, IV, *in fine*; logo, o direito preexiste ao Estado (e à Administração Pública), podendo ser condicionado por lei – CF, arts. 5º, II, e 170, parágrafo único – em prol do interesse coletivo.

"(...) em uma economia livre ou de mercado como a nossa, é fundamental que exista a livre concorrência entre empresas, pois através dessa liberdade de atuação e comércio é que se obtém a melhoria de qualidade nos produtos, o desenvolvimento tecnológico na fabricação e melhores opções ao consumidor ou usuário final.

"Se a concorrência não é protegida e o mercado passa a ser dominado por poucos, sem que haja fiscalização governamental, a tendência é o aumento dos preços das mercadorias, a queda da qualidade dos produtos, a redução de alternativas de compra, a estagnação tecnológica, pois não existe a competitividade que obriga ao aperfeiçoamento dos processos de fabricação, através de pesquisas e adoção de métodos produtivos e administrativos mais eficazes" (Marcos Juruena Villela Souto, *Direito Administrativo da Economia*, Lumen Juris, 2003, pp. 232 e 257-258).

Fica perfeitamente claro, portanto, que o dano social causado pela proibição da publicidade externa é muito maior do que aquilo que se pode vislumbrar de imediato. Evidentemente, as empresas voltadas para a exploração da publicidade externa são mais diretamente afetadas, mas todo o mercado é afetado, a garantia constitucional da livre iniciativa é arranhada, o sistema capitalista é atingido e os direitos individuais dos cidadãos-consumidores são prejudicados.

Ao estabelecer a disciplina e controle das atividades publicitárias o Poder Público deve levar em conta os interesses e os direitos fundamentais, das empresas e dos cidadãos, afirmados por meio dos princípios constitucionais acima apontados:

"A livre iniciativa, ainda, bem compreendida, não só consubstancia alicerce e fundamento da ordem econômica, como também deita raízes nos direitos fundamentais, aos quais se faz ínsita uma especial e dedicada proteção. Se o *caput* do art. 5º se encarregou de garantir o direito à liberdade, no viés econômico ela ganha contornos mais precisos justamente na livre iniciativa. Pois se é livre o exercício de qualquer trabalho, ofício ou profissão (CF, art. 5º, XIII), esta liberdade compreende também a liberdade de se lançar na atividade econômica, sendo então assegurado a todos o livre exercício de qualquer atividade econômica (CF, art. 170, parágrafo único). Daí a arguta observação de que as leis restritivas da liberdade de iniciativa econômica devem observar o conteúdo essencial dos direitos fundamentais, funcionando como um limite negativo à atuação do legislador, vislumbrando-se nesta assertiva uma dignificante proteção da pessoa humana" (Lafayete Josué Petter, *Princípios Constitucionais da Ordem Econômica*, Ed. RT, 2005, p. 163).

Não se diga, portanto, que ao prescrever a proteção ao meio ambiente a Constituição estaria legitimando toda e qualquer supressão de direito ou garantia fundamental. Na verdade os direitos, as garantias e os valores constitucionais devem coexistir: um não pode servir de pretexto para anular o outro. Sempre deve ser buscado um ponto de equilíbrio que permita a convivência deles todos.

*c) O poder de polícia e seus limites*

A atividade estatal de impor certas limitações ou certos condicionamentos à liberdade e à propriedade, em benefício do interesse coletivo corresponde ao que normalmente se identifica como Poder de Polícia, cujo âmbito de atuação, cuja abrangência, veio se alargando ao longo do tempo:

"Pelo conceito clássico, ligado à concepção liberal do século XVIII, o poder de polícia compreendia a atividade estatal que limitava o exercício dos direitos individuais em benefício da segurança.

"Pelo conceito moderno, adotado no direito brasileiro, o poder de polícia é a atividade do Estado consistente em limitar o exercício dos direitos individuais em benefício do interesse público.

"Esse interesse público diz respeito aos mais variados setores da sociedade, tais como segurança, moral, saúde, meio ambiente, defesa do consumidor, patrimônio cultural, propriedade. Daí a divisão da polícia administrativa em vários ramos: polícia de segurança, das florestas, das águas, de trânsito, sanitária etc." (Maria Sylvia Di Pietro, *Direito Administrativo*, 19ª ed., São Paulo, Altas, 2006, p. 128).

Neste ponto, é preciso estabelecer um aclaramento no tocante a dois conceitos que são freqüentemente confundidos: poder de polícia e polícia administrativa. O poder de polícia, em sentido estrito, corresponde a uma atividade estatal, do Poder Público, que se exerce por meio da lei, pois, no sistema constitucional brasileiro, somente a lei cria, extingue ou modifica direitos. A polícia administrativa é uma atividade administrativa, infralegal, de cumprimento da lei, correspondendo à verificação da conformidade do comportamento dos cidadãos com aquilo que é prescrito pela lei.

É a lei que vai delinear os contornos de um determinado direito. Por exemplo, o direito de construir somente pode ser exercido na forma e dentro dos limites estabelecidos pela lei. Da mesma forma a liberdade de comércio e indústria (onde está incluída a liberdade de exploração da publicidade externa) somente pode ser exercida dentro dos limites estabelecidos pela lei.

Mas estabelecer os contornos ou limites de um determinado direito é muito diferente de extinguir, suprimir ou aniquilar um direito. O exercício tanto do poder de polícia quanto da polícia administrativa tem limites.

Esses limites dificilmente poderiam ser enumerados numa relação clara e taxativa, pois, na maioria dos casos a verificação da pertinência desses limites ou, melhor dizendo, de sua compatibilidade com os direitos e garantias afirmados por princípios constitucionais dependem de uma avaliação diante de casos concretos.

Por essa razão, a doutrina e a jurisprudência se valem dos conceitos de proporcionalidade, racionalidade e adequação como instrumentos de aferição da pertinência de limites impostos pela lei (poder de polícia) ou pela autoridade administrativa (polícia administrativa). O significado desses conceitos e as conseqüências de sua inobservância são suficientemente esclarecidos pela simples leitura dos três excertos abaixo transcritos:

"As medidas tomadas pela Administração devem estar na direta adequação das necessidades administrativas. Por isso, qualquer providência administrativa mais extensa ou mais intensa do que o requerido para atingir o interesse público insculpido na regra aplicanda é invalida por consistir em um transbordamento da finalidade legal.

"É por essa razão que os interesses particulares somente podem ser sacrificados, se essa providência for indispensável ao atendimento dos interesses coletivos (interesses primários). Qualquer sanção, obrigação ou restrição somente pode ser imposta aos particulares na estrita medida do interesse público e segundo critério de razoável adequação dos meios aos fins. Larenz afirma, nesse sentido, que a intervenção em um bem jurídico e a limitação da liberdade não podem ir além do que for necessário para a proteção de outro bem ou de um interesse de maior peso, e que entre os vários meios possíveis há que se escolher 'o mais moderado'.

"Consiste, portanto, a proporcionalidade no aspecto da amplitude ou intensidade da atuação administrativa em relação aos fins que objetiva atingir (Marcelo Harger, *Princípios Constitucionais do Processo Administrativo*, Forense, 2001, p. 117).

"O princípio da racionalidade proscreve a ilogicidade, o absurdo, a incongruência na ordenação da vida privada; fulmina, portanto, os condicionamentos logicamente desconectados da finalidade que legitima a interferência do legislador na matéria ou desproporcionais em relação a ela. As opções legislativas devem se apresentar como escolhas racionais, aptas não só a conduzir aos efeitos desejados, como a fazê-lo do melhor modo possível" (Carlos Ari Sundfeld, *Direito Administrativo Ordenador*, Malheiros Editores, 1993, p. 68).

"O Direito não pode ignorar a realidade social sobre a qual incide. As regras jurídicas devem ter a validade da sua aplicação aferida do ponto de vista da sua eficácia, instrumental à realização prática dos seus objetivos públicos, não apenas do ponto de vista de sua conformidade em tese com os atos normativos hierarquicamente superiores. Uma regra que, fora de qualquer zona cinzenta de juízo, indubitavelmente não está realizando as finalidades públicas às quais se destina, ou pior; as está contrariando, não pode, inclusive por força do Princípio Constitucional da Eficiência (art. 37, *caput*, CF), ser aplicada aos casos concretos em que tenha esses efeitos" (Alexandre Santos de Aragão, "Ensaio de uma visão autopoiética do Direito Administrativo", in *Revista de Direito Público da Economia RDPE* 4/10, Belo Horizonte, Editora Fórum, out.-dez. 2003).

A proibição, total e absoluta, da publicidade externa é claramente desproporcional às necessidades de preservação do meio ambiente urbano, é evidentemente irracional como forma de suprir as deficiências da fiscalização e é totalmente inadequada à proteção e preservação da livre iniciativa, da livre concorrência e da proteção aos direitos do consumidor.

Normalmente os conceitos acima destacados são utilizados na verificação da legalidade de decisões, medidas ou providências adotadas pelo agente administrativo no exercício da polícia administrativa, no cumprimento, ou, melhor dizendo, na alegação de cumprimento da lei.

Pode ocorrer, e efetivamente às vezes ocorre, que a autoridade pública, a pretexto de cumprir a lei, na verdade busca atingir uma finalidade diversa daquela em função da qual a lei prescreve ou proíbe determinada conduta. A doutrina atribui a esse tipo de comportamento a designação de desvio de poder, desvio de finalidade ou abuso de poder. O desvio de poder é uma ilegalidade disfarçada; é uma ilicitude com aparência de legalidade.

Com sua insuperável clareza, o saudoso Hely Lopes Meirelles (*Direito Administrativo Brasileiro*, 15ª ed., Ed. RT, 1990, p. 92) assim descreve esse fenômeno: "O desvio de finalidade ou de poder se verifica quando a autoridade, embora atuando nos limites de sua competência, pratica o ato por motivos ou com fins diversos dos objetivados pela lei ou exigidos pelo interesse público. O desvio de finalidade ou de poder é, assim, a violação ideológica da lei, ou, por outras palavras, a violação moral da lei, colimando o administrador público fins não queridos pelo legislador, ou utilizando motivos e meios imorais para a prática de um ato administrativo aparentemente legal".

O desvio de poder nunca é confessado, somente se identifica por meio de um feixe de indícios convergentes, dado que é um ilícito caracterizado pelo disfarce, pelo embuste, pela *aparência* de legalidade, para encobrir o propósito de atingir um fim contrário ao direito, exigindo um especial cuidado por parte do Poder Judiciário.

A única forma de desvendar a ocorrência de desvio de poder é pelo exame dos motivos alegados para a prática do ato. Por isso é que a motivação (explicitação dos motivos) deve ser concomitante ao ato, pois, mais tarde, posteriormente, sempre será possível apresentar uma justificativa, mais ou menos consistente.

Daí a importância do princípio da motivação, em qualquer processo administrativo, em qualquer tomada de decisão administrativa, inclusive e principalmente em matéria de licitações e contratos. Sobre esse assunto, na confortável companhia de Sérgio Ferraz, já tivemos oportunidade de salientar o seguinte:

"O princípio da motivação determina que a autoridade administrativa deve apresentar as razões que levaram a tomar uma decisão. 'Motivar' significa explicitar os elementos que ensejaram o convencimento da autoridade, indicando os fatos e os fundamentos jurídicos que foram considerados.

"Sem a explicitação dos motivos torna-se extremamente difícil sindicar, sopesar ou aferir a correção daquilo que foi decidido. Sem a motivação fica frustrado ou, pelo menos, prejudicado o direito de recorrer, inclusive perante o Poder Judiciário. Não basta que a autoridade invoque um determinado dispositivo legal como supedâneo de sua decisão" (Sérgio Ferraz e Adilson Abreu Dallari, *Processo Administrativo*, Malheiros Editores, 2001, pp. 58 e 59).

Preocupados em realmente fazer Justiça, setores mais avançados e mais preparados do Poder Judiciário já abandonaram a apreciação meramente formal ("burocrática", no pior sentido) dos comportamentos administrativos, para investigar a pertinência lógica entre a ação e o motivo invocado, valendo-se, para isso, da apreciação da razoabilidade.

O princípio da razoabilidade é sim um princípio de Direito Administrativo, e, como tal, é assim explicado por um dos mais renomados administrativistas brasileiros: "Enuncia-se com este princípio que a Administração, ao atuar no exercício de discrição, terá de obedecer a critérios aceitáveis do ponto de vista racional, em sintonia com o senso normal de pessoas equilibradas e respeitosa das finalidades que presidiram a outorga da competência exercida. Vale dizer: pretende-se colocar em claro que não serão apenas inconvenientes, mas também ilegítimas – e, portanto, jurisdicionalmente invalidáveis – as condutas desarrazoadas, bizarras, incoerentes ou praticadas com desconsideração às situações e circunstâncias que seriam atendidas por quem tivesse atributos normais de prudência, sensatez e disposição de acatamento às finalidades da lei atributiva da discrição manejada" (Celso Antônio Bandeira de Mello, *Curso de Direito Administrativo*, 14ª ed., Malheiros Editores, 2002, pp. 91 e 92).

A jurisprudência, inclusive e especialmente nos Tribunais Superiores, também já assimilou e aplica o princípio da razoabilidade, muito especialmente no controle judicial de atos administrativos praticados com arbitrariedade.

Merece destaque decisão desse Egrégio Superior Tribunal de Justiça (REsp n. 21.923-5-MG) na qual o Eminente Ministro Relator, Humberto Gomes de Barros, afirma estar certo de que "no estágio atual do Direito Administrativo, o Poder Judiciário não se poderia furtar à declaração de nulidade de absurdos evidentes".

Absurdo evidente é aquilo que aparece, de pronto, como despropositado, desarrazoado, inverossímil.

Por sua vez, o Supremo Tribunal Federal tem-se valido do princípio da razoabilidade com muita freqüência. Não é o caso de se transcrever tudo, mas, pelo menos, cabe referir alguns Acórdãos cujos respectivos Eminentes Ministros Relatores se fundamentaram precipuamente na razoabilidade: Ministro Marco Aurélio, HC n. 77.003-4-PE, RE n. 211.043-4-SP, RE n. 148.095-5-MS, RE n. 226.461-9-CE, RE n. 192.568-0-PI e AgR em RE n. 205.535-2-RS; Ministro Moreira Alves, Rp n. 1.077-RJ (*RTJ* 112/34); Ministro Celso Mello, ADI n. 1.158-8-AM; e Ministro Sepúlveda Pertence, ADI n. 855-2-PR e HC n. 76.060-4-SC.

*d) O desvio de poder nos atos legislativos*

Conforme foi dito acima, a doutrina e a jurisprudência em matéria de desvio de poder usualmente ou precipuamente se preocuparam com a prática de atos administrativos, mas também já constataram que o desvio de poder também pode ocorrer na prática de atos legislativos, quando a norma legal impõe ou proíbe determinadas condutas ferindo ou contrariando valores, direitos ou garantias constitucionalmente afirmadas.

O saudoso Caio Tácito mostra, claramente, como pode ocorrer desvio de poder, ou de finalidade, no exercício da competência legislativa:

"No exercício de suas atribuições e nas matérias a eles afetas, os órgãos legislativos gozam de discricionariedade peculiar à função política que desempenham.

"Temos, contudo, sustentado a necessidade de temperamento da latitude discricionária de ato do poder legislativo, ainda que fundado em competência constitucional e formalmente válido.

"O princípio geral de direito de que toda e qualquer competência discricionária tem como limite a observância da finalidade que lhe é própria, embora historicamente vinculado à atividade administrativa, também se compadece, a nosso ver, com a legitimidade da ação do legislador.

"Entendemos, em suma, que a validade da norma de lei, ato emanado do Legislativo, igualmente se vincula à observância da finalidade contida na norma constitucional que fundamenta o poder de legislar.

"O abuso do poder legislativo, quando excepcionalmente caracterizado, pelo exame dos motivos, é vício especial de inconstitucionalidade da lei pelo divórcio entre o endereço real da norma atributiva da competência e o uso ilícito que a coloca a serviço de interesse incompatível com a sua legítima destinação" ("Desvio de Poder Legislativo", in *RTDP* 1/66 e 68, Malheiros Editores, 1993).

A doutrina mais recente, ao estudar a ocorrência e as formas de combate ao desvio de poder na prática de atos legislativos, destaca a necessidade de se recorrer, também, ao exame da motivação e aos conceitos de proporcionalidade, adequação, razoabilidade, estrita necessidade e menor dano.

Luiz Roberto Barroso é extremamente didático nessa demonstração:

"Antes de procurar delimitar com precisão os contornos do princípio da razoabilidade e suas potencialidades no direito brasileiro, é de proveito percorrer brevemente sua trajetória no direito norte-americano. O princípio do devido processo legal, nos Estados Unidos, é marcado por duas grandes fases: a primeira, onde se revestiu de caráter estritamente processual (*procedural due process*), e uma segunda, de cunho substantivo (*substantive due process*), que se tornou fundamento de um criativo exercício de jurisdição constitucional. De fato, ao lado do princípio da igualdade perante a lei, essa versão substantiva do devido processo legal tornou-se importante instrumento de defesa dos direitos individuais, ensejando o controle do arbítrio do Legislativo e da discricionariedade governamental. É por seu intermédio que se procede ao exame de razoabilidade (*reasonableness*) e de racionalidade (*racionality*) das normas jurídicas e dos atos do Poder Público em geral.

"A doutrina – tanto lusitana quanto brasileira – que se abebera no conhecimento jurídico produzido na Alemanha reproduz e endossa essa tríplice caracterização do princípio da proporcionalidade, como é mais comumente referido pelos autores alemães. Assim é que dele se extraem os requisitos (a) da adequação, que exige que as medidas adotadas pelo Poder Público se mostrem aptas a atingir os objetivos pretendidos; (b) da necessidade ou exigibilidade, que impõe a verificação da inexistência de meio menos gravoso para atingimento dos fins visados; e (c) da proporcionalidade em sentido estrito, que é a ponderação entre o ônus imposto e o benefício trazido, para constatar se é justificável a interferência na esfera dos direitos dos cidadãos" (Luis Roberto Barroso, *Interpretação e Aplicação da Constituição*, 3ª ed., revista e atualizada, São Paulo, Saraiva, 1999, pp. 209 e 219).

Ao examinar todos esses aspectos, para a verificação da ocorrência de desvio de poder legislativo, o Poder Judiciário não está extravasando sua esfera de competência para ingressar no campo da oportunidade ou da conveniência, que são inerentes à discricionariedade legislativa.

Pedro Estevam Serrano mostra que, assim como é possível aferir a legalidade de condutas administrativas por critérios de razoabilidade, sem sair da esfera da legalidade, também é possível, sem sair desse mesmo âmbito, verificar a constitucionalidade de normas legais, por sua comparação com preceitos ou princípios afirmados pela Constituição, cuja positividade tem sido cada vez mais reconhecida:

"Na medida em que se amplia o reconhecimento da força vinculante das constituições, parece-nos fato conseqüente a verificação da possibilidade de vícios inerentes ao uso indevido da liberdade legislativa.

"As normas constitucionais, em seu conteúdo dispositivo, não admitem o uso abusivo ou teleologicamente inadequado das competências legislativas. A Constituição repudia o abuso, a incongruência, a desproporção e o desvio de seus fins. E manifesta este repúdio por normas constitucionais, através de seu conteúdo prescritivo explícito ou implícito.

"A partir de todas as colocações feitas, uma vez ressignificada para o terreno constitucional, a teoria do desvio de poder se revela útil na atividade legislativa para desnudar, nas leis gerais e abstratas, os vícios de inconstitucionalidade material consubstanciados no desvio de finalidade por inadequação do meio legislativo e no vício causal da irrazoabilidade, contraditoriedade e de desproporcionalidade da medida legislativa" (*O Desvio de Poder na Função Legislativa*, Ed. FTD, 1997, pp. 76, 77 e 99).

O Eminente Ministro Gilmar Mendes, em seu notável estudo sobre o *Controle de Constitucionalidade* (Saraiva, 1990, pp. 38-54) cuidou, com especial zelo, do desvio, abuso ou excesso de Poder Legislativo, considerado como um vício substancial de inconstitucionalidade. Menciona ele exemplos da jurisprudência alemã, para demonstrar que esse vício jurídico ocorre quando houver, na lei, uma inadequação no tocante aos fins consagrados no sistema jurídico, ou quando o dispositivo estabelecer restrições de direito que excedam o estritamente necessário, ou seja, quando forem feridos os princípios da finalidade e da proporcionalidade:

"Na Alemanha, o *Bundesverfassungsgericht* assentou, em uma de suas primeiras decisões (23.10.1951), que a sua competência cingia-se à apreciação de legitimidade de uma norma, sendo-lhe defeso cogitar sua conveniência (*Zweckmässigkeit*). Todavia, 'a questão sobre a liberdade discricionária outorgada ao legislador, bem como sobre os limites dessa liberdade, é uma questão suscetível de aferição judicial'.

"E posteriormente, explicitou o Tribunal Constitucional que 'os meios utilizados pelo legislador devem ser adequados e exigíveis à consecução dos fins visados. O meio é adequado se, com a sua utilização, o evento pretendido pode ser alcançado; é exigível se o legislador não dispõe de outro meio eficaz, menos restritivo aos direitos fundamentais'."

A jurisprudência do Supremo Tribunal Federal, já desde longa data, acolhe a doutrina ou reconhece a possibilidade da ocorrência de desvio de poder na prática de atos legislativos, sendo bastante significativo o Acórdão relatado pelo Eminente Ministro Orozimbo Nonato, do qual se transcreve a seguinte passagem, que pode servir como paradigma para o caso em exame neste estudo:

"O poder de taxar não pode chegar à desmedida do poder de destruir, uma vez que aquele somente pode ser exercido dentro dos limites que o tornem compatível com a liberdade de trabalho, de comércio e de indústria e com o direito de propriedade. É um poder, em suma, cujo exercício não deve ir até o abuso, o excesso, o desvio, sendo aplicável, ainda aqui, a doutrina fecunda do *détournement de pouvoir*. Não há que estranhar a invocação dessa doutrina ao propósito da inconstitucionalidade, quando os julgados têm proclamado que o conflito entre a norma comum e o preceito da Lei Maior pode-se acender não somente considerando a letra, o texto, como, também, e principalmente, o espírito e o dispositivo invocado" (RE 18.331, Rel. Ministro Orozimbo Nonato, *RF* 145/164, 1953).

Em resumo, a Constituição não permite que, de maneira indireta, pela criação de ônus excessivos, por lei, se impeça o exercício de atividade lícita, pois isso se choca com o princípio da liberdade de comércio e indústria, afirmado pela própria Constituição. Com muito maior razão, não pode ser tolerada uma proibição expressa e total, por lei, do exercício de atividade lícita, pois isso igualmente contraria uma pluralidade de princípios definidores da ordem econômica.

A jurisprudência mais recente do Supremo Tribunal Federal é absolutamente clara e incisiva ao decretar a inconstitucionalidade de restrições desproporcionais, excessivas, desarrazoadas, que ultrapassam o estritamente necessário para a proteção de valores constitucionalmente afirmados, para ofender, ferir ou aniquilar outros valores ou princípios também consagrados no mesmo texto constitucional.

O Acórdão do qual abaixo se transcreve uma longa passagem, relatado pelo Eminente Ministro Celso de Mello é uma verdadeira lição de Direito Constitucional enfocando o tema do desvio de poder legislativo:

"Coloca-se em evidência, neste ponto, o tema concernente ao princípio da proporcionalidade, que se qualifica – enquanto coeficiente de aferição da razoabilidade dos atos estatais (Celso Antônio Bandeira de Mello, *Curso de Direito Administrativo*, 4ª ed., Malheiros Editores, 1993, pp. 56-57, itens ns. 18-19; Lúcia Valle Figueiredo, *Curso de Direito Administrativo*, 2ª ed., Malheiros Editores, 1995, p. 46, item n. 3.3) – como postulado básico de contenção dos excessos do Poder Público.

"Essa é a razão pela qual a doutrina, após destacar a ampla incidência desse postulado sobre os múltiplos aspectos em que se desenvolve a atuação do Estado – inclusive sobre a atividade estatal de produção normativa – adverte que o princípio da proporcionalidade, essencial à racionalidade do Estado Democrático de Direito e imprescindível à tutela mesma das liberdades fundamentais, proíbe o excesso e veda o arbítrio do Poder, extraindo a sua justificação dogmática de diversas cláusulas constitucionais, notadamente daquela que veicula, em sua dimensão substantiva ou material, a garantia do *due process of law* (Raquel Denize Stumm, *Princípio da Proporcionalidade no Direito Constitucional Brasileiro*, Livraria do Advogado Editora, 1995, pp. 159-170; Manoel Gonçalves Ferreira Filho, *Direitos Humanos Fundamentais*, Saraiva, 1995, pp. 111-112, item n. 14; Paulo Bonavides, *Curso de Direito Constitucional*, 4ª ed., Malheiros Editores, 1993, pp. 352-355, item n. 11; Gilmar Ferreira Mendes, *Controle de Constitucionalidade – Aspectos Jurídicos e Políticos*, Saraiva, 1990, pp. 38-54).

"Como precedentemente enfatizado, o princípio da proporcionalidade visa a inibir e a neutralizar o abuso do Poder Público no exercício das funções que lhe são inerentes, notadamente no desempenho da atividade de caráter legislativo. Dentro dessa perspectiva, o postulado em questão, enquanto categoria fundamental de limitação dos excessos emanados do Estado, atua como verdadeiro parâmetro de aferição da própria constitucionalidade material dos atos estatais.

"Isso significa, dentro da perspectiva da extensão da teoria do desvio de poder ao plano das atividades legislativas do Estado, que este não dispõe de competência para legislar ilimitadamente, de forma imoderada e irresponsável, gerando, com o seu comportamento institucional, situações normativas de absoluta distorção e, até mesmo, de subversão dos fins que regem o desempenho da função estatal.

"A jurisprudência constitucional do Supremo Tribunal Federal, bem por isso, tem censurado a validade jurídica de atos estatais, que, desconsiderando as limitações que incidem sobre o poder normativo do Estado, veiculam prescrições que ofendem os padrões de razoabilidade e que se revelam destituídas de causa legítima, exteriorizando abusos inaceitáveis e institucionalizando agravos inúteis e nocivos aos direitos das pessoas (ADI 1.158-AM, Rel. Ministro Celso de Mello)" (STF, ADI 1.407-2-DF, Rel. Ministro Celso de Mello, voto do Relator).

Exemplo claríssimo de legislação abusiva, por criar restrições incompatíveis com o livre exercício das atividades econômicas está contido no Acórdão proferido pelo Supremo Tribunal Federal, no julgamento do RE n. 193.749-1-SP, relatado pelo Eminente Ministro Carlos Velloso, cuja ementa se transcreve:

> Ementa: *Recurso Extraordinário. Constitucional. Lei n. 10.991/1991, do Município de São Paulo. Fixação de distância para a instalação de novas farmácias ou drogarias. Inconstitucionalidade.*
>
> 1. A Constituição Federal assegura o livre exercício de qualquer atividade econômica, independentemente de autorização do Poder Público, salvo nos casos previstos em lei.
>
> 2. Observância de distância mínima da farmácia ou drogaria existente para a instalação de novo estabelecimento no perímetro. Lei Municipal n. 10.991/1991. Limitação geográfica que induz à concentração capitalista, em detrimento do consumidor, e implica cerceamento do exercício do princípio constitucional da livre concorrência, que é uma manifestação da liberdade de iniciativa econômica privada.
>
> Recurso extraordinário conhecido e provido.

Esse acórdão se ajusta perfeitamente ao caso em exame, pois coteja uma restrição de caráter urbanístico, voltada para a disciplina das atividades urbanas, com os princípios constitucionais definidores da ordem econômica e, ainda, com os direitos dos consumidores, mostrando que aqueles e estes devem ser respeitados pelo legislador, sob pena de inconstitucionalidade.

## *IV – Conclusões*

Diante de tudo quanto foi acima exposto, pode-se, agora, responder direta e objetivamente as indagações formuladas.

*1.* Considerando que a Lei Municipal 13.525/2003, atualmente em vigor, regulamenta a atividade de mídia exterior, visando evitar a poluição visual e preservar o meio ambiente urbano, estabelecendo requisitos e restrições para a realização de anúncios publicitários e contendo, indubitavelmente, instrumentos, meios e modos para uma efetiva fiscalização do setor e para a eliminação e punição dos anúncios irregulares, é certo que a justificativa divulgada pela imprensa, no sentido de que a Prefeitura não estaria conseguindo controlar a publicidade externa, para coibir anúncios irregulares, configura, sim, frontal colisão com princípio da eficiência, disposto no *caput* do ar. 37 da Constituição Federal, além de ser totalmente desarrazoada, pois em toda e qualquer atividade econômica lícita sempre haverá transgressores, que devem ser punidos, sem que se puna ou impeça a atividade daqueles que cumprem fielmente as determinações normativas.

*2.* Ao proibir, total e absolutamente, o exercício de uma atividade econômica lícita (a publicidade externa), o Projeto de Lei, se aprovado, deve ser vetado por vício de inconstitucionalidade, pois afronta aos fundamentos da Ordem Econômica, especialmente os princípios da livre iniciativa, de liberdade de comércio e indústria e da liberdade de concorrência, que são os pilares do sistema econômico de base capitalista, no qual a publicidade e a propaganda são elementos absolutamente essenciais, para todas as empresas, às quais cabe optar pela forma mais adequada ou conveniente de divulgar seus produtos, dentro das pautas ou limites legalmente estabelecidos com observância dos princípios da proporcionalidade, adequação e razoabilidade.

*3.* De acordo com os arts. 170, 173 e 174 da Constituição Federal, o Estado somente pode exercer atividade econômica em caráter subsidiário, quando houver relevante interesse público que o justifique, devendo disciplinar o exercício das atividades econômicas pelos particulares de molde a incentivá-las e a preservar a livre concorrência. Diante disso, não se pode aceitar que o Município se declare impossibilitado de exercer seu dever de fiscalizar a atividade de mídia exterior e, sob tal justificativa, proíba a atividade das empresas que cumprem a lei e, o que é mais grave, crie uma reserva de mercado para que poucas empresas venham a fazer publicidade externa exclusivamente em bens municipais e equipamentos urbanos, atuando em parceria com a própria Municipalidade.

*4.* Caso o Projeto de Lei em exame venha a ser aprovado pela Câmara Municipal e sancionado pelo Prefeito, ele somente poderá produzir efeitos daí para diante, devendo ser respeitadas as licenças ou autorizações anteriormente expedidas, inclusive aquelas implícitas, ou seja, emitidas nos termos do art. 59 da Lei n. 13.525/2003 e que estiverem de acordo com a lei, posto que todas elas geraram múltiplos efeitos jurídicos, entre os quais o de viabilizar a celebração de contratos pelas empresas de mídia exterior para a colocação de *outdoors*, tanto com anunciantes quanto com proprietários de imóveis. Os contratos assim celebrados são atos jurídicos perfeitos e válidos, gerando direitos adquiridos para seus beneficiários, determinando que a nova lei (cuja inconstitucionalidade já foi acima afirmada) somente possa ser aplicada gradativamente, ao longo do tempo.

*5.* Ao proibir, total e absolutamente, a publicidade instalada em propriedades privadas e propriedades públicas estaduais e federais, a nova lei estaria criando restrições desproporcionais e desarrazoadas ao direito de propriedade, afirmado pela Constituição Federal, chegando também a afetar a autonomia administrativa da União, dos Estados e Município no tocante ao uso de seus bens, trazendo gravosas conseqüências no tocante a certos serviços públicos concedidos, especialmente na área de transportes, já que os concessionários não poderiam auferir receitas alternativas ou complementares, previstas no art. 11 da Lei n. 8.987 de 13.2.1995, o que poderia incidir no valor das tarifas e, assim, prejudicar os usuários desses serviços públicos.

*6.* Caso o Projeto de Lei seja aprovado, os investimentos realizados pelas empresas de mídia exterior para o exercício da atividade econômica que o Projeto de Lei visa a proibir, bem como os prejuízos decorrentes da cessação de referida atividade econômica deverão ser indenizados pelo Município, por força do disposto no art. 37, § 6º, da Constituição Federal, que estipula a responsabilidade objetiva da Administração por danos causados a terceiros, mesmo que na prática de atos lícitos, bastando a existência de um nexo de causalidade entre o comportamento administrativo e o dano experimentado pelo particular.

Ou seja, mesmo que se reconheça que a Municipalidade possa proibir totalmente a publicidade externa, ainda assim devem ser indenizados os particulares prejudicados, com base no princípio da distribuição das cargas públicas, segundo o qual o dano causado a determinadas pessoas, por força ou em razão de em benefício à coletividade, deve ser suportado pela coletividade, e com base no superprincípio de estabilidade das relações jurídicas ou da segurança jurídica, para cuja compreensão basta a leitura do texto que se transcreve:

"O escopo do princípio da segurança jurídica é justamente resguardar os cidadãos das influências nefastas de uma alteração repentina, com ou sem respaldo legal e, ainda, por quem não titulariza esse plexo de competência.

"Assim, o princípio da responsabilidade estatal, escorado no princípio da legalidade, visa justamente preservar um dos maiores anseios da humanidade, qual seja, a segurança jurídica nas relações sociais" (Carolina Zancaner, "Da responsabilidade do Estado na omissão da fiscalização ambiental", in *Responsabilidade Civil do Estado*, Juarez Freitas (org.), Malheiros Editores, 2006, p. 71).

É importante consignar, ainda, que, caso, eventualmente, o Projeto de Lei em exame venha a ser aprovado, o Município certamente deixará de arrecadar receita substancial representada pelos tributos, taxa de fiscalização de propaganda e eventuais multas pagas pelas empresas de mídia exterior, configurando-se, assim, uma forma de renúncia de receita, proscrita pelo art. 14 da Lei de Responsabilidade Fiscal, Lei Complementar n. 101, de 4.5.2000. Nem se diga que as perdas poderiam ser compensadas pela receita proveniente da exploração de publicidade nos equipamentos urbanos, pois esta já pode ser auferida de imediato, independentemente da aprovação ou não do Projeto de Lei em exame, não representando uma receita adicional.

Além disso, a reserva de mercado estabelecida no Projeto de Lei prejudicará dezenas de empresas de publicidade externa e beneficiará algumas delas, que serão selecionadas pela Municipalidade (que nisso estará atuando em parceria com tais empresas), o que pode configurar "ato de improbidade administrativa que atenta contra os princípios da Administração Pública qualquer ação ou omissão que viole os deveres de honestidade, imparcialidade, legalidade e lealdade às instituições", previsto no art. 11 da Lei n. 8.429, de 2.6.1992.

O conjunto dos vícios acima apontados indica que os prejudicados poderão dispor de vários caminhos para a defesa de seus interesses, desde a propositura de ações de indenização, quanto a impetração de mandado de segurança individual ou coletivo, quanto, também, a representação ao Ministério Público, visando a propositura de ação civil de responsabilidade, com base na Lei de Responsabilidade Fiscal ou na Lei de Improbidade Administrativa.

S.M.J., é o Parecer.

São Paulo, 7 de agosto de 2006.

# ADMINISTRAÇÃO PÚBLICA ESTADUAL – ELEVAÇÃO DE JORNADA DE TRABALHO DE SERVIDOR PÚBLICO APOSENTADO EM CARGO PÚBLICO FEDERAL – IRRELEVÂNCIA DA COMPATIBILIDADE DE JORNADA DE TRABALHO PARA A ACUMULAÇÃO DE PROVENTOS COM VENCIMENTOS – NULIDADE DE ATO ADMINISTRATIVO

Vladimir da Rocha França

Mestre em Direito Público pela UFPE. Doutor em Direito Administrativo pela PUC/SP.
Professor Adjunto do Departamento de Direito Público da UFRN.
Advogado em Natal/RN

O Senhor "X" encaminha-me a seguinte

## *Consulta*

O Consulente ocupa cargo de Médico no quadro de saúde pública da Administração do Estado do Rio Grande do Norte, desde 1.9.1987, com a jornada de trabalho de 20 horas. Até 2.6.2003, acumulou esta atribuição com um cargo de Professor de Terceiro Grau junto à Universidade Federal do Rio Grande do Norte (UFRN), na qual mantinha uma carga de 40 horas laborais.

Uma vez que sua aposentadoria no serviço público federal lhe permite uma maior dedicação à administração pública potiguar, resolveu o Consulente solicitar formalmente a sua transferência para o regime de 40 horas. Especialmente com o advento da Lei Complementar Estadual n. 333, de 29.6.2006, que institui um novo "Plano de Cargos, Carreiras e Remuneração dos servidores efetivos da Secretaria de Estado da Saúde Pública do Rio Grande do Norte".

Após alguns equívocos no preenchimento da "Declaração de Acumulação de Cargos" o pedido em apreço foi submetido à apreciação da Comissão Permanente de Acumulação de Cargos da Secretaria de Estado da Administração e dos Recursos Humanos (COPAC/SEARH). Em 31.8.2006, este colegiado opinou de forma unânime pelo indeferimento da solicitação do Consulente, com base no art. 26, XVI, "b", da Constituição Estadual, e no argumento de que "a situação funcional do servidor, trazendo o cargo de Professor da inatividade com 40 horas à atividade, só poderá ser acumulado com o de Médico de 20 horas semanais e nunca com 40 horas como pretendido, pois vem ferir, frontalmente, o Decreto n. 11.351/1992" (*sic*).

Esse Parecer da COPAC/SEARH foi homologado pelo titular da Secretaria de Estado da Administração e Recursos Humanos (SEARH), ensejando a rejeição do pleito do Consulente.

Com lastro nessas informações e na documentação que me foi apresentada, indaga o Consulente:

(i) *A elevação da jornada de trabalho de Médico da Administração do Estado do Rio Grande do Norte, de 20 para 40 horas, que se encontra aposentado como Professor de Terceiro Grau da UFRN, representa afronta à ordem constitucional em vigor, à luz do art. 37, XVI, da Constituição Federal, e do art. 26, XVI, da Constituição Estadual?*

(ii) *Conforme a resposta ao quesito anterior, o ato da Administração Estadual que rejeita pedido de inclusão do Consulente é passível de ser desconstituído por vício de validade?*

Respondo essas questões nos seguintes termos.

### PARECER

#### *1. A acumulação de cargos públicos na ordem constitucional em vigor*

Consoante o disposto no art. 37, XVI, da Constituição Federal, determina-se a proibição de acumulação remunerada de cargos públicos, consideradas algumas exceções:

> Art. 37. (...).
>
> (...);
>
> XVI – é vedada a acumulação remunerada de cargos públicos, exceto, *quando houver compatibilidade de horários*, observado em qualquer caso o disposto no inciso XI:
>
> a) a de dois cargos de professor;
>
> b) *a de um cargo de professor com outro, técnico ou científico*;
>
> c) a de dois cargos ou empregos privativos de profissional de saúde, com profissões regulamentadas; (grifos acrescidos).

Conforme o art. 37, XVII, essa restrição constitucional também deve ser estendida a empregos e funções remuneradas, abrangendo igualmente toda a administração pública indireta. Em relação aos magistrados e membros do Ministério Público, a Lei Maior apenas lhes permite, fora de suas atribuições ordinárias, a atuação no magistério.[1]

Embora a Constituição Estadual ainda não tenha sido atualizada com a última redação da Carta Magna de 1988,[2] não há dúvida de que esses preceitos compõem o regime jurídico dos servidores públicos da administração pública potiguar.

Com base nesses enunciados normativos, é possível afirmar que o regime constitucional dos servidores públicos estatutários abrange a *regra da inacumulabilidade*. Norma que, aliás, sempre se inseriu nas ordens constitucionais anteriores àquela que se encontra em vigor, na história do direito brasileiro.[3]

Cumpre ressaltar que a regra da inacumulabilidade não é absoluta no sistema instaurado com a Lei Maior vigente. Prescreve-se, consoante os preceitos constitucionais citados, que é lícita a acumulação de cargos públicos se atenderem a dois pressupostos específicos: (*i*) que os vínculos funcionais cumulados estejam expressamente indicados no rol de exceções cons-

1. V. arts. 95, parágrafo único, I, e 128, § 5º, II, "d".

2. Especialmente com as Emendas Constitucionais ns. 19, de 4.6.1998, e 20, de 15.12.1998, que cuidam dos dispositivos constitucionais relevantes para o deslinde das questões apresentadas pelo Consulente.

3. Cf. Caio Tácito, "Cumulação de proventos e vencimentos", *RTDP* 10/53-54, 1995; e Cármen Lúcia Antunes Rocha, *Princípios Constitucionais dos Servidores Públicos*, São Paulo, Saraiva, 1999, pp. 259-265.

tante da Constituição Federal; e, (*ii*) que haja compatibilidade de horários.

Na esfera da Administração Estadual, a questão a compatibilidade de horários encontra-se disciplinada no art. 131 da Lei Complementar Estadual n. 122, de 30.6.1994, com apoio do Decreto Estadual n. 11.351, de 28.5.1992.

### *2. Sobre a admissibilidade da acumulação de vencimentos com proventos no regime jurídico dos servidores públicos estatutários*

Não é rara a hipótese de um servidor público estatutário[4] que se encontre em inatividade remunerada busque retornar à Administração mediante outro concurso. Ademais, as especificidades de seu regime previdenciário especial permitiram no passado que toda uma geração desses trabalhadores pudesse obter a inatividade remunerada de modo relativamente jovem.

Com o advento da Constituição de 1988, ficou em aberto a questão da licitude da acumulação dos vencimentos de cargo público com os proventos decorrentes de aposentadoria alcançada pelo exercício de outro. Apesar de forte apreço doutrinário pela legitimidade de tal situação em quaisquer casos,[5] o Supremo Tribunal Federal consolidou o entendimento de que ela somente seria juridicamente compatível com o ordenamento jurídico vigente caso abrangesse atribuições que pudessem ser simultaneamente exercidas em atividade:

> Ementa: *Constitucional. Administrativo. Servidor público. Proventos e vencimentos. Acumulação. CF, art. 37, XVI, XVII.*
>
> I – A acumulação de proventos e vencimentos somente é permitida quando se tratar de cargos, funções ou empregos acumuláveis na atividade, na forma permitida pela Constituição. CF, art. 37, XVI, XVII; art. 95, parágrafo único, I. Na vigência da Constituição de 1946, art. 185, que continha norma igual à que está inscrita no art. 37, XVI, CF/1988, a jurisprudência do Supremo Tribunal Federal era no sentido da impossibilidade da acumulação de proventos com vencimentos, salvo se os cargos de que decorrem essas remunerações fossem acumuláveis.
>
> II – Precedentes do STF: RE 81.729-SP, ERE 68.480, MS 19.901, RE 77.237-SP, RE 76.241-RJ.
>
> III – RE conhecido e provido.[6]

Sobre esse acórdão, explica Cármen Lúcia Antunes Rocha:[7] "Após aquele julgado se repetiram as decisões jurisprudenciais tanto do Supremo Tribunal quanto de outros órgãos do Poder Judiciário em idêntico sentido, estando, portando, assentado que: a) a acumulação a que se refere a Constituição não é de cargos, mas de vínculos jurídicos, os quais não se rompem, apenas mudam de configuração ao passar o servidor para a inatividade, máxime quando aquele elo jurídico-funcional estiver estabilizado na forma constitucionalmente prevista; b) desde que haja uma remuneração,

4. Como se sabe, os servidores públicos estatutários estão submetidos a um regime jurídico instituído em lei por cada ente federativo e que pode ser modificado unilateralmente pelo Estado, desde que respeitados os limites impostos pela Constituição Federal. Trata-se de um regime de trabalho submetido integralmente aos preceitos do direito administrativo e que garante à Administração uma posição de supremacia e de autoridade. Sobre a matéria, consultar: Celso Antônio Bandeira de Mello, *Curso de Direito Administrativo*, 17ª ed., São Paulo, Malheiros Editores, 2004, pp. 226 e ss.; e Maria Sylvia Zanella Di Pietro, *Direito Administrativo*, 17ª ed., São Paulo, Atlas, 2004, pp. 430 e ss.

5. Cf. Celso Antônio Bandeira de Mello, "Acumulação de aposentadoria com vencimentos", *RTDP* 12/86 e ss., 1995; Carlos Ayres Britto, "O regime constitucional da aposentadoria do servidor público efetivo", *RTDP* 15/130 e ss., 1996; e Marcos de Lima Porta, "Acumulação de proventos com vencimentos: algumas considerações", *RTDP* 34/161 e ss., 2001.

6. RE n. 163.204-6-SP, Pleno, Rel. Ministro Carlos Velloso, maioria pelo provimento, j. 9.11.1994 (*RTDP* 22/181 e ss., 1998).

7. Ob. cit., p. 277.

qualquer que seja o seu fato determinante – estar na ativa ou nela ter estado pelo período constitucionalmente previsto para a aquisição do direito à aposentadoria –, há acumulação para efeitos da regra constitucional proibitiva".

A matéria obteve um regramento constitucional mais explícito com o advento da Emenda Constitucional n. 20/1998, ao acrescentar o § 11 ao art. 40 da Lei Maior, que reconhece a possibilidade de percepção de proventos de inatividade com remuneração de cargo acumulável na forma prescrita no mesmo texto normativo.[8]

Ao se analisar o caso concreto, cumpre ressaltar que o Consulente já acumula legalmente os proventos de Professor de Terceiro Grau da UFRN com os vencimentos de Médico da Administração Estadual, com amparo no art. 37, XVI, "b", combinado com o art. 40, § 11, da Constituição Federal.[9] O obstáculo à pretensão do interessado residiria, segundo entendimento do COPAC/SEARH, no preenchimento do requisito constitucional da compatibilidade de horários.

### *3. Afastamento do pressuposto da compatibilidade de horários na acumulação de proventos com vencimentos no regime constitucional dos servidores públicos estatutários da administração pública do Estado*

Com efeito, a Constituição Federal exige jornadas de trabalho compatíveis entre os vínculos jurídicos acumuláveis na forma de seu art. 37, XVI. Esse elemento se mostra imprescindível para a proteção dos princípios da moralidade e da eficiência no âmbito da atividade administrativa.

Todavia, ao ingressar na inatividade remunerada, o agente público deixa de ter a obrigação de trabalhar em favor da Administração. Afinal, o sentido da aposentadoria é justamente garantir ao cidadão o direito de enfrentar a idade ou a invalidez com a devida tranqüilidade, após uma vida dedicada ao Estado e à sociedade. Não se pode olvidar que a previdência social é qualificada pela Lei Maior como um direito fundamental que goza de um regime jurídico diferenciado quando envolve servidores públicos estatutários.[10]

Aposentado, o servidor público estatutário deixa o seu cargo e este se torna vago, de acordo com a legislação em vigor.[11] Outro deverá tomar o seu lugar e manter a continuidade do serviço público.

Ora, se não tem mais a obrigação de laborar para a Administração, não há muita dificuldade em se chegar à conclusão de que *o servidor aposentado simplesmente não tem jornada de trabalho*.

A interpretação e aplicação das normas que compõem o regime jurídico-administrativo devem ser feitas com base em seus princípios fundamentais. Dentre eles, merece destaque o *princípio da razoabilidade* para a boa compreensão da matéria sob exame.

Apesar de não se encontrar expresso nos textos constitucionais da União e do Estado do Rio Grande do Norte, o princípio da razoabilidade tem sido identificado pela doutrina do direito administrativo como um

8. "Art. 40. (...). § 11. Aplica-se ao limite fixado no art. 37, XI, à soma total dos proventos de inatividade, inclusive quando decorrentes da acumulação de cargos ou empregos públicos, bem como de outras atividades sujeitas a contribuição para o regime geral de previdência social, *e ao montante resultante da adição de proventos de inatividade com remuneração de cargo acumulável na forma desta Constituição*, cargo em comissão declarado em lei de livre nomeação e exoneração, e de cargo eletivo" (grifos acrescidos).

9. O cargo de Médico tem, inequivocamente, a natureza de cargo científico, uma vez que exige para o seu provimento a conclusão de curso de nível superior. Cf. Diógenes Gasparini, *Direito Administrativo*, 9ª ed., São Paulo, Saraiva, 2004, p. 179.

10. V. arts. 6º e 40 da CF.

11. V. o art. 33, VII, da Lei Federal n. 8.112, de 11.12.1990; e o art. 33, VI, da Lei Complementar Estadual n. 122/1994.

preceito implícito ao sistema normativo fundado na Lei Maior.[12] De qualquer forma, na legislação estadual, esse preceito é claramente indicado no art. 5º, *caput*, da Lei Complementar Estadual n. 303, de 9.9.2005.[13]

Ademais, a Lei Complementar Estadual n. 303/2005 determina ainda que a Administração, na interpretação e aplicação da norma jurídica, deve optar pela solução que outorgue maior alcance e efetividade aos preceitos constitucionais.[14]

Determina o princípio da razoabilidade que a atividade administrativa deve ser desenvolvida com racionalidade, equilíbrio e sensatez, com o cuidado de ponderar os bens jurídicos envolvidos na superação dos conflitos relevantes para o sistema do direito positivo.[15] A idéia do razoável como diretriz fundamental do ordenamento jurídico não é nova, sendo inclusive eleita por setores influentes na teoria geral do direito como o caminho a ser seguido na interpretação e aplicação da lei.[16] Sem se levar em consideração os elementos do caso concreto e as finalidades a serem alcançadas com a edição da norma jurídica, os direitos protegidos pela ordem constitucional têm a sua efetividade frustrada.

Ao examinar a questão sob apreciação, parece-me nítido que o pressuposto da compatibilidade de horários não teria cabimento na avaliação da acumulação de proventos com vencimentos, haja vista o servidor aposentado carecer de qualquer empecilho de ordem material que lhe impeça de oferecer uma maior dedicação ao cargo que ocupa em atividade.

É acertado o entendimento de que as exceções à regra da inacumulabilidade devem ser interpretadas de forma restritiva, em virtude dos princípios da igualdade, moralidade e eficiência.[17] Contudo, a fruição dos benefícios decorrentes do ingresso nessas situações especiais somente poderá ser condicionada a requisitos previstos na própria Constituição Federal.

O art. 40, § 11, da Constituição Federal, ao previr a possibilidade de acumulação de proventos com vencimentos dentro do regime constitucional dos servidores públicos estatutários, não faz qualquer referência expressa à compatibilidade de horários. O mesmo pode ser dito quanto ao seu art. 40, § 6º,[18] no qual se estabelece a regra da inacumulabilidade de proventos pelo sistema de previdência social dos servidores públicos estatutários, com ressalva às "aposentadorias decorrentes dos cargos acumuláveis na forma desta Constituição".

Partindo-se do pressuposto de que – insisto – o servidor aposentado não tem mais jornada de trabalho junto a Fazenda Pública que lhe paga os proventos, nada o

12. Cf. Weida Zancaner, "Razoabilidade e moralidade: princípios concretizadores do perfil constitucional do Estado Social e Democrático de Direito", in Celso Antônio Bandeira de Mello (org.), *Estudos em Homenagem a Geraldo Ataliba – Direito Administrativo e Direito Constitucional*, pp. 619 e ss.

13. "Art. 5º. A Administração Pública obedecerá, dentre outros, aos princípios da legalidade, isonomia, finalidade, motivação, *razoabilidade*, proporcionalidade, moralidade, ampla defesa, contraditório, segurança jurídica e eficiência."

14. "Art. 5º. (...). Parágrafo único. Na interpretação e aplicação das normas jurídicas, a Administração Pública deverá optar pela solução que outorgue maior alcance e efetividade aos preceitos constitucionais."

15. Cf. Vladimir da Rocha França, *Invalidação Judicial da Discricionariedade Administrativa no Regime Jurídico-Administrativo Brasileiro*, Rio de Janeiro, Forense, 2000, pp. 66-68.

16. Cf. Luis Recaséns Siches, *Introducción al Estudio del Derecho*, México, Porrua, 1972, pp. 210 e ss.

17. Cf. Cármen Lúcia Antunes Rocha, ob. cit., p. 266.

18. "Art. 40. (...); § 6º. Ressalvadas as aposentadorias decorrentes dos cargos acumuláveis na forma desta Constituição, é vedada a percepção de mais de uma aposentadoria à conta do regime de previdência previsto neste artigo."

impede lograr o aumento de sua carga horária junto ao vínculo no qual se mantém em atividade.

Mesmo que se queira dar à expressão "na forma desta Constituição" uma dimensão semântica que abranja a incompatibilidade de horários, fica difícil sustentar a presença de qualquer prejuízo ao interesse público na situação jurídica sob análise. Recordo que a coerência entre jornadas de trabalho nas hipóteses de acúmulo de cargos previstas na Lei Maior se justifica pela eficiência que o servidor beneficiado deve atingir em ambas as funções.[19]

Além do mais, conforme lição de Celso Antônio Bandeira de Mello,[20] os direitos dos administrados não devem ser interpretados da mesma forma que as prerrogativas da Administração:

"A enunciação constitucional ou legal taxativa de condutas facultadas ao administrado constitui-se, em si mesmo, *em declarada confissão de que se quis delimitar o campo do permitido, restringindo-o* – e não que o almejado foi excepcionar o proibido. Com efeito, é notório – e, por isto, dispensáveis maiores considerações – que, no Estado de Direito, o que não estiver proibido ao cidadão está, *ipso facto*, permitido; situação que, aliás, precisamente inversa da que ocorre com a Administração Pública, para quem o que não estiver permitido está, *ipso facto*, proibido" (grifos no original).

Tal como juiz, por força do art. 5º da Lei de Introdução ao Código Civil (Decreto-lei n. 4.567, de 4.9.1942),[21] o gestor público também deve aplicar a norma de direito administrativo segundo o interesse público que justifica sua existência. É um ditame expresso do art. 6º, parágrafo único, XII, da Lei Complementar Estadual n. 303/2005.[22]

Com a devida vênia, a preservação do entendimento da COPAC/SEARH no caso concreto parece levar a uma solução jurídica desprovida de qualquer compasso com a realidade da administração pública.

Nesse diapasão, convém lembrar o Poder Judiciário, em vários julgados dos Tribunais Regionais Federais, têm admitido como legítima a acumulação de proventos de Professor de Terceiro Grau, que se aposentou sob o regime de dedicação exclusiva, com os vencimentos de cargo similar, no âmbito da Administração Federal.[23] Isso, ainda que o profissional do magistério superior da União não pudesse, em atividade, ser beneficiado pelo art. 37, XVI, "a" e "b" da Lei Maior, por exemplo.

Pelo que se observa na pretensão do Consulente, o argumento de que a jornada de trabalho que o mesmo mantinha quando se encontrava em atividade no serviço público da União torna inviável o atendimento ao seu pedido de elevação da carga horária, não é, portanto, razoável e não merece acolhida no ordenamento jurídico vigente.

### *4. Motivo do ato administrativo e processo de invalidação no âmbito da administração pública estadual*

Enquanto manifestações do poder estatal, os atos administrativos devem ser produzidos de forma compatível com os demais preceitos que compõem o regime jurí-

19. Cf. Cármen Lúcia Antunes Rocha, ob. cit., p. 266.

20. "Acumulação de aposentadoria com vencimentos", cit., p. 93.

21. "Art. 5º. Na aplicação da lei, o juiz atenderá aos fins sociais a que ela se dirige e às exigências do bem comum."

22. "Art. 6º. Nos atos e processos administrativos serão observados, entre outros, os critérios de: (...); XII – *interpretação da norma administrativa da forma que melhor garanta o fim público a que se dirige*, vedada a aplicação retroativa de nova interpretação, sem prejuízo do controle de legalidade por autoridade administrativa competente" (grifos acrescidos).

23. Consultar, p.ex.: TRF-5ª R., 4ª T., Apelação em Mandado de Segurança n. 51.720-SE, Rel. Desembargador Federal Marcelo Navarro, unânime pelo não provimento, j. 2.3.2004, *DOU* 6.4.2004.

dico-administrativo para que sejam considerados *válidos*.[24] Caso contrário, os referidos provimentos padecerão de vício de validade, ficam passíveis de ser desconstituídos pela própria Administração.[25]

Convém lembrar o enunciado do art. 14 da Lei Complementar Estadual n. 303/2005:

> Art. 14. *A Administração Pública deverá invalidar seus próprios atos quando os vícios forem insanáveis*, e poderá revogá-los por razões de conveniência ou oportunidade, observados os direitos adquiridos e atos jurídicos perfeitos (grifos acrescidos).

Dentre os vícios de validade classificados como insanáveis, temos, consoante o art. 11, IV, do mesmo diploma legal, aquele que atinge o *motivo do ato administrativo*:

> Art. 11. Serão inválidos os atos administrativos que desatendam os pressupostos legais e regulamentares de sua edição, ou aos princípios da Administração Pública, especialmente nos casos de:
>
> (...)
>
> IV – inexistência ou impropriedade do motivo de fato ou de direito.[26]

O motivo do ato administrativo compreende os pressupostos de fato e de direito que servem de fundamento para a sua expedição.[27] Enquanto o pressuposto de fato diz respeito aos eventos que ensejaram o provimento estatal, o pressuposto de direito indica a norma jurídica que lhe autoriza ou obriga.

A indicação explícita dos pressupostos de fato e de direito do ato administrativo representa a sua *motivação*.[28] No caso concreto, o ato do titular da SEARH tem como motivação os elementos de ordem fática e jurídica que foram levantados no Parecer homologado do COPAC/SEARH.[29]

Ao se reexaminar o teor dessa manifestação, é nítido que o argumento jurídico que serve de base para o indeferimento do pedido do Consulente não tem qualquer aplicabilidade à situação jurídica que foi apresentada à SEARH. *Mostra-se cristalina a impropriedade do pressuposto de direito* – o requisito da compatibilidade de horários constante do art. 37, XVI, da Lei Maior – *para servir de lastro para a decisão em apreço.*

Como já foi ponderado com arrimo no princípio da razoabilidade, esse requisito não tem cabimento na acumulação de proventos com vencimentos, em razão da simples constatação de que o servidor aposentado não tem jornada de trabalho.

Logo, verifica-se que o ato administrativo da SEARH que indeferiu o pedido do Consulente é *nulo*, por conter vício quanto ao motivo que impossibilita a sua regular permanência no regime jurídico-administrativo estadual.

Para se corrigir essa falha, é preciso que a Administração Estadual determine a invalidação do ato segundo o rito e formalidades determinadas pela Lei Complementar Estadual n. 303/2005, com especial atenção ao disposto no seu art. 89:

> Art. 89. Invalidado o ato ou contrato administrativo, a Administração Pública tomará as providências necessárias para desfazer os efeitos produzidos, ressalvados os princípios da boa-fé e da segurança jurídica.

Se, malgrado todos esses aspectos de ordem técnico-jurídica, persistir na manutenção do ato questionado e de seus respectivos efeitos, é legítimo ao Consulente buscar a tutela jurisdicional, como lhe assegura o art. 5º, XXXV, da Lei Maior.

24. Cf. Celso Antônio Bandeira de Mello, ob. cit., pp. 360-362.

25. Sobre o assunto, consultar Vladimir da Rocha França, ob. cit.

26. V. também o art. 2º, "d", e parágrafo único, "e", da Lei Federal n. 4.717, de 29.6.1965.

27. Consultar: Maria Sylvia Zanella Di Pietro, ob. cit., p. 203; e Vladimir da Rocha França, ob. cit., p. 94.

28. V. art. 6º, VI, da Lei Complementar Estadual n. 303/2005. *Motivo*, portanto, não se confunde com a *motivação*, pois esta é a exposição daquele.

29. V. o art. 12, § 1º, da Lei Complementar Estadual n. 303/2005.

***Resposta***

Assim, após essas considerações de ordem técnico-jurídica, concluo:

(i) *Não. A elevação da jornada de trabalho de Médico da Administração do Estado do Rio Grande do Norte, de 20 para 40 horas, que se encontra aposentado como Professor de Terceiro Grau da UFRN, não afronta a ordem constitucional em vigor, em virtude da inaplicabilidade da exigência da compatibilidade de horários (art. 37, XVI, da Constituição Federal; art. 26, XVI, da Constituição Estadual) na acumulação de vencimentos com proventos no regime constitucional dos servidores públicos estatutários (art. 40, §§ 6º e 11, da Constituição Federal).*

(ii) *Sim. A Administração Estadual deve invalidar o ato que indeferiu o pedido de inclusão do Consulente no regime de 40 horas no quadro de saúde pública da Administração Estadual em virtude de sua nulidade, decorrente da impropriedade do pressuposto de direito indicado no Parecer que lhe serve de motivação.*

É o Parecer, salvo melhor juízo.

# ESTUDOS E COMENTÁRIOS

## "CARONA" EM ATA DE REGISTRO DE PREÇOS: ATENTADO VEEMENTE AOS PRINCÍPIOS DE DIREITO ADMINISTRATIVO

JOEL DE MENEZES NIEBUHR

Doutor em Direito Administrativo pela PUC/SP. Mestre em Direito pela UFSC.
Professor Convidado de Direito Administrativo da Escola da Magistratura do Tribunal de Justiça de Santa Catarina e da Escola do Ministério Público de Santa Catarina.
Professor Convidado de diversos Cursos de Especialização em Direito Administrativo.
Advogado

*I – Considerações iniciais. II – Agravo ao princípio da legalidade. III – Agravo ao princípio da isonomia. IV – Agravo ao princípio da vinculação ao edital. V – Agravo aos princípios da moralidade administrativa e da impessoalidade.*

### *I – Considerações iniciais*

*Carona* é o apelido que vem ganhando notoriedade para designar o preceituado no art. 8º e seus parágrafos, do Decreto Federal n. 3.931, de 19 de setembro de 2001, que regulamenta o sistema de registro de preços no âmbito da Administração Pública Federal, cujo teor permite que um órgão ou entidade que não tenha participado da licitação que deu origem à ata de registro de preços adira a ela, desde que durante a sua vigência e desde que aceito pelo fornecedor, sendo-lhe facultado contratar até cem por cento do quantitativo registrado na ata.

Por oportuno, transcreve-se o inteiro teor do referido art. 8º e seus parágrafos:

> Art. 8º. A Ata de Registro de Preços, durante sua vigência, poderá ser utilizada por qualquer órgão ou entidade da Administração que não tenha participado do certame licitatório, mediante prévia consulta ao órgão gerenciador, desde que devidamente comprovada a vantagem.
>
> § 1º. Os órgãos e entidades que não participaram do registro de preços, quando desejarem fazer uso da Ata de Registro de Preços, deverão manifestar seu interesse junto ao órgão gerenciador da Ata, para que este indique os possíveis fornecedores e respectivos preços a serem praticados, obedecida a ordem de classificação.

§ 2º. Caberá ao fornecedor beneficiário da Ata de Registro de Preços, observadas as condições nela estabelecidas, optar pela aceitação ou não do fornecimento, independentemente dos quantitativos registrados em Ata, desde que este fornecimento não prejudique as obrigações anteriormente assumidas.

§ 3º. As aquisições ou contratações adicionais a que se refere este artigo não poderão exceder, por órgão ou entidade, a cem por cento dos quantitativos registrados na Ata de Registro de Preços.

Em termos práticos: a entidade "A" promove licitação para registro de preços com o propósito de adquirir quinhentos computadores. A empresa vencedora assina a ata de registro de preços e, pois, compromete-se a fornecer à entidade "A" os quinhentos computadores, nos termos do que fora licitado. O *carona* consiste na possibilidade de uma outra entidade, entidade "B", que não teve qualquer relação com o processo de licitação realizado, aderir à ata de registro de preços da entidade "A" e adquirir com base nela também quinhentos computadores. Assim sendo, o fornecedor venderá quinhentos computadores para a entidade "A", que promoveu a licitação, e outros quinhentos computadores para a entidade "B", que não teve qualquer relação com a licitação outrora realizada.

O *carona* está sendo bastante difundindo, começa a fazer parte do cotidiano da Administração Pública, sobretudo federal, e atrai a atenção e o interesse inclusive em âmbito estadual e municipal, que, sob o julgo do princípio da simetria, pretendem valer-se do aludido instrumento.

Cumpre reconhecer que para os agentes administrativos o *carona* é algo extremamente cômodo, porquanto os desobriga de promover licitação. Em vez de lançar processo licitatório – com todos os desgastes e riscos que lhe são inerentes – basta achar alguma ata de registro de preços pertinente ao objeto que se pretenda contratar, e, se as condições da referida ata forem convenientes, contratar diretamente, sem maiores burocracias e formalidades.

Nada obstante a comodidade do *carona*, especialmente em ser o *carona*, isto é, em aderir à ata de registro de preços dos outros, salta aos olhos que o instrumento em si, insista-se, preceituado no art. 8º e seus parágrafos, do Decreto Federal n. 3.931/2001, avilta de modo desinibido e flagrante uma plêiade de princípios de Direito Administrativo, por efeito do que é antijurídico. Pode-se afirmar que o *carona*, na mais tênue hipótese, impõe agravos veementes aos princípios da legalidade, isonomia, vinculação ao edital, moralidade administrativa e impessoalidade.

O propósito deste breve estudo é apontar em que medida o *carona* impõe tais agravos aos aludidos princípios, demonstrando a antijuridicidade dele. Como dito, o *carona* já é realidade para boa parte da Administração Pública, sem que a doutrina tenha revelado preocupação em questioná-lo sob o ponto de vista jurídico e, sobretudo, jurídico-principiológico, que é justamente o que se pretende fazer aqui, sempre respeitando os seus defensores e entusiastas.

## *II – Agravo ao princípio da legalidade*

Um dos princípios fundamentais do Direito Administrativo é o da legalidade, reconhecido no *caput* do art. 37 da Constituição Federal, de acordo com o qual os agentes administrativos somente podem fazer aquilo que lhes seja permitido em lei, somente podem atuar na medida de suas competências, tal qual definidas em lei em sentido formal, isto é, ato proveniente do Poder Legislativo. Se a lei é omissa, se ela não proíbe nem permite, os agentes administrativos não podem fazer.

Percebe-se que para a Administração Pública o princípio da legalidade reveste-se de tonalidade especial, haja vista que, de acordo com as afamadas lições de Caio Tácito, "ao contrário da pessoa de direito privado, que, como regra, tem a liberdade de fazer aquilo que a lei não proíbe, o administrador público somente pode fazer aquilo que a lei autoriza expressa ou implicitamente" (Caio Tácito, "O princípio da legalidade: ponto e contraponto", *Revista de Direito Administrativo* 206/2, Rio de Janeiro, Renovar, 1996).

*Os agentes administrativos não atuam com liberdade, para atingir fins que reputem convenientes. Ao contrário, eles estão vinculados ao cumprimento do interesse público, uma vez que atuam nos estritos termos da competência que lhes foi atribuída por lei. Em breves palavras, a Administração Pública cumpre a lei; os agentes administrativos exercem competência atribuída por lei, nos termos dela. Portanto, os agentes administrativos não podem fazer exigências que não encontrem guarida na lei, que não sejam permitidas por ela.*

Sem embargo, no exercício da função administrativa, os agentes administrativos expedem atos de caráter normativo genericamente denominados de regulamentos administrativos. A competência para expedir tais regulamentos encontra amparo e é disciplinada pelo inciso IV do art. 84 da Constituição Federal, cuja dicção é a seguinte: "Compete privativamente ao Presidente da República: sancionar, promulgar e fazer publicar as leis, *bem como expedir decretos e regulamentos para sua fiel execução*" (grifo acrescido).

Bem se vê que regulamento administrativo presta-se apenas a dizer como a lei deve ser cumprida, como ela deve ser posta em prática, operacionalizada pela Administração Pública. Regulamento administrativo não é meio para criar direitos e obrigações, criar novos instrumentos jurídicos, outorgar competências a agentes administrativos não pressupostas em lei. Regulamento administrativo apenas detalha e explícita competência já criada através de lei.

Em comentários ao inciso IV do art. 84 da Constituição Federal, o autor deste estudo já teceu as seguintes considerações:

"Neste contexto, o inciso IV do art. 84 da Constituição Federal estabelece que compete privativamente ao presidente da República 'sancionar, promulgar e fazer publicar as leis, bem como expedir decretos e regulamentos para sua fiel execução'. *Constata-se que a competência regulamentar é sempre sublegal, pendente de lei. Através de comandos abstratos e genéricos, a Administração regulamenta apenas leis, jamais dispositivos constitucionais. A lei é que cria primariamente Direito, sujeitando os indivíduos ao cumprimento de obrigações. O regulamento administrativo serve somente para assegurar a fiel execução das leis, dispondo do modo pelo qual elas devem ser operacionalizadas*" (grifo acrescido – Joel de Menezes Niebuhr, *O Novo Regime Constitucional da Medida Provisória*, São Paulo, Dialética, 2001, p. 57).

Ocorre que a figura do *carona* não encontra qualquer resquício de amparo legal. A lei, nem remotamente, faz referência ao *carona*. A figura do *carona* foi criada de forma independente e autônoma por meio de regulamento administrativo, do Decreto Federal n. 3.931/2001. Nesse sentido, é forçoso afirmar que o Presidente da República, ao criar o *carona* sem qualquer amparo legal, excedeu as suas competências constitucionais (inciso IV do art. 84 da Constituição Federal), violando abertamente o princípio da legalidade.

O agravo que o *carona* impinge à legalidade não é de ordem substancial, mas formal. O *carona* não vulnera a legalidade em razão do que ele implica ou dispõe, mas porque foi criado de modo inválido, incompatível com o inciso IV do art. 84 da Constituição Federal. Melhor explicando: a forma como o *carona* foi criado, valendo-se de mero regulamento administrativo, sem previsão legal, é que fere o princípio da legalidade, não o seu conteúdo ou aquilo que o *carona* em si implica e dispõe. O que o *carona* em si implica e dispõe viola outros princípios, não o da legalidade. Para que o *carona* não mais ferisse a legalidade, bastaria que ele encontrasse guarida em lei; que a lei tratasse dele, ainda que de modo geral, remetendo detalhes ao regulamento administrativo. Agora, não é constitucionalmente admissível que regulamento administrativo, um Decreto da lavra do Presidente da República, crie o *carona* sem qualquer lastro legal, inovando a ordem jurídica por meio da outorga autônoma de competência aos agentes administrativos, com repercussões de monta na esfera jurídica de terceiros.

Quem poderia, em tese, criar o *carona* é o Poder Legislativo, através de lei, em obediência ao princípio da legalidade. O *carona* jamais poderia ter sido criado, como malgrado foi, pelo Presidente da República, através de mero regulamento administrativo. No Estado Democrático de Direito não se deve governar por decreto, mas por lei, conforme preceitua o princípio a legalidade, festejado de modo contundente e irrefutável pela Constituição Federal.

### *III – Agravo ao princípio da isonomia*

O *caput* do art. 5º da Constituição Federal reconhece a todos os brasileiros e aos estrangeiros residente no país o direito de serem tratados com igualdade, sobremodo pelo Estado. Sob esse contexto, sempre que o Poder Público pretender praticar ato que gere benefícios a alguém, todos os interessados em colher tais benefícios gozam do direito de serem tratados com igualdade.

Nesse sentido, nas situações em que o Estado, através da Administração Pública, firma um contrato, alguém, o contratado, vai colher um benefício econômico, vai haurir lucro em razão do contrato. Logo, todos os interessados em colher os benefícios econômicos decorrentes dos contratos administrativos devem ser tratados com igualdade. Por isso, em corolário direito do princípio da isonomia, a Administração Pública está obrigada a assegurar a todos os interessados em contratos administrativos o mesmo tratamento, por efeito do que se impõe a ela realizar procedimento equânime para a escolha do contrato, procedimento este denominado de licitação pública.

De acordo com essa perspectiva, a licitação pública é conseqüência do princípio da isonomia. Noutras palavras, como todos os interessados têm o direito de serem tratados com igualdade, todos têm o direito à licitação pública. No final das contas, a licitação pública é o meio eleito constitucionalmente para assegurar e concretizar o direito dos interessados em contratar com a Administração Pública à igualdade.

Adilson Abreu Dallari explicita a relação entre o princípio da isonomia e a licitação pública, erigindo esta última também como princípio. Leia-se:

"O fato é que o princípio da isonomia por ser elementar ao direito administrativo e estar erigido à categoria de princípio constitucional, acabou transformando o próprio instituto da licitação pública num princípio para a Administração Pública.

"O princípio da isonomia, por si só e independentemente de qualquer norma, obriga a Administração a valer-se do procedimento da licitação e ao estabelecer esta obrigatoriedade erige a própria licitação em princípio, pois mesmo na ausência de normas específicas está a Administração obrigada a utilizar-se de procedimento licitatórios" (Adilson Abreu Dallari, *Aspectos Jurídicos da Licitação*, 4ª ed., São Paulo, Saraiva, 1997, p. 32).

Por tudo e em tudo, a Administração Pública, ao pretender firmar um contrato, deve previamente proceder à licitação pública, que é o meio para assegurar que todos os interessados sejam tratados com igualdade. Se a Administração Pública contrata sem licitação, ela vulnera o princípio da isonomia, pois não franqueou a todos os interessados a oportunidade de disputarem o contrato.

O *carona* viola o princípio da isonomia porque ele pressupõe contrato sem licitação. Explicando melhor: a entidade "A" faz licitação para registro de preços de quinhentos computadores. Com base nessa licitação, o vencedor dela assina a ata de registro de preços, da qual decorre ou decorrem contratos para a aquisição dos quinhentos computadores que foram licitados pela entidade "A". Ocorre que, com o *carona*, a entidade "B", que não promoveu licitação alguma, vale-se da ata de registro de preços da entidade "A" e, por via de conseqüência, da licitação promovida pela entidade "A", para também comprar quinhentos computadores. Ora, o contrato pertinente à aquisição de quinhentos computadores firmado pela entidade "B" não foi precedido de licitação pública e, em decorrência disso, os interessados em vender os quinhentos computadores à entidade "B" não tiveram oportunidade de disputa, não foram tratados com igualdade.

Imagine-se, continuando com o exemplo, que a entidade "A" seja do Sul do país e mal pagadora. Por isso, fornecedor do Norte do país não se interessou em participar da licitação para registro de preços promovido pela entidade "A". No entanto, a entidade "B" é do Norte do país, do Estado do fornecedor que não se interessou em participar da licitação promovida pela entidade "A", e boa pagadora, costuma honrar religiosamente em dia os seus compromissos. Sob esse quadro, o fornecedor, que legitimamente não quis participar da licitação promovida pela entidade "A", quer e tem o direito de participar de licitação para disputar o contrato da entidade "B". Com efeito, o contrato a ser firmado pela entidade "B" não tem nada a ver com o contrato a ser firmado pela entidade "A". Sem embargo, valendo-se do *carona*, a entidade "B" não abre licitação, adere à ata de registro de preços da entidade "A" e firma contrato em razão dela. Dessa maneira, o fornecedor do Norte do país, que não quis participar da licitação promovida pela entidade "A", vê frustrado o seu direito de participar de licitação para vender para a entidade "B", o que implica, por via de conseqüência, em violação ao princípio da isonomia, ao direito do referido fornecedor de disputar em condições de igualdade a contratação com a entidade "B".

É sabido que a licitação não é obrigatória em todos os casos. A própria parte inicial do inciso XXI do art. 37 da Constituição Federal prescreve que a lei deve prever ressalvas à obrigatoriedade de licitação pública. Na sistemática da Lei n. 8.666/1993, tais ressalvas consubstanciam-se nos casos de inexigibilidade, que pressupõe inviabilidade de competição, e dispensa, que pressupõe prejuízo ao interesse público caso a licitação pública fosse levada a cabo. Percebe-se, a todas as luzes, que a figura do *carona*, que prescinde de licitação pública, não é caso de inexigibilidade nem de dispensa. O *carona* não se enquadra nas hipóteses de inexigibilidade, porque não pressupõe inviabilidade de competição. Da mesma forma, não se enquadra nas hipóteses de dispensa, porque a licitação, se fosse realizada, não importaria por si em prejuízos ao interesse público. Então, o *carona* não é inexigibilidade nem dispensa, é uma outra coisa, uma outra forma para a contratação direta.

O problema é que a parte inicial do inciso XXI do art. 37 da Constituição Federal determina que as ressalvas à obrigatoriedade de licitação pública devam estar previstas em lei e, como já assinalado, a figura do *carona* não encontra amparo legal, dado que criada por mero regulamento administrativo, pelo Decreto Federal n. 3.931/2001. Além disso, o *carona* não encontra justificativa para afastar a obrigatoriedade de licitação pública e, com isso, atenuar o princípio da isonomia. Repita-se que o *carona* ocorre em casos de viabilidade de competição e em casos em que a realização da licitação pública não importa por si prejuízo algum ao interesse público.

A figura do *carona* é ilegítima, porquanto através dela procede-se à contratação direta, sem licitação, fora das hipóteses legais e sem qualquer justificativa, vulnerando o princípio da isonomia, que é o fundamento da exigência constitucional que faz obrigatória a licitação pública.

### *IV – Agravo ao princípio da vinculação ao edital*

O princípio nuclear da licitação pública é o da vinculação ao instrumento convocatório ou ao edital, enunciado, com vigor, no *caput* do art. 3º da Lei n. 8.666/1993. O citado princípio ecoa por toda a Lei n. 8.666/1993, tal qual no *caput* do seu art. 41, cujo texto dispõe que "a Administração não pode descumprir as normas e condições do edital, ao qual se acha estreitamente vinculada".

Hely Lopes Meirelles, comentando os efeitos do instrumento convocatório, enfatiza:

"(...) que a Administração e os licitantes ficam sempre adstritos aos termos do pedido ou do permitido no instrumento convocatório da licitação, quer quanto ao procedimento, quer quanto à documentação, às propostas, ao julgamento ou ao contrato" (Hely Lopes Meirelles, *Licitação e Contrato Administrativo*, 11ª ed., São Paulo, Malheiros Editores, 1996, p. 31).

Com o mesmo timbre, Adilson Abreu Dallari leciona o seguinte:

"O edital há de ser completo, de molde a fornecer uma antivisão de tudo que possa vir a ocorrer no decurso das fases subseqüentes da licitação. Nenhum dos licitantes pode vir a ser surpreendido com coisas, exigências, transigências, critérios ou atitudes da Administração que, caso conhecidas anteriormente, poderiam afetar a formulação de suas propostas" (Adilson Abreu Dallari, *Aspectos Jurídicos da Licitação*, 4ª ed., São Paulo, Saraiva, 1997, p. 92).

A rigor, o edital vincula a licitação pública e tudo o que decorre dela, especialmente o contrato administrativo. Ora, não se pode licitar uma coisa e contratar outra. Por força disso, o § 1º do art. 54 da Lei n. 8.666/1993 prescreve o seguinte: "Os contratos devem estabelecer com clareza e precisão as condições para a sua execução, expressas em cláusulas que definam os direitos, obrigações e responsabilidades das partes, *em conformidade com os termos da licitação e da proposta a que se vinculam*" (grifo acrescido).

Em complemento, o XI do art. 55, também da Lei n. 8.666/1993, enuncia: "São cláusulas necessárias em todo contrato as que estabeleçam: a vinculação ao edital de licitação ou ao termo que a dispensou ou a inexigiu, ao convite e à proposta do licitante vencedor".

O autor deste estudo já tratou da relação entre o princípio da vinculação ao edital e o contrato administrativo. Confira-se:

"De mais a mais, o instrumento convocatório não vincula tão-somente o procedimento licitatório, mas tudo o que dele advier. Não é plausível que, conquanto o certame por ele seja pautado, regendo-se ao passo da isonomia, o contrato, que lhe é decorrente, aponte objeto ou conteúdo diverso.

"O contrato administrativo a ser celebrado é vinculado à licitação pública, sendo defeso à Administração, também sob pena de se ferir a isonomia, dele se divorciar. O raciocínio é o mesmo que impõe todas as exigências à licitação, dado que, se os termos do contrato forem discrepantes do edital, outros poderiam se interessar pelo certame, ou até mesmo os licitantes que perderem a disputa poderiam oferecer proposta mais vantajosa" (Joel de Menezes Niebuhr, *Princípio da Isonomia na Licitação Pública*, Florianópolis, Obra Jurídica, 2000, p. 110).

O *carona* viola abertamente o princípio da vinculação ao edital porquanto ele dá azo à contratação não prevista no edital. Ora, licita-se dado objeto, com quantidade definida e para uma entidade determinada, tudo em conformidade com o edital. Quem ganha a licitação firma com a entidade que promoveu a licitação ata de registro de preços, pelo que se compromete a entregar ou prestar a ela o que fora o objeto da licitação, conforme o edital, inclusive no que tange aos quantitativos. Durante a vigência da ata de registro de preços, outra entidade que não a promotora da licitação, que não foi referida sequer obliquamente no edital, adere à ata de registro de preços, através do carona, com o propósito de receber os préstimos do vencedor da licitação. Com efeito, o contrato que decorre do *carona* não foi previsto no edital. Quem participou da licitação não sabia que seria contratado também por esta outra entidade, que não a promotora da licitação. Ademais, com o *carona*, quem adere à ata de registro de preços, pode requerer para si a mesma quantidade do que fora licitado. Então, se a licitação envolvia cem unidades, com o *carona* de apenas uma outra entidade, o vencedor da licitação pode ser contratado para duzentas unidades.

Isso afronta com veemência o princípio da vinculação ao edital, na medida em que quem participou de licitação para fornecer cem unidades de dado objeto não pode acabar sendo contratado para fornecer duzentas. Se fosse para fornecer duzentas unidades, o edital que tratasse disso e comunicasse a todos os interessados que da licitação decorreria contrato para duzentas unidades e não apenas para cem.

E a afronta ao princípio da vinculação ao edital não se restringe à questão dos quantitativos estabelecidos no edital. Também há afronta ao princípio porque a licitação é feita para uma entidade específica, referida expressamente no edital, e o vencedor da licitação pode acabar sendo contratado por outra entidade, não indicada no edital. Ou seja, licitante participa de certame para ser contratado por "A" e, em razão dele, acaba sendo contratado também por "B", "C" e tantos quanto aderirem à ata de registro de preços de "A".

Em síntese, o *carona* importa contratação apartada das condições do edital, sobretudo no tocante à entidade contratante e aos quantitativos estabelecidos no edital. Nesses termos, o *carona* fere de morte o princípio da vinculação ao edital, dado que dele decorre a assinatura de ata de registro de preços e contratação fora do preceituado e previsto no edital de licitação pública.

## *V – Agravo aos princípios da moralidade administrativa e da impessoalidade*

O *princípio da moralidade* relaciona-se aos padrões morais, isto é, aos comportamentos reputados como honestos e virtuosos pelos membros da Sociedade. A moralidade posta no meio administrativo quer agregar força ao princípio da legalidade, evitando que agentes administrativos deturpem as competências que lhes foram atribuídas por lei para a prática de atos incompatíveis com os valores que a Sociedade considera acertados.

Sobremaneira, para o Direito Administrativo, a moralidade significa harmonia com o interesse público, vetor máximo de todos os princípios e regras que o informam, impondo aos agentes administrativos conduta reta, honesta, de boa-fé, idônea, que vise, insista-se, a atender interesse público, jamais privado, pessoal.

Nesse sentido, o princípio da moralidade conecta-se ao princípio da impessoalidade, na medida em que aos agentes administrativos é vedado valerem-se da coisa pública para colher benefícios ilegítimos de ordem pessoal, para tirarem proveito próprio, para si ou para pessoas ligadas a si em detrimento do interesse público. Para evitar que isso ocorra, para evitar que os agentes administrativos atuem desonestamente, preocupados em lograr proveito pessoal à margem do interesse público, impõe-se a eles o cumprimento de uma série de formalidades, fundamentais ao desenho do Direito Administrativo.

Nas licitações públicas e contratos administrativos, os princípios da moralidade e, de certa forma, da impessoalidade, são bastante abrangentes, opondo-se, por exemplo, a contratos superfaturados, ao direcionamento da contratação mesmo que indiretamente, à contratação com pessoas ligadas à Administração Pública, ao tráfico de influência, ao favorecimento de contratados, etc.

O *carona*, no mínimo, expõe os princípios da moralidade e da impessoalidade a risco excessivo e despropositado, abrindo as portas da Administração a todo tipo de *lobby*, tráfico de influência e favorecimento pessoal.

Imagine-se o seguinte: a empresa "A" ganhou licitação e assinou ata de registro de preços para fornecer mil unidades de dado produto. Com a ata de registro de preços em mãos, a empresa "A" pode procurar qualquer entidade administrativa, sem limite, propondo aos agentes administrativos responsáveis por ela aderirem à ata, entrando de *carona*, e, pois, contratarem sem licitação. É de imaginar ou, na mais tênue hipótese, supor que a empresa "A" pode vir a oferecer alguma vantagem (propina) aos representantes destas outras entidades administrativas, para que os mesmos adiram à ata de registro de preços que a favorece e viabilizem a contratação. Nesse prisma, a empresa "A", que participou de licitação para fornecer mil unidades, pode vender cem mil unidades ou o quanto for, dependendo apenas do seu poder de *lobby*, do quão ela é competente em tráfico de influência ou do montante da propina que ela se dispõe a pagar.

O *carona* é o júbilo dos lobistas, do tráfico de influência e da corrupção, especialmente num país como o nosso, com instituições e meios de controle tão frágeis. Os lobistas e os corruptores não precisam mais propor o direcionamento de licitação; basta proporem o *carona* e tudo está resolvido.

Não se quer afirmar que todos que participam do *carona* defendem a imoralidade, são desonestos ou receberam algum tipo de vantagem indevida. O que se quer afirmar é que o carona abre as portas da Administração Pública nacional a isso, porquanto não há controle algum. O representante de dada entidade é quem decide, praticamente de forma livre, se adere à ata de registro de preços de outra entidade ou não e, com isso, se beneficia ou não o fornecedor que assinou a aludida ata de registro de preços. E, em meio a esse processo decisório, há um grande risco de o representante da entidade aceitar alguma espécie de agrado para beneficiar o fornecedor e optar pelo *carona*, o que, se ocorrer, importa agravo ao princípio da moralidade e, junto com ele, ao da impessoalidade. Só alguém muito ingênuo e completamente alienado da realidade nacional pode supor que isso não aconteça com certa freqüência no Brasil.

Ilha de Santa Catarina, 17 de outubro de 2005.

# DA RESPONSABILIDADE PÚBLICA POR ATIVIDADE JUDICIÁRIA NO DIREITO ESTRANGEIRO

LAIR DA SILVA LOUREIRO FILHO
Mestre em Direito do Estado – USP. Especialista em Direito Constitucional – SAMFORD/EUA.
Coordenador do Curso de Direito – UNIP/Norte. Professor dos Cursos de Pós-Graduação
e de Graduação – UniFMU. Membro do Instituto dos Advogados de São Paulo – IASP

*1. Evolução histórica: 1.1 Período da irresponsabilidade; 1.2 Período da responsabilidade: 1.2.1 Teoria civilista; 1.2.2 Teorias publicistas. 2. Direito estrangeiro: 2.1 Considerações gerais; 2.2 O direito francês; 2.3 O direito inglês; 2.4 O direito espanhol.*

## *1. Evolução histórica*

A trajetória da evolução do instituto da responsabilidade pública é fartamente tratada pela doutrina, partindo, invariavelmente, da fase inicial da absoluta irresponsabilidade; seguida da chamada fase civilista, em que a questão é remetida à responsabilidade por fato de terceiro, fundada na idéia de culpa; como última etapa do processo evolutivo assiste-se a publicização do instituto inicialmente apegado à idéia de culpa, mas, ao final, incorporando por completo a responsabilidade na sua forma objetiva e direta, compreendendo os atos anônimos, não culpáveis e mesmo lícitos.[1-2]

1. De acordo com Jesús Leguina Villa, "Son bien conocidas las fases de evolución de la garantía patrimonial de los particulares frente a los daños extracontractuales causados por el poder público, que a grandes trazos van desde una primera etapa de absoluta irresponsabilidad administrativa, pasando por una segunda fase de imputación exclusiva de daños a los agentes públicos culpables, para admitirse en un tercer momento un principio general de responsabilidad de la Administración, limitado, sin embargo, a los daños causados por acciones ilegales y culpables de sus autoridades y funcionarios. La cuarta y última etapa se caracterizará por la extensión del mencionado principio general de resarcimiento, tanto a los llamados daños anónimos, como a los provocados por actuaciones administrativas lícitas o no culpables" ("El fundamento de la responsabilidad de la Administración", in *Revista Española de Derecho Administrativo*, p. 524).

2. Para Michel Paillet, "Envisagée avec le recul du temps, l'évolution de la responsabilité de la puissance publique (elle est historiquement comprise ainsi) apparaît relativement linéaire, avec la consécration jurisprudentielle progressive de solutions de plus en plus favorables aux victimes. Pourtant, on de doit pas ignorer qu'elle comporte sinon des ruptures au moins des étapes, et on peut tenter d'en rendre compte à travers une démarche en trois temps: celui du refus de la responsabilité, de son accueil limité et enfin de son acceptation pleine et entière" (*La Responsabilité Administrative*, p. 1).

### *1.1 Período da irresponsabilidade*

A teoria da irresponsabilidade estatal, também denominada regalista ou regaliana[3] pode ser estabelecida a partir de três fundamentos: a soberania do Estado diante do súdito, em relação ao qual é subordinante; a impossibilidade de aparecer como violador do direito se é ele mesmo que o organiza e aplica; a impropriedade de ter-se como atos do Estado aqueles praticados por funcionários, devendo tais atos serem atribuídos pessoalmente.

Amaro Cavalcanti[4] expõe justificativas existentes na melhor doutrina: "o Estado não tem atos seus próprios; o Estado é incapaz de culpa; o Estado não autoriza atos ilegais ou ilícitos; o Estado é órgão e tutor do direito; o Estado não tem fins próprios; o Estado ver-se-ia embaraçado em sua ação".

E vai além o sempre mencionado autor, citando Richelmann[5] para quem o Estado não pode ser responsabilizado pela escolha de seu funcionário, nem mesmo nas hipóteses em que a nomeação recai sobre um indivíduo absolutamente desqualificado, na medida em que a escolha não foi feita pelo Estado, mas sim, pessoalmente, pelo governante. Enfim, nos dizeres de Laferrière, "Le propre de la soveraineté est de s'imposer à tous sans compensation".[6]

Não havia, nessa fase, portanto, qualquer possibilidade de responsabilização em relação ao dano injustamente causado pela autoridade pública, devendo aquele que sofresse prejuízos advindos da ação ou omissão de um agente do Estado, propor a ação ressarcitória cabível contra o causador direto do dano e em hipótese alguma contra o Estado.

A teoria da irresponsabilidade estatal prevaleceu na época dos Estados despóticos ou absolutos em que vigorava o princípio incontestável: o rei não erra (*the king can do no wrong*), dominando absoluto até o século XIX, permanecendo, até pouco tempo, resquícios de tal fase em muitos ordenamentos, mesmo em países desenvolvidos e de inquestionável tradição democrática como nos Estados Unidos (abandonado com a *Federal Tort Claim Act*, de 1946) e Inglaterra[7] (abandonado com a *Crown Proceeding Act*, de 1947).

Já asseverava Pedro Lessa,[8] que "a doutrina da irresponsabilidade do poder público é hoje repudiada pelos juristas, e vae sendo pouco a pouco desprezada pelos legisladores. Já no Senado de França chegou a receber o epitheto de – these feudal, insustentável em nossos dias".

Hoje, esta fase encontra-se superada em quase todos os países desenvolvidos, conforme observa Yussef Cahali "na doutrina pôs-se em evidência que a teoria da irresponsabilidade representava clamorosa injustiça, resolvendo-se na própria negação do Direito: se o Estado se constitui para a tutela do Direito, não tinha sentido que ele próprio o violasse impunemente; o Estado, como sujeito dotado de personalidade, é capaz de direitos e obrigações como os demais entes, nada justificando a sua irres-

3. De *regalis*, *regis*, rei.

4. A saber Richelmann e Bluntschli na Alemanha, Gabba, Mantellini e Giuseppe Saredo, na Itália (*Responsabilidade Civil do Estado*, t. I, pp. 147-159 e 271-286).

5. Idem, p. 148.

6. *Traité de la Juridiction Administrative et des Recours Contentieux*, pp. 183-190.

7. Na Inglaterra, o *Crown Proceedings Act* cancelou a imunidade jurisdicional, abrangendo tanto a responsabilidade contratual, como aquela decorrente de ato ilícito, sujeitando a Coroa à obrigação de reparar o dano como se fosse pessoa civil capaz e maior, nos casos seguintes: a) nas faltas cometidas por seus funcionários ou prepostos (*servents and agents*); b) quanto à violação dos deveres que, se particular, teria, como empregador, com relação a seus empregados; c) quanto à violação dos deveres oriundos do domínio, ocupação, posse ou controle da propriedade.

8. *Do Poder Judiciário: Direito Constitucional Brasileiro*, p. 162.

ponsabilidade quando sua atuação falha e seus representantes causam danos aos particulares".[9]

Para concluir, na sempre precisa lição de Amaro Cavalcanti:[10] "Por mais elevado que seja o conceito que se queira formar de soberania do Estado, *summun imperium, summa potestas*, semelhante conceito não pode ir até o ponto de excluir a idéia de justiça: porque o Estado é antes de tudo, a pessoa de direito por excelência, significa que as condições objetivas do Direito e da legalidade se impõem ao Estado, na ordem interna e internacional, tendo em vista a observância dos ditames do Estado de Direito, juridicamente organizado e obediente às suas próprias leis".

### *1.2 Período da responsabilidade*

#### 1.2.1 Teoria civilista

Nesta segunda fase, a questão é levada ao campo civilístico, em ostensiva remissão ao princípio da responsabilidade por fato de terceiro da qual decorreria a responsabilidade patrimonial do Poder Público, procurando o direito francês construir a responsabilidade a partir do art. 1.382[11] do Código Civil. Entende-se lógico e razoável, nesta fase intermediária, a invocação, pelas vítimas, dos princípios então existentes (civilísticos), relativos à responsabilidade por atos ilícitos, baseados na culpa.

Neste momento, cumpre destacar a diferenciação estabelecida entre atos de império (*jure imperii*) em que o Estado age no exercício de sua soberania, imunes a qualquer julgamento mesmo quando danosos aos particulares, sendo unilaterais e coercitivos; e atos de gestão (*jure gestionis*) em que o Estado equipara-se ao particular, podendo ter sua responsabilidade civil reconhecida, nas mesmas condições do particular. Tal discriminação, odiosa no que concerne ao efetivo ressarcimento do dano injustamente sofrido pelo particular, e injustificável, pois, que na prática de um ou outro o responsável será sempre o Estado, limitava sobremaneira as hipóteses de responsabilização pública, admissíveis apenas em alguns casos.

Para Yussef Cahali:[12] "Em condições tais, agindo o Estado no exercício de sua soberania, na qualidade de poder supremo, supra-individual, os atos praticados nessa qualidade, atos *jure imperii*, restariam incólumes a qualquer julgamento e, mesmo quando danosos para os súditos, seriam insuscetíveis de gerar direito à reparação. Todavia, na prática de atos *jure gestionis*, o Estado equipara-se ao particular, podendo ter sua responsabilidade civil reconhecida, nas mesmas condições de uma empresa privada, pelos atos de seus representantes ou prepostos lesivos ao direito de terceiros".

Hermes Lima,[13] põe fim à tendenciosa distinção: "Isentar o Estado de responsabilidade quando elle pratica actos de imperio ou de soberania, porque o fim destes actos 'é então essencialmente publico', de interesse geral e deve por isso o Estado pratical-os sem que a sua acção possa soffrer impedimentos e embaraços ou incertezas de qualquer ordem será, portanto, deixar ao léo e sem a necessária garantia um mundo inteiro de interesses respeitáveis. Não bastam a responsabilidade do funccionario, o direito de acção contra elle, o recurso, a titulo gracioso, para se obter a revogação ou a refórma do acto prejudicial. A garantia constitucional e administrativa exacta é a

9. *Responsabilidade Civil do Estado*, p. 19.

10. Ob. cit., p. 163.

11. "Art. 1.382. Tout fait quelconque de l'homme, qui cause à autrui un dommage, oblige celui par la faute duquel il est arrivé, à le réparer. Art. 1.383. Chacun est responsable du dommage qu'il a causé non seulement par son fait, mais encore par as négligence ou par son imprudence."

12. Ob. cit., p. 20.

13. *Actividade Administrativa do Estado*, Tese defendida em 1927 na Faculdade de Direito do Largo de São Francisco, p. 50.

responsabilidade do Estado pelo damno causado ao patrimonio particular, por um serviço de fim collectivo".

Outrossim, a aplicação analógica de princípios e institutos privatísticos (relação patrão/empregado, mandante/mandatário, representante/representado, preponente/preposto), não encontra guarida após análise mais apurada.

De início, adotou-se a teoria do mandato para explicar a atuação das pessoas jurídicas, evidenciando seu inconveniente pelo simples fato de que para a outorga desse requer-se, por óbvio, a manifestação de uma vontade capaz; após, adotou-se a teoria da representação legal que, a exemplo daquela, atribuída ao incapaz, não resta convincente eis que esta vem de fora, determinada por um poder superior que impõe um representante àquele incapaz de manifestar sua vontade, não havendo, na hipótese do Estado, poder que lhe seja superior. A teoria do órgão acaba por dirimir tão conturbada questão, pois supõe a existência de uma só pessoa, a do Estado, ao contrário das teorias anteriores baseadas na existência de duas pessoas distintas, sendo a relação deste com o agente causador do dano a de serviço público, decorrente da vontade soberana do ente estatal.

Ao final, o pressuposto da culpa provada como condição indispensável da responsabilidade pública não se sustenta.

Primeiro, porque inexiste equilíbrio ou proporção na relação jurídica estabelecida entre o Estado e o administrado, gozando aquele de injustificáveis privilégios. Ademais, risível a hipótese do cidadão humilde e inculto obter a adequada comprovação do escorreito funcionamento ou não de serviços, da ocorrência ou não de fatos ensejadores de danos injustos. Isto ocorre quando sua complexidade atinja magnitude tal, que apenas ao órgão estatal (por sua natureza) seja possível entender o seu alcance bem como pelo fato de ser ele o único a ter o domínio de todas as informações necessárias para o seu próprio julgamento.

A esse propósito bem aduz Odete Medauar[14] "(...) cogitou-se de responsabilizar o Estado somente se fosse comprovado o dolo ou culpa (negligência, imprudência ou imperícia) do agente público causador do dano, o que representava ônus injusto para a vítima e dificultava sobremaneira a responsabilização".

Segundo, porque a culpa não fundamenta inúmeras outras hipóteses de atuação da Administração, ensejadoras de danos aos administrados, como a da culpa anônima, a da falha da máquina administrativa e, principalmente, do dano injusto causado por ato lícito.

No que pese o fato de ter esta concepção encerrado a fase anterior (e não há por que lhe negar tal mérito), qual seja a da absoluta irresponsabilidade do Estado, a teoria civilista acabou por ser descartada em razão da insuficiência de seus enunciados: a arbitrariedade da distinção entre atos de império e atos de gestão; a aplicação analógica dos institutos privatistas nem sempre pertinentes, dada a natureza da vinculação existente entre Estado e servidor; a estreita vinculação ao fundamento, na culpa provada, cuja ocorrência restava indispensável a ensejar o efetivo ressarcimento do dano.

Enfim, como bem ensina Hely Lopes Meirelles:[15] "Realmente, não se pode equiparar o Estado, com seu poder e seus privilégios administrativos, ao particular, despido de autoridade e de prerrogativas públicas. Tornaram-se, por isso, inaplicáveis em sua pureza os princípios subjetivos da culpa civil para a responsabilização da Administração pelos danos causados aos administrados". E arremata "Princípios de Direito Público é que devem nortear a fixação dessa responsabilidade".

14. *Direito Administrativo Moderno*, 4ª ed., p. 429.

15. *Direito Administrativo Brasileiro*, 24ª ed., p. 584.

À guisa de conclusão, lícito e ponderado o ensinamento de Odete Medauar,[16] para quem "As concepções civilistas, que embasaram essas teorias, desempenharam papel importante nessa evolução, pois propiciaram abertura para a responsabilização do Estado, impulsionando o seu desenvolvimento".

### 1.2.2 Teorias publicistas

Nesta fase, a responsabilidade pública passa a ser estudada com base não mais em princípios civilísticos, regalianos, mas, sim, a partir de visão publicística que se vai estreitando em paralelo à sua evolução, desde a fase da culpa administrativista, passando pela do acidente administrativo até as teorias do risco administrativo e integral. A relação Estado/servidor, ademais, passa a ser entendida de forma diversa daquela existente entre o empregado e empregador, restando manifesta a distinção quanto à natureza jurídica que os vincula.

A autonomia do instituto da responsabilidade pública em relação ao Direito Privado que, de fato, a originou, não é vista como absoluta, mas, sim, relativa, por autores como Yussef Cahali,[17] para quem: "Se hoje os administrativistas de todos os quilates timbram em tripudiar sobre a teoria civilista da responsabilidade civil do Estado, buscando transportar o instituto para o âmbito do direito público, não podem eles, contudo, negar os elevados méritos da concepção civilística da responsabilidade estatal, no que terá sido esta a grande contestadora inicial do princípio da irresponsabilidade absoluta; ademais, alguns de seus enunciados merecem ser melhor meditados, ante a evidência de que a teoria da responsabilidade civil do Estado continua ainda jungida a certos parâmetros do direito privado".

16. Ob. cit., p. 429.

17. Ob. cit., p. 19.

Apesar de comungar das origens comuns, afigura-se inegável e significativa a propalada autonomia, ademais, tendente à ampliação no caso específico do instituto da responsabilização pública, na esteira no fenômeno da publicização do Direito Privado.

Hely Lopes Meirelles[18] assim retrata esta fase: "*A doutrina do direito público* propôs-se a resolver a questão da responsabilidade civil da Administração por *princípios objetivos*, expressos na *teoria da responsabilidade sem culpa* ou fundados numa *culpa especial do serviço público* quando lesivo de terceiros. Nessa tentativa surgiram as teses da culpa administrativa, do acidente administrativo, do risco administrativo e do risco integral, todas elas identificadas no tronco comum da responsabilidade objetiva da Administração Pública, mas com variantes nos seus fundamentos e na sua aplicação, sem se falar nas submodalidades em que se repartiram essas três correntes".

Firma-se, assim, por construção pretoriana,[19] o primado da autonomia do Direito Administrativo em relação ao Direito Privado e seus institutos, derrogadas as colocações privatísticas.

18. Ob. cit., p. 584.

19. O ano de 1873 constitui o marco desta nova fase, a partir do sempre lembrado caso Blanco (na verdade a partir do caso Rothschild – 1855 e confirmada pela decisão Pelletier – 1873), no qual fora promovida ação de indenização pelo pai da menina Agnés Blanco, em razão de ter sido esta colhida pela vagonete da Companhia Nacional da Manufatura de Fumo. Em decisão histórica do Tribunal de Conflitos, tendo por relator o Conselheiro David, declarou-se ser da competência administrativa a solução do litígio, por tratar-se da apreciação da responsabilidade decorrente do mau funcionamento de um serviço público. Inaugurou-se, a partir daí, a autonomia do Direito Administrativo e mesmo da responsabilidade administrativa, em razão do entendimento de ser o funcionamento dos serviços públicos regido por regime jurídico próprio, distinto, portanto, daquele existente no Direito Privado.

a) *Culpa administrativa*

Inicialmente, cria-se a teoria da *faute du service* às situações em que ocorre o mau funcionamento do serviço público, compreendendo as hipóteses do serviço ter funcionado mau; a de não ter funcionado; e a de ter funcionado com atraso.[20]

A concepção de culpa não mais coincide com aquela do conceito civilista (a da fase anterior), sendo então criada dentro do Direito Administrativo, substituindo-se a culpa de uma pessoa determinada (o funcionário ou órgão) pela da instituição que mantém o serviço público. Todavia, faz-se presente o requisito da culpa, não para se encontrar o agente responsável pelo dano, mas para se aferir se houve, ou não, culpa do Estado. Deverá ser provado, assim, o nexo causal entre o funcionamento imperfeito do serviço e o dano ocorrido, caracterizando, à hipótese, a responsabilidade estatal. O mau funcionamento, portanto, deverá ser provado, não havendo que se falar em presunção de culpa da Administração, cabendo a esta a prova dos fatos elisivos da responsabilidade, como a culpa da vítima, caso fortuito ou força maior, estado de necessidade e culpa de terceiro.

Conforme Odete Medauar: "Numa outra fase, transferiu-se para a atuação administrativa o sentido de culpa, elaborando-se a idéia de que o Estado repararia o dano se fosse comprovado o mau funcionamento, o não funcionamento do serviço, a falha da Administração (culpa publicista ou culpa anônima). Essa concepção acarretava para a vítima o encargo da prova do mau funcionamento ou da falha, muito difícil de realizar, sobretudo por demandar um padrão de funcionamento previamente estabelecido, que em geral não existe".[21]

20. A esse propósito, v. Paul Duez, *La Responsabilité de la Puissance Publique*, pp. 23 e ss.

21. Ob. cit., p. 429.

Conforme Hely Lopes Meirelles,[22] ainda circunscritos à doutrina pátria, "A *teoria da culpa administrativa* representa o primeiro estágio da transição entre a doutrina subjetiva da culpa civil e a tese objetiva do risco administrativo que a sucedeu, pois leva em conta a *falta do serviço* para dela inferir a responsabilidade da Administração. É o estabelecimento do binômio *falta do serviço/culpa da Administração*".

E prossegue o administrativista, concluindo, "Esta teoria ainda pede muito da vítima, que, além da lesão sofrida injustamente, fica no dever de comprovar a falta do serviço para obter a indenização".

No mesmo sentido, na doutrina alienígena, a lição de Michel Paillet[23] ao lembrar que, ainda assim, certos atos estritamente ligados à atividade governamental permanecem excluídos de qualquer responsabilidade a título de exercício da soberania estatal.

Parte da doutrina[24] estabelece distinção, hoje tida por desnecessária (entendimento que se mostra adequado de acordo com a melhor doutrina[25]), entre a fase da

22. Ob. cit., p. 585.

23. "Cepedant, la réticence à condamner les administrations publiques à indemniser les particuliers demeure réelle: certains services restent largement à l'abri quand bien même la possibilité théorique de leur responsabilité a été admise; (...) certains actes considérés comme liés à la fonction gouvernementale et qualifiés à ce titre par la doctrine d'actes de gouvernement'sont exclusifs de toute responsabilité au titre de l'exercise de la souveraineté dont ils sont imprégnés (spécialement les actes intéressant l'action diplomatique). Surtont, la large conception qu'a alors le juge du fait personnel à l'agent et davantage encore l'impossibilité que l'administration puisse en répondre, limitent en pratique la charge de responsabilité pesant sur celle-ci" (*La Responsabilité Administrative*, p. 6).

24. Edmir Netto de Araújo, *Responsabilidade do Estado por Ato Jurisdicional*, pp. 29-33; José Cretella Jr., *Tratado de Direito Administrativo*, v. VIII, pp. 56-66, e José de Aguiar Dias, *Da Responsabilidade Civil*, v. II, 10ª ed., p. 175.

25. Hely Lopes Meirelles, Odete Medauar e Juary C. Silva.

culpa administrativa e a do acidente administrativo, fundamentada tal distinção na responsabilidade, identificada na primeira hipótese, e na anônima, na segunda. Respeitadas prestigiosas opiniões, tal distinção não se mostra significativa no estreito e específico âmbito do presente estudo.

Assim, a teoria da culpa administrativa, de qualquer modo teria, portanto, representado o ponto de transição entre a doutrina civilista e as teorias publicistas. Inegável, nesse sentido, o seu mérito.

b) *Risco*

A crescente complexidade da vida moderna enseja demanda cada vez maior por serviços públicos, sejam esses prestados direta ou indiretamente pelo Poder Público. O Estado, desta forma, intervém cada vez mais em todos os aspectos da vida social fazendo crescer, em progressão geométrica, as zonas de atrito e as possibilidades de vir a causar danos aos administrados, quer em razão de sua ação ou de sua omissão.

A partir deste contexto, formula-se a teoria do risco, pela qual agiganta-se a probabilidade do Estado causar dano injusto (e, portanto, ressarcível) aos particulares em função de um número cada vez maior de atividades, ainda que essas atividades tenham por único escopo o atendimento aos interesses de toda a população. Conclui-se, daí, o seu fundamento (a idéia da repartição social dos encargos públicos) de que todos devem compartilhar do ressarcimento dos danos causados a um administrado específico, pois em princípio, todos se beneficiam das atividades da Administração.

Dessa forma, a própria atividade administrativa ensejará, por si só, a responsabilidade do Estado, independentemente da ocorrência do elemento culpa, que só terá relevância ao exercício do direito de regresso em face do agente causador do dano. Se da atividade estatal resultou o dano injusto, deverá decorrer o seu ressarcimento, ressalvadas as excludentes cabíveis que deverão ser provadas pela Administração. Bastará, portanto, a prova do nexo de causalidade entre a ação ou omissão da Administração e o dano experimentado pelo lesado, não mais se aludindo à falta do serviço ainda que anônima.

Oportuna, neste ponto, a lição de Juary C. Silva:[26] "A bem dizer, uma vez assente a responsabilidade do Estado, o cerne do problema se adstringe à prova da culpa: na medida em que se exigir maior rigor probatório da ocorrência da culpa (*lato sensu*), diminui a probabilidade de a vítima obter a indenização, e vice-versa. A evolução das idéias nessa matéria culmina com a *inversão* (grifo do autor) do ônus da prova: em lugar de pretender-se que a vítima prove a imperfeição do serviço, dela se pede tão-só a prova do nexo causal entre o ato de serviço (comissivo ou omissivo) e o dano, facultando-se ao Poder Público a prova de alguma das excludentes da responsabilidade. Atingido esse estágio, já não mais será lícito falar de responsabilidade fundada na culpa administrativa, por isso que o último substrato desta idéia terá desaparecido, superado por meio da inversão do ônus probatório".[27]

Alguns doutrinadores estabelecem polêmica (e despicienda, diga-se) distinção entre a teoria do risco administrativo e a teoria do risco integral. Pela última, que constituiria o estágio final das teorias publicistas, o Estado estaria obrigado sempre a reparar, ainda que o dano tenha sido provocado pela própria vítima. Pela primeira, estabelece-se a possibilidade da exclusão ou da atenuação da indenização.

26. *Responsabilidade do Estado por Atos Judiciários e Legislativos*, p. 85.

27. Da mesma forma, para Alcino de Paula Salazar, "O simples liame de causalidade entre o dano e o ato ou omissão do funcionário, desde que este tenha agido na esfera de suas atribuições, determina a responsabilidade da fazenda pública sem que seja necessário indagar se houve culpa, em qualquer de seus graus" (*Responsabilidade do Poder Público por Atos Judiciais*, pp. 45-46).

Ardoroso defensor da nebulosa distinção risco administrativo e risco integral, Hely Lopes Meirelles[28] consagra a fórmula no direito brasileiro nos seguintes termos: "Advirta-se, contudo, que a teoria do *risco administrativo*, embora dispense a prova da culpa da Administração, permite que o Poder Público demonstre a culpa da vítima para excluir ou atenuar a indenização. Isto porque o *risco administrativo* não se confunde com o *risco integral*. O *risco administrativo* não significa que a Administração deva indenizar sempre e em qualquer caso o dano suportado pelo particular; significa apenas e tão-somente, que a vítima fica dispensada da prova da culpa da Administração, mas esta poderá demonstrar a culpa total ou parcial do lesado no evento danoso, caso em que a Fazenda Pública se eximirá integral ou parcialmente da indenização".

Prossegue o autor, em considerações à chamada teoria do risco integral, "A teoria do *risco integral* é a modalidade extremada da doutrina do *risco administrativo*, abandonada na prática, por conduzir ao abuso e à iniqüidade social. Por essa fórmula radical, a Administração ficaria obrigada a indenizar todo e qualquer dano suportado por terceiros, ainda que resultante de culpa ou dolo da vítima".

A maioria dos doutrinadores,[29] contudo, não estabelece tal distinção, desarrazoada e completamente despida de relevância teórica e de eficácia prática, já que em nenhum momento os autores adeptos da teoria do chamado risco integral deixam de admitir a prova das excludentes da responsabilidade.

Para Ruy Rosado de Aguiar Jr.,[30] "o dissídio que lavrou na doutrina sobre a prevalência da teoria do risco integral ou do risco administrativo não tem maior relevância, pois os defensores de ambas as correntes aceitam a possibilidade de exclusão ou atenuação da responsabilidade do Estado sempre que provada a atuação de fatores causais estranhos ao Estado, como a culpa exclusiva ou concorrente da vítima".

Da mesma forma não é outro o entendimento perfilhado por Yussef Said Cahali.[31] "Parece-nos que, efetivamente, a distinção proposta por Hely Lopes Meirelles – com manifesta preocupação, aliás louvável e declarada, de proteger a Fazenda Pública – revela-se artificiosa e carente de fundamentação científica".

Destarte, transposta a questão para o plano da causalidade (qualquer que seja a qualificação atribuída ao risco: integral, administrativo ou proveito) aos tribunais caberá apreciar eventual exclusão ou atenuação da responsabilidade pública quando outros fatores, voluntários ou não, tiverem prevalecido ou concorrido como causa na verificação do dano injusto.

Cabível, por fim, a análise estabelecida por Weida Zancaner,[32] acerca da inaproveitabilidade da distinção sugerida por Hely: "Julgamos tratar-se de mera questão semântica, porque o simples exame de obras como a de, por exemplo, Octávio de Barros faz ver que esse autor, declarando-se reiteradamente em comunhão com os adeptos da teoria do risco integral, em momento nenhum preceitua o ressarcimento nos casos de força maior ou de culpa da vítima; ao contrário, deixa bem claro seu posicionamento, do qual, aliás, não se afastam os demais doutrinadores adeptos da modalidade do risco integral: '(...) se o fato foi imputado ao próprio prejudicado, não lhe socorre o direito à indenização'".

Conclui a autora, lançando pá de cal sobre a questão, "Não há como delimitar o contorno das modalidades do risco adminis-

28. Ob. cit., p. 586.

29. Odete Medauar, Weida Zancaner, Yussef Said Cahali, Ruy Rosado de Aguiar Jr. e Maria Sylvia Zanella Di Pietro.

30. "A responsabilidade civil do Estado pelo exercício da função jurisdicional no Brasil", *Ajuris* 59/11.

31. Ob. cit., p. 40.

32. *Da Responsabilidade Extracontratual da Administração Pública*, pp. 59-61.

trativo, do risco integral e mesmo do acidente administrativo. Nesse terreno, extremamente movediço, há rótulos iguais para designar coisas diferentes, e rótulos diferentes para designar coisas iguais".

À guisa de breve conclusão, superadas as polêmicas meramente terminológicas e tendenciosas, manifesta a consolidação da idéia de responsabilidade pública sob a égide da teoria do risco (sem adjetivação relevante), paralelamente à ampliação de suas hipóteses de incidência, reforçada pela inversão do ônus da prova do lesado (que deveria provar a culpa e agora basta a prova da ocorrência do nexo de causalidade) para a Administração (que deverá provar a ocorrência de eventuais excludentes).

A zona de irresponsabilidade resta assim, reduzida, ao mínimo, a exemplo da outrora predominante soberania estatal em face dos interesses da sociedade (individuais ou coletivos), ao mesmo tempo em que a presença estatal avança em todos os campos podendo gerar, potencialmente, um número cada vez maior de conflitos e, portanto, de danos aos particulares.[33]

33. Neste sentido a lição conclusiva de D. Lochak: "L'évolution ainsi résumée procède d'un élargissemente constant des hypothèses dans lesquelles la responsabilité administrative s'est trouvée au fil du temps engagée. Le reflux de la souveraineté et la promotion historique de la notion de service public on été amplifiés par les progrès de l'idée de solidarité sociale pour réduire d'autant plus au minimum la zone d'irresponsabilité que la puissance publique, avec la multiplication des services publics, devenait de plus en plus présente dans le champ social. La conscience juridique dans l'État-gendarme s'accomodait d'une responsabilité administrative étroitement mesurée qui apparaissait ensuite intolérable avec la montée de l'État-providence, la multiplication des activités publiques et donc des dommages. La libéralisation des conditions de la responsabilité administrative a répondu à cette attente, et sa diversification permet d'en moduler les effets pour remplir une pluralité de fonctions: sanction, assurance, prix à payer et garantie sociale" (*apud* Michel Paillet, *La Responsabilité Administrative*, p. 9).

## 2. *Direito estrangeiro*

### 2.1 *Considerações gerais*

A partir da análise dos sistemas inglês, o mais refratário à responsabilização do Estado, francês e espanhol, evidencia-se amplo espectro que se abre em um continente que se pretende comunitário restando, assim, necessário compatibilizar os diversos sistemas para o bom desenvolvimento da vida econômica e social. Realidades históricas distintas, tradição democrática mais ou menos arraigada na consciência nacional e circunstâncias políticas ainda recentes (os inúmeros conflitos armados que varreram o continente europeu por todo o século XX), constituem fatores que devem ser considerados ao bom entendimento da evolução do aludido instituto nos países mencionados.

A responsabilidade pública é instituto contemporâneo indissociável do Estado de Direito, poucos sendo, nesse sentido, os institutos que reflitam de maneira tão sensível e direta a modalidade de Estado de que se trate.

Jesús Leguina,[34] em valioso estudo, aborda de forma precisa o panorama histórico e contemporâneo da responsabilidade pública, a partir da comparação do instituto na Inglaterra, Suíça, Alemanha e Espanha. Neste trabalho, como já visto, será abordada a evolução do instituto nos direitos francês, inglês e espanhol.

Tomar-se-á por base a classificação empregada por Leguina no referido trabalho quanto às fases de evolução da garantia patrimonial dos particulares frente aos danos extracontratuais causados pelo poder público: a primeira, da absoluta irresponsabilidade administrativa; a segunda, de imputação exclusiva de danos aos agentes culpados; a terceira, a admissão de um princí-

34. "El fundamento da la responsabilidad de la administración", pp. 523-524.

pio geral de responsabilidade da Administração, limitado, contudo, aos danos causados por atos ilegais e culpáveis de suas autoridades e funcionários; a quarta, caracterizada pela extensão do mencionado princípio geral de ressarcimento, tanto aos chamados danos anônimos, como aos provocados por atuações administrativas lícitas ou não culpáveis. A abordagem do processo evolutivo da responsabilidade pública permite deduzir, como tendência universal e irreversível, a movimentação dos princípios privatísticos para os publicísticos, como informadores do instituto da responsabilização pública.

O fundamento da responsabilidade do ente público segue, ora em torno do comportamento ilícito de alguma autoridade ou agente público, consistindo sua função em sancionar o comportamento reprovável (direito inglês, alemão e suíço), ora independentemente, em princípio, de toda conduta culpável, e ainda ilegal, de algum agente público concreto, não tanto em sancionar uma conduta reprovável, mas sim em ressarcir objetivamente uma lesão cuja vítima não está obrigada a suportar (direito espanhol e, ainda que de maneira tênue, alemão e suíço).

A partir do paralelo da evolução do instituto da responsabilidade nos direitos nacionais apontados, seguindo a linha evolutiva quadrifásica acima citada, percebe-se o fecho do processo culminando na responsabilidade objetiva, direta, por atos ilícitos e lícitos não culpáveis e anônimos a que chegou, por exemplo, o direito espanhol e em certa medida o francês, restando o inglês (berço da limitação ao Poder do Príncipe) na fase anterior àquela na qual se encontram os ordenamentos mais modernos, remanescendo, ainda, resquícios das fases anteriores nos diversos ordenamentos.

Outra questão a ser colocada reside no efetivo recebimento dos valores a serem ressarcidos. Neste caso, apesar das loas tecidas ao sistema brasileiro que dá ares de evolução, não encontramos a respectiva correspondência ao considerar a notória demora (senão descaso) no pagamento dos débitos judicialmente declarados.

Ao final, será analisado o âmbito estrito da responsabilidade pública por atividade judiciária inadequada, enfatizando o panorama contemporâneo percebendo, a propósito, que a responsabilização dos atos judiciais constitui o penúltimo baluarte dos defensores da teoria regaliana, só sucedido pela irresponsabilidade do Estado-legislador. A despeito dos argumentos utilizados, ainda que emanados de respeitável doutrina, tais posicionamentos têm sido paulatinamente superados pela inexorável tendência à responsabilização plena do Estado considerado em sua unidade.

Alguns pontos em comum podem ser definidos, como a necessidade de se utilizarem todos os recursos cabíveis contra a decisão lesiva, a impossibilidade da propositura da ação indenizatória antes do trânsito em julgado (em regra e apenas em relação ao dano proveniente de sentença). Ademais, percebe-se a tendência à adoção da responsabilidade do Estado como escudo a proteger o juiz, bem como uma disciplina especial ao trato do juiz como agente diferenciado do Estado, embora isso não impeça a responsabilização pública (ou mesmo pessoal) por seus atos; processo, ao que parece, em constante ampliação e irrefreável.

O estudo da evolução do instituto da responsabilidade pública por atividade judiciária danosa, caminho necessário a ser trilhado para alcançar a responsabilidade unitária das funções estatais, pode ser bem observado no direito estrangeiro a partir dos exemplos encontrados no direito francês e espanhol, servindo o sistema inglês como paradigma contrário à tendência que parece dominante.

### *2.2 O direito francês*

No sistema francês contemporâneo, a responsabilidade é a regra e a irresponsabilidade a exceção. Graças à ação pretoriana do Conselho de Estado, o princípio da responsabilidade do Poder Público tornou-se uma das normas fundamentais do Direito Público francês.

A doutrina da "falta de serviço" tem experimentado contínuo alargamento do rol de faltas suscetíveis de ressarcimento. Além disso, admite-se a responsabilidade objetiva, ainda que excepcionalmente, tendo sido abandonada a odiosa distinção existente entre "atos de império" e "atos de gestão".

Percebe-se, destarte, que a evolução histórica do instituto da responsabilidade pública (e por que não dizer do Direito Administrativo) na França corresponde à evolução mundial do próprio instituto.

A evolução histórica da responsabilidade pública apresenta perfil relativamente linear, com a consagração jurisprudencial progressiva de soluções cada vez mais favoráveis às vítimas, apresentadas em três etapas: a da irresponsabilidade, de sua acolhida limitada, plasmada inicialmente por princípios privatísticos, e, só depois, publicísticos, mas limitados e, enfim, de sua aceitação plena e integral.

A idéia existente no Antigo Regime, chamada fase da irresponsabilidade estatal, pode ser expressa na citação de E. Laferrière,[35] segundo a qual "É próprio da soberania impor-se a todos sem compensação".

José Cretela Jr.,[36] com costumeira precisão, bem retrata esta fase: "A irresponsabilidade aparece como um axioma ao qual não se pensa em solicitar títulos jurídicos e a existência de uma responsabilidade pecuniária, em função dos patrimônios administrativos, é considerada como um entrave importuno a liberdade dos serviços. Na ordem patrimonial, os administrados não têm à disposição senão a ação de responsabilidade pecuniária pessoal dos agentes diante dos tribunais judiciários. Arma insuficiente. Dum lado, o direito de ação contra o funcionário não existe e a autorização para agir é, na verdade, controlada pela autoridade como um meio de govêrno; de outro, o funcionário é com freqüência insolvente".

Na segunda fase, marcada pela Revolução de 1789, a irresponsabilidade é atenuada, admitindo-a, contudo, sob a ótica civilista, notadamente sob a égide dos arts. 1.382 e ss. do CC.

De qualquer forma ocorre algum progresso no período em tela, conforme entendimento manifestado por Michel Paillet,[37] em relação à análise de alguns dispositivos da Declaração de 1789.

Ademais, o período é marcado pela polêmica travada a respeito das competências jurisdicionais (autoridade administrativa ou judiciária) e, portanto, pelas regras aplicáveis à questão.[38]

35. "Le propre de la souveraineté est de s'imposer à tous sans compensation" (*Traité de la Juridiction Administrative et des Recours Contentieux*).

36. *Tratado de Direito Administrativo*, v. VIII, pp. 141-142.

37. "Il est vrai que la Déclaration de 1789, en posant que 'la propriété étant un droit inviolable et sacré, nul ne peut en être privé, si ce n'est lorsque la nécessité publique légalement constatée l'exige évidemment et sous la condition d'une juste et préalable indemnité' (art. 17), provoque une remise en cause du dogme de l'irresponsabilité de la puissance publique". Prossegue o autor, "L'article 13 fonde le principe d'égalité devant les charges publiques, qui joue aujourd'hui un rôle important en la matière, mais il est consideré à l'époque comme ayant essentiellement une incidence fiscale". Arremata, por fim, "Quant à l'article 15 selon lequel 'la societé a le droit de demander compte à tout agent public de son administration', il n'est pas davantage interprété comme ayant un rôle à jouer en matière de responsabilité administrative mais plutôt sur le terrain de la compatibilité publique" (ob. cit., p. 2).

38. Por oportuno, novamente a lição de Michel Paillet, "après la Restauration les tribunaux judiciaires tendent à écarter le jeu du principe de séparation pour déclarer l'État responsable sur la base du Code civil (il'est incontestable qu'il appartient à l'autorité judiciaire d'apprécier, dans le cas prévus par les articles 1.382, 1.383 et 1.384 du Code civil, les faits résultant de l'exécution plus ou moins intelligente, plus ou moins prudente des

A posição de que a responsabilidade administrativa não pode ser disciplinada pelas regras ordinárias da responsabilidade civil começa a prevalecer.

O período seguinte tem por marco o ano de 1873, com os casos Blanco e Pelletier. O primeiro afirma (não sem antes ter sido antecedido por outros no mesmo sentido, mas sem a mesma contundência) que "a responsabilidade, que pode incumbir ao Estado pelos danos causados aos particulares por culpa de pessoas que trabalham no serviço público, não pode ser regida pelos princípios que são estabelecidos no Código Civil, para as relações de particular a particular". As conclusões do Comissário do Governo David constituem os princípios sobre os quais será construído o sistema francês de responsabilidade pública.

Quanto ao segundo, as conclusões do caso Pelletier,[39] ao discutir o alcance da ab-rogação de um decreto legislativo de 19.9.1870 em face do art. 75 da Constituição do ano VIII, do mesmo ano, complementam o caso Blanco, ao traçar os limites da responsabilidade pessoal dos agentes diante das jurisdições ordinárias e da obrigação de reparação que poderá, eventualmente, ser imposta à administração diante do juiz administrativo (por falta de serviço).

Malgrado os inegáveis avanços citados (inúmeros atos governamentais), permanecem restritos, mantendo-se, ainda, longe do campo de ação da responsabilidade pública.

No último período, tem-se a responsabilidade desenvolvida no campo peculiar do direito público, assumindo a feição contemporânea. A partir do início do século XX, pouco após a Primeira Guerra Mundial, a responsabilidade administrativa adquire progressivamente a fisionomia hoje conhecida.[40]

As relações entre responsabilidade dos agentes públicos e dos entes públicos evoluíram dentro do sentido favorável às vítimas. Sobre este aspecto, a existência de uma falta pessoal de um agente público (diga-se um fato pessoal culposo justificando a competência exclusiva do juiz judiciário à luz da jurisprudência Pelletier), não exclui mais a possibilidade da vítima reclamar reparação, diante do juiz administrativo, à administração à qual o agente pertence.[41]

Ademais, os fatos geradores de responsabilidade imputáveis à administração multiplicaram-se. Neste aspecto, pode-se

règlements et ordres administratifs (...). Mais, de son coté, le Conseil d'État revendique avec vigueur la compétence administrative en se fondant non seulement sur la règle de la séparation des autorités mais également sur les textes selon lesquels les juridictions judiciaires son incompétentes pour déclarer l'État débiteur" (ob. cit., p. 3).

39. Este caso, de 30.7.1873, complementou o caso Blanco. Ao discutir a ab-rogação de um decreto legislativo de 19.1.1870 em face do art. 75 da Constituição do ano VIII, estabeleceu a distinção dos fatos prejudiciais que constituem faltas pessoais daqueles considerados faltas funcionais. Delimitou, assim, os limites da responsabilidade pessoal dos agentes e eventual dever de reparação pela administração por falta de serviço, a ser apreciada pela jurisdição ordinária ou administrativa.

40. Conforme as razões apontadas por José Cretella Jr., "a extensão da competência dos tribunais administrativos e, pois, a rejeição das concepções civilísticas; e a multiplicação das ações de responsabilidade diante do Conselho de Estado, que iria forçá-lo a fortalecer sua doutrina, a precisar progressivamente os contornos de suas construções jurídicas como já o fizera no século XIX, em matéria tão importante, qual a dos prejuízos causados à propriedade pela execução dos trabalhos públicos" (*Tratado...*, p. 142).

41. O caso Anguet – CE, 3.2.1911, Rec. CE p. 146; GAJA n. 26 – admite neste caso em que, a origem do dano, se encontra ao mesmo tempo uma falta pessoal e uma falta de serviço (denominada cumulação de faltas). Ademais, o Conselho de Estado vai além no caso Lemonnier (CE, 26.7.1928, Rec. CE p. 761; GAJA n. 36) ao considerar que uma única falta pode constituir, ao mesmo tempo, uma falta pessoal (justificando o juiz judiciário) e uma falta de serviço autorizando a vítima a procurar a administração diante da jurisdição administrativa.

apontar, ao menos duas razões que a motivaram. Uma, em razão da acolhida extremamente ampla dada ao mecanismo da falta do serviço público. Outra, consistente no progressivo privilégio manifestado ultimamente pela responsabilidade sem culpa (risco) de atos praticados por pessoas colocadas sob a vigilância da administração, ou ainda nos casos de danos sofridos pelos colaboradores ocasionais dos serviços públicos.

A intervenção do legislador na consolidação do regime da responsabilidade pública, por fim, não pode ser ignorada. Intervindo de maneira pontual, a lei consagra as hipóteses específicas de responsabilidade das coletividades públicas: os causados por um membro do ensino público (Lei de 5.4.1937), por veículos administrativos (Lei de 31.12.1957), ou em conseqüência de acidentes nucleares (Lei de 30.10.1968), vítimas de certos crimes (Lei de 3.1.1977), atos de terrorismo (Lei de 9.9.1986), AIDS por transfusão (Lei de 31.12.1991), entre outros.

As características que bem ilustram a história da responsabilidade pública na França são: a ampliação quase constante da responsabilidade do Poder Público (estendida até os atos lícitos ou não culpáveis, anônimos, jurisdicionais e legislativos – a fronteira mais distante); o aperfeiçoamento técnico da teoria das relações entre a Administração, seus agentes e as vítimas dos danos (avaliação de dano, modalidades, excludentes etc.); a delimitação da responsabilidade administrativa com teoria autônoma (marco no caso Blanco, em 1873, em que, a partir do pronunciamento do Conselheiro David, se conseguiu equacionar e resolver os problemas da responsabilidade pública fora do Código Civil – então disciplinador da matéria – de maneira publicística, inclusive definindo jurisdição própria). Neste ponto, cabe lembrar a rígida separação existente entre autoridade administrativa e autoridade judiciária e suas origens revolucionárias.

O sistema francês prevê a responsabilização do Estado por atividade judicial em razão de danos injustamente experimentados pelo desempenho defeituoso da atividade judiciária.

O princípio da irresponsabilidade do Estado-juiz foi atenuado no direito francês por sucessivas exceções, até a edição da Lei n. 72.626/1972 que estabeleceu o princípio da responsabilidade estatal por dano oriundo de falha no funcionamento da atividade judiciária.[42]

A justificativa para esta situação, residia na natureza privada das funções estatais, entre as quais a magistratura (tida como bem do magistrado que a podia transferir *inter vivos* ou *causa mortis*), vigente na França por todo período feudal.

Surge, a partir de 1521 (com a ascensão da realeza e fruto da construção jurisprudencial), o instituto da *prise à partie*, procedimento destinado à responsabilização pessoal dos juízes (na forma do art. 1.382 do CC) pelos danos cometidos no exercício da função, cabível nas hipóteses de dolo, fraude, concussão ou erro manifesto de fato ou de direito, disciplinado pela Ordenação de Luiz XIV, de 1667.

Seu histórico originou-se no direito romano, perdurando (não como posteriormente disciplinado) pelo período medieval, até ser diferenciado da apelação interposta contra o julgamento.[43]

42. Até então, vigorava o princípio da irresponsabilidade do Estado-juiz, como ilustrado na obra de Philippe Ardant: "C'est un principe couramment admis que celui de l'irresponsabilité de l'État en raison de sa fonction juridictionnelle. Il y a là comme une sorte de dogme d'irresponsabilité" (*La Responsabilité de L'État du Fait de la Fonction Juridictionelle*, p. 135).

43. Alfredo Buzaid, com apoio na lição de Garsonnet (*Traité de Procédure*), traça a síntese histórica necessária, "Originário do direito romano – onde o juiz, que julgou por interesse pessoal, em ódio a uma parte ou em favor de outra, fez sua a lide, ficando, à semelhança de um delito, obrigado a reparar o dano causado injustamente à parte condenada – a *prise à partie* foi introduzida na antiga jurisprudência francesa, segundo a qual o

A desconfiança com a qual os juízes foram tidos por ocasião da Revolução de 1789, acabou por submetê-los ao governo, acabando com os privilégios então existentes. Desde então, seguiu-se uma série de atos legislativos disciplinando sua responsabilidade, inicialmente apenas nos casos expressos em lei, sendo necessária autorização prévia para o processo, o que na prática tornavam inviáveis tais dispositivos, a exemplo do Código de Processo Civil.

Em 1895, uma lei modificou o art. 446 do CPCr, instituindo o regime ressarcitório estatal em prol do condenado declarado inocente em processo de revisão.[44]

Em 1933, a lei de 7.2.1993 alterou a redação do art. 505 do CPC, ao admitir a *prise à partie* nas hipóteses de dolo, fraude, concussão ou falta grave, no curso da instrução ou do julgamento, bem como a responsabilidade subsidiária do Estado.[45]

Em 1956, o *Arrêt Giry*[46] traça novo norte ao regime do aludido instituto, ao admitir a responsabilidade pública em hipóteses não previstas na legislação, mas, sim, a partir de princípios gerais de direito público, descartando a aplicação do art. 1.382 e ss. do CC.[47]

Cabe, aqui, uma síntese do julgado. Um médico particular, ao atender, *in loco*, por requisição da Polícia Judiciária, um caso de morte provocada por asfixia (escapamento de gás), foi atingido e gravemente lesionado pelos efeitos de súbita explosão causada pelo mencionado escapamento, cujas causas permaneceram ignoradas. O médico, Dr. Giry, demandou o Estado para haver o respectivo ressarcimento perante os tribunais judiciários. Não obstante a alegação de ausência de texto pré-vinculante, o arresto do Tribunal Distrital do Sena entendeu que o prejuízo sofrido pelo particular em razão de uma operação indispensável executada nos limites do interesse de um serviço público, devem ser suportados pela coletividade e não apenas pela vítima.[48]

litigante podia provocar o seu juiz ao combate judiciário; o julgamento de Deus, isto é, a vitória, decidia, aí, da validade da sentença. Quando este uso bárbaro, abolido por S. Luiz nos seus domínios, caiu em desuso, a apelação da sentença dirigia-se ainda contra o próprio juiz, que devia defender o seu julgado perante o Tribunal Superior. Foi somente em 1540 que uma Ordenação de Francisco I distinguiu a *prise à partie*, dirigida contra o juiz, da apelação interposta contra o julgamento, e estatuiu que, para o futuro, o juiz não poderia ser atacado pessoalmente senão por dolo, fraude, concussão ou em virtude de disposições formais das Ordenações, que declaravam a sua responsabilidade" ("Da responsabilidade do juiz", *Revista de Processo* 9/21).

44. "L'État est civilment responsable des condemnations en dommages intérêts qui seront prononcés à raison de ces faits, contre les magistrats, sauf son recours contre ces derniers (Pén. 185)."

45. "Les juges peuvent être pris à partie dans les cais suivants: 1. s'il y a dol, fraude, concussion ou faute lourde professionelle qu'on prétendrait avoir été commis, soit dans le cours de l'instruction, soit lors des jugements; (o erro grosseiro profisional não constava do texto anterior) 2. si la prise à partie est expressément pprononcée par la loi; 3. si la loi déclare les juges responsables, à peine de dommages et intérêts; 4. s'il y a déni de justice." Quanto a esta, dispõe o art. 506, "il y a déni de justice, lorsque le juges refusent de répondre les requêtes ou de juger les affaires en état et en tour d'être jugées".

46. No qual a responsabilidade estatal por atos judiciários restou configurada, em razão de ferimentos causados por explosão, à pessoa de um médico chamado a colaborar com a polícia judiciária. A respeito do caso, verificar Philippe Ardant, ob. cit., pp. 53-59.

47. A propósito discorre René Chapus, "Mais appliquant la jurisprudence Giry, les tribunaux judiciaires saisis de l'action en réparation seront en mesure de statuer en appliquant, non les articles 1.382 et s. C.civ., mais les principes de la responsabilité de la puissance publique, ainsi que le justifie le fait que le service de la justice judiciaire est un service à gestion publique. Il ne faut pas moins distinguer entre justice judiciaire et justice administrative" (*Droit Administratif Général*, pp. 1.219-1.220).

48. "Le préjudice subi par un particulier, au cours d'une opération indispensable exécutée dans l'intérêt d'un service public, par conséquent gé-

Em 17.7.1970, a Lei 70.643, introduz no Código Processual Penal a disciplina da responsabilidade estatal por danos advindos de prisão preventiva, prescrevendo ressarcimento em prol do preso condicionada à sua absolvição, se da detenção derivasse dano manifestamente anormal e particularmente grave.

A Lei de 5.6.1972, destarte, atribuiu ao Estado a obrigação de ressarcir o dano causado pelo funcionamento defeituoso da justiça em razão de falta grave ou denegação de justiça. A responsabilidade dos magistrados ordinários, por falta pessoal, rege-se pelo estatuto da magistratura, e a dos demais, por lei especial, figurando o Estado apenas como garantidor da responsabilidade pessoal.

Instalou-se, a propósito de inovação legislativa de 1972, relevante polêmica se tal dispositivo teria suprimido a responsabilidade sem culpa, consagrada no caso Giry, o que se responde pela negativa, conforme entendimento doutrinário.[49-50]

neral, doit être supporté par la collectivité et non par la seule victime."

49. Lícito trazer à colação precioso estudo de Jean Vincent a respeito da inovação legislativa de 1972: "La responsabilité de l'État pour le fonctionnement fautif de la justice judiciaire peut être engagée, en vertu de l'article 11 de la Loi n. 72.626 du 5 juillet 1972, devant les tribunaux judiciaires pour faute lourde ou pour déni de justice (refus de juger). En dehors de ces hypothèses générales elle peut également être engagée, em matière pénale, en cas de détention provisoire non suive d'une condamnation si l'intéressé a subi 'un préjudice anormal e d'une particuliere gravité' (art. 149 CPP), ou en cas de révision d'un jugement comportant une erreur judiciaire (art. 626, ibid.). Rompant avec la jurisprudence antérieure, le Conseil d'État admet, depuis 1978, le principe d'une responsabilité de l'État à raison de l'exercise de la fonction juridictionelle par une juridiction administrative. Cette responsabilité ne trouve pas as source dans la Loi de 1978, limitée aux tribunaux judiciaires, mais dans les 'principes généraux régissant la responsabilité de la puissance publique'; as mise en oeuvre n'assure d'ailleurs ne soit pas, on plus, assortie de l'autorité de la chose jugée, et que l'on puisse invoquer une faute lourde ne résultant pas du contenu même de la décision – mais par exemple d'un retard injustifiable à statuer".

Prossegue o brilhante estudo. "Une Loi n. 72.626 du 5 juillet 1972 avait annoncé (art. 11) un régime nouveau, mais qui ne devait se substituer à l'article 505, ancien code, que quand seraient entrées en vigueur les dispositions législatives relatives à la responsabilité des magistrats pour faute personnelle (art. L.781-1, COJ). Ces dispositions on été introduites par la Loi Organique n. 79-43 du 18 janvier 1979 dans l'article 11-1, Ordonnance n. 58-1270 du 22 décembre 1958 (art. L.781-1, COJ). Le nouveau régime présent les caractéristiques suivantes: l'État est tenu de réparer les dommages causés par un fonctionnement défectueux du service de la justice. Cepedant as responsabilité n'est engagée que si le magistrat ou la juridiction collégiale dont se plaint un plaideur a commis une faute lourde ou un déni de justice. L'État garantit les victimes des dommages causés à un plaideur par les fautes personnelles des magistrats (art. L 781-1, COJ). La Loi du 18 janvier 1979 précise que les magistrats du corp judiciaires son responsables que de leur fautes personnelles (art. 11-1, al. 1). C'est une responsabilité qui ne peut être engagée que sur l'action récursoire de l'État (art. 11-1, al.-3). Pour cette action, une seule juridiction est compétente, une chambre civille de la Cour de Cassation (art. 11-1, al.-3).

"Il rest que le statut de la magistrature ne précise pas ce qu'il faut entendre par faute persornelle du magistrat, par opposition à la simple faute de service.

"Il faudrait aussi que des lois spéciales étendent ce régime aux magistrats de certains tribunaux d'exception é lus on désignés.

"Cette réforme est d'une grande importance. Elle tend, d'une part, à engager mieux qu'auparavant la responsabilité de l'État pour le cas de fonctionnement défectueux des services de la justice, d'autre part, à rapprocher la responsabilité personelle du magistrat de celle des autres membres de la fonction publique" (*La Justice et ses Institutions*, pp. 130-131 e 527-528).

50. Da mesma forma, cabível a indagação de René Chapus, "La loi paraît ainsi entrer en conflit avec la jurisprudence Dr. Giry, qui ouvre des possibilités non négligenciables que les dangereux) ou de responsabilité pour faute simple. Mais le fait que l'intentioin du législateur a été d'améliorer le sort de ces victimes justifie et même impo-

João Sento Sé,[51] aborda os efeitos da instituição da referida lei no sistema de responsabilidade pública por atos judiciários, questionando sua abrangência à jurisdição administrativa, e bem lembrando seu acolhimento às hipóteses "não declaradas em lei", anteriormente à edição do aludido diploma. Nesse sentido, oportuna a transcrição do que segue: "Uma lei de 5.7.1972 manda o Estado *réparer le dommage causé par le fonctionnement défectuex du service de la justice*. a) Qual é o alcance do princípio? O princípio da responsabilidade do Estado admitido nesta lei abrange a Justiça civil, criminal, comercial e mais geralmente todas as jurisdições judiciárias; e é aplicável aos atos jurisdicionais, bem como aos atos jurídicos ou materiais de execução do serviço público da Justiça judiciária. b) Quais são as condições da responsabilidade do Estado? Esta responsabilidade pressupõe um funcionamento defeituoso do serviço público da Justiça. Pode tratar-se primeiramente de uma culpa do serviço público da Justiça judiciária, sendo então necessária a caracterização de denegação de justiça ou de uma culpa grave do serviço. Em segundo lugar, pode tratar-se de uma culpa pessoal do juiz, configurada no serviço ou com este relacionado, e o Estado também indeniza. Quanto à responsabilidade sem culpa, aceita anteriormente pela jurisprudência em matéria de polícia judiciária, a lei não visa a esta hipótese e pode-se perguntar se não a exclui implicitamente".[52]

Ao final, a lei orgânica de 18.1.1979, incluiu, no estatuto dos magistrados, um dispositivo a explicitar que os da jurisdição ordinária respondem somente pela culpa pessoal, mas a ação de responsabilidade contra o magistrado não pode ser exercitada senão por ação regressiva do Estado, perante a Corte de Cassação. Desaparece, desta forma, o processo de *prise à partie* para os juízes ordinários e amplia-se o campo da responsabilidade direta do Estado também pelas faltas pessoais dos juízes. Em suma, o Estado é civilmente responsável pelas condenações de seus magistrados por erros pessoais, ressalvada ação regressiva contra eles. Ademais, não se discute a anulação do julgado, pois não consiste este o objeto da ação, mas, sim, a reparação dos danos.

Ao contrário da Espanha e da Itália,[53] que procuraram disciplinar a responsabili-

se l'interprétation restrictive de la loi, afin de limiter les conséquences de ce pavé de l'ours auquel fait penser la maladresse législative" (ob. cit., p. 1.221).

51. *RDP* 81/134.

52. Com acerto conclui Martine Lombard, "La Loi du 5 juillet 1972 est en apparence un texte important puis qu'il semble marquer la fin d'un siècle de particularisme du droit de la responsabilité des services judiciaires. Celui-ci se manifestait traditionnellement dans l'irresponsabilité de principe de l'État d'une part, dans la protection renforcée des magistrats d'autre part, puisque leur responsabilité civile ne pouvvait être engagée qu'à travers la difficile procédure de la prise à partie. Toute action dirigée contre un juge était donc préalablement soumise à autorisation" ("La responsabilité du fait de la fonction juridictionelle et la Loi du 5 juillet 1972", *Revue du Droit Public et de la Science Politique en France et a l'Étranger* 3/585).

53. Na Itália, o problema da responsabilidade judicial assumiu tamanha relevância que foi até objeto de *referendum* popular realizado em 1987, quando mais de vinte milhões de votos derrogaram os arts. 55 e 56 do CPC, culminando com a Lei 117, de 13.4.1988, que adotou um sistema de responsabilidade estatal exclusiva por ato judicial ilícito (dolo, culpa grave ou denegação de justiça). A disciplina atual da matéria no direito italiano, tem início com a edição de Lei 117, de 13.4.1988, dispondo sobre o ressarcimento por danos causados no exercício da função judicial e a responsabilidade civil (agora sim, civil e não efeito civil de responsabilização penal como ocorria antes) dos magistrados. Há que se ressaltar, por oportuno, que a questão é tratada pelo direito italiano por legislação específica e não constitucional, ao contrário do espanhol e do brasileiro. Ademais, os problemas internos enfrentados pelo país a partir dos anos setenta (combate ao crime organizado – máfia e brigadas vermelhas), trouxeram à cena a questão dos magistrados e suas responsabilidades. A Lei italiana, contudo, é excessivamente complica-

dade do magistrado em um único texto, o direito francês optou pela disciplina do instituto por meio de inúmeros textos legislativos, bem como por uma profícua produção jurisprudencial, levando-se em conta não apenas o fato lesivo mas, também, a qualidade do agente autor da ação ou omissão danosa.

Assim, a dualidade das jurisdições, de certa forma, responde por essa peculiaridade. A responsabilidade pela atividade jurisdicional comum obedece a dois regimes, a saber o especial e o comum.

O primeiro, abrange a responsabilidade pelo erro judiciário (art. 626 do CPP); pela detenção provisória injusta (Lei n. 70.643, de 17.7.1970, e arts. 149 e 150 do CPP – deverá provar prejuízo grave – requisito suprimido pela Lei de 30.12.1996, sem a condição de culpa; prazo decadencial de seis meses); pela tutela civil ou pelas conseqüências danosas à pessoa tutelada em razão do juiz (Lei de 14.12.1964); e pela falta pessoal do juiz (devendo ser proposta a demanda em face do Estado, cabendo a este a via regressiva – art. 781 do COJ; competência da Câmara Civil da Corte de Cassação – art. 11-1, al. 3, da *Ordonnance* n. 58.1270, de 22.12.1958). Nesta, a responsabilidade é do juiz, servindo o Estado de escudo, garantidor e único legitimado a responder perante o lesado.

No regime comum, o Estado responde pelo mau funcionamento da atividade judicial (art. 781-1 do Código de Organização Judiciária), consistente esta na denegação de justiça ou falta grave (erro ou negligência grave – recusa em julgar, demora excessiva, perda de documentos etc.). Nestes casos, a responsabilidade é direta do Estado.

A teor do art. 781-1, al. 4, do COJ, as regras de responsabilidade do Estado e dos juízes da jurisdição comum não se aplicam às jurisdições especializadas, ainda disciplinadas pelas regras da *prise à partie*. Destarte, remanesce a aplicação do art. 505 e ss. do Código de Processo Civil com a redação dada pela Lei de 7.2.1933, para esses casos.

No tocante à jurisdição administrativa, a Lei de 1972 influenciou o Conselho de Estado (embora a norma não se aplicasse às jurisdições administrativas), a rever seu posicionamento, adotando o princípio da responsabilidade em 1978 no caso Darmont, a partir da ocorrência de uma falta grave, não sendo reconhecida na hipótese da *res judicata*.[54]

Ademais, o sistema que, *ab initio*, considerava apenas as hipóteses taxativamente previstas na lei como passíveis de responsabilização, passou à considerar os princípios

da ensejando escassa aplicação. Concordes em relação ao seu caráter confuso, a doutrina nacional e estrangeira.

O sistema adotado, destarte, apresenta um mecanismo misto de responsabilização, em que o Estado é que deverá ser demandado (ora pela teoria subjetiva, ora pela objetiva) e, só então, exercer o direito regressivo em face do magistrado. Este, por sua vez, só poderá ser demandado diretamente nos casos de conduta típica, esmiuçadamente detalhada em lei especial.

A esse respeito, v. Federico Carpi. "A Lei 117/1988 é muito confusa, e essa talvez seja a causa de sua escassa aplicação. (...) A Lei de 1988 presta-se a interessantes exercitações teóricas, por meio de refinadas interpretações, mas não parece que possa ter muita relevância prática" (Conferência pronunciada em 17.10.1994 na AMERJ, trad. José Carlos Barbosa Moreira, *Revista de Processo* 78/130). Compartilha dessa opinião, Rômulo José Ferreira Nunes (*Responsabilidade do Estado por Atos Jurisdicionais*, pp. 93-97): "A exemplo de outros países, a legislação produzida na Itália sobre a responsabilização dos juízes por atos praticados no exercício da função é deveras confusa".

54. Para René Chapus, "C'est l'arrêt par lequel le Conseil d'État a, pour la première fois, déterminé le régime de la responsabilité de l'État du fait des juridictions administratives. Tout en écartant avec raison l'article 11 de la Loi du 5 juillet 1972 qui, étant une loi de procédure civile, ne concerne que les tribunaux judiciaires, le Conseil s'en inspire visiblement, tout en la prolongeant par une précision légitime" (ob. cit., p. 1.224).

de direito público e, apesar do polêmico caráter restritivo da Lei de 1972, da qual a melhor doutrina aliás não compactua, chegou ao reconhecimento de que este diploma não constitui o único fundamento da responsabilidade por fato da justiça, havendo que se buscar a integração do ordenamento pátrio francês no sistema supranacional europeu.[55]

A interpretação literal-restritiva do dispositivo, no que concerne aos juízes administrativos, levaria à constatação da inexistência de texto expresso a respeito, descabendo a aplicação das disposições relativas ao juiz ordinário bem como da *prise à partie*. Entendeu o Conselho de Estado, contudo, que nos casos de falta pessoal, o Estado deve responder pelo prejuízo causado, com direito de regresso em face do juiz faltoso.

Em suma, o Estado é civilmente responsável pelas condenações de seus magistrados por erros pessoais, ressalvada ação regressiva contra eles. Ademais, não se discute a anulação do julgado, eis que não consiste este o objeto da ação, mas, sim, o ressarcimento dos danos. Ultrapassada, de há muito, a fase da irresponsabilidade do Estado por atividade judiciária danosa, excepcionada, até então, pelas hipóteses do erro judiciário penal e da *prise à partie*.

### *2.3 O direito inglês*

A partir da edição da *Crown Proceedings Act*, em 1947, mantendo ainda inúmeras limitações, a Coroa tornou-se passível de ser demandada em juízo, excetuados os atos de autoridades policiais não inteiramente pagos pelo Tesouro. Até então, prevalecia a tradicional regra do *the King can do no wrong*, vedando a responsabilização estatal, impedindo que o Estado respondesse por sua parcela de culpa. Por influência da inevitável herança britânica, o mesmo processo verificou-se nos Estados Unidos até o advento da *Court of Claims* em 1946.

Apesar da recusa injustificada à solidariedade estatal, encontra-se em um dos berços do constitucionalismo, há muito, o reconhecimento da responsabilidade civil e criminal dos funcionários por danos causados aos particulares.

O direito inglês encontra-se ancorado na terceira fase conforme a classificação de Leguina,[56] assim como o suíço e alemão, estes, porém, encontram-se em trânsito à última etapa, já com abertura a um sistema de responsabilidade patrimonial dos entes públicos, que englobe também em caráter ordinário, e não excepcional, os danos anônimos e as lesões causadas por condutas lícitas. Ao contrário, o sistema espanhol incorporou, desde 1954-1957 e conformado pela atual Constituição, a responsabilidade principal e objetiva, abrangendo o ressarcimento de todas as lesões causadas pelo funcionamento dos serviços públicos (legal ou ilegal, culpável ou não, imputável ou não à conduta individualizada de algum funcionário).

Quanto à noção de ilicitude geradora do dever de indenizar e aos critérios de imputação de danos à Administração, no direito inglês, o elemento essencial do conceito de ilicitude é a ilegalidade da conduta administrativa causadora do dano, devendo ficar a cargo do prejudicado o dano lícito advindo de ato de um agente público que não viole as leis do Parlamento.[57]

55. A propósito, uma vez mais, convém trazer à lume a lição de René Chapus, "La Loi de 1972 n'est peut-être pas le seul fondement possible de la responsabilité de l'État du fait de la justice judiciaire, les tribunaux l'appréciait aussi au regard des exigences procédurales de l'article 6 de la Convention Européene des Droits de l'Homme" (ob. cit., idem, p. 1.222).

56. "El fundamento de la responsabilidad de la administración", pp. 524-525.

57. Ademais, ainda no valioso estudo de Leguina, a distinção entre dano decorrente de ação ou omissão, contudo, é relevante: no dano por omissão, "la ilicitud se confunde con la simple ilegalidad del comportamiento omisivo: basta el incumplimiento de una obligación pública impues-

O conceito de ilicitude do direito inglês é delimitado pela ilegalidade e culpabilidade subjetiva, seguindo suas linhas mestras idênticas àquelas que regiam a etapa anterior, apenas agora respondendo a Administração (e não apenas o funcionário), mas com base nos mesmos fundamentos e pelas mesmas razões pelas quais respondiam o funcionário responsável pelo evento danoso. Não há que se negar, contudo, algum avanço, notadamente o da garantia da solvência em prol do lesado.[58]

Tímida, portanto, a evolução do instituto da responsabilidade pública no direito inglês.

Deslocado o foco da análise para o aspecto específico da responsabilidade por atividade judiciária, cabe destacar, de início, o sistema de recrutamento de juízes na Inglaterra, responsável pelo prestígio e respeito com que são distinguidos na sociedade. Em número bastante reduzido, dificilmente o juiz é indicado para o cargo com menos de quarenta e cinco anos de idade, sendo vinte de advocacia. Exceção feita aos Juízes de Paz (de jurisdição inferior), todos os demais são provenientes da advocacia, com larga experiência como visto, servindo primeiro nas *High Court* (órgão de primeira instância), mesmo sendo possível sua indicação direta para a *Court of Appeal* ou mesmo para a *House of the Lords*.

A propósito menciona Juan Montero Aroca:[59] "Existen en Inglaterra once magistrados en la Cámara de los *Lords*, veinticuatro en la denominada Corte de Apelación, ochenta y dos en la Alta Corte y unos trescientos jueces de distrito, siendo todos ellos nombrados entre juristas, y casi siempre entre abogados inscritos en la 'Bar' por el *Lord* Canciller".

Na Inglaterra, a teor da *Crown Proceedings Act*, de 1947, apesar das concessões feitas pela aludida norma à responsabilização pública, a Coroa Britânica não responde por danos decorrentes de atos ou omissões de qualquer pessoa no desempenho da atividade judicial. A responsabilidade do juiz será, portanto, sempre pessoal.

A distinção estabelecida pela organização judiciária inglesa entre cortes superiores (*Supreme Court of Judicature*, *House of Lords* e *Privy Council*) e as jurisdições inferiores é a pedra angular para se entender o sistema adotado pelo ordenamento britânico.

Os integrantes das cortes superiores gozam da presunção de estarem sempre agindo no limite de sua competência jurisdicional (*intra vires*), competindo ao autor da ação a prova do excesso de poder, o que não ocorre com os juízes das cortes inferiores (Juízes de Paz), que deverão comprovar a observância dos limites de sua atuação.[60]

ta por una ley para que la Administración incumplidora pueda ser condenada al resarcimiento, aunque no haya habido culpabilidad alguna en la conducta omisiva dañosa" (ob. cit., p. 526).

No dano por ações positivas, para que ocorra a ilicitude ensejadora de responsabilidade "es preciso que concurra, junto a la ilegalidad de la conducta de la autoridad o funcionario, una calificación subjetiva reprochable: la intencionalidad de causar el daño, en los actos administrativos decisorios; la simple negligencia, en los actos u operaciones materiales".

58. Ainda para Leguina, "Se trata, en definitiva, de una responsabilidad indirecta o derivada del hecho de un tercero, que gira en torno al concepto de acción u omisión ilícita alzaprimando el criterio de imputación por culpa y cuya principal virtud consiste, en fin, en proteger a las víctimas frente al riesgo de insolvencia de los autores materiales de los daños" (idem, p. 529).

59. *Responsabilidad Civil del Juez del Estado por la Actuación del Poder Judicial*, p. 21.

60. Ruy Rosado de Aguiar Jr. ("A responsabilidade civil do Estado pelo exercício da função jurisdicional no Brasil", *Ajuris* 59/22-24), dá notícia da jurisprudência inglesa, "The Supreme Court may, by statute, lack jurisdiction to deal with a particular matter (...) but it has jurisdiction to decide whether or not it has jurisdiction to deal which such matters". Caso *Taaffe v. Downes*, 1812, in Giovanni Criscuoli, "I nuovi limiti dell'irresponsabilità del giudice inglese nel caso *Sirros v. Moore*

Destarte, uma vez provado que o agente no exercício do Poder Judiciário agiu no limite de sua competência, não haverá que se falar em condenação, pois agiu ao abrigo da *judicial immunity*, ainda que agindo com dolo ou culpa. A responsabilização somente ocorrerá, e ainda assim de maneira pessoal, se comprovada a ação ou omissão além da competência jurisdicional (*ultra vires*).

Ademais, será relevante a boa-fé do juiz para que possa ser condenado, pois ainda que tenha errado, valerá mais sua intenção do que a observância dos limites de seus poderes. No caso *Sirros v. Moore*, a boa-fé prevaleceu sobre a qualidade da jurisdição ou o *status* da corte que agira de maneira equivocada, não se condenando o juiz que tenha errado, mas acreditando ter agido honestamente dentro de sua jurisdição.

É a síntese do caso descrita por Ruy Rosado de Aguiar:[61] "Sirros era um cidadão turco contra o qual, em 1971, foi expedida, por um *magistrate* (Juiz de Paz), ordem de expulsão da Inglaterra. Sirros recorreu à *Crown Court*, que rejeitou o apelo. Depois de findo o julgamento e proclamado o resultado, quando Sirros se retirava da sala, o Juiz ordenou a sua prisão, executada quando o demandante já se encontrava na rua. Sirros propôs a ação de *habeas corpus*, que veio a ser julgada procedente, porque ele fora preso por ordem expedida depois do caso estar concluído. Sirros promoveu, então, ação de indenização contra o Juiz que ordenara a sua prisão e contra o oficial que a cumprira. A ação foi julgada improcedente, mas o fundamento da decisão contrariava a orientação jurisprudencial adotada há séculos".[62]

Em 1985, no caso *In Re MCC* (*a Minor*), noticia Ruy Rosado de Aguiar,[63] "a Câmara dos Lordes não seguiu esse caminho, parecendo ter fracassado o propósito de generalizar a responsabilidade por má-fé, o que dependeria de lei aprovada pelo Parlamento".

Para Juan Montero Aroca:[64] "Este intento de generalizar la irresponsabilidad por culpa y de establecer la responsabilidad por dolo fracasó. Hoy se cree que un cambio como el pretendido sólo podría hacerse por medio de una ley aprobada por el Parlamento, y nada hace pensar que se trate de una cuestión que preocupe a los políticos ingleses". Conclui o autor em festejado e atual trabalho, "En resumen, los jueces superiores son siempre irresponsables, aunque actúen con dolo o culpa. Se ha entendido que los daños ocasionados por sentencias concretas que originen un perjuicio a una parte son siempre menores que los que se derivarían de que los tribunales fueran atacados por los particulares, poniendo límites a la libertad de juicio del juez".

E mais adiante, "importa destacar que la responsabilidad, cuando existe, es siempre personal del juez. El Estado no es responsable nunca. La 'Crown Proceedings Act' de 1947 dirigida a imputar a la Corona (al Estado) la misma responsabilidad que se imputa a los ciudadanos por los actos ilícitos civiles, cuando sean cometidos por uno de sus agentes, excluye expresamente

*and Another*: un motivo per riflettere", *RTDPC*, 1975, n. 3, p. 1.060. Também: Dénis Lévy, *La Responsabilité de la Puissance Publique et de ses Agents en Anglaterre*, p. 103.

61. Ibidem, p. 23.

62. Transcreve-se, aqui, parte do voto de *Lord* Denning: "He should not have to turn the pages of this book with trembiling fingers, asking himself: 'if I do this, shall I be liable in damages?' So long as he does his work in the honest belief that is within his jurisdiction, then he is not liable to an action. He may be mistaken in fact. He may be ignorant in law. What he does may be outside his jurisdiction – in fact or in law – but so long as he honestly believes it to be within his jurisdiction, he should not be liable (...). Nothing will make him liable except it be shown that he was not acting judicially, knowing that he had no jurisdiction to do it" (Walker & Walker, *The English Legal System*, Londres, Butterworths, 1980, p. 221).

63. Ob. cit., p. 24.

64. Ob. cit., p. 25.

los actos realizados por una persona en el ejercicio de las funciones judiciales".

*2.4 O direito espanhol*

O direito espanhol encontra-se adiantado no processo de objetivação do instituto ressarcitório, e de certa forma avançando muito além dos ordenamentos francês e italiano.

O predomínio do princípio da igualdade de todos diante dos ônus e encargos sociais constitui o fundamento da maioria das disposições legislativas disciplinadoras da responsabilidade pública na Espanha.

Há que ressaltar, contudo, que sua construção diferencia-se daquela ocorrida no ordenamento francês, de feição jurisprudencial, tendo origem no esforço doutrinário e legislativo.

A admissão de um princípio geral da responsabilidade pública no direito espanhol é deveras recente, praticamente inexistente até a edição da Lei de Expropriação Forçada, de 16.12.1954.

Vigorava, até então, o Código Civil estabelecia, em seus arts. 1.902 e 1.903, a responsabilidade por danos havidos por ação ou omissão culposas. Por tais disposições, o Estado estaria livre de qualquer responsabilização quando os danos resultassem da execução de sua atividade institucional realizada por meio de funcionários, eis que apenas estes seriam chamados a responder ao terceiro lesado. Limitou-se, apenas, a responsabilidade estatal aos danos causados pela nebulosa figura do "agente especial".[65]

A Lei de 5.4.1904, reguladora da responsabilidade civil dos funcionários públicos, em nada avança, mantendo e até mesmo completando a perversidade do sistema.

Após a Lei de Expropriação Forçosa de 1954, segue-se a Lei de Regime Jurídico da Administração do Estado, de 26 de julho de 1957, que reproduz e aperfeiçoa a fórmula do texto pioneiro de 1954. O art. 40 preceitua a responsabilidade objetiva e direta do Estado.[66]

O art. 43 vai além, possibilitando ao lesado demandar diretamente o agente faltoso, desde que seja possível a prova da ocorrência de culpa grave. Institui-se, paralelamente, a responsabilidade subjetiva concomitantemente à objetiva.[67]

A responsabilidade dos entes públicos no direito espanhol, hoje, há de ser qualificada como direta e principal, pois cobre não apenas os danos imputáveis às condutas individuais de agentes públicos concretos, mas também as lesões ocasionadas pelo funcionamento impessoal, institucional ou anônimo da organização administrativa. E pode ser conceituada como uma responsabilida-

65. Leguina assim destaca a sua importância, "(...) creemos que el cambio radical introducido por este texto legal en el sistema jurídico español ha sido de una importancia tal, que no dudamos en calificaría como la regulación técnicamente más progresiva que del instituto de la responsabilidad civil de los entes públicos exista hoy en el panorama del Derecho comparado.

"Este precepto, según la interpretación predominante en la doctrina y en la jurisprudencia, excluía toda responsabilidad civil del Estado en los casos en que los daños fuesen causados en el desarrollo de su actividad institucional realizada por medio de sus funcionarios, siendo estos últimos los únicos llamados a responder frente a los terceros dañados. La responsabilidad del Estado estaba, por tanto, limitada a los daños causados por la extraña y en la práctica casi nunca existente figura del 'agente especial'" (ob. cit., pp. 159-160).

66. *In verbis*: "Los particulares tendrán derecho a ser indemnizados por el Estado de toda lesión que sufran en cualquiera de sus bienes y derechos, salvo en los casos de fuerza mayor, siempre que aquella lesión sea consecuencia del funcionamiento normal o anormal de los servicios públicos o de la adopción de medidas no fiscalizables en vía contenciosa".

67. Reza o dispositivo: "Los particulares podrán también exigir a las autoridades y funcionarios civiles, cualquiera que sea su clase y categoría, el resarcimiento de los daños y perjuicios que a sus bienes y derechos hayan irrogado por culpa o negligencia grave en el ejercicio de sus cargos".

de objetiva, na medida em que a culpa individual ou institucional tenha deixado de ser o fundamento do dever de ressarcimento, para ceder esse posto ao elemento objetivo da antijuridicidade do dano sofrido.

O art. 106 da Constituição traduz de forma manifesta e inequívoca a opção do constituinte pela responsabilidade objetiva, traduzida em autêntica garantia constitucional. A tutela em questão, ademais, estender-se-á a todos, incluindo os estrangeiros em trânsito.

É lícita, a propósito, a manifestação de Leguina[68] nesse sentido, "(...) el Derecho español reconoce así a todos los ciudadanos, y aun a todos los residentes y transeúntes extranjeros, un derecho a la propia integridad patrimonial frente a cualesquiera acciones u omisiones administrativas que vulneren dicha integridad, sea cual sea el modo en que se produzca tal vulneración. Más que una censura pecuniaria para comportamientos improcedentes del poder público, el resarcimiento es ante todo un derecho, constitucionalmente garantizado, que a todos asiste a no soportar solos aquellos quebrantos patrimoniales ocasionados por los servicios públicos, pero no exigidos por ley. La fórmula del artículo 106 de la Constitución no puede ser más clara y expresiva al respecto: 'Los particulares (...) tienen derecho a ser indemnizados por toda lesión que sufran en cualquiera de sus bienes y derechos (...) siempre que la lesión sea consecuencia del funcionamiento de los servicios públicos'".

Em consonância com a mais avançada doutrina, o dado objetivo da lesão jurídica (o dano injustamente causado ao particular) é que irá determinar o dever de ressarcimento a não a ilicitude da ação ou omissão do agente ou do órgão administrativo. O direito espanhol, desta forma, superou a clássica distinção entre ações lícitas e ilícitas, restando a relevância de tal análise, tão-só, à avaliação regressiva da Administração em face do agente faltoso (ou à demanda proposta diretamente, por opção do lesado, em face do agente faltoso).

Neste sentido, ainda, convém citar a lição de Leguina,[69] "la ilicitud del hecho dañoso se mide, pues, en los efectos negativos injustificados sobre el patrimonio del particular, no en la valoración reprobable de la acción que lo provoca. Donde se sigue que una acción u omisión administrativa legítima e inculpable no dejará por ello de causar una lesión ilícita y, por ello mismo, resarcible, si no se apoya además en un título legal expreso que permita causar el daño".

E prossegue: "El Derecho español ha superado, pues, la clásica disyuntiva entre acciones lícitas y acciones ilícitas (disyuntiva que, por lo demás, apenas es relevante para el perjudicado, pues tanto le da que su lesión patrimonial proceda o no de una conducta culpable), consagrando en su lugar un principio general de garantía patrimonial de los particulares que puede ser invocado con éxito frente a cualquier tipo de lesión antijurídica causada por el funcionamiento, tanto normal o lícito como anormal o ilícito, de los servicios públicos".

Conclui o mestre espanhol, "(...) el sistema español de responsabilidad del Estado ha acertado a expresarse en una formulación legal – la lesión causada por el funcionamiento normal o anormal de los servicios públicos – que, en su concisa sencillez, es técnicamente correcta y funcionalmente idónea para hacer efectivo el principio general de garantía patrimonial de los particulares, puesto que permite subsumir dentro de la misma – y, en consecuencia, reparar – todas las hipótesis de hechos lesivos producidos por el quehacer administrativo, sin necesidad de forzar para ello los límites de otras instituciones (como, por ejemplo, la expropiación forzosa), ni de recurrir tampoco al empleo de ficciones legales (como es el caso, por ejemplo, de las presunciones de culpabilidad)".

68. Ob. cit., pp. 533-534.

69. Ob. cit., pp. 534-535.

A responsabilidade por ato judicial na Espanha, até a Constituição de 1978 era do juiz e não do Estado. Assim foi na Constituição de 1812 (art. 254: "Toda falta de observancia de las leyes que arreglan el proceso en lo civil y en lo criminal, hace responsables personalmente a los jueces que la cometieren"); de 1837 (art. 67: "Los jueces son responsables personalmente de toda infracción de ley que cometan"); este último repetido nas Constituições de 1845 (art. 70); de 1869 (art. 98); e de 1876 (art. 81).

Ao final, a Constituição de 1931 (art. 106: "Todo español tiene derecho a ser indemnizado por los prejuicios que se le irroguen por error judicial o delito de los funcionarios judiciales en el ejercicio de sus cargos, conforme determinan las leyes. El Estado será subsidiariamente responsable de estas indemnizaciones"), inova a disciplina do instituto ao prever a responsabilidade subsidiária do Estado.

A Constituição espanhola de 1978, em seu art. 121, enfim, dispõe: "Los daños causados por error judicial, así como los que sean consecuencia del funcionamiento anormal de la Administración de Justicia, darán derecho a una indemnización a cargo del Estado, conforme a la ley".

O princípio encontra-se, portanto, consagrado na Constituição bem como na Lei Orgânica do Poder Judiciário de 1985 (arts. 292 e ss.), disciplinando o ressarcimento do dano injustamente sofrido pelo lesado, quer pela hipótese de erro judiciário, quer pelo funcionamento anormal (não funcionamento, mau funcionamento, demora excessiva, negligência, etc.) da máquina administrativa, embora somente a atividade jurisdicional gere a responsabilidade nos moldes desta lei, disciplinadas aquelas de natureza administrativa pela regra geral da responsabilização.

O Estatuto dos Trabalhadores, a primeira lei posterior à Constituição a abordar a responsabilidade pública por ato judicial, em seu art. 55.6, previu a responsabilidade solidária do Estado com o empregador, no caso da sentença que julgara injusta a dispensa de trabalhador, ser proferida após sessenta dias de tramitação do processo. Responde, neste caso, pela demora excessiva, pelo mau funcionamento da atividade jurisdicional. No caso da sentença ser reformada em instância superior, o Estado deverá ressarcir a empresa, respondendo o empregado de modo solidário. Neste caso, responde pelo erro. A propósito, convém consultar o valioso trabalho de Juan Montero Aroca.[70]

Adotada a idéia de escudo pela Constituição, não se cogita da distinção entre dolo e culpa, na identificação ou no anonimato do agente causador do dano. Ademais, a responsabilidade objetiva e direta será do Estado, como claramente insculpido no texto constitucional, prevalecendo contra a responsabilidade pessoal do juiz que, embora existente e conflitante em alguns pontos, não serve de melhor guarida aos interesses lesados.

A regulamentação deste dispositivo, entrevisto ao final do texto, gerou razoável celeuma até a sua positivação em 1985, consolidando, neste permeio, o entendimento de sua aplicação direta pendendo de regulamentação o seu exercício. Este diploma, contudo, tratou em títulos apartados da responsabilidade do Estado e do juiz, ocasionando algumas controvérsias.

A responsabilidade do Estado caberá por todo dano injustamente causado a bens ou direitos, em razão de erro judiciário civil ou penal,[71] ou funcionamento anormal (mau funcionamento, falta de funcionamento ou funcionamento defeituoso) da justiça[72] (incluído o descumprimento de normas processuais e quanto ao prazo não é o seu descumprimento mas, sim, o não julgamento em "prazos razoáveis"), desde que efetivo, quantificável e individualizável da víti-

70. Ob. cit., pp. 95-100.
71. Aroca, ob. cit., pp. 114-125.
72. Idem, pp. 129-136.

mas,[73] salvo nas hipóteses de força maior e culpa da vítima (art. 295).

A propósito soa arrazoada a distinção estabelecida pela melhor doutrina entre erro judicial e funcionamento anormal do serviço da justiça. É a sempre precisa lição de Juan Montero Aroca,[74] para quem, "nosotros partimos de afirmar que se trata de dos conceptos independientes. El funcionamiento anormal atiende al incumplimiento de la norma procesal, mientras que el error puede producirse aun en el caso de que hayan cumplido escrupulosamente todas las normas procesales.

"En síntesis la distinción podría formularse así: la Constitución para la responsabilidad patrimonial de las Administraciones Públicas ha partido de que éstas responden de toda lesión que los particulares sufran en sus bienes y derechos como consecuencia del funcionamiento de los servicios públicos, sin distinguir entre normalidad o anormalidad del funcionamiento (art. 106.2 CE); por el contrario, cuando se trata de la responsabilidad del Estado-Juez ha establecido la distinción entre funcionario normal y anormal, y ello de modo tal que el Estado responderá de todos los casos de funcionamiento anormal, pero cuando se trata de funcionamiento normal el único supuesto de responsabilidad es el error judicial (aparte del caso especial de la prisión provisional)."

Entre as situações hábeis em responsabilização citadas por Aroca[75] e, portanto, ensejadoras de danos ressarcíveis encontra-se, no processo de conhecimento, apenas a sentença (excluídas as interlocutórias e despachos); na execução, os atos não mais impugnáveis; no cautelar, as decisões irrecorríveis e as recorríveis causadoras de danos em razão da inexistência de efeito suspensivo. O reconhecimento da inexistência do fato imputado, a ausência de tipicidade e a falta de participação do acusado no crime, ensejadoras de prisão preventiva ou provisória serão, da mesma forma, causas suficientes para embasar o pedido de ressarcimento, devendo a vítima demonstrar os prejuízos sofridos.

Ademais, a mera reforma ou anulação da decisão não gera direito ao ressarcimento. Destarte, a condenação do juiz na ação de responsabilidade civil não altera a decisão causadora do dano, preservando integralmente a coisa julgada (art. 413-2), exceção feita ao erro penal.[76]

Quanto à qualificação de agente causador do dano, o sistema espanhol adotou um amplo rol de possibilidades, com todos os juízes e magistrados integrantes da estrutura do Poder, Tribunais militares e jurados, alcançando aquelas estruturas que, malgrado não façam parte do Poder Judiciário, exercem função também política conforme entendimento majoritariamente esposado, a exemplo da Corte Constitucional e do Tribunal de Contas.[77]

O sistema espanhol, portanto, por intermédio de sua Constituição bem como da

73. Idem, pp. 145-147.

74. Ob. cit., pp. 113-114.

75. Ob. cit., pp. 116-118 e 136-145.

76. Conforme ensina Aroca, "El fundamento de la cosa juzgada se concibió en épocas pasadas como una presunción de verdad, y así todavía la considera el CC español en el artículo 1.251, pero hoy está pacíficamente admitido que la cosa juzgada se basa en la seguridad jurídica; ésta exige que los litigios tengan un final y que ese final, la resolución correspondiente, aun admitiendo la posibilidad de error, sea irrevocable.

"La responsabilidad patrimonial del Estado-Juez por error judicial no debe negar, en principio, el mantenimiento de la cosa juzgada, sino que atiende a la reparación del daño causado por el error. La seguridad jurídica exige que sea así por lo menos en los órdenes jurisdiccionales civil, laboral y contencioso-administrativo. Sólo en lo penal las cosas pueden suceder de manera distinta pues en él debe predominar el valor justicia sobre el valor seguridad jurídica" (ob. cit., p. 115).

77. No Brasil, o Tribunal de Contas é órgão auxiliar do Poder Legislativo, exercendo a função de fiscalização contábil, financeira e orçamentária (CF, arts. 70 a 75).

Lei de Organização Judicial, prevê a responsabilidade tanto do Estado (art. 296), com direito regressivo, como do juiz (art. 411 – por dolo ou culpa diz a lei, sem especificar seu grau – independentemente de sanções penais e disciplinares) por danos causados em razão de erro judiciário nos casos de culpa grave e dolo, sendo possível até mesmo a cumulação pela propositura simultânea dos dois pleitos.

Para Juan Montero Aroca[78] a omissão do grau da culpa constante no art. 411, leva à absurda conclusão de que o Estado responde apenas por culpa grave enquanto o juiz responde também por aquela leve.

"Estos artículos 296 y 411 son evidentemente contradictorios si en el segundo se entiende incluida la culpa leve. El Estado responde objetivamente, sin existencia de culpa como luego veremos (capítulo 3, apartado 8), en los casos de errores judicial y funcionamiento anormal de la Administración de Justicia y responde también frente al particular cuando éste basa su pretensión en el dolo o culpa grave del juez, pero no responde si alegándose culpa ésta es sólo leve. Por el contrario, si el particular demanda al juez, y el artículo 411 se entiende que comprende la culpa leve, aquél sería responsable. Como mínimo puede decirse que estaríamos ante el absurdo."

A declaração de erro judiciário poderá ocorrer por intermédio do recurso de revisão (art. 293) devendo ser o reconhecimento do erro o fundamento do provimento do recurso; ou de processo especial (proposta no prazo decadencial de três meses ao Tribunal Supremo), sendo necessário o reconhecimento prévio do erro antes do pedido ressarcidor.

## *Bibliografia*


AGUIAR DIAS, José. *Da Responsabilidade Civil*. 10ª ed., Rio de Janeiro, Forense, 1997.

AGUIAR JR., Ruy Rosado de. "A responsabilidade civil do Estado pelo exercício da função jurisdicional no Brasil", *Revista da Associação dos Juízes do Rio Grande do Sul* 59/5-48, Porto Alegre, Ajuris, nov. 1993.

______. "Responsabilidade política e social dos juízes nas democracias modernas", *RT* 751/32-50, São Paulo, Ed. RT, mai. 1998.

ARAÚJO, Edmir Netto. *Responsabilidade do Estado por Ato Jurisdicional*. São Paulo, Ed. RT, 1981.

ARDANT, Philippe. *La Responsabilité de l'État du Fait de la Fonction Juridictionelle*. Paris, LGDJ, 1956.

AROCA, Juan Montero. *Responsabilidad Civil del Juez y del Estado por la Actuación del Poder Judicial*. Madri, Tecnos, 1988.

BARROS, Octavio Augusto Machado de. *Responsabilidade Pública*. São Paulo, Ed. RT, 1956.

BENOIT, Francis-Paul. *Le Droit Administratif Français*. Paris, Dalloz, 1968.

BUZAID, Alfredo. "Da responsabilidade do juiz", *Revista de Processo* 9/15-36, São Paulo, Ed. RT, jan.-mar. 1978.

CAHALI, Yussef Said. *Responsabilidade Civil do Estado*. 2ª ed., São Paulo, Malheiros Editores, 1996.

CARPI, Federico. "A responsabilidade do juiz", *Revista de Processo* 78/123-132, São Paulo, Ed. RT, abr.-jun. 1995.

CAVALCANTI, Amaro. *Responsabilidade Civil do Estado*. 2 vs., Rio de Janeiro, Borsói/Laemmert, 1957.

CHAPUS, René. *Droit Administratif Général*. Paris, Montchrestien, 1998.

CRETELLA JR., José. "Responsabilidade do Estado por atos judiciais", *Revista Forense* 230/37-46, Rio de Janeiro, Forense, abr.-jun. 1970.

______. *Tratado de Direito Administrativo*. v. VIII, Rio de Janeiro, Forense, 1972.

DUEZ, Paul. *La Responsabilité de la Puissance Publique (en Dehors du Contrat)*. Paris, Dalloz, 1927.

______; DEBEYRE, Guy. *Traité de Droit Administratif*. Paris, Dalloz, 1955.

EISENMANN, Charles. *Cours de Droit Administratif*. 2 vs., Paris, LGDJ, 1983.

______. "La justice dans l'État", in *La Justice*. PUF, 1961, pp. 11-56.

GARNER, J. F. *Administrative Law*. 3ª ed., Londres, Butterworth, 1970.


78. Ob. cit., pp. 49-50.

LAFERRIÈRE, E. *Traité de la Juridiction Administrative et des Recours Contentieux*. t. 2, 2ª ed., Paris-Nancy, Berger, 1896.

LAUBADÈRE, André de. *Traité Élémentaire de Droit Administratif*. 3 vs., 3ª ed., Paris, LGDJ, 1963.

LEGUINA VILLA, Jesús. "El fundamento de la responsabilidad de la Administración", *Revista Española de Derecho Administrativo*, s.l., pp. 523-536, 1980.

______. *La Responsabilidad Civil de la Administración Pública*. Madri, Tecnos, 1970.

LESSA, Pedro. *Poder Judiciário: Direito Constitucional Brasileiro*. Rio de Janeiro, Francisco Alves, 1915.

LIMA, Hermes. *Actividade Administrativa do Estado*. São Paulo, Livraria Acadêmica, 1927.

LOMBARD, Martine. "La responsabilité du fait de la fonction juridictionelle et la Loi du 5 juillet 1972", *Revue du Droit Public e de la Science Politique en France et a l'Étranger* 3/585-634, Paris, LGDJ, mai.-jun. 1975.

MEDAUAR, Odete. *Direito Administrativo Moderno*. 4ª ed., São Paulo, Ed. RT, 2000.

MEIRELLES, Hely Lopes. *Direito Administrativo Brasileiro*. 24ª ed., São Paulo, Malheiros Editores, 1999.

NUNES, Rômulo José Ferreira. *Responsabilidade do Estado por Atos Judiciários*. São Paulo, LTr, 1999.

PAILLET, Michel. *La Responsabilité Administrative*. Paris, Dalloz, 1996.

REBOLLO, Luís Martín. "La responsabilidad patrimonial de la Administración en el panorama europeo", *Revista Española de Derecho Administrativo*, s.l., pp. 17-26, 1980.

SALAZAR, Alcino de Paula. *Responsabilidade do Poder Público por Atos Judiciais*. Rio de Janeiro, Canton & Reile, 1941.

SÉ, João Sento. "Responsabilidade civil do Estado-juiz", *Revista de Direito Público* 82/132-140, São Paulo, Ed. RT, jan.-mar. 1987.

______. *Responsabilidade Civil do Estado por Atos Judiciais*. São Paulo, José Bushatsky Editor, 1976.

SILVA, Juary C. *A Responsabilidade do Estado por Atos Judiciários e Legislativos*. São Paulo, Saraiva, 1985.

______. "Responsabilidade civil do Estado por atos jurisdicionais", *RT* 351/19-50, São Paulo, Ed. RT, jan. 1965.

VINCENT, Jean; MONTAGNIER, Gabriel; e VARINARD, Andre. *La Justice et ses Institutions*. Paris, Dalloz, 1982.

YARDLEY, F. C. M. *Introduction to British Constitutional Law*. 9ª ed., Londres, Butterworth, 1978.

ZANCANER, Weida. *Da Responsabilidade Extracontratual da Administração Pública*. São Paulo, Ed. RT, 1981.

# CONSIDERAÇÕES SOBRE O PRINCÍPIO DA ISONOMIA

GABRIELA ZANCANER BRUNINI

Mestranda em Direito Constitucional pela PUC/SP.
Advogada em São Paulo

*1. Introdução. 2. A importância dos princípios no atual ordenamento jurídico brasileiro. 3. O princípio da isonomia: 3.1 Breve histórico; 3.2 Conceito de igualdade. 4. Critérios para análise da violação ou não da igualdade: 4.1 Elemento erigido como fator de discriminação; 4.2 Fundamento lógico que justifique a diferenciação procedida; 4.3 Consonância com os interesses protegidos pelo ordenamento.*

## *1. Introdução*

O presente estudo tem por objetivo delinear os contornos do Princípio da Isonomia à luz do sistema jurídico da Carta Constitucional de 1988, tendo como parâmetro a doutrina e a jurisprudência concernente à matéria.

Para tanto, nos baseamos nas lições de Celso Antônio Bandeira de Mello, cuja obra constitui um dos principais vetores para o estudo do referido princípio, nas preciosas lições de J. J. Gomes Canotilho, as quais, apesar de oriundas do direito alienígena, podem ser facilmente introduzidas para o estudo da igualdade, como valor universal, no nosso ordenamento.

Contamos ainda com o entendimento de Cármen Lúcia Antunes Rocha, Fábio Konder Comparato, além de diversos outros artigos, publicações e livros sobre a matéria.

## *2. A importância dos princípios no atual ordenamento jurídico brasileiro*

Nada mais apropriado do que iniciar este tópico com a célebre afirmação de Celso Antônio Bandeira de Mello,[1] o qual com propriedade asseverou que "violar um princípio é muito mais grave que transgredir uma norma qualquer. A desatenção ao princípio implica ofensa não apenas a um específico mandamento obrigatório, mas a todo o sistema de comandos".

Da assertiva acima, podemos perceber a vultosa importância dos princípios que regem o ordenamento jurídico, pois traduzem o espírito daquele dado ordenamento, sua ideologia e sua finalidade, seus rumos e caminhos, enfim, a alma e a razão da existência daquela complexidade ordenada de normas jurídicas.

1. Celso Antônio Bandeira de Mello, *Curso de Direito Administrativo*, 18ª ed., p. 883.

Paulo Bonavides[2] também se manifestou neste sentido, lecionando que os princípios "postos no ponto mais alto da escala normativa, eles mesmos, sendo normas, se tornam, doravante, as normas supremas do ordenamento. Servindo de pautas ou critérios por excelência para a avaliação de todos os conteúdos normativos, os princípios, desde sua constitucionalização, que é ao mesmo passo positivação no mais alto grau, recebem como instância valorativa máxima categoria constitucional, rodeada do prestígio e da hegemonia que se confere às normas inseridas na Lei das Leis. Com esta relevância adicional, os princípios se convertem igualmente em *norma normarum*, ou seja, norma das normas".

Neste mesmo sentido, Agustín Gordillo,[3] assevera a importância dos princípios dentro de um determinado sistema caracterizando-os como o limite e conteúdo de todo o ordenamento jurídico, como a base de uma sociedade livre e republicana, ou seja, afinal, como os grandes sustentáculos da vida social e da ordem jurídica.

Dada a importância dos princípios no ordenamento jurídico, resta saber qual a sua aplicação prática, ou seja, qual a sua função, perante as demais normas, na ordem jurídica.

Para melhor elucidar a questão, valendo-nos das lições de Santi Romano,[4] para entender o direito constitucional em si mes-

2. Paulo Bonavides, *Curso de Direito Constitucional*, 11ª ed., pp. 260-261.

3. Agustín Gordillo, *Tratado de Derecho Administrativo*, t. 1, *Parte General*, 5ª ed., VI/36-37:

"Diremos entonces que los principios de derecho público contenidos en ese ordenamiento superior son normas jurídicas, pero no solo eso; mientras que la norma es un marco dentro del cual existe una cierta libertad, el principio tiene un sentido integral.

"La simple norma constitucional regula el procedimiento por el que son producidas las demás normas inferiores (ley, reglamento, sentencia) y eventualmente su contenido: pero esa determinación nunca es completa, ya que la norma superior no puede ligar en todo sentido y en toda dirección el acto por ele cual es ejecutada; el principio, en cambio, determina en forma integral cuál ha de ser la orientación del acto por el cual se ejecuta.

"La norma es límite, el principio es limite y contenido. La norma da a la ley facultad de interpretarla o aplicarla en más de un sentido, y al acto administrativo la facultad de interpretar la ley en mas de un sentido; pero el principio establece además ese sentido axiológico de que hablábamos."

4. Santi Romano, *Princípios de Direito Constitucional Geral*, p. 25: "A este propósito, pode-se ressaltar que às vezes se tem acreditado que, para o direito constitucional geral, fosse particularmente importante o estudo das constituições estatais mais elementares e primitivas, nas quais seriam mais visíveis os elementos mais simples que toda constituição deve possuir e dos quais se desenvolveriam aqueles das constituições mais evoluídas. Uma vez determinados estes primeiros conceitos, é necessário em seguida verificar como as várias ordenações operam com eles, ou melhor, os modos com que se aproximam, reagrupam e fundem naquelas manifestações mais complexas e compreensivas, com as quais as ordenações falam, por assim dizer, a própria linguagem, exprimem o próprio pensamento, a própria vontade, a própria vida, traduzindo-os em proposições ou princípios: trata-se em outros termos de interpretar tal linguagem. Algumas ordenações são, continuando a comparação, quase incipientes, no sentido etimológico da palavra; nelas não só é indistinto o pensamento, mas também são mínimas as expressões imediatas e diretas. À medida que vão evoluindo, a sua linguagem torna-se mais expressiva, mais clara, mais adequada: estabelecem-se órgãos apropriados (os órgãos legislativos) que têm a função especifica de formulá-la e de consagrá-la naqueles documentos oficiais que são as leis, no sentido amplo da palavra. Mas estas, mesmo que numerosas e tecnicamente bem feitas, não conseguem jamais conter todo o direito positivo. Nem por isso a obra do jurista fica inutilizada; pelo contrário, sob certos aspectos, torna-se mais delicada e difícil. Ele deve sempre explicar o que o legislador prescreveu obscura e insuficientemente, deve coordenar e harmonizar suas leis, que apresentam antinomias, hesitações, inúmeras omissões e deve entender o direito que não se exprime nas leis mesmo quando estas faltam. Para atingir tal fim, ele deve saber interpretar não só o que os legisladores disseram, mas também o que estes omitiram e prosseguir, então, a obra, sem entretanto substituí-los arbitrariamente".

mo, temos que isolar os conceitos e elementos mais simples que uma constituição deve possuir. Identificados esses primeiros elementos, faz-se necessário entender como os valores devem interagir para a criação do ordenamento. Assim, podemos compreender e identificar o rumo que o ordenamento deve ou pretende seguir e é, para se manter nesse rumo, que os princípios, assim entendidos como verdadeiros indicativos, devem ser constantemente aplicados, como forma de direcionar a aplicação das normas para um ou outro sentido, sempre à luz daqueles primeiros elementos interagidos por meio de valores que originaram o ordenamento em si.

Mesmo quando o legislador se omite ou edita normas contraditórias, o aplicador da lei e o intérprete devem sempre conformá-las de acordo com os princípios que regem o ordenamento, sob pena de aplicação inconstitucional e passível exclusão por meio do mecanismo do controle.

Portanto, os princípios direcionam a aplicação das normas, as quais devem ser aplicadas sempre em observância a todos os valores (princípios) que regem a constituição e o ordenamento.

Feitas essas considerações iniciais, de todos os princípios consagrados pelo ordenamento jurídico brasileiro, optamos por fazer uma análise mais profunda do princípio da igualdade, dada sua dificuldade de caracterização quando de sua aplicabilidade.

Em outras palavras, resta-nos analisar, brevemente, a evolução da igualdade no ordenamento jurídico brasileiro, e mais detalhadamente, as hipóteses de cabimento e as diversas controvérsias que envolvem este princípio.

## *3. O princípio da isonomia*

### *3.1 Breve histórico*

Passaremos então, a narrar uma síntese histórica da evolução da igualdade no ordenamento jurídico brasileiro,[5] conforme interessantes colocações extraídas de arti-

5. Não trataremos, neste estudo, da evolução histórica do princípio da igualdade tendo como base a evolução da humanidade deste o mundo antigo. Entretanto a Professora Cármen Lúcia Antunes Rocha nos traz interessantes considerações a esse respeito, nos propondo uma classificação histórica do princípio da igualdade conforme a evolução humana ao longo de sua história. Transcrevemos "Pode-se ensaiar, assim, uma classificação das diferentes amostragens e inteligências históricas do princípio jurídico da igualdade pela sua categorização em três momentos diversos, a saber: a) num primeiro, a sociedade cunhou-se ao influxo de desigualdades artificiais, fundadas, especialmente, nas distinções entre ricos e pobres, sendo patenteada a expressa diferença e a discriminação. Prevaleceram, então, as timocracias, os regimes despóticos, asseguraram-se os privilégios e sedimentaram-se as diferenças, especificadas em leis. As revelações de igualdade eram parcas e as leis não as revelavam, nem resolviam as desigualdades; b) num segundo momento, a sociedade estatal ressente-se das desigualdades como espinhosa matéria a ser regulamentada para circunscrever-se a limites que arrimassem as pretensões dos burgueses, novos autores das normas, e forjasse um espaço de segurança contra as investidas dos privilegiados em títulos de nobreza e correlatas regalias no Poder. Não se cogita, entretanto, de uma igualação genericamente assentada, mas da ruptura de uma situação em que as prerrogativas pessoais decorrentes de artifícios sociais impõem formas despóticas e acintosamente injustas de desigualação. Estabelece-se, então, um Direito que se afirma fundado no reconhecimento da igualdade dos homens, igualdade em sua dignidade, em sua condição especial de ser humano. Positiva-se o princípio da igualdade. A lei, diz-se então, será aplicada igualmente a quem sobre ela se encontre submetido. Preceitua-se o princípio da igualdade perante a lei; c) num terceiro, a sociedade compreende a fragilidade do princípio jurídico da igualdade formal e sua ineficácia. Seu afastamento da realidade, plural e diversa, mas com um pólo humano igual a cada estranho homem de que o outro se faz irmão e com quem, fraternal ou desirmanadamente, faz a sua história, marca a tentativa de se rebalizar o direito e construí-lo sob a égide de um novo-velho conceito de justiça. O princípio da igualdade é imperativo para a construção de uma sociedade justa e para tanto há que se desbastarem não apenas os privilégios que os nomes e as medalhas conferem e

go publicado pelo Ministro do Supremo Tribunal Federal, Marco Aurélio Mendes de Farias Mello.[6]

No Brasil, o sistema de igualdade entre os cidadãos, só passou a ter respaldo constitucional a partir da proclamação da República.

Antes disso, sob a regência imperial, os privilégios da nobreza e das classes mais abastadas se caracterizavam como franca desigualdade e razão suficiente para se negar a existência de tratamento isonômico entre os cidadãos brasileiros. Ademais, o regime escravagista, que ainda vigorava no país, ressaltava essa desigualdade entre os habitantes do território nacional, por permitir, com a bênção do Estado, que seres humanos fossem tratados como animais.[7]

Assim com a proclamação da República e com o advento da Constituição Republicana de 1891, a igualdade passou a ser tratada de forma expressa no ordenamento e todos os privilégios, antes concedidos à nobreza pelo regime imperial, foram extintos.

Portanto, pela primeira vez, desde o descobrimento, pôde-se ver no Brasil a existência de um estado igualitário, visto que a Carta Constitucional daquela época expressamente previa que todos eram iguais perante a lei.

Entretanto, a igualdade estampada naquela Constituição existia apenas do ponto de vista formal, já que os privilégios das classes mais abastadas permaneciam intocados e eram plenamente exercidos naqueles tempos.

Posteriormente, com a Constituição Popular de 1934, foi introduzido dispositivo proibindo a discriminação social e racial, na medida em que prescrevia que todos seriam iguais perante a lei e que não haveria privilégios nem distinções por motivo de nascimento, sexo, raça, profissões próprias ou dos pais, classe social, riqueza, crenças religiosas ou idéias políticas.

Dessa forma, houve um avanço com relação à Constituição anterior, visto que tornava ilegais comportamentos discriminatórios, tanto na esfera racial, quanto na esfera ideológica, religiosa, política ou em razão do sexo.

Apenas três anos mais tarde, sob a égide da Constituição de 1937, a questão da igualdade foi novamente reduzida à mera afirmação de que *todos são iguais perante a lei.*

Ocorre que, apesar do suposto retrocesso, foi durante a vigência da Carta de 1937 que nasceram a Consolidação das Leis Trabalhistas e o Código Penal de 1940.

A primeira versava sob a impossibilidade de discriminação em razão de sexo, idade, rendimentos ou nacionalidade no que concerne ao empregado ou prestador de serviço,[8] o segundo revelou-se tímido e reti-

que fazem rebrilhar as desigualdades. Também as desigualdades pequenas, descoloridas sob enfoques enganadores, sorrateiramente inculcadas, artificialmente criadas pelos próprios homens em benefício do criador, promovem a injustiça, travam a dinâmica social séria, induzem à violência. A lei que afirma a igualdade dos homens não é bastante se não vem acompanhada de instrumentos capazes de torná-la um princípio eficaz. Como posto em conhecida lição de João Mangabeira: 'a igualdade perante a lei não basta para resolver as contradições criadas pela produção capitalista'" (Cármen Lúcia Antunes Rocha, *O Princípio Constitucional da Igualdade*, p. 36).

6. Marco Aurélio Mendes de Farias Mello, "Óptica constitucional – A igualdade e as ações afirmativas", *Revista Latino-Americana de Estudos Constitucionais* 1/11-14, jan.-jun. 2003.

7. Entendemos que as cicatrizes históricas e sociais do regime escravagista permanecem vivas até hoje. Assim é que, recentemente, algumas universidades brasileiras instituíram o regime de quotas sociais visando a diminuição das diferenças sociais persistentes até hoje entre brancos e negros.

8. Entendemos que o disposto na CLT, vedando a discriminação em razão de sexo, idade, rendimentos e nacionalidade não foi suficiente para exterminar as desigualdades sociais, visto que, até os dias de hoje as discriminações, no que concerne

cente quanto à punição da discriminação, pois apenas versou sobre os crimes contra a honra e àqueles praticados em razão de credo ou religião.

Sob a vigência do Texto Supremo de 1946, nasceu a Declaração Universal dos Direitos do Homem em 1948, a qual estipulava que "todo o homem tem capacidade para gozar os direitos e as liberdades estabelecidas nesta Declaração, sem distinção de qualquer espécie, seja raça, cor, sexo, língua, opinião pública ou de qualquer outra natureza, origem nacional ou social, riqueza, nascimento ou qualquer outra condição".

E foi também sob a égide desta Carta Política, que em 1951, foi editada a primeira lei penal punindo a discriminação. Ocorre que o Judiciário, ao aplicar essa legislação, firmou entendimento de que seria necessária prova, por parte do ofendido, do porque da conduta do ofensor, o que culminou com poucas e esparsas condenações, gerando a quase total ineficácia do referido diploma.

Finalmente, em 1964, o Brasil ratificou a Convenção n. 111 da Organização Internacional do Trabalho (OIT), que expressamente dispôs que discriminação configura "toda a distinção, exclusão ou preferência, com base em raça, cor, sexo, religião, opinião política, nacionalidade ou origem social, que tenha o efeito de anular a igualdade de oportunidade ou tratamento em emprego ou profissão".

Sobreveio, então, a Constituição de 1967, a qual, apesar dos poucos avanços, constitucionalizou a punição decorrente do preconceito racial.

Mas, apesar deste único avanço, a legislação ordinária não alcançou o fim proposto pela Carta, visto que ainda imperava na sociedade o distorcido conceito de que negros possuem propensão para atividades criminosas e ilícitas.

Por fim, a última Carta Magna antes daquela vigente hoje, qual seja, a Constituição de 1969, reproduziu as prescrições da Carta anterior, afirmando a intolerância a qualquer espécie de discriminação.

Feitas essas considerações sobre a evolução da igualdade no ordenamento jurídico, passaremos a tratar do conceito de igualdade e a forma como é tratado nos dias atuais.

### *3.2 Conceito de igualdade*

Conceituar a igualdade, em um primeiro momento, pode parecer simples, já que o próprio nome parece revelar os contornos de seu significado.

Entretanto, a diversidade humana e os diversos aspectos envolvendo cada indivíduo, as diferenças intrínsecas em cada um nós, revelam uma assombrosa gama de situações que conferem uma dificuldade incrível ao legislador quando da edição de determinadas normas envolvendo esta ou aquela categoria de pessoas.

Existem aqueles que sustentam que a desigualdade é característica do universo[9] e, a partir dessa afirmação, rechaçam qualquer conceituação para o termo, posto que sem qualquer significação no mundo concreto. Estes são os chamados nominalistas.

Com uma perspectiva radicalmente oposta, existe o pensamento idealista, que se traduz na idéia de que todos são iguais no estado de natureza, conforme as idéias extraídas do filósofo iluminista Jean-Jacques Rousseau, e que as desigualdades são conseqüências de mudanças exteriores advindas do progresso natural do homem.

Para estes pensadores, no estado de natureza não há desigualdades. A desigualdade entre os homens foi construída socialmente e é produto do Estado Social. Para Rousseau, a desigualdade entre os homens

às diferenças entre empregados e prestadores de serviço persistem.

9. José Afonso da Silva, Palestra "15 Anos da Promulgação da Constituição Federal de 1988", *O Advogado e a Igualdade da Justiça*, pp. 48-49.

advém da razão prática do ser humano enquanto homem natural.

O meio termo entre essas duas posições antagônicas consiste na posição realista, a qual reconhece a diversidade humana e as múltiplas diferenças entre os indivíduos, mas também não se exime de reconhecer que existe igualdade entre os seres humanos, visto que, se assim não entendêssemos, não poderiam ser considerados da mesma espécie.

Neste sentido, Augustín Gordillo,[10] nos presenteia com a seguinte passagem: "Posiblemente no hay dos cosas en el universo que sean exactamente iguales en todos los aspectos (...). De igual modo, probablemente no haya dos cosas en el universo tan diferentes entre si que no tengan algunas características comunes, de manera que constituyan una base para ubicarlas dentro de una misma clase".

Para a Professora Cármen Lúcia Antunes Rocha[11] "as desigualdades naturais são saudáveis, como são doentes aquelas sociais e econômicas, que não deixam alternativas de caminhos singulares a cada ser humano único".

Como conceituar, então, algo tão subjetivo e tão presente como ausente nos seres humanos, os quais são considerados iguais e desiguais ao mesmo tempo?

Entretanto, o que interessa para os fins a que este estudo se propõe, é o conceito jurídico de igualdade, ou seja, como a lei deve dispor sobre os indivíduos, sem criar situações díspares, arbitrárias e abusivas.

Daí resulta a enorme dificuldade enfrentada pela doutrina, legisladores e magistrados no sentido de encontrar uma fórmula que evite discriminações injustificadas.

Cármen Lúcia Antunes Rocha,[12] em trabalho específico sobre o tema, nos ensina que "o Princípio Jurídico da Igualdade é o que a sociedade quer que ele seja. Não é obra de Deuses, nem de formas heterônomas, nem de forças exógenas que se impõem a uma sociedade com explicações místicas e mistificadas. O ser humano iguala-se ao outro quanto à sua natureza e à sua essência e desiguala-se em sua contingência humana e em sua continência social. O Direito é o que a sociedade – ou, muita vez, o eventual detentor da capacidade de ditar normas diz que ele é".

Gilmar Ferreira Mendes[13] entende que "o princípio da isonomia pode ser visto tanto como exigência de tratamento igualitário (*Gleichbehandlungsgebot*) quanto como proibição de tratamento discriminatório (*Ungleichbehandlungsverbot*). A lesão ao princípio da isonomia oferece problemas sobretudo quando se tem a chamada exclusão de benefício incompatível com o princípio da igualdade (*willkürlicher Begunstigungsausschluss*)".

O saudoso tributarista Geraldo Ataliba[14] conceitua o princípio da igualdade destacando sua íntima relação com o princípio da legalidade, vejamos:

"Firmou-se a isonomia, no direito constitucional moderno, com direito público subjetivo a tratamento igual de todos os cidadãos pelo Estado.

"*Como, essencialmente, a ação do Estado reduz-se a editar a lei ou dar-lhe aplicação, o fulcro da questão jurídica postulada pela isonomia substancia-se na necessidade de que as leis sejam isonômicas e que sua interpretação (pelo Executivo e pelo Judiciário) leve tais postulados até suas últimas conseqüências no plano concreto de aplicação.*"

Mais adiante assevera que:

"*Daí a intima e indissociável relação entre legalidade e isonomia. Esta se asse-*

10. Augustín Gordillo, *Tratado de Derecho Administrativo*, ob. cit., p. I-11.

11. Cármen Lúcia Antunes Rocha, *O Princípio Constitucional da Igualdade*, p. 118.

12. Idem, p. 28.

13. Gilmar Ferreira Mendes, *Direitos Fundamentais e Controle de Constitucionalidade – Estudos de Direito Constitucional*, 3ª ed., p. 10.

14. Geraldo Ataliba, *República e Constituição*, 2ª ed., pp. 158-160.

*gura por meio daquela. A lei é instrumento de isonomia. Na sua aplicação, por outro lado, os órgãos executivos e judiciais considerarão as exigências do princípio. A captação do conteúdo jurídico da isonomia exige do intérprete adequada consideração sistemática de inúmeros outros princípios constitucionais, especialmente a legalidade, critério primeiro, lógica e cronologicamente, de toda e qualquer ação estatal.*

"(...).

"*A igualdade é, assim, a primeira base de todos os princípios constitucionais e condiciona a própria função legislativa, que é a mais nobre, alta e ampla de quantas funções o povo, republicanamente, decidiu criar. A isonomia há de se expressar, portanto, em todas as manifestações de Estado, as quais, na sua maioria, se traduzem concretamente em atos de aplicação da lei, ou seu desdobramento. Não há ato ou forma de expressão estatal que possa escapar ou subtrair-se às exigências da igualdade.*"

O Professor Fábio Konder Comparato,[15] em artigo publicado sobre a matéria, afirma "que na expressão igualdade perante a lei, o termo-chave é este último".

Para embasar sua afirmação, Comparato recorre aos ensinamentos clássicos de Aristóteles, afirmando que o princípio de igualdade residia na submissão de todos perante a lei, assim considerada como norma geral e abstrata, reguladora de interesses comuns. Daí a diferença, para os gregos, das civilizações bárbaras, nas quais não havia democracia, da civilização helena.

Ainda embasados nas lições extraídas da obra do doutrinador acima, na sociedade pós-aristocrática, o maior problema enfrentado pelos juristas da época para conceituar igualdade residia na fixação de condições para estabelecer determinados tratamentos diferenciados.

15. Fábio Konder Comparato, "Igualdade, desigualdades", *Revista Trimestral de Direito Público* 1/70-71, 1993.

Isto porque, a isonomia não implica em tratamento absolutamente igualitário em face da lei. Pelo contrário, a lei que não estabelece determinadas distinções não obedece à isonomia, mas reforça as injustiças e as desigualdades sociais.

Neste sentido, como bem salientou o autor, "a lei da maioria não é e nunca foi uma garantia das minorias".[16]

Tornou-se assim indispensável a fixação de critérios para as distinções legais para a garantia de observância do princípio isonômico.

Já J. J. Gomes Canotilho[17] diferencia igualdade na aplicação do direito, de igualdade na criação do direito.

A igualdade na aplicação do direito significa que todos os indivíduos devem se submeter aos comandos legais sem distinção. Ou seja, ninguém poderá se escusar de obedecer à lei com base nesse ou naquele motivo. A lei deverá abranger todos os indivíduos de um determinado ordenamento.

Entretanto, o princípio da igualdade não se aplica tão-somente aos legislados. O legislador, quando da elaboração do direito posto, também tem o dever de obser-

16. Idem, p. 75.

17. J. J. Gomes Canotilho, *Direito Constitucional e Teoria da Constituição*, 6ª ed., pp. 426-427: "Igualdade na aplicação do direito. A afirmação – 'todos os cidadãos são iguais perante a lei' – significava, tradicionalmente, a *exigência de igualdade na aplicação do direito*. Numa fórmula sintética, sistematicamente repetida, escrevia Anschütz: 'as leis devem ser executadas sem olhar as pessoas'. A igualdade na aplicação do direito continua a ser uma das dimensões básicas do princípio da igualdade constitucionalmente garantido e, como se irá verificar, ela assume particular relevância no âmbito da aplicação igual da lei (do direito) pelos órgãos da administração e pelos tribunais (cfr. Ac TC 142/85). 1.2 Igualdade quanto à criação do direito. Ser igual perante a lei não significa apenas aplicação igual da lei. A lei, ela própria, deve tratar por igual todos os cidadãos. O princípio da igualdade dirige-se ao próprio legislador, vinculando-o à criação de um direito igual para todos os cidadãos. (...)".

var a isonomia no sentido de igualdade da própria lei, ou seja, nas palavras do já mencionado constitucionalista português J. J. Gomes Canotilho,[18] para todos os indivíduos com as mesmas características devem prever-se, através da lei, iguais situações ou resultados jurídicos.

Ocorre que esta afirmação não é suficiente para delimitar os verdadeiros contornos da isonomia, visto que o legislador poderia, facilmente, legislar sobre uma determinada categorial racial, étnica e religiosa em detrimento dos demais indivíduos produzindo, assim, um diploma discriminatório, ou – utilizando o exemplo trazido por Canotilho – editar lei determinando a cobrança do mesmo tributo para todos os cidadãos, independentemente, de seus recursos financeiros.

Note-se que ambos os exemplos acima mencionados relatam situações profundamente injustas e desiguais, mas que encontram respaldo na afirmação de que indivíduos com a mesma característica devem ser tratados de forma igualitária.

No primeiro exemplo, podemos distinguir os indivíduos que pertencem a uma determinada etnia, raça ou religião (todos com as mesmas características dentro do grupo a qual pertencem) e no segundo exemplo, todos os cidadãos submetidos a um determinado ordenamento jurídico.

Mas, percebe-se, claramente, que nenhuma situação igualitária, efetivamente observadora dos preceitos isonômicos foi criada. Pelo contrário, os exemplos acima destacam situações de extrema desigualdade, incompatíveis com o Estado Democrático de Direito.

Para solucionar essa questão, Canotilho, valendo-se dos ensinamentos clássicos de Aristóteles, nos propõe a velha máxima "tratar-se por igual o que é igual e desigualmente o que é desigual".

18. J. J. Gomes Canotilho, *Direito Constitucional e Teoria da Constituição*, ob. cit., p. 427.

Apesar de não desprezar por completo a notória afirmação do pensador grego, Celso Antônio Bandeira de Mello,[19] em obra de leitura obrigatória, faz algumas ponderações absolutamente pertinentes sobre a questão, ressalvando que o brocardo não pode ser entendido como solução para todas as questões envolvendo tão complexo conceito.

Para provar suas afirmações quanto ao lacônico conceito aristotélico, o preclaro doutrinador pátrio, nos instiga com as seguintes indagações: "Quem são os iguais e quem são os desiguais? O que permite radicalizar alguns sobre a rubrica de iguais e outros sobre a rubrica de desiguais? Em suma: qual o critério legitimamente manipulável – sem agravos à isonomia – que autoriza distinguir pessoas e situações em grupos apartados para fins de tratamentos jurídicos diversos? Afinal, que espécie de igualdade e que tipo de desigualdade faculta a discriminação de situações e pessoas, sem quebra e agressão aos objetivos fundidos no princípio constitucional da isonomia?".[20]

Resta aí o cerne da questão para conceituar a isonomia e é justamente daí que advém a dificuldade e quiçá, até mesmo, a impossibilidade de conceituá-la, em razão da subjetividade dos critérios que envolvem referido termo.

Abre-se aqui um parênteses, sempre embasados nas preciosas lições extraídas da obra de Celso Antônio Bandeira de Mello, que, ao nosso ver, constitui verdadeiro desbravador da floresta de dúvidas que é o princípio da igualdade, para ressaltar que a lei nada mais faz senão disciplinar situações diferenciando os indivíduos entre si, aplicando determinado benefício a uma categoria, impondo requisitos para a inscrição em concurso público, isentando outra categoria do recolhimento de um determina-

19. Celso Antônio Bandeira de Mello, *O Conteúdo Jurídico do Princípio da Igualdade*, 3ª ed., 3ª tir., pp. 10-11.

20. Idem, p. 11.

do tributo, obrigando empresas a contratar pessoas portadoras de deficiências, entre inúmeras outras situações.

Resta-nos saber em quais situações a lei, imbuída de sua característica naturalmente discriminatória, é juridicamente válida e quando não passa de mero instrumento antijurídico de discriminação aleatória.

Em um primeiro momento, nos sentiremos tentados a responder as indagações acima compiladas pela negativa. Em outras palavras, os questionamentos trazidos, nos levam a imaginar, imediatamente, situações nas quais, em nenhuma hipótese poderá haver discriminações.

E quais, afinal, seriam tais hipóteses? Nosso pensamento instintivo nos revela, de pronto, algumas respostas, as quais nos parecem corretas e válidas analisando do ponto de vista ético.

Pensaríamos que negros, brancos, asiáticos não podem ser discriminados em razão do tom de sua pele, que gordos, magros, altos e baixos também não podem ser objeto de leis que utilizem suas características físicas como critério para discriminações. Sustentaríamos ainda que nenhum diploma legal possa dispor de forma discriminatória acerca de pessoas seguidoras da fé católica, evangélica, judaica ou mulçumana.

Entretanto, nossos pensamentos instintivos, revelam-se equivocados quando nos deparamos com situações perfeitamente válidas envolvendo distinção e até predileção por indivíduos com características físicas determinadas, pertencentes a uma etnia específica ou seguidor de uma religião peculiar.

Para melhor elucidar a questão, vejamos os exemplos assinalados pelo Professor Celso Antônio Bandeira de Mello:

"*Suponha-se hipotético concurso público para seleção de candidatos a exercícios físicos, controlados por órgãos de pesquisa, que sirvam de base ao estudo e medição da especialidade esportiva mais adaptada às pessoas de raça negra. É óbvio que os indivíduos de raça branca não poderão concorrer a este certame. E nenhum agravo existirá ao princípio da isonomia na exclusão de pessoas de outras raças que não a negra. A pesquisa proposta, perfeitamente válida, justificaria a diferenciação estipulada. Para realizá-la, o Poder Público não estaria por nada obrigado a produzir equivalente estudo relativo às pessoas de raça branca, amarela, vermelha ou – se se quiser transpor o exemplo a quaisquer destas últimas – a efetuá-lo com as raças não abrangidas.*

"*Pode-se, ainda, supor que grassando em certa região uma epidemia, a que se revelem resistentes indivíduos de certa raça, a lei estabeleça que só poderão candidatar-se a cargos públicos de enfermeiro, naquela área, os indivíduos pertencentes à raça refratária à contração da doença que se queira debelar. É óbvio, do mesmo modo, que, ainda aqui, as pessoas terão sido discriminadas em razão da raça, sem, todavia, ocorrer, por tal circunstância, qualquer hostilidade ao preceito igualitário que a Lei Magna desejou prestigiar.*"

O próprio Supremo Tribunal Federal[21] se manifestou, em acórdão, de relatoria do Ministro Sepúlveda Pertence, no sentido de que a discriminação em razão do sexo para a promoção de militares do sexo feminino e masculino não configura atentado ao princípio da igualdade. Vejamos o que versa a ementa: "Ementa: *Promoção de militares dos sexos masculino e feminino: critérios diferenciados: carreiras regidas por legis-*

21. Outro exemplo de diferenciação que não macula a Isonomia. "*Ementa: Agravo regimental em recurso extraordinário. Militar. Gratificação de condição especial de trabalho. Lei n. 9.442/1997. Princípio da isonomia.* Ambas as turmas deste Tribunal pacificaram o entendimento de que o cálculo da Gratificação de Condição Especial de Trabalho (GCET), instituída pela Lei n. 9.442/1997, com base em índices diferenciados conforme critério hierárquico, não contraria o princípio da isonomia. Agravo regimental a que se nega provimento" (STF, 1ª T., AgReg no RE 419.386-TO, Rel. Ministro Eros Grau, j. 31.5.2005, *DJ* 24.6.2005).

*lação específica: ausência de violação ao princípio da isonomia: precedente* (RE 225.721, Ilmar Galvão, *DJ* 24.4.2000)".[22]

Tendo por base os exemplos e jurisprudência acima, não há como negar que o elemento que estabelece se o princípio da igualdade está sendo violado ou observado não reside nas características físicas, religiosas, raciais ou em qualquer outro critério, mas tão-somente na situação fática apresentada e nos motivos que ensejaram o comportamento discriminatório da lei.

O cerne da questão para que possamos chegar a um entendimento quanto à isonomia reside tão-somente na análise do critério utilizado para a discriminação e na sua correlação lógica com as características do indivíduo apontado pela lei.

Acompanhando o raciocínio de Celso Antônio Bandeira de Mello, os Professores Luiz Alberto David Araújo e Vidal Serrano Nunes Júnior[23] asseveram que "a constatação da existência de discriminações, por conseguinte, não é suficiente para a definição de respeito ou ofensa ao princípio da isonomia, pois, como se viu, em determinadas situações a discriminação empreendida, longe de contradizer, realiza o preceito constitucional em estudo".

A já mencionada doutrinadora mineira Cármen Lúcia Antunes Rocha, no mesmo sentido assevera que "não há critério que possa ser, abstrata e definitivamente, tido como impossível de se erigir como diferenciador, nem há qualquer um que possa ser considerado, também aprioristicamente e em caráter terminativo, como sempre justo para ser aproveitado como diferenciador".

Passaremos então à análise dos critérios de discrímen e sua correlação lógica para que possamos entender em quais hipóteses haverá violação ao princípio da igualdade e em quais hipóteses inexistirá tal violação.

## *4. Critérios para análise da violação ou não da igualdade*

Dissemos, no tópico anterior, que o elemento que originou a diferenciação não é o fator determinante para que se possa estabelecer se houve, ou não, violação ao princípio da igualdade.

Então, resta-nos a pergunta: que critério poderá ser considerado fator determinante para que o operador do direito possa estabelecer, de forma segura, se determinado texto normativo foi editado em observância ao princípio da isonomia?

Celso Antônio Bandeira de Mello[24] nos brinda com a resposta. De acordo com o festejado jurista pátrio (*i*) cumpre verificar o fator escolhido pela lei como discriminatório, (*ii*) posteriormente, há que se verificar se referido elemento possui fundamento lógico que justifique o tratamento diferenciado conferido a ele pela legislação e, finalmente, (*iii*) deve-se observar se a relação entre o elemento diferenciador de seu fundamento lógico se encontra em sintonia com os valores prestigiados e positivados no ordenamento jurídico.

Já Cármen Lúcia Antunes Rocha[25] afirma que "o que é, definitivamente, vedado em sistema que adote o princípio jurídico da igualdade é que qualquer um daqueles fatores, que são com alguma perversa imaturidade humana fonte de atitudes discriminatórias por preconceito, sejam elevados a critério normativo de desigualação em virtude dessa condição. Qualquer fator, por-

22. STF, 1ª T., AgReg no RE 428.613-RJ, Rel. Ministro Sepúlveda Pertence, j. 7.6.2005, *DJ* 24.6.2005.

23. Luiz Alberto David Araújo e Vidal Serrano Nunes Júnior, *Curso de Direito Constitucional*, 7ª ed., p. 97.

24. Celso Antônio Bandeira de Mello, *O Conteúdo Jurídico do Princípio da Igualdade*, ob. cit., pp. 27-28.

25. Cármen Lúcia Antunes Rocha, *O Princípio Constitucional da Igualdade*, ob. cit., p. 46.

tanto, que se aloque numa norma jurídica e que atenda a um critério preconceituoso e não a uma relação objetiva e justificada entre a desigualação posta na norma e o interesse legítimo que se pretende proteger é de ser tido como contrário ao compasso constitucional e, por conseguinte, é inválido. Da mesma forma, qualquer critério que seja afirmado normativamente como determinador de desigualação de tratamento sócio-econômico para garantia do tratamento isonômico somente será aceito como válido juridicamente se se puder demonstrar, objetiva e motivadamente, ser fincado numa conexão direta entre a desequiparação projetada normativamente e o interesse protegido socialmente".

Vê-se, a partir das opiniões acima transcritas, que a tese formulada pela doutrinadora mineira em muito se assemelha àquela anteriormente formulada pelo jurista paulista. Pois, em suma, deve haver uma correlação lógica entre o elemento discriminador e o motivo da descriminação e, que tal correlação, seja juridicamente válida e prevista no ordenamento.

### *4.1 Elemento erigido como fator de discriminação*

Sempre lastreados nas lições de Celso Antônio Bandeira de Mello, passaremos a analisar cada um dos três critérios propostos para a verificação de violação ou não ao Princípio da Igualdade.

Tal qual o grande mestre, iniciaremos esta parte deste trabalho analisando as peculiaridades do fator de discriminação adotado pela lei.

Referido fator de discriminação deve atentar para dois requisitos. O primeiro informa que tal elemento não poderá ser uma característica exclusiva de uma única pessoa, de tal modo que se possa saber, exatamente, a qual indivíduo a lei se destina. Em outras palavras, não pode ser considerada lei válida, aquela que, mesmo redigida em termos genéricos e abstratos, utilize como fator discriminatório pessoas que possuam uma determinada impressão digital. Isso porque, bem sabemos que não existem dois indivíduos no mundo que compartilhem a mesma impressão digital.

Desse modo, mesmo editada em termos gerais, a norma que incide apenas sobre uma única e determinada situação, envolvendo um único indivíduo não pode ser considerada isonômica, nem válida perante o ordenamento.

Entretanto, em nada fere a isonomia, se a norma elaborada de forma a atingir uma única pessoa ou um grupo de pessoas, tenha sido redigida tendo em vista um ente indeterminado e indeterminável.[26]

Celso Antônio Bandeira de Mello nos auxilia a compreender melhor essa hipótese por meio do seguinte exemplo: "Será concedido o benefício tal ao primeiro que inventar um motor cujo combustível seja água".[27]

No caso acima, a lei se destina a um único indivíduo, sem que haja, contudo, violação à isonomia, em razão, justamente, da característica de indeterminação que se revela no texto legal.

O segundo fator reside na proposição que nenhum elemento alheio a pessoas, situações ou fatos poderá ser tido pela lei como fator discriminatório.

É certo que nenhuma classe de indivíduos poderá ser objeto de diferenciação legal pelo simples fato (isolado) de residirem em um determinado território ou por estar calor ou frio em um determinado local.

Entretanto, essa questão se faz tormentosa quando passamos a analisar a questão temporal,[28] amplamente invocada por diver-

26. Celso Antônio Bandeira de Mello, *O Conteúdo Jurídico do Princípio da Igualdade*, ob. cit., p. 32.

27. Idem, p. 32.

28. Idem, pp. 37-45.

sos diplomas legais ao estabelecer prazos, intervalos, datas específicas e genéricas em cumprimento de sua função regulamentar.

Em uma análise perfunctória da questão, tendemos a vislumbrar o tempo como um fenômeno absolutamente externo ao ser humano e impossível de controle, razão pela qual não poderia ser erigido como fator discriminatório para fins de se estabelecer diferenciações.

Entretanto, ao corrermos os olhos no corpo das normas jurídicas, podemos perceber que o tempo é elemento imperativo em quase todas elas e se afigura presente quando o legislador estabelece determinadas distinções ou confere benefícios ou obrigações após um determinado período.

Tratar-se-ia, afinal, de distinção em razão do tempo? O tempo seria, efetivamente, o elemento único para o discrímen experimentado?

Celso Antônio Bandeira de Mello[29] responde: "Tempo, só por só, é elemento neutro, condição do pensamento humano e por sua neutralidade absoluta, a dizer, por que em nada diferencia seres ou situações, jamais pode ser tomado como o fator em que se assenta algum tratamento jurídico desuniforme, sob pena de violência à regra da isonomia. Já os fatos ou situações que nele transcorreram e por ele se demarcaram, estes sim é que são e podem ser erigidos em fatores de discriminação, desde que sobre diferirem entre si haja correlação lógica entre o acontecimento, cronologicamente demarcado, e a disparidade de tratamento que em função disto se adota".

Em suma, o que caracteriza a discriminação temporal válida não é o lapso de tempo ou prazo estabelecido em si, mas sim a série de atos que se sucederam durante aquele determinado interregno.

Por essa razão, podemos afirmar que o tempo não é, realmente, fator válido para se estabelecer diferenças em lei, mas sim aquilo que ocorreu naquele período ou naquela situação temporalmente limitada pela norma.

### *4.2 Fundamento lógico que justifique a diferenciação procedida*

Conforme nos ensina Celso Antônio Bandeira de Mello, o que caracteriza, efetivamente, se houve ou não violação ao princípio de igualdade não é o fator discriminatório em si erigido pelo legislador, mas sim sua correlação lógica com a situação discriminatória prevista na norma.

É preciso analisar se a norma, efetivamente, necessita daquele aspecto específico, tido como fator de discriminação, para que posso atingir o fim a que se propõe.

Faz-se necessário observar a dependência da situação jurídica criada pela norma com relação aquele elemento discriminatório. Pois, se não houver essa necessidade finalística, se o elemento for estranho e irrelevante àquelas prescrições normativas, não há correlação lógica. E não havendo correlação lógica, há violação da isonomia no que concerne a esse aspecto.

Por outro lado, sendo aquele fator discriminatório efetivamente necessário para que os preceitos normativos possam atingir a sua finalidade não há que se falar em desobediência ao princípio. Resta nesta hipótese e, no que tange a esse tópico, obedecida a igualdade legal.

Exemplifiquemos a teoria formulada pelo Professor Celso Antônio Bandeira de Mello com a jurisprudência coletada do Supremo Tribunal Federal[30] sobre a correlação lógica. Vejamos:

29. Idem, p. 41.

30. Outro exemplo: "*Ação direta de inconstitucionalidade. Arts. 11, "caput" e §§ 1º e 2º, e art. 72, da Lei n. 9.100, de 29 de setembro de 1995. Normas que condicionam o número de candidatos às Câmaras Municipais ao número de representantes do respectivo partido na Câmara Federal. Alegada afronta ao princípio da isonomia.* Plausibili-

Ação direta de inconstitucionalidade. Lei Estadual. Proibição de plantio de eucalipto para fins de produção de celulose. Discriminação. Impossibilidade. Afronta aos postulados da isonomia e da razoabilidade. Direito de propriedade. Tema de Direito Civil. Competência privativa da União.

1. Vedação de plantio de eucalipto no Estado do Espírito Santo, exclusivamente quando destinado à produção de celulose. Ausência de intenção de controle ambiental. Discriminação entre os produtores rurais apenas em face da destinação final do produto da cultura, sem qualquer razão de ordem lógica para tanto. Afronta ao princípio da isonomia. 2. Direito de propriedade. Garantia constitucional. Restrição sem justo motivo. Desvirtuamento dos reais objetivos da função legislativa. Caracterizada a violação ao postulado da proporcionalidade. 3. Norma que regula direito de propriedade. Direito civil. Competência privativa da União para legislar sobre o tema (CF, art. 22, I). Precedentes. Presença dos requisitos do *fumus boni iuris* e do *periculum in mora*.[31]

No caso analisado pelo Supremo Tribunal Federal, a Lei 6.780/2001 do Estado do Espírito Santo proibiu o plantio de eucaliptos destinados à produção de celulose, matéria-prima para a confecção do papel e outros insumos. Tal medida foi justificada por razões de impacto ambiental. Ocorre que a plantação de eucaliptos não foi, em nenhum momento, vedada pelo Estado do Espírito Santo, mas apenas o plantio para fins específicos de produção de celulose.

Ao analisarmos a ementa acima transcrita resta claro que, não sendo vedado o plantio de eucaliptos para outras atividades, a discriminação imposta pela lei não possui qualquer correlação lógica com o fim colimado pelo diploma legal, qual seja, proteger o meio ambiente.

Isto porque, a planta arbórea pode continuar objeto de cultivo, desde que não seja utilizada para a produção de celulose o que resulta num contra-senso, que nenhum benefício trará ao meio ambiente.

Assim sendo, resta claro que, não havendo qualquer fundamento lógico que justifique o tratamento desigual, há de ser considerado violado o princípio da igualdade.

### *4.3 Consonância com os interesses protegidos pelo ordenamento*[32]

Finalmente, mesmo elegendo um fator discriminatório que não individualize um determinado indivíduo, criando uma situação de perseguição ou favoritismo; mesmo que tal fator resida no destinatário da lei; e mesmo havendo uma relação lógica entre o fator erigido e o fim colimado pela norma, a isonomia poderá ser violada se não estiver em consonância com os valores constitucionalmente protegidos pelo ordenamento.

Assim não é possível estabelecer distinções, mesmo que obedeçam todos os outros requisitos, que atentem contra a dignidade da pessoa humana ou contra a justiça social.

dade da tese, relativamente aos parágrafos do art. 11, por instituírem critério caprichoso que não guarda coerência lógica com a disparidade de tratamento neles estabelecida. Afronta a igualdade caracterizadora do pluralismo político consagrado pela Carta de 1988. Normas de resto incompatíveis com o princípio do devido processo legal, no que se revelam *leges ad persona*, desprovidas de indispensável generalidade, ao laborarem com dados concretos alusivos a atual representação de cada Partido na Câmara Federal, com vista exclusiva a eleição de 1996. Concorrência, no caso, do requisito da conveniência da pronta suspensão de sua vigência, em face da iminência do desencadeamento do processo eleitoral. Cautelar parcialmente deferida" (STF, Pleno, MC em ADI 1.355-DF, Rel. Ministro Ilmar Galvão, j. 23.11.1995, *DJ* 23.2.1996).

31. STF, Pleno, MC em ADI 2.623-ES, Rel. Ministro Maurício Corrêa, j. 6.6.2002, *DJ* 14. 11. 2003.

32. Celso Antônio Bandeira de Mello, *O Conteúdo Jurídico do Princípio da Igualdade*, ob. cit., p. 41.

Há de se observar, em suma, a consonância do preceito discriminatório com os auspícios de um determinado ordenamento.

## *Bibliografia*


ARAÚJO, Luiz Alberto David, e NUNES JR., Vidal Serrano. *Curso de Direito Constitucional*. 7ª ed., São Paulo, Saraiva, 2003.

ATALIBA, Geraldo. *República e Constituição*. 2ª ed., atualizada por Rosolea Miranda Folgosi, São Paulo, Malheiros Editores, 1998.

BANDEIRA DE MELLO, Celso Antônio. *Curso de Direito Administrativo*. 18ª ed., São Paulo, Malheiros Editores, 2005.

______. *O Conteúdo Jurídico do Princípio da Igualdade*. 3ª ed., 3ª tir., São Paulo, Malheiros Editores, 1995.

BARROSO, Luís Roberto, e BARCELLOS, Ana Paula de. "O começo da história. A nova interpretação constitucional e o papel dos princípios no Direito brasileiro", *Revista Interesse Público* 19, Porto Alegre, Notadez.

BONAVIDES, Paulo. *Curso de Direito Constitucional*. 11ª ed., São Paulo, Malheiros Editores, 2001.

CANOTILHO, J. J. Gomes. *Direito Constitucional e Teoria da Constituição*. Coimbra, Editora Livraria Almedina, 2003.

COMPARATO, Fábio Konder. "Igualdade, desigualdades", *Revista Trimestral de Direito Público* 1/1993. São Paulo, Malheiros Editores.

GORDILLO, Augustín. *Princípios Gerais de Direito Público*. Trad. Marco Aurélio Grecco, São Paulo, Ed. RT, 1977.

______. *Tratado de Derecho Administrativo*, t. 1, *Parte General*. 5ª ed., Fundación de Derecho Administrativo, VI-36/37.

HORTA, Raul Machado. *Direito Constitucional*. 4ª ed., Belo Horizonte, Del Rey, 2003.

KELSEN, Hans. *Teoría General del Derecho y del Estado*. Trad. Eduardo García Maynez, México, Imprensa Universitária, 1950.

LIMA, Paulo Roberto de Oliveira. *Isonomia entre os Sexos no Sistema Jurídico Nacional*. São Paulo, Ed. RT, 1993.

MAXIMILIANO, Carlos. *Hermenêutica e Aplicação do Direito*. 2ª ed., Porto Alegre, Editora Livraria do Globo, 1933.

MELLO, Marco Aurélio Mendes de Farias. "Óptica constitucional – A igualdade e as ações afirmativas", *Revista Latino-Americana de Estudos Constitucionais* 1, Del Rey, jan.-jun. 2003.

MENDES, Gilmar Ferreira. *Direitos Fundamentais e Controle de Constitucionalidade – Estudos de Direito Constitucional*. 3ª ed., São Paulo, Saraiva, 2004.

ROCHA, Cármen Lúcia Antunes. *O Princípio Constitucional da Igualdade*. Belo Horizonte, Ed. Lê, 1990.

ROMANO, Santi. *Princípios de Direito Constitucional Geral*. Trad. Maria Helena Diniz, São Paulo, Ed. RT, 1977.

ROUSSEAU, Jean Jacques. *L'Ésprit des Lois*. Paris, Garnier Fréres, Libraires-Éditeurs, 1869, com notas de Voltaire, de Crevier, de Mably, de La Harpe, etc. Livro XI, Cap. IV.

SILVA, José Afonso da. *Curso de Direito Constitucional Positivo*. 23ª ed., São Paulo, Malheiros Editores.

______. "Poder Executivo na Constituição Imperial do Brasil de 1824", *Revista Latino-Americana de Estudos Constitucionais* 1, Belo Horizonte, Del Rey, 2003.

______. Palestra, "15 Anos da Promulgação da Constituição Federal de 1988", *O Advogado e a Igualdade da Justiça*. OAB, Conselho Federal, Brasília, DF, 2003.

# CONTORNOS JURÍDICOS DA UTILIZAÇÃO DO REGIME JURÍDICO-PRIVADO PELA ADMINISTRAÇÃO PÚBLICA

LUCIANO SILVA COSTA RAMOS

Mestrando em Direito Administrativo pela PUC/SP.
Advogado

*1. Introdução. 2. O Direito Privado no seio da Administração Pública: 2.1 Refração do Direito Privado no âmbito do Direito Administrativo; 2.2 Convívio do Direito Privado e do Direito Público em atividades da Administração Pública; 2.3 Limites à utilização de formas jurídico-privadas pela Administração Pública. 3. Conclusão. 4. Bibliografia.*

## *1. Introdução*

Em tempos em que se acentuam os pontos de fricção entre o Direito Público e o Direito Privado, com a mitigação das fronteiras que separam estes dois âmbitos, havendo fenômenos análogos de publicização do Direito Privado e privatização do Direito Público, faz-se necessário estabelecer qual o efetivo regime jurídico a que está vinculada a Administração Pública quando se utiliza de formas jurídico-privadas, notadamente para que tal proceder não se consubstancie tão-somente em uma "Fuga para o Direito Privado",[1] com o afrouxamento das amarras às quais o Poder Público há de estar vinculado.

De fato, não se há de questionar que a Administração Pública lança mão de formas jurídico-privadas para a prossecução do interesse público, o que se tornou imprescindível à medida que o Estado passou a incorporar cada vez mais funções de prestação de utilidade à toda sociedade, bem como quando passou a assumir o papel de gestor de múltiplos interesses[2] – inclusive nesta quadra histórica extremamente premido por requisitos de eficiência –, nem tampouco tachar esta prática de maléfica em sua essência, sobretudo porque esta, ainda que excepcional, sempre acompanhou a Administração Pública, sendo um instrumento

1. Expressão cunhada pelo autor alemão Fritz Fleiner, a qual denota o refúgio da Administração Pública sob o domínio do Direito Privado, com o fito de escapar dos controles inerentes ao regime jurídico-público (Fritz Fleiner, *Instituciones de Derecho Administrativo*).

2. Maria João Estorninho, *A Fuga para o Direito Privado – Contributo para o Estudo da Actividade de Direito Privado da Administração Pública*, p. 102.

de complementação à atuação típica desta, que concerne às formas jurídico-públicas.

Destarte, o foco haverá de recair para uma construção teórica que, sem fechar as portas para esta via extremamente útil, este fato não se dê em detrimento das garantias do cidadão, rechaçando-o quando a sua ocorrência seja levada a efeito para escapar das sujeições inerentes ao exercício de função pública.

Para tanto, faz-se necessário estabelecer algumas premissas que irão nortear toda esta busca de um regime jurídico-privado manejável pela Administração Pública, nas hipóteses em que este seja o meio mais apto para a prossecução do interesse público, mas que não seja este desprovido de garantias bastantes, o que se dará inexoravelmente com a injunção de vinculações jurídico-públicas.

A primeira premissa a ser estabelecida é que, conquanto a Administração Pública transite entre os dois âmbitos, Direito Público e Direito Privado, isto não se consubstancia em uma duplicidade de personalidades jurídicas (o que induziria a uma incomunicabilidade entre elas, além de quebra da unidade de personalidade pretendida pelo ordenamento jurídico), muito menos que o Estado teria personalidade quando da prática de certos atos, não a tendo quando da realização de outros;[3-4] mas, sim, uma duplicidade de capacidade jurídica. Vale dizer, o Poder Público pode ser titular de direitos e obrigações/deveres disciplinados intrinsecamente pelo Direito Público ou pelo Direito Privado, consoante as formas jurídicas postas em cada caso concreto.

Mais do que isso, é preciso ter bem vincado que a capacidade típica da Administração Pública dá-se sob o regime jurídico-público, sendo instrumental, e excepcional, a utilização de formas jurídico-privadas, as quais não deverão reger na sua totalidade setores inteiros de atuação administrativa, pois sempre haverá um núcleo duro de Direito Administrativo a reger,[5] ainda que parcialmente, esta situação, mormente no que concerne à competência e à tomada de decisão.

E assim o é porque, a quem exerce função não é dado subtrair-se aos mecanismos que asseguram ao titular do poder (Constituição Federal, art. 1º, parágrafo único) que ela, função pública, será levada a cabo exclusivamente em face do interesse público,[6] ainda que para a efetivação deste não se valha a Administração Pública de suas prerrogativas típicas.[7]

Em outras palavras, ainda que seja concebível que a Administração Pública, em determinadas circunstâncias, não haja como tal, com a sua roupagem típica, o ordenamento jurídico (esta é a regra nos países de matriz européia-continental, sendo assim no Brasil, em especial) não comporta hipótese na qual ela se dispa integralmente da sua qualidade, bastando para esta conclusão voltar os olhos para o art. 37 da Constituição Federal, cujos princípios vinculam tanto a Administração Direta quanto

3. Oswaldo Aranha Bandeira de Mello, *Princípios Gerais de Direito Administrativo*, v. I, 3ª ed., p. 482.

4. Juan Carlos Cassagne, *Derecho Administrativo*, t. I, 8ª ed., pp. 47 e ss.

5. "(...) hay un modelo constitucional consagrado y que ese modelo es la regia. Es indiscutible también que esa regla general no pueda excepcionarse de forma global para ningún sector, es decir, que si hay que aceptar alguna excepción, esa excepción tiene que ser parcial, que tiene que afectar únicamente a lo auxiliar o a lo estrictamente instrumental, y que esas excepciones, por serlo, tendrán que justificarse caso por caso (...)" (Tomás-Ramón Fernández, *Panorama del Derecho Administrativo al Comienzo de su Tercera Centuria*, pp. 26-27). No mesmo sentido: Oswaldo Aranha Bandeira de Mello, ob. cit., p. 483; Maria João Estorninho, ob. cit., p. 130; Eduardo García de Enterría, *Curso de Derecho Administrativo*, v. I, 12ª ed., p. 63.

6. Celso Antônio Bandeira de Mello, *Curso de Direito Administrativo*, 22ª ed., pp. 29 e ss.

7. Maria João Estorninho, ob. cit., p. 46.

a Indireta, ainda que esta seja organizada sob a forma privada.[8]

Como corolário deste aspecto, tem-se que o regime jurídico-público não se atém às atividades desempenhadas pela Administração Pública sob a égide de suas prerrogativas, este também estende os seus domínios, quer seja exclusivamente, quer seja convivendo com o regime jurídico-privado, às hipóteses nas quais o Poder Público cumpra a sua função de curar o interesse público por intermédio de atos ampliativos (os quais, por óbvio, não requerem coerção, e uso de prerrogativas, pois), por intermédio da denominada Administração consensual (concertada)[9] ou até mesmo quando se utilize de formas jurídico-privadas.

Isto se dá pelo fato de que a originalidade daquele regime não se restringe à posição privilegiada da Administração Pública, sendo este igualmente calcado nas sujeições e controles qualificados a que está submetida a atuação desta, como garantia inafastável da liberdade do cidadão em face do Estado.[10]

Ao lado desta primeira premissa – qual seja, que o Estado tem dupla capacidade jurídica, sendo predominante a atinente ao regime jurídico-público, com as nuances supra-referidas –, tem-se que tomar como esteio da aplicação do regime jurídico-privado na Administração Pública que a eficiência não é um fim em si mesmo, não configurando um sobreprincípio que há de pautar os demais princípios da Administração Pública, ao revés, este é um meio para atingir um bem maior, consubstanciando-se na correspondência entre os meios postos à sua disposição e a função a ser desempenhada pelo agente.[11]

Ademais, não se pode tomar como verdade absoluta que, para todos os casos, as formas jurídico-privadas serão mais propensas à efetiva e eficiente consecução do interesse público,[12] não havendo de se confundir respostas céleres (que por este mesmo motivo poderão não resguardar de maneira adequada o que deveriam proteger) com eficiência.

Portanto, há de ser tomada *cum granus salis* esta sempre recorrente justificativa de eficiência, cuja importância é inegável – desde que balanceada com os controles e responsabilidades da Administração –, a qual lastrearia uma amplitude de utilização de formas jurídico-privadas pelo Poder Público.[13]

## *2. O Direito Privado no seio da Administração Pública*

### *2.1 Refração do Direito Privado no âmbito do Direito Administrativo*

Postas as premissas supra, então, há de perquirir-se como se relacionam o Direito Privado e o Direito Administrativo, quan-

8. "Obviamente, cuando la Administración escapa del Derecho administrativo – disfrazándose de Sociedad Anónima o de Entidad pública sujeta al Derecho privado, o de fundación privada – no deja de ser Administración y debería, en consecuencia, estar sujeta a los mismos principios constitucionales (...)" (Ramón Parada, *Derecho Administrativo*, t. I, *Parte General*, 15ª ed., p. 30).

9. Sobre o tema, entre outros trabalhos do autor, consultar: Diogo de Figueiredo Moreira Neto, "O futuro das cláusulas exorbitantes nos contratos administrativos", in *Direito Administrativo Brasil-Argentina, Estudos em Homenagem a Agustín Gordillo*.

10. Jean Rivero e Hughes Moutouh, *Liberdades Públicas*, p. 203.

11. Nicola Abbagnano, *Dicionário Filosófico*, p. 307.

12. "Hay cosas que funcionan mal probablemente por otras razones que nada tienen que ver con el régimen jurídico, sin perjuicio de que el régimen jurídico público, por las mayores sujeciones que comporta, puede tener una cuota adicional de responsabilidad en ese funcionamiento torpe o ineficaz de ciertas organizaciones" (Tomás-Ramón Fernandéz, ob. cit., pp. 22-23).

13. "La presunta mayor eficacia de la empresa privada, rigiéndose por el Derecho privado, sobre las administraciones públicas, rigiéndose por el De-

do a Administração Pública lança mão das normas atinentes àquela esfera jurídica para disciplinar determinadas relações jurídicas por ela travada.

Neste diapasão, a primeira pergunta que há de ser feita é se existe espaço para aplicação de um Direito Privado puro regulando atividades da Administração Pública. Em outras palavras, é possível conceber-se a aplicação do Direito Privado, sob domínio próprio, quando o Poder Público esteja a utilizar-se do regime jurídico-privado?[14]

De plano, saliente-se que não se está a falar das normas atinentes à Teoria Geral do Direito, as quais são historicamente tratadas no âmbito do Direito Civil, sobretudo, mas que, por óbvio, espraiam as suas prescrições por todos os ramos do Direito, cabendo a cada um destes acrescer ao gênero as suas especificidades. Assim o é, por exemplo, com normas atinentes à capacidades das pessoas, aos elementos do ato jurídico e à teoria geral dos contratos.

Afastadas as normas atinentes à Teoria Geral do Direito, no que concerne estritamente ao regime jurídico-privado, tem-se que a Administração Pública não se utiliza de um Direito Privado puro, tampouco está este atuando em domínio próprio ao recair sobre as relações por esta travadas, sendo certo que o Poder Público jamais poderá subtrair-se, *in totum*, das vinculações de Direito Público.

Há necessariamente um prisma a separar estes dois domínios, do Direito Público e do Direito Privado, o qual se consubstancia na diversidade de valores que sustentam estes dois grandes ramos, com o exercício de função e o conseqüente dever-poder de persecução do interesse público para o primeiro, enquanto o segundo norteia-se pela autonomia da vontade.

Destarte, há uma inafastável refração das normas de direito privado ao incidirem sobre atividades da Administração Pública, o que faz com que, conquanto esta possa proceder sob formas de direito privado, não lhe seja factível dispor de autonomia de vontade, valor que não é transportado quando desta passagem de um meio para outro.[15]

De fato, tal qual o macro Sistema Jurídico,[16] o subsistema do Direito Público, conquanto seja aberto a ingerências de outros domínios, caracteriza-se por ser autopoiético, reconstruindo as soluções jurídicas alóctones sempre à luz dos seus valores fundantes.

Ademais, nem mesmo quando a Administração Pública esteja a exercer atividade tipicamente privada, com o uso de for-

recho público, lo es porque los resultados de la gestión de aquélla repercuten céntimo a céntimo en el patrimonio del empresario. (...) Por ello, en el fondo, la huida al Derecho privado de las administraciones públicas es la huida de todo derecho y de toda jurisdicción; en suma, de todo control" (Ramón Parada, ob. cit., p. 31).

14. Esta é a posição adotada, *verbis gratia*, pelo autor grego Michel Stassinopoulos, que assim se posiciona: "On croit souvent qu'il s'agit là d'une analogie destinée à combler les lacunas du droit public. Mais on serait plus prés de la verité si l'on disait que l'application d'une régle de droit privé aux rapports de l'administration n'est que l'application de cette régle à son propre domaine". Em tradução livre: "Crê-se freqüentemente que se trata de uma analogia destinada a colmatar as lacunas do direito público. Mas se estaria mais próximo da verdade se se dissesse que a aplicação de uma regra de direito privado às relações da Administração não é senão a aplicação desta regra a seu próprio domínio" (Michel Stassinopoulos, *Traité das Actes Administratifs*, p. 35).

15. "À administração compete somente as formas jurídicas jurídico-públicas, não as liberdades e possibilidades da autonomia privada. Fala-se, por isso, nessa conexão, de direito privado administrativo (Wolff): é o direito privado coberto e vinculado jurídico-publicamente que está à disposição da administração no cumprimento de tarefas administrativas" (Hartmut Maurer, *Direito Administrativo Geral*, p. 47).

16. Sobre o tema, aprofundar em: Juarez Freitas, *A Interpretação Sistemática do Direito*, 4ª ed., pp. 182 e ss.

mas jurídico-privadas, desvincula-se dos valores e princípios ínsitos à sua essência de ente público, ainda que esteja sob a roupagem de direito privado, a qual será exclusivamente um meio para o melhor atendimento de um interesse público específico.[17] Novamente, insista-se, dá-se-lhe as formas jurídico-privadas, não a autonomia privada da vontade,[18] que é incompatível com o exercício de função; enfim, não poderá a Administração agir arbitrariamente.[19]

### 2.2 *Convívio do Direito Privado e do Direito Público em atividades da Administração Pública*

Estando assente que a Administração Pública ao exercer atividades sob a égide de formas jurídico-privadas não se aparta de todo do Direito Público, faz-se, então, imprescindível estabelecer como se dará este convívio.

Perscrutando as construções doutrinárias sobre este ponto, verifica-se que as duas principais teorias que buscaram explicar esta relação são a Teoria dos Dois Níveis (*Zweistufentheorie*) e a Teoria do Direito Privado Administrativo (*Verwaltungsprivatrecht*), ambas originalmente postas no Direito alemão,[20] tendo como precursores no direito administrativo, respectivamente, Hans Peter Ipsen[21] e Hans Wolff.[22]

A Teoria dos Dois Níveis, criada a partir da análise de concessão de subvenções, pauta-se na constatação da dicotomia existente entre decisão e execução, cujos paradigmas de controle e prerrogativas poderão variar em face de um interesse público específico, notadamente na hipótese em que este possa ser instrumentado por mecanismos privados.

Assim, estatui-se que a atividade administrativa, quando exercida sob forma jurídico-privada, dá-se em dois níveis distintos, um pertinente à decisão, com destaque para o procedimento que deverá antecedê-la, o qual será sucedido por um segundo nível, no qual se dará a execução do quanto decidido.

A partir desta construção teórica, tem-se que a tomada de decisão estaria necessariamente submetida ao Direito Público, haja vista as conseqüências que dela poderão advir para a liberdade do cidadão, mesmo nos atos ampliativos, em face de eventuais favoritismos, o que atrai, à evidência, as sujeições e os controles qualificados do regime jurídico-público. Já a execução, por outro lado, ocorreria por intermédio das formas jurídico-privadas, estando no âmbito do Direito Privado, pois (nas hipóteses, é bem certo, em que este fosse o meio mais apto à consecução do interesse público).

Em outra seara, a Teoria do Direito Privado Administrativo contrapõe-se à Teoria

17. "A Administração Pública deve sempre prosseguir o interesse público e apenas varia o instrumento jurídico por ela escolhido para esse fim, umas vezes de direito público e, outras, de direito privado" (Maria João Estorninho, ob. cit, p. 130).

18. Autores há que concebem a existência de uma autonomia pública, cujo desenvolvimento ultrapassaria os limites deste trabalho, porém, há de deixar-se registrado que mesmo estes não igualam esta à autonomia privada. Sobre o tema, consultar: José Manuel Sérvulo Correia, *Legalidade e Autonomia Contratual nos Contratos Administrativos*, pp. 465 e ss.

19. "La Administración no puede actuar por capricho, no puede actuar por su propia voluntad, tiene que actuar siempre con un fundamento objetivo, porque le está prohibida la arbitrariedad, y eso supone, naturalmente, otro elemento más del modelo de régimen, del modelo de Administración y de relaciones entre ésta y los ciudadanos" (Tomás-Ramón Fernández, ob. cit., p. 26).

20. Sobre outras teorias a respeito desta relação, consultar: Maurer Hartmut, ob. cit., pp. 45 e ss.

21. Hans Peter Ipsen, "Verwaltung durch Subventionen", in *Veroeffentlichungen der Vereinigung der Deutschen Staatsrechtslehrer* 25/257 e ss., *apud* Maria João Estorninho, ob. cit., p. 109.

22. Hans Wolff, *Verwaltungsrecht*, v. I, 3ª ed., 1959 e 7ª ed., 1968, *apud* Maria João Estorninho, ob. cit., p. 121.

dos Dois Níveis, à medida que nega a existência destes momentos estanques, com incidência inicial do Direito Público (decisão) e depois do Direito Privado (execução), rechaçando-se, destarte, a existência destes dois níveis regidos por regimes jurídicos diversos.

O Direito Privado Administrativo, portanto, consubstanciar-se-ia na conformação destes dois âmbitos, com características de uma zona de interseção entre eles, na qual os valores se conjugariam para formar uma figura mista de Direito Público e Direito Privado.[23]

Nada obstante deva ser incorporada à Ciência do Direito a noção de Direito Privado Administrativo, apesar deste inegável mérito, confrontando as duas teorias, creio que *de per si* ambas são insuficientes para explicar este fenômeno. Pois, se é certo que não existe a aplicação de Direito Privado puro em face da Administração Pública – tal qual posto no item 2.1 –, ainda que se esteja no âmbito da execução, igualmente, não se pode conceber que o Direito Privado Administrativo teria incidência no âmbito da decisão, sendo relevante a distinção; portanto, haveria um retorno à Teoria dos Dois Níveis,[24] que não mais se caracterizaria pela aplicação apartada do Direito Público e do Direito Privado, ao menos no que concerne à execução.

A partir desta construção, observa-se claramente que mesmo nas hipóteses em que a Administração Pública realize atividade econômica, impelida por um interesse público relevante ou questão de segurança nacional (art. 173, da Constituição Federal), submetida a uma organização em moldes privados, ainda assim, as decisões a ela atinentes restarão vinculadas por princípios de Direito Público, notadamente quanto à competência, à finalidade, bem como a escolha de contratados; pois, ainda que a Constituição não vede o lucro destas empresas estatais – sendo este até mesmo pretendido como instrumento para um escopo maior –, a atividade não poderá ter ele como único mote (tal qual o princípio hedonista que vige entre os particulares), haja vista a inquebrantável vinculação da Administração Pública com a consecução do interesse público.

Assim, neste cotejo, *data venia*, não parece ser suficiente a construção que limita o dever de licitar, por exemplo, das empresas estatais atuantes na órbita econômica às circunstâncias pertinentes à atividade-meio.[25]

No que tange à tomada de decisão, a regra é a submissão às vinculações de Direito Público, o que só poderá ser afastado quando estas sejam impedientes da própria consecução do interesse público, em face das suas nuances específicas, como é a hipótese da necessidade de concorrer em igualdade com os demais agentes econômicos. No entanto, esta situação se dará caso a caso, sendo certo que esta hipótese excepcionante normalmente se dá no âmbito da atividade-fim, mas esta não é uma condição necessária, nem tampouco suficiente.[26]

23. "A tendência começa a ser no sentido de entender que, para qualquer actuação jurídico-privada da Administração, existe, assim, um 'especial Direito Privado Administrativo', cuja especificidade consiste em 'as normas do Direito Privado Geral serem completadas, substituídas ou modificadas por especiais vinculações de direito público'" (Maria João Estorninho, ob. cit., p. 129).

24. Registre-se que um dos principais pontos de resistência à Teoria dos Dois Níveis diz respeito à dualidade de jurisdição do sistema europeu-continental, em face da incerteza que esta teoria poderia gerar quanto a que jurisdição este tipo de atividade estaria submetido. À evidência, esta teoria não encontraria esse entrave no Brasil, em face da unidade de jurisdição.

25. Sobre o tema, aprofundar em: José Eduardo Martins Cardozo, "O dever de licitar e os contratos das empresas estatais que exercem atividade econômica", in José Eduardo Martins Cardozo, João Eduardo Lopes Queiroz e Marcia Walquíria Batista dos Santos (orgs.), *Curso de Direito Administrativo Econômico*, v. III, pp. 762 e ss.

26. Tome-se como exemplo a aquisição de uma plataforma para extração de petróleo pela

### 2.3 *Limites à utilização de formas jurídico-privadas pela Administração Pública*

Por fim, há de indagar-se quais são os limites para que possa a Administração Pública lançar mão de formas jurídico-privadas,[27] quando do exercício das suas atividades. Sendo que, nesta seara, dever-se-á ter bem preciso o questionamento quanto à possibilidade de liberdade de escolha de formas pela Administração Pública.

De plano, como sói haveria de ser, o primeiro pilar para o exercício de atividades administrativas sob formas jurídico-privadas finca-se no princípio da legalidade, sendo imprescindível que a lei autorize expressamente a opção por este instrumento, tendo em vista que, consoante as premissas estabelecidas, a regra constitucionalmente estabelecida é que a Administração Pública leve a cabo a sua função por intermédio do regime jurídico-público, em face, sobretudo, das garantias à liberdade do cidadão que lhe são inerentes.[28]

Destarte, esta regra há de ser excepcionada pontualmente, consoante se demonstre que em um determinado setor o interesse público é mais eficientemente atendido se pautado por formas jurídico-privadas, ainda que a Administração Pública não possa escapar *in totum* das vinculações jurídico-públicas.

Desta forma, a previsão legal é condição *sine qua non* para a adoção do regime privado nas atividades da Administração Pública. No entanto, esta não é condição suficiente, não sendo indiferente ao ordenamento jurídico qual o caminho a ser seguido pelo legislador.

De fato, a Constituição traça uma diretriz em prol das formas jurídico-públicas para a Administração, as quais só poderão ser excepcionadas se, e somente se, restar demonstrado que as formas jurídico-privadas atenderão o interesse público de maneira mais eficiente, o que haverá de justificar-se em cada caso.

Mas também isto não é bastante, faz-se necessário que esta adoção não se dê em detrimento de direitos fundamentais, que deverão ser especialmente curados pela Administração Pública, com atenção redobrada para as garantias de liberdade do cidadão.[29]

Com este desiderato, é que se observa que, mesmo no campo do Direito Privado Administrativo, não poderão ser quebradas as vinculações atinentes à regras procedimentais para a tomada de decisão, para que se demonstre que esta se deu com fito na consecução do interesse público, bem como a manutenção de controles da administração,[30] ainda que os parâmetros destes sejam ajustados para este novo modelo de atuação, com ênfase no controle de resultados.

### 3. *Conclusão*

Delineado este quadro jurídico, toma-se a utilização de formas jurídico-privadas pela Administração Pública como uma decorrência da dupla capacidade do Estado

empresa Petróleo Brasileiro S/A (Petrobras), onde se tem nítido exercício de atividade-fim, mas que não teria nenhuma conseqüência maléfica para a busca do interesse público a que esta sociedade de economia mista está atrelada decorrente da licitação que deverá anteceder o respectivo contrato.

27. No direito italiano, aprofundar em: Giuseppe Cassano (*a cura di*), *L'Attività Contrattuale della Pubblica Amministrazione*, vs. I e II; Giovanni Cofrancesco (*a cura di*), *Principi di Diritto Amministrativo*.

28. Tomás-Ramón Fernández, ob. cit., p. 25.

29. Maria João Estorninho, ob. cit., p. 132.

30. Sobre o tema, no contexto argentino, consultar: Guillermo Andrés Munõz, "Derecho Público y Derecho Privado en la organización de la Administración", in Jorge Luis Salomoni e Guillermo Andrés Munõz (dirs.), *Problemática de la Administración Contemporánea – Una Comparación Europeo-Argentina*, pp. 34 e ss.

de ser titular de direitos e obrigações/deveres no âmbito do Direito Público e do Direito Privado, sendo, pois, autorizada a sua utilização pelo ordenamento jurídico.

Mais, hipóteses haverá nas quais as especificidades do interesse público a ser protegido colherão as formas jurídico-privadas como as mais aptas à consecução dele, o que deverá ser demonstrado em cada caso.

No entanto, o Direito Privado que está à disposição da Administração Pública não se mostra em toda a sua extensão, notadamente em face da passagem do valor fundante de uma seara para a outra, da autonomia da vontade para o exercício de função, sendo certo que não é compatível com a Administração Pública, ainda que exercente pontual de atividades privadas, a incorporação a ela da autonomia privada.

Destarte, o Direito Privado a ser aplicado nas atividades da Administração Pública é necessariamente envolto pelas vinculações de Direito Público, ficando sempre presentes as sujeições e a especial proteção dos direitos fundamentais, ainda que a Administração Pública venha a se despir de suas prerrogativas. Tem-se, pois, um Direito Privado Administrativo (não um Direito Privado puro), cujos contornos são mais restritos, tendo vista a contenção gerada pela conjugação com o Direito Público.

Neste contexto, retira-se o foco sobre a "Fuga para o Direito Privado", como mecanismo de burla aos controles a que a Administração está submetida, pois a aplicação do Direito Privado no contexto do Direito Público é uma realidade posta e pretendida pelo ordenamento jurídico, desde que preenchidos determinados requisitos.

Portanto, o foco haverá de recair na conjugação desta utilização, sem que haja prejuízo para as garantias de liberdade especificamente, e dos direitos fundamentais em geral, que historicamente foram lastreadas pelas sujeições e controles qualificados do regime jurídico-público.

## *4. Bibliografia*


ABBAGNANO, Nicola. *Dicionário Filosófico*. São Paulo, Martins Fontes, 2000.

ALESSI, Renato. *Sistema Istituzionale del Diritto Amministrativo Italiano*. Milão, Giuffrè, 1960.

ARAGÃO, Alexandre Santos. *Direito dos Serviços Públicos*. Rio de Janeiro, Forense, 2007.

BATISTA JÚNIOR, Onofre Alves. *Princípio Constitucional da Eficiência Administrativa*. Belo Horizonte, Mandamentos, 2004.

BORGES, Alice Maria Gonzalez. *Temas do Direito Administrativo Atual (Estudos e Pareceres)*. Belo Horizonte, Fórum, 2004.

CANTUCCI, Michele. *L'Attività di Diritto Privato della Pubblica Amministrazione*. Pádua, CEDAM, 1941.

CASSAGNE, Juan Carlos. *Derecho Administrativo*. t. I, 8ª ed., Buenos Aires, Abeledo-Perrot, 2006.

CASSANO, Giuseppe (*a cura di*). *L'Attività Contrattuale della Pubblica Amministrazione*. vs. I e II, Pádua, CEDAM, 2005.

CASSESE, Sabino. "Derecho público y Derecho privado en la Administración", in SALOMONI, Jorge Luis, e MUÑÕZ, Guillermo Andrés (dirs.). *Problemática de la Administración Contemporánea – Una Comparación Europeo-Argentina*. Buenos Aires, Ad-Hoc/Instituto de Derecho Administrativo I, Universidad Notarial Argentina, 1997.

COFRANCESCO, Giovanni (*a cura di*). *Principi di Diritto Amministrativo*. Milão, Giuffrè, 2006.

COUTO E SILVA, Almiro do. "Os indivíduos e o Estado na realização de tarefas públicas", in *Revista de Direito Administrativo* 209, Rio de Janeiro, Renovar, 1997.

DROMI, Roberto. *Derecho Administrativo*. 11ª ed., Buenos Aires/Madri/México, Ciudad Argentina/Hispana Libros, 2006.

ECHAVE, Della Teresa, URQUIJO, María Eugenia, e GUIBOURG, Ricardo A. *Lógica, Proposición y Norma*. 6ª reimp., Buenos Aires, Astrea, 2002.

ENTERRÍA, Eduardo García de. *Curso de Derecho Administrativo*. v. I, 12ª ed. (reimpr.), Madri, Civitas, 2005.

ESTORNINHO, Maria João. *A Fuga para o Direito Privado – Contributo para o Estudo da Actividade de Direito Privado da Administração Pública*. Coimbra, Almedina, 1999.

FAGUNDES, Miguel Seabra. *O Controle dos Atos Administrativos pelo Poder Judiciário*. 7ª ed., Rio de Janeiro, Forense, 2005.

FERNÁNDEZ, Tomás-Ramón. *Panorama del Derecho Administrativo al Comienzo de su Tercera Centuria*. Buenos Aires, La Ley, 2002.

FINGER, Ana Cláudia. "O público e o privado na Administração Pública", in GUIMARÃES, Edgar (coord.). *Cenários do Direito Administrativo – Estudos em Homenagem ao Professor Romeo Felipe Bacellar Filho*. Belo Horizonte, Fórum, 2004.

FLEINER, Fritz. *Instituciones de Derecho Administrativo*. Trad. da 8ª ed. alemã, Barcelona, Labor, 1933.

FORSTHOFF, Ernest. *Tratado de Derecho Administrativo*. Madri, Instituto de Estudios Políticos, 1958.

FREITAS, Juarez. *A Interpretação Sistemática do Direito*. 4ª ed., São Paulo, Malheiros Editores, 2004.

______. *O Controle dos Atos Administrativos e os Princípios Fundamentais*. 3ª ed., São Paulo, Malheiros Editores, 2004.

GORDILLO, Agustín. *Tratado de Derecho Administrativo*. t. 1, *Parte General*. 7ª ed., Belo Horizonte, Del Rey/Fundación de Derecho Administrativo, 2003.

IPSEN, Hans Peter. "Verwaltung durch Subventionen", in *Veroeffentlichungen der Vereinigung der Deutschen Staatsrechtslehrer* 25, Berlim, Ed. Walter de Gruyter, 1967.

LAUBADÉRE, André de. *Traité des Contrats Administratifs*. 2 ts. Paris, LGDJ, 1984.

LEDDA, Franco. "Per una nuova normativa sulla contrattazione pubblica", in *Studi in Onore di Antonio Morth*. v. 1, Milão, Giuffrè, 1982.

LIMA, Ruy Cirne. *Princípios de Direito Administrativo*. 7ª ed., São Paulo, Malheiros Editores, 2007.

MAIRAL, Héctor. "Las raíces legales de la corrupción: o de cómo el derecho público fomenta la corrupción en lugar de compartirla", in *Direito Administrativo Brasil-Argentina, Estudos em Homenagem a Agustín Gordillo*. Belo Horizonte, Del Rey, 2007.

MARTINS CARDOZO, José Eduardo. "O dever de licitar e os contratos das empresas estatais que exercem atividade econômica", in CARDOZO, José Eduardo Martins, QUEIROZ, João Eduardo Lopes, e SANTOS, Marcia Walquíria Batista dos (orgs.). *Curso de Direito Administrativo Econômico*. v. III, São Paulo, Malheiros Editores, 2006.

MAURER, Hartmut. *Direito Administrativo Geral*. Barueri/São Paulo, Manole, 2006.

MAYER, Otto. *Derecho Administrativo Alemán*. 4 ts., 2ª ed., Buenos Aires, Depalma, 1982.

MELLO, Celso Antônio Bandeira de. *Curso de Direito Administrativo*. 22ª ed., São Paulo, Malheiros Editores, 2007.

MELLO, Oswaldo Aranha Bandeira de. *Princípios Gerais de Direito Administrativo*. v. I, *Introdução*. 3ª ed., São Paulo, Malheiros Editores, 2007.

MOREIRA NETO, Diogo de Figueiredo. "O futuro das cláusulas exorbitantes nos contratos administrativos", in *Direito Administrativo Brasil-Argentina, Estudos em Homenagem a Agustín Gordillo*. Belo Horizonte, Del Rey, 2007.

MUNÕZ, Guillermo Andrés. "Derecho público y Derecho privado en la organización de la Administración", in SALOMONI, Jorge Luis, e MUNÕZ, Guillermo Andrés (dirs.). *Problemática de la Administración Contemporánea – Una Comparación Europeo-Argentina*. Buenos Aires, Ad-Hoc/Instituto de Derecho Administrativo I, Universidad Notarial Argentina, 1997.

OLIVEIRA, Gustavo Enrique Justino de. "A arbitragem e a nova contratualização administrativa", in GUIMARÃES, Edgar (coord.). *Cenários do Direito Administrativo – Estudos em Homenagem ao Professor Romeo Felipe Bacellar Filho*. Belo Horizonte, Fórum, 2004.

PARADA, Ramón. *Derecho Administrativo*. t. I, *Parte General*. 15ª ed., Madrid/Barcelona, Marcial Pons, 2004.

RIVERO, Jean, e MOUTOUH, Hughes. *Liberdades Públicas*. São Paulo, Martins Fontes, 2006.

ROCHA, Sílvio Luís Ferreira da. *Terceiro Setor*. 2ª ed., São Paulo, Malheiros Editores, 2006.

______. "Repercussões do Código Civil de 2002 no Direito Administrativo", in FIGUEIREDO, Marcelo, e PONTES FILHO, Valmir (orgs.). *Estudos de Direito Público em Homenagem a Celso Antônio Bandeira de Mello*. São Paulo, Malheiros Editores, 2006.

SALOMONI, Jorge Luis. "La cuestión de las relaciones de sujeción especial en el Derecho público argentino", in SALOMONI, Jorge Luis, e MUNÕZ, Guillermo Andrés (dirs.). *Problemática de la Administración Contemporánea – Una Comparación Europeo-Argentina*

Buenos Aires, Ad-Hoc/Instituto de Derecho Administrativo I, Universidad Notarial Argentina, 1997.

SCHIER, Adriana da Costa Ricardo. "Administração Pública: apontamentos sobre os modelos de gestão e tendências atuais", in GUIMARÃES, Edgar (coord.). *Cenários do Direito Administrativo – Estudos em Homenagem ao Professor Romeo Felipe Bacellar Filho*. Belo Horizonte, Fórum, 2004.

SÉRVULO CORREIA, José Manuel. *Legalidade e Autonomia Contratual nos Contratos Administrativos*. Coimbra, Almedina, 2003.

STASSINOPOULOS, Michel. *Traité des Actes Administratifs*. Atenas/Paris, Lib. Recueil Sirey, 1954.

VEDEL, Georges. *Droit Administratif*. 5ª ed., Paris, PUF, 1973.

VIEIRA, Oscar Vilhena, e SCABIN Flávia (colab.). *Direitos Fundamentais – Uma Leitura da Jurisprudência do STF*. São Paulo, Malheiros Editores/FGV, 2006.

VILANOVA, Lourival. *Causalidade e Relação no Direito*. 4ª ed., São Paulo, Ed. RT, 2000.

______. *Escritos Jurídicos e Filosóficos*. 2 vs., São Paulo, Axis Mundi/IBET, 2003.

WALINE. *Traité Élémentaire de Droit Administratif*. 6ª ed., Paris, Recueil Sirey, 1950.

WOLFF, Hans. *Verwaltungsrecht*. v. I. Munique/Berlim, C. H. Beck, 3ª ed., 1959 e 7ª ed., 1968.

# SENTIDO E ALCANCE DO DIREITO DE RECURSO NA ESFERA ADMINISTRATIVA À LUZ DA CONSTITUIÇÃO FEDERAL DE 1988

MARIANA NOVIS

Especialista em Direito Administrativo pela PUC/SP

*I – A sistemática recursal prevista no âmbito do Conselho Administrativo de Defesa Econômica – CADE: 1. O contexto legal e regulamentar que deu origem ao estudo em tela; 2. Os pontos que geram o debate jurídico. II – Do significado e relevância dos princípios que norteiam um ordenamento jurídico. III – Da imprescindibilidade da adoção de um procedimento formal para a produção de atos administrativos: 1. O procedimento formal como garantia fundamental dos administrados; 2. Da relevância da prévia fixação do modo de atuação do Estado; 3. Demais benefícios advindos da observância do processo administrativo. IV – O Estado de Direito e o processo administrativo: 1. O significado do Estado de Direito; 2. Relação entre o Estado de Direito e o processo administrativo. V – Da evolução do "devido processo legal" no Direito brasileiro: 1. Breve contexto histórico; 2. Do princípio do devido processo legal e dos direitos à ampla defesa e ao contraditório à luz da Carta Brasileira; 3. Do princípio do devido processo legal sob a ótica da legislação ordinária. VI – Do duplo grau de jurisdição na esfera administrativa: 1. Introdução; 2. Da origem do instituto do reexame das decisões e o seu fundamento constitucional vigente; 3. Remédios processuais que efetivam o reexame das decisões administrativas; 4. Conteúdo mínimo do duplo grau de jurisdição administrativa. VII – Análise do caso concreto originalmente proposto. VIII – Conclusões finais. Bibliografia.*

## *I – A sistemática recursal prevista no âmbito do Conselho Administrativo de Defesa Econômica – CADE*

### *1. O contexto legal e regulamentar que deu origem ao estudo em tela*

Antes de adentrar a abordagem jurídica dos princípios constitucionais que necessariamente repercutem no objeto do presente estudo, torna-se de suma importância situar os aspectos concretos que efetivamente aguçaram o desenvolvimento do tema relativo ao *sentido e alcance do direito de recurso na esfera administrativa à luz da Constituição Federal de 1988.*

E, com esse propósito, cumpre trazer à baila o regramento legal e regulamentar que gira em torno dos processos administrativos no âmbito do Conselho Administrativo de Defesa Econômica, o CADE.

Como se verá, a autarquia dispõe de uma disciplina legal específica que rege os processos administrativos voltados a questões pertinentes a prevenção e a repressão às infrações contra a ordem econômica.

De fato, a Lei Federal n. 8.884, de 11 de junho de 1994, a denominada Lei Antitruste, é o diploma legal que traz em seu bojo as regras processuais gerais a serem atendidas pelas partes quando do enfrentamento de temas relativos à concorrência, sem prejuízo de alguns detalhamentos a respeito da matéria previstos em sede de resoluções expedidas pela própria autarquia.

O art. 30 do instrumento legal em pauta inaugura a sessão que trata das fases que comportam o processo administrativo no seio do CADE.

Entretanto, o aspecto que revela diretamente o objeto do presente estudo acha-se descrito no Capítulo III, que se reporta à fase de julgamento do processo administrativo no CADE.

A questão está mais especificamente relacionada no teor do art. 50, *in verbis*: Art. 50. As decisões do CADE não comportam revisão no âmbito do Poder Executivo, promovendo-se, de imediato, sua execução e comunicando-se, em seguida, ao Ministério Público, para as demais medidas legais cabíveis no âmbito de suas atribuições.

Segundo a sistemática processual determinada pela lei em questão, as decisões formadas no âmbito do processo administrativo são sempre expedidas, de plano, pelo plenário do órgão. E, como se verifica do teor do dispositivo em destaque, quanto ao conteúdo meritório dessa decisão, veda-se o reexame da matéria por parte do Poder Executivo.

Ao mesmo tempo, não há qualquer menção no texto da lei ora tratada de outro expediente processual do qual a parte pudesse se valer para o fim de reabrir a discussão da causa.

Disso decorre que, a rigor, o plenário do CADE representa a primeira e última instância de julgamento de casos voltados à concorrência, ausente qualquer previsão legal que ofereça à parte o exercício de remédios processuais que pudessem ser aplicáveis ao caso vertente direcionados à revisão da matéria.

De outro lado, a Resolução n. 15, de 19 de agosto de 1998, revela uma hipótese que comporta uma modalidade revisional das decisões emanadas do CADE.

O instrumento normativo se presta a disciplinar as formalidades e os procedimentos a serem observados no âmbito do CADE no que se refere aos atos de que trata o art. 54, da Lei n. 8.884/1994.[1]

O art. 10 do referido ato normativo traz à tona o expediente denominado "*pedido de reapreciação*" que tem lugar quando a decisão plenária nega a aprovação de um ato ou contrato, ou aprová-los sob condições.

Ressalte-se, porém, que o exercício do expediente em voga vincula-se a pré-requisitos de ordem imperativa, quais sejam, "*fato ou documento novo, capazes por si só de lhes assegurar pronunciamento mais favorável*".[2]

Logo, de acordo com os termos dispostos na Resolução em comento, denota-

1. Vale esclarecer que os atos previstos no art. 54, da Lei Antitruste tratam especificamente do controle preventivo exercido pelo CADE a título de análise da existência de violação a ordem econômica pelos entes privados e, portanto, conclui-se que a resolução em voga não abarca os casos em que se procede ao controle repressivo dos mesmos.

2. "Art. 10. A decisão plenária que negar aprovação ao ato ou contrato, ou o aprovar sob condições, poderá ser reapreciada pelo CADE, a pedido das requerentes, com fundamento em fato ou documento novo, capazes por si só de lhes assegurar pronunciamento mais favorável. Parágrafo único. Consideram-se novos os fatos ou documentos cuja existência as requerentes só vieram a ter conhecimento depois da data do julgamento, ou de que antes dela estavam impedidas de fazer uso" (Resolução n. 15, de 19.8.1998 expedida pelo CADE).

se que nem mesmo em sede de pedido de reapreciação há a possibilidade de se rever o mérito da decisão. A questão somente volveria a ser discutida, e dessa vez sob ângulos diversos daqueles originalmente suscitados, uma vez presentes fatos ou documentos novos.

Sumariamente, esse o contexto legal e regulamentar que descreve a sistemática recursal na esfera do CADE.

### 2. *Os pontos que geram o debate jurídico*

O foco do tema a ser versado neste trabalho reside na apuração quanto à legitimidade das regras impostas no arcabouço legal e regulamentar apresentado no tópico anterior frente ao ordenamento jurídico como um todo, mormente sob o prisma dos princípios e disposições constitucionais que se relacionam com o direito de recurso no âmbito administrativo.

Em verdade, o objeto da averiguação quanto à legitimidade desse conjunto de normas consiste em perquirir as respostas aos seguintes questionamentos de ordem preliminar:

(*i*) Há como se entender legítimas normas que venham a estabelecer diretrizes para o exercício de garantias que encontram sua fonte de sustentação diretamente na Constituição Federal de 1988? Em caso positivo e à luz do caso concreto apresentado, qual o limite de conteúdo das normas infraconstitucionais no exercício dessa função legislativa?

(*ii*) Pode-se afirmar, com base no texto constitucional, que o administrado faz jus ao duplo grau de jurisdição no campo do processo administrativo?

(*iii*) E, na prática, qual a essência desse princípio?

Essas são questões que se colocam de plano com a leitura dos dispositivos anteriormente destacados e que nortearam todo o desenvolvimento do trabalho, a fim de que, ao final, pudessem ser apresentadas as conclusões entendidas como pertinentes frente ao contexto constitucional vigente e à luz da análise do real significado dos princípios necessariamente envolvidos no debate ora instaurado.

E justamente em razão da precípua função que exercem os princípios no desenvolvimento do raciocínio sobre as questões anteriormente postas em debate que não resta outro caminho senão iniciar o estudo com a abordagem do conceito e relevância desses vetores de interpretação do ordenamento jurídico como um todo.

É o que se passa expor.

## *II – Do significado e relevância dos princípios que norteiam um ordenamento jurídico*

O tratamento do tema em estudo e a fundamentação da posição a ser defendida demandam inevitavelmente, em sede preliminar, a alusão, ainda que breve, à relevância dos princípios no âmbito de um ordenamento jurídico.

Com efeito, tendo em vista que o exame do caso em debate necessariamente esbarrará na análise e na interpretação de garantias como o devido processo legal na esfera administrativa, a ampla defesa, o contraditório, dentre outros, impõe-se a análise do significado desses valores, denominados "princípios", que caracterizam os diferentes sistemas jurídicos.

De plano, pode-se dizer que o *princípio* constitui o alicerce de um sistema normativo, que reflete seus efeitos sobre as normas que o compõem. Cuida-se de um verdadeiro vetor de interpretação das normas jurídicas, na medida em que o conteúdo desses valores definirá a racionalidade na qual se assentará uma dada sociedade, definindo-se as finalidades que devem ser almejadas quando da aplicação das regras que norteiam o seu funcionamento.

De forma direta, Lúcia Valle Figueiredo afirma que *princípio, como está o vocábulo a afirmar, é início, origem, vetor.*[3]

Geraldo Ataliba apresenta-nos os traços definidores dos princípios:

"O sistema jurídico – ao contrário de ser caótico e desordenado – tem profunda harmonia interna. Esta se estabelece mediante uma hierarquia segundo a qual algumas normas descansam em outras, as quais, por sua vez, repousam em princípios que, de seu lado, se assentam em outros princípios mais importantes. Dessa hierarquia decorre que os princípios maiores fixam as diretrizes gerais do sistema e subordinam os princípios menores. Estes subordinam certas regras que, à sua vez, submetem outras (Vilanova, *As Estruturas Lógicas e o Sistema do Direito Positivo*, Ed. RT, p. 115).

"Mesmo no nível constitucional há uma ordem que faz com que as regras tenham sua interpretação e eficácia condicionadas pelos princípios. Estes se harmonizam, em função da hierarquia entre eles estabelecida, de modo a assegurar a plena coerência interna ao sistema (a demonstração cabal disso está em Juan Manuel Terán, *Filosofía del Derecho*, p. 146)".[4]

As citações acima revelam a nítida importância do papel a que se prestam os princípios no contexto de um ordenamento jurídico.

Não é demais repetir: *trata-se de diretrizes mestras do sistema jurídico no qual se encontram inseridos, que têm como finalidade precípua nortear os objetivos e desideratos a serem perseguidos pela sociedade e pelo Poder Público presentes naquele contexto.*

Disso resulta que esses valores deverão ser sempre prestigiados em qualquer circunstância e, nesse sentido, são eles que ditarão a forma de interpretação das regras dispostas no regime jurídico de um dado sistema.

O intérprete jamais poderá extrair conclusões e adotar caminhos que por ventura prejudiquem a aplicação de um determinado valor principiológico face a uma norma que nele encontra sua base de sustentação. O princípio reside em patamar superior a qualquer regra jurídica, seja em nível ordinário ou constitucional, inserida em um ordenamento jurídico.

A este propósito, a doutrina não diverge: "Cada princípio constitui membro de um grande todo. Dessa conexão recebe luz a norma particular. O sentido de uma disposição ressalta nítido e preciso, quando confrontado com outras normas gerais ou supra-ordenadas, de que constitui uma derivação, uma aplicação ou uma exceção, quando se remonta, dos preceitos singulares, ao inteiro ordenamento jurídico" (Vilanova, *As Estruturas...*, cit., p. 120).[5]

À luz do quanto exposto, resta de todo evidente que a constitucionalidade de uma norma está irremediavelmente vinculada à observância dos princípios que lhe são correlatos.

Nesse ínterim, mais uma vez, oportuna a lembrança de Geraldo Ataliba em relação ao texto de Celso Antônio Bandeira de Mello sobre o tema: "Daí o sublinhar Celso Antônio Bandeira de Mello (*RDP* 15/283) que "qualquer disposição, qualquer regra jurídica (...) para ser constitucional, necessita estar afinada com o princípio (...) realizar seu espírito, atender à sua direção estimativa, coincidir com seu sentido axiológico, expressar seu conteúdo. Não se pode entender corretamente uma norma constitucional sem atenção aos princípios consagrados na Constituição e não se pode tolerar uma lei que fira um princípio adotado na Carta Magna. Violar um princípio é muito

3. *Curso de Direito Administrativo*, 4ª ed., p. 407.

4. *República e Constituição*, 2ª ed., p. 33.

5. Geraldo Ataliba, ob. cit., p. 33.

mais grave que transgredir uma norma. A desatenção ao princípio implica ofensa não apenas a um específico mandamento obrigatório, mas a todo o sistema de comandos. É a mais grave forma de ilegalidade ou inconstitucionalidade, conforme o escalão do princípio violado, porque representa insurgência contra todo o sistema, subversão de seus valores fundamentais, contumélia irremissível a seu arcabouço lógico e corrosão de sua estrutura mestra".[6]

O raciocínio conduz à evidente conclusão que não se cansa de reavivar: *lei alguma pode deixar de atender ao espírito balizador do princípio no qual se acha escorado o sistema normativo vigente*.

O mesmo se diz, e ainda com mais propriedade, no tocante aos atos regulamentares, sequer produzidos no seio do Poder Legislativo, mas editados pelo Chefe do Executivo, em atendimento a regras de elaboração muito mais elásticas e menos participativas do que aquelas aplicáveis ao processo legislativo.

O quadro traçado neste tópico demonstra a extrema relevância de todo e qualquer princípio no âmbito de um ordenamento jurídico, porquanto a partir desses vetores é que podem ser identificados os contornos de um dado sistema, e, nesse sentido, servirão como base interpretativa de toda e qualquer regra em nível constitucional, legal e regulamentar.

É certo que não haveria como iniciar o presente trabalho, sem antes dar o devido destaque à relevância dos princípios em um dado ordenamento jurídico.

Superada essa obrigatória e irrenunciável fase preliminar da monografia, passa-se, a seguir, à apuração de um segundo tema de cunho preliminar que igualmente servirá para alcançar o âmago do objeto a ser aqui tratado.

6. Ob. cit., pp. 35 e 36.

## *III – Da imprescindibilidade da adoção de um procedimento formal para a produção de atos administrativos*

### *1. O procedimento formal como garantia fundamental dos administrados*

Preliminarmente à abordagem da evolução da conduta estatal frente aos administrados, convém relatar a construção doutrinária que houve por bem apartar o termo "processo" da designação "procedimento" administrativo, no sentido de conferir-lhes definições distintas.

Segundo a melhor doutrina, o primeiro conceito, qual seja, o "processo administrativo", além de se tratar de uma "*sucessão itinerária e encadeada de atos administrativos que tendem, todos, a um resultado final e conclusivo*",[7] o que por si só bastaria para definir o instituto denominado "procedimento administrativo", implica sempre na atuação dos interessados à luz do *contraditório*, vale dizer, contempla casos contenciosos.

Nada obstante, a própria Constituição Federal e a legislação esparsa utilizam indistintamente ambos os termos, sem necessariamente empregá-los em respeito à divisão terminológica apresentada por parte da doutrina administrativista.

Seguindo essa linha, e tendo em vista que o rótulo utilizado para distinguir determinado instituto não define necessariamente o seu conteúdo, pois quem o faz é o regime jurídico ao qual se acha adstrito, vale esclarecer de antemão que ambos os termos poderão ser empregados no presente estudo para significar indiferentemente os conceitos abordados acima.

Feito esse breve parêntese, volta-se à temática em pauta. Vejamos.

É quase intuitivo imaginar que, em regra, haverá um *modus operandi* para se for-

7. Celso Antônio Bandeira de Mello, *Curso de Direito Administrativo*, 17ª ed., p. 446.

mar um ato na esfera administrativa, pois ele não surge de forma automática e aleatória.[8] É certo que, em determinadas hipóteses, a adoção de um procedimento formal é absolutamente indissociável da emissão do ato estatal.[9]

Isso ocorre essencialmente quando (*i*) a Constituição ou a lei assim o exigir; (*ii*) houver provocação do interessado no sentido de obter uma manifestação administrativa; (*iii*) a decisão administrativa implicar em restrição da liberdade ou da propriedade, nos termos do art. 5º, LIV, da Carta Magna; ou (*iv*) a matéria envolver a aplicação de sanções, de acordo com o preconizado no art. 5º, LV, da Constituição.

Pois bem, através desse *modus operandi*, consubstanciado no processo ou procedimento administrativo, é que o administrado poderá ter ciência das razões e da forma pela qual o administrador adotou determinada decisão ante um caso concreto. Dessa forma, restará o particular munido dos elementos necessários para o eventual controle e limitação do exercício das prerrogativas públicas.

Ou seja, é no procedimento formal a ser observado pela Administração que as garantias da coletividade estão abarcadas.

Daí decorre a elevada importância do tema concernente a "processo ou procedimento administrativo" no âmbito do Direito Público, pois representa justamente uma das principais garantias de proteção do administrado frente a eventuais abusos e desvios que possam advir da prática de atos administrativos expedidos pelo Estado.

Exatamente nessa direção lembra o mestre Celso Antônio Bandeira de Mello, no sentido de que o relevo do procedimento "decorre do fato de ser um meio apto a controlar o 'iter' de formação das decisões estatais, o que passou a ser um recurso extremamente necessário a partir da multiplicação e do aprofundamento das ingerências do Poder Público sobre a Sociedade. Estas se alargaram e se intensificaram como fruto das profundas transformações ocorridas na concepção do Estado e, pois, das missões que lhes são próprias".[10]

Todavia, não se pode olvidar que as prerrogativas públicas possuem caráter meramente instrumental, vale dizer, limitamse exclusivamente à extensão e à intensidade necessárias ao atendimento da finalidade pública perseguida.

Dito de outro modo: o Estado deve ater-se aos exatos limites necessários ao alcance do objetivo a que se predispôs; jamais poderá se exceder ao quanto indispensável para a consecução do fim perseguido.

Disso igualmente resulta a importância do *iter* formal a ser seguido quando da prática de atos administrativos em geral, pois ele definirá exatamente esses limites aos quais acha-se o Estado adstrito perante a sociedade.

8. O reconhecimento de que o processo não sustenta apenas atos praticados na órbita judicial, mas se mostra presente igualmente no âmbito administrativo e, inclusive, na adoção de atos legislativos já foi vislumbrado por diversos juristas renomados. Todos já reconheciam que o processo não era prerrogativa única do Poder Judiciário, demonstrando que todas as funções estatais só podem ser alcançadas uma vez observado um determinado "iter". Nesse sentido, ilustrem-se Merkel, in *Teoria dês Derecho Administrativo*, trad. Mexicana, 1975; Carnelutti (cf. Héctor Escola, *Tratado General dês Procedimiento Administrativo*, Buenos Aires, 1973), dentre outros.

9. A Constituição Federal de 1988 marca definitivamente a necessidade de formalização da atuação dos agentes administrativos, principalmente nas relações que estabelece com os particulares.

10. Ob. cit., p. 453. O autor explica que a mudança na concepção do Estado que gerou um aumento da intervenção na sociedade se alia a dois fatores: (*i*) passagem do Estado liberal para o Estado intervencionista, apenas este capacitado para o atingimento das finalidades dispostas à transformação da realidade social e econômica então vigente e (*ii*) avanço tecnológico, o que demandou um maior controle das atividades exercidas pelo particular (pp. 453-455).

## 2. *Da relevância da prévia fixação do modo de atuação do Estado*

A garantia dos indivíduos não reside apenas na delimitação das finalidades a serem perseguidas pelo Poder Público, mas possui igual relevo a *prévia fixação das condições que servirão de norte para a adoção da conduta apta para atingir os objetivos almejados.*

Assim é que a disciplina do procedimento administrativo na esfera legal constitui o método eficiente e capaz de controlar a legitimidade da atuação administrativa.

De modo contrário, restariam os cidadãos desprotegidos em relação aos poderes exorbitantes a que o Estado inevitavelmente faz jus na qualidade de gestor do interesse público. Importante notar que o exclusivo fato de o Estado contemporâneo gozar de prerrogativas especiais para o exercício da função administrativa não se presta à finalidade de enfraquecer a posição do administrado no sentido de torná-lo vítima dos efeitos dessa posição estatal. Não há como se conceber tal entendimento.

Em verdade, na relação que envolve, de um lado, o Poder Público e, de outro, o particular, há um desequilíbrio apenas aparente. O procedimento administrativo exerce papel preponderante nesse sentido, na medida em que busca promover a harmonia no âmbito de uma *aparente* desigual relação entre as prerrogativas do Estado e os interesses dos administrados.

Deveras, o rito formal previamente delineado representa verdadeira fonte de controle e limitação da atuação administrativa pela sociedade. Aliás, a ampla defesa e o contraditório, dentre outros princípios que se inserem no seio do procedimento administrativo, proporcionam o equilíbrio e a proteção dos interesses dos cidadãos.

Logo, o procedimento administrativo acarreta, a um só passo, o resguardo do administrado e uma atuação administrativa mais transparente.

## 3. *Demais benefícios advindos da observância do processo administrativo*

Importante agregar, ainda, que o instituto em comento não retrata apenas um mecanismo de controle de eventuais excessos cometidos pelo Estado e de legitimidade dos atos praticados pela Administração.

Mais do que isso, o atendimento a um processo formal para a produção de um ato atua também no sentido de conferir uma maior segurança na decisão final a ser emanada do Poder Público, uma vez que o órgão expedidor do ato certamente restará munido de maiores elementos para a produção de uma decisão mais justa e sólida.

Nesse sentido, Odete Medauar, ao aduzir acerca do conteúdo mais seguro das decisões precedidas de um procedimento formal, nos ensina o seguinte: "No processo administrativo, interessados são ouvidos, apresentam argumentos e provas, oferecem informações. Contribuem, portanto, para a determinação do fato ou da situação objeto do processo. Com isso se ampliam os pressupostos objetivos da decisão administrativa".[11]

Para fazer jus a este último aspecto, importa salientar que a Administração deve, como regra geral, conferir ao interessado a oportunidade de se manifestar *antes* da emissão final da decisão no caso concreto, sob pena de tornar inócua a garantia de uma decisão sólida e segura nos termos dispostos acima.[12]

Nem se avente que o fato de o Poder Judiciário poder sanar ilegalidades contidas no bojo de atos administrativos seria, por si só, capaz de suprir o mecanismo de controle no âmbito da própria Administração pelo particular. Lembre-se que a atuação do Poder Judiciário nesse sentido limi-

11. *Direito Administrativo Moderno*, 8ª ed. rev. e atual., p. 194.

12. Nesse sentido, Celso Antônio Bandeira de Mello, ob. cit., p. 456.

ta-se à avaliação da legalidade do ato *sub judice* – o que não significa que o campo de análise seja tão restrito quanto possa parecer ante uma análise mais superficial do tema –, enquanto no seio da Administração, o interessado sempre pode levantar aspectos de conveniência e oportunidade que poderão ser considerados pelo agente estatal quando da emissão do *decisum* final.

Nesse passo, "muitas vezes o desempenho incorreto da função provém do insuficiente conhecimento ou consideração dos dados em questão",[13] situação que certamente passa a ser atenuada quando a discussão do tema alia os interessados envolvidos.

Diante do quadro exposto, resta evidente o extremo relevo da procedimentalização dos atos emanados do Poder Público. Tanto é assim que a Constituição Federal de 1988 expressamente elevou o "devido processo legal" no campo administrativo à qualidade de *garantia fundamental de todos*.

Com acerto, conferiu-se proteção máxima ao instituto aqui tratado no sentido de que jamais uma lei, e muito menos um ato normativo produzido pela Administração Pública, poderá excluir ou amesquinhar de qualquer forma a garantia constitucional em pauta.

Nesse sentido, pode-se afirmar que o direito processual dos administrados passa a contar com a mesma relevância que contorna os direitos materiais que lhes são inerentes. Daí porque a eventual violação de um direito processual não constitui uma mera irregularidade formal, como há muito se sustentou, mas se trata, isso sim, de um verdadeiro ilícito administrativo que, em última análise, comprometerá a validade da decisão final proferida.

Este nitidamente o espírito que traduz a Lei Maior e o modelo estatal que dela extrai todos os seus preceitos: o Estado Democrático de Direito.

13. Odete Medauar, ob. cit., p. 195.

## *IV – O Estado de Direito e o processo administrativo*

### *1. O significado do Estado de Direito*

O advento do Estado de Direito marca o início de uma fase em que imperam as leis como balizadoras da atuação estatal e da sociedade como um todo.

A novidade, contudo, reside precisamente na delimitação do poder estatal. O mero arbítrio ou vontade do gestor da coisa pública cede lugar para uma administração absolutamente racional, pautada em normas jurídicas expressamente contidas na Magna Carta.

E mais, não se trata de quaisquer normas que se pretenda inserir no ordenamento jurídico. Passa a ter lugar, no sistema, norma que obedeça à vontade popular e que venha a resguardar, de forma plena, os direitos fundamentais do ser humano.

Se assim não fosse, qualquer regime poderia ser justificado pelo simples fato de se encontrar em conformidade com as leis que regem o sistema que se pretende adotar. A hipótese aventada jamais representaria um Estado Democrático de Direito. No máximo, estaríamos diante de uma aparência de legalidade.

Esta advertência está muito bem traçada por José Afonso da Silva ao ponderar que "se se concebe o Direito apenas como um conjunto de normas estabelecido pelo Legislativo, o Estado de Direito passa a ser o Estado da legalidade, ou Estado legislativo, o que constitui uma redução. Se o princípio da legalidade é um elemento importante do conceito de Estado de Direito, nele não se realiza completamente".[14]

Carlos Ari Sundfeld traduz com propriedade os traços característicos do modelo estatal aqui abordado: "Assim, definimos

14. *Curso de Direito Constitucional Positivo*, 11ª ed. rev., p. 115.

Estado de Direito como o criado e regulado por uma Constituição (isto é, por norma jurídica superior às demais), onde o exercício do poder político seja dividido entre órgãos independentes e harmônicos, que controlem uns aos outros, de modo que a lei produzida por um deles tenha de ser necessariamente observada pelos demais e que os cidadãos, sendo titulares de direitos, possam opô-los ao próprio Estado".[15]

O autor complementa o raciocínio com os brilhantes ensinamentos de Norberto Bobbio: "Do Estado de direito em sentido forte, que é aquele próprio da doutrina liberal, são parte integrante todos os mecanismos constitucionais que impedem ou obstaculizam o exercício arbitrário e ilegítimo do poder e impedem ou desencorajam o abuso ou exercício ilegal do poder (*Liberalismo e Democracia*, p. 19)".[16]

Diante desse modelo estatal, notoriamente preconizado pela nossa Constituição, é de se ressaltar, como antes tratado à saciedade, que o processo administrativo a ser adotado para a prática de atos estatais deverá necessariamente estar em consonância com as garantias contempladas na lei Maior.

## 2. *Relação entre o Estado de Direito e o processo administrativo*

Frente ao que se expôs acerca do significado do Estado de Direito, torna-se fácil depreender-se que tal modelo pressupõe não apenas a observância da lei no seu sentido formal; o aspecto material assume papel preponderante na aplicação do Direito, no sentido de que o respeito aos direitos e garantias fundamentais, em acréscimo aos valores consagrados na Constituição, é imperativo.

Este o primeiro aspecto que repercute no Direito Processual quando da vigência do Estado de Direito.

Nesse particular, Marcelo Harger pondera sobre a correlação entre o princípio do Estado de Direito e o processo administrativo:[17]

"O princípio do Estado de Direito é a própria razão, se não da existência, mas da relevância assumida pelo processo administrativo. É que, anteriormente não havia limitação à autoridade do soberano e, por isso, pouco importava o modo de expressão de sua vontade. Não se pode dizer que na época do Estado de Polícia não existisse processo administrativo, mas é possível assegurar, ao menos, que a concepção se alterou radicalmente a partir do Estado de Direito.

"Somente a partir de seu surgimento é que o modo de formação da vontade estatal passou a ter relevância. O Estado, enquanto gestor do interesse público, passou a ter por obrigação a atuação em benefício da coletividade e o processo administrativo surge como o modo de verificar a correção do agir estatal."[18]

No caso brasileiro, pode-se observar que a Lei Maior, imbuída do espírito que

15. *Fundamentos do Direito Público*, 4ª ed., pp. 38 e 39.

16. Ob. cit., p. 39.

17. Nesse mesmo sentido, vale recordar lição valiosa de Alberto Ramon Real: "La complejidad de la administración tecno-burocrática moderna, en el Estado intervencionista, dirigista y panifcador, de nuestro tempo, hace particularmente necesarios los mecanismos de garantía, entre los cuales se destaca la regulación constitucional, legal y reglamentaria del procedimiento administrativo. El débil administrado debe enfrentar a cada momento, de la cuna a la tumba, no sólo al consuetudinario autoritarismo del poder político, sino también al nuevo despotismo burocrático, justamente anatematizado por el muy tradicionalista liberal británico, *Chief Justice*, *Lord* Hewart. Este despotismo sirve (y se apoya en) Administraciones gigantescas, que procurando generalizar en bienestar, suelen restaurar en Estado de policía, sin traer en bienestar" (in *Nuevos Estudios de Derecho Administrativo*, pp. 14-16).

18. *Princípios Constitucionais do Processo Administrativo*, p. 95.

se traduz no Estado Democrático de Direito, opção política adotada *in casu*, abarcou com nitidez a obrigatória observância do *devido processo legal* e da *ampla defesa* sempre que do ato estatal (leia-se *ato* no sentido mais lato possível, englobando inclusive a omissão, quando o Estado estava, por lei, obrigado a agir) decorrer lesão à liberdade e à propriedade, conforme consta do art. 5º, incisos LIV e LV, cujo texto e alcance será objeto de oportuna e detalhada análise mais adiante.

Disso resulta que a Constituição apenas legitima o processo administrativo que estiver em compasso com as garantias retratadas nos incisos em menção.[19]

Veja-se mais uma vez que o contraditório e a ampla defesa, com todos os meios necessários para o seu exercício, encontram-se contemplados na categoria de verdadeiras *garantias* constitucionais que lei alguma pode suprimir ou restringir.

Esse o sentido que conduz a interpretação de um sistema jurídico, inclusive no campo processual, regido pelo Estado Democrático de Direito.

## *V – Da evolução do "devido processo legal" no Direito brasileiro*

### *1. Breve contexto histórico*

Pode-se apontar o ano de 1215 como a data que marcou a origem do *devido processo legal* no sistema jurídico anglo-saxão. De fato, a Inglaterra foi o país pioneiro no tratamento do princípio, na medida em que no seio da respectiva Magna Carta, em seu art. 39, encontramos as primeiras linhas a respeito do tema.

Vale lembrar que, naquela oportunidade, o instituto teve por fim privilegiar estritamente a camada dos barões feudais saxônicos; tanto é assim que o diploma foi escrito em latim, justamente para que apenas certos grupos privilegiados tivessem a exata compreensão do seu conteúdo, tornando-o inacessível à grande maioria da população.

Tratava-se de um momento em que o soberano ditava a lei a ser cumprida pelo Estado, ou seja, o Estado representava a lei.

Para os grandes barões da época, a proteção da propriedade dava-se através da então denominada *law of the land* que, na verdade, correspondia à idéia do próprio *due process of law* – com o tempo a primeira expressão foi sendo gradativamente substituída por esta última.

Deveras, com a inserção no sistema da prerrogativa denominada *law of lhe land*, o direito de propriedade, dentre outros elencados no pré-citado art. 39, todos tidos como garantias naturais do cidadão, somente poderia sofrer limitações mediante regras estabelecidas em sede de precedentes judiciais (*common law*).

Importante notar que até então o conteúdo do princípio era de cunho meramente formal, na medida em que o cumprimento do *due process of law* satisfazia-se, em um primeiro momento, com o mero atendimento ao procedimento então previsto para fins de proteção da terra. Bastava que os proprietários se submetessem à lei a ser seguida, independentemente de seu conteúdo.[20]

Foi assim que, em uma segunda etapa da evolução do princípio, dessa vez propiciada pelos Estados Unidos com o advento das Emendas Constitucionais V e XIV,[21]

19. Nesse sentido, segue o ensinamento de Eduardo Couture acerca do conteúdo mínimo do devido processo legal: "Se necesita, no ya un procedimiento, sino un proceso. El proceso no es un fin sino un medio; pero es el medio insuperable de la justicia misma. Privar de las garantías de la defensa en juicio, equivale, virtualmente, a privar del derecho" (in *Inconstitucionalidad por Privación de la Garantía del Debido Proceso*, p. 194).

20. Cf. Lúcia Valle Figueiredo, mesma ob. cit., p. 409.

21. Segundo Vera Scarpinella Bueno: "Um dos direitos fundamentais de maior relevância para

buscou-se o aperfeiçoamento do devido processo legal no sentido de que o mero caráter formal do instituto passou a ser complementado por seu aspecto substancial.

Especificamente a citada Emenda XIV exerceu papel preponderante nesse sentido, na medida em que não se remete apenas o direito de liberdade e de propriedade ao regramento legal, mas igualmente impõe a proteção na própria lei.[22]

Verifica-se, a partir de então, que o princípio do devido processo legal passa a corresponder não apenas à *igualdade perante a lei*, como outrora ocorria, mas traz como objetivo central a *igualdade na lei*.

Diante do exposto, resta evidenciado que, segundo a concepção posteriormente aperfeiçoada pelo direito norte-americano, o princípio do devido processo legal contempla necessariamente *os aspectos substancial e formal*.

Por via de conseqüência, volta-se à afirmação traduzida nos tópicos anteriores, agora sob o prisma do princípio ora tratado, no sentido de que o devido processo legal apenas restará plenamente cumprido *na medida em que a lei a ser aplicada no caso concreto não contrariar os princípios fundamentais consagrados na Constituição, portanto na Lei Maior*.

O fato é que não resta a menor dúvida de que o contexto histórico aqui brevemente traçado significou um importante passo rumo à proteção dos direitos de liberdade e propriedade inerentes à sociedade como um todo frente à atuação do Poder Público.

Nessa mesma linha de raciocínio, é de se concluir que todos os acontecimentos que retrataram a evolução do princípio do devido processo legal acabaram, em última instância, por favorecer a criação da base constitucional brasileira na qual hoje o preceito em tela se fundamenta.

E é por essa razão que antes de adentrar o tópico seguinte, no qual será versado o tratamento constitucional dos princípios do devido processo legal, da ampla defesa e do contraditório, mostrava-se imperioso retratar, ainda que de forma resumida, o quadro histórico que caracterizou a origem e a evolução do princípio do devido processo legal na seara jurídica.

## 2. *Do princípio do devido processo legal e dos direitos à ampla defesa e ao contraditório à luz da Carta Brasileira*

Ante o contexto histórico apresentado no tópico anterior, torna-se fácil compreender o enorme relevo que a Constituição Federal de 1988 conferiu ao devido processo legal, encontrando-se atualmente versado de forma expressa em dois dispositivos, ambos contemplados no rol das denominadas *garantias fundamentais*, sem prejuízo de outras cláusulas que, ainda que de forma implícita, conferem respaldo ao preceito.

Antes de expor o conteúdo dos dispositivos constitucionais que revelam a aplicabilidade imediata do devido processo le-

o direito administrativo norte-americano está expresso na V e na XIV Emendas Constitucionais: trata-se da garantia de que nenhuma pessoa (física ou jurídica) será privada de sua vida, liberdade ou propriedade sem o 'due process of law'. Esta é a fonte no direito escrito que garante o desenvolvimento de um procedimento razoável no caso concreto, no sentido de realização de justiça" (in "Devido processo legal e a administração pública no direito administrativo norte-americano. Uma breve comparação com o caso brasileiro", in Lúcia Valle Figueiredo (coord.), *Devido Processo Legal na Administração Pública*, p. 13).

22. A iniciativa por parte dos anglo-saxônicos no sentido de trazer à baila o princípio do devido processo legal acabou por influenciar o direito norte-americano. Tal fato resta evidenciado em variadas passagens extraídas de diferentes instrumentos legais produzidos no âmbito dos Estados Unidos. É o que se depreende, p.ex., dos artigos que compuseram o notório *Bill of Rights* (1791), bem como do fato de o teor das referidas Emendas de n. V e XIV posteriormente ser incorporado ao direito constitucional norte-americano.

gal, convém traçar alguns esclarecimentos em sede preliminar.

Em diversas passagens do trabalho, categorizou-se o devido processo legal, a ampla defesa e o contraditório como "*garantias*". Pois bem, este o momento oportuno para elucidar o efeito do tratamento desses valores sob a denominação suscitada.

Há de se ter em mente que, ao se elevar um determinado instituto à qualidade de "garantia" no âmbito constitucional, está-se com isso a significar que tal valor "se destina a tutelar direitos, porque representa meio para que sejam preservados, reconhecidos ou cumpridos direitos dos indivíduos na atuação administrativa".[23]

Evidente, portanto, o caráter de direito-instrumental que o devido processo legal passa a significar para o administrado, uma vez que se apresenta como um mecanismo apto para o fim de preservar um direito material supostamente lesionado.

A *garantia*, portanto, configura-se como um *meio* para se alcançar o fim perseguido pelo administrado, este último representado pela salvaguarda de um determinado bem jurídico. Essa a principal conotação que define um instituto como "garantia".

Elucidado esse ponto, cumpre expor que no Brasil a cláusula do devido processo legal achava-se originalmente adstrita ao campo do Direito Penal e Processual Penal, para fins de direito de defesa do acusado. Posteriormente, passou a ganhar relevo no âmbito do Processo Civil. E foi tão-somente em tempos recentes, contando com previsão constitucional expressa, que o princípio passou a ser aplicável de forma mais efetiva na seara do Processo Administrativo.[24]

Há quem defenda que o preceito já se encontrava de alguma forma previsto nas Constituições anteriores, bem assim na legislação esparsa, ainda que de forma implícita. Mas é certo que apenas a partir da Carta de 1988 a questão restou plenamente cristalizada, porquanto a previsão do instituto se tornou expressa – vale repisar – no texto da Lei Maior.

Assim, traz-se à baila o conteúdo dos dispositivos constitucionais que definitivamente espancam eventuais dúvidas que pudessem restar quanto à plena aplicabilidade do instituto do devido processo legal no âmbito administrativo, *in litteris*:

> Art. 5º. (...).
>
> LIV – ninguém será privado da liberdade ou de seus bens *sem o devido processo legal*;
>
> LV – Aos litigantes, em processo judicial ou administrativo, e aos acusados em geral são assegurados *o contraditório e ampla defesa, com os meios e recursos a ela inerentes*.

O primeiro inciso foi redigido de modo mais genérico, uma vez que não menciona de forma específica o campo de incidência do princípio do devido processo legal.

Mas, por óbvio, não há qualquer divergência quanto à aplicabilidade do dispositivo no âmbito administrativo, por haver-se entendido que a cláusula contém um sentido amplo e, portanto, comporta um grau de abrangência igualmente largo.[25]

Ato seguinte, o inciso LV retrata o desdobramento do devido processo legal através das garantias do *contraditório e da ampla defesa*, dessa vez se referindo de forma expressa e específica à seara do processo administrativo.

A expressa menção aos direitos da ampla defesa e do contraditório revela um zelo especial por parte do Constituinte ao delinear a moldura que caracterizou o *due process of law* no contexto constitucional. Isso porque bastava a simples menção ao devido processo legal para que esses direitos estivessem assegurados aos litigantes e acu-

23. Odete Medauar, ob. cit., p. 197.

24. Cf. Marcelo Harger, ob. cit., p. 147.

25. Idem, p. 148.

sados em geral, já que ambos estão obrigatoriamente compreendidos na própria definição da garantia maior aqui versada.

Mas, para evitar quaisquer dúvidas que pudessem repercutir de forma prejudicial aos administrados no que tange ao pleno exercício desses direitos, optou-se por um caminho mais criterioso, repisando-se questões que, ainda que possam parecer óbvias – e de fato o são –, acabam por proteger de forma ainda mais efetiva e inconteste a esfera jurídica de cada indivíduo.

Não obstante o fato de a ampla defesa e o contraditório formarem um binômio inseparável, cada um desses institutos reporta-se a conceitos inconfundíveis e, portanto, traduz diferentes aspectos do devido processo legal.

O processualista Cândido Dinamarco nos revela em poucas palavras a verdadeira essência do direito ao contraditório, ao relacioná-lo aos seguintes caracteres: "informação necessária e reação possível".[26]

Dito de outro modo: é com base na ciência de todos os dados inerentes ao processo administrativo que o administrado poderá munir-se dos elementos mínimos necessários para a elaboração de sua defesa. Para tanto, cumpre que ao interessado sejam disponibilizadas as informações gerais acerca dos fatos, documentos e provas que formam a estrutura do processo. Apenas dispondo dessas informações é que o administrado poderá reagir de forma a demonstrar os fatos que porventura descaracterizam a imputação que lhe tenha sido apontada.

Esse o contexto geral que caracteriza o conteúdo do denominado direito ao contraditório.

Em relação à ampla defesa, pode-se dizer que está ínsito o direito de o interessado responder adequadamente à pretensão adversária, prestando-se à finalidade de preservar ou retomar o direito subjetivo a ser afetado ou já efetivamente comprometido através de um ato – leia-se em sentido amplo – adotado pela outra parte envolvida, *in casu* normalmente representada pela própria Administração Pública.

A extrema importância do contraditório e da ampla defesa está perfeitamente delineada nas palavras de Agustín Gordillo, ao reconhecer a inevitável existência de interesses contrapostos entre o Poder Público e os administrados em contendas administrativas, o que invoca necessariamente a discussão plena do assunto em debate: "Sería cerrar los ojos a la realidad pretender que en el procedimiento administrativo hay una sola parte cuyos derechos serán discernidos, sin conflictos ni contiendas algunos, por un órgano desinteresado del asunto (...); de allí la indispensable discusión plena del asunto, con ataque y prueba, a través de un procedimiento imparcial, público, etc.; lo mismo cabe decir de los procedimientos en que la administración contempla la imposición de sanciones al individuo".[27]

Pois bem, aliando-se o contraditório à ampla defesa, pode-se dizer que decorrem inúmeros desdobramentos que formam o conjunto de garantias a serem asseguradas no âmbito processual, inclusive na esfera administrativa, dentre os quais, ganha relevo especial para o presente estudo, o "direito à interposição de recursos", tema que será abordado de forma mais detalhada no capítulo seguinte.

Ante a análise individualizada das disposições constitucionais que traçam o contorno do devido processo legal, deduz-se que a aplicação do princípio no Direito Administrativo é inegável.

Verifica-se, ainda, que o entrelaçamento dos incisos LIV e LV induz à conclusão de que a observância do devido processo legal não se limita a hipóteses de privação de liberdade ou propriedade, mas também encontra guarida nos processos administra-

26. In *Fundamentos do Processo Civil Moderno*, 2ª ed., p. 93.

27. In *Tratado de Derecho Administrativo*, t. II, 2ª ed., pp. XVII-50

tivos em geral, conforme traduz a menção expressa à ampla defesa e ao contraditório, elementos indissociáveis do conteúdo jurídico do princípio em voga.

E não apenas isso. Ainda no que concerne à amplitude do *due process of law* no Brasil, denota-se que a Constituição na República abarcou a tendência norte-americana no sentido de consagrar o preceito tanto no sentido formal, como sob o prisma substancial. Apenas a presença dessas duas facetas torna possível o exercício da garantia ora tratada em sua plenitude.

Edgard Silveira Bueno Filho, ao tratar do tema, bem sintetiza a conclusão supra: "(...) ao afirmar: 'Ninguém será privado da liberdade ou de seus bens sem o devido processo legal!', o constituinte quis a um só tempo dar aos indivíduos uma garantia de cunho processual e, também, substantiva. Em outras palavras, o devido processo deve ser trilhado não só para a aplicação da lei ao caso concreto, mas, principalmente, no momento anterior quando da sua edição".[28]

Na seqüência, acrescenta o Autor que "a cláusula em exame norteia e conforma a atividade estatal, quer seja ela legislativa, administrativa ou jurisdicional".

Daí dizer-se que o princípio da legalidade está necessariamente vinculado ao devido processo legal no sentido formal e substancial. Ou seja, a igualdade deve estar alocada na própria lei – aspecto substancial – no sentido de que apenas serão válidas classificações que apresentem um fator de discrímen de caráter lógico e razoável, além de atenderem aos princípios insertos na Carta Magna.

Vale dizer, todos os princípios, explícitos ou implícitos, que são referenciados no sistema constitucional devem ser observados e respeitados pelo legislador.

Alie-se ao quanto exposto que o devido processo legal somente restará plenamente cumprido na medida em que seja observado um complexo de garantias, conforme abordado anteriormente, quando se tratou do Estado de Direito aliado ao direito processual.

Por isso que se costuma afirmar que nem todo processo corresponde ao *due process of law*, nos moldes em que a nossa Carta Magna houve por bem consagrar. Caso contrário, estar-se-ia limitando o conteúdo do princípio ao seu aspecto meramente formal, sendo certo que não foi este o espírito que norteou a elaboração das disposições constitucionais anteriormente tratadas.

Marcelo Harger é quem recorda os brilhantes ensinamentos da insigne Professora Lúcia Valle Figueiredo a respeito do conteúdo do princípio do devido processo legal. As suas palavras refletem de forma perfeita as considerações até aqui expostas acerca do tema, vejamos: "Só será devido processo legal, quando a lei respeita a igualdade dentro do seu próprio bojo, quando a lei somente contiver discriminações que guardem razões de pertinência lógica com as situações discriminadas, quando as classificações forem razoáveis; em conseqüência, não será devido processo legal, mas será '*undue process of law*', se tivermos leis que desigualem, ou discriminações desarrazoadas. Ou, ainda, se o contraditório não puder materialmente ser executado. Assim, vejam: da mera observância do conteúdo formal da lei passa-se a amplitude hermenêutica muito maior, quando se começa a inadmitir que lei suprima quaisquer garantias individuais, ou desafie o princípio da igualdade".[29]

Assim é que, da leitura dos dispositivos em comento, pode-se dizer que a Constituição brasileira, ao adotar a dupla acepção da garantia constitucional em testilha – ordem formal e substancial –, deu um pas-

28. In *O Direito à Defesa na Constituição*, p. 43.

29. Ob. cit., pp. 149 e 150. Referindo-se a trecho extraído da obra *Devido Processo Legal e Fundamentação das Decisões*, pp. 212 e 213, de autoria de Lúcia Valle Figueiredo.

so decisivo rumo à solidificação da democracia no país e, por via de conseqüência, à valorização do verdadeiro Estado Democrático de Direito.

### 3. *Do princípio do devido processo legal sob a ótica da legislação ordinária*

Após a abordagem do devido processo legal à luz do sistema constitucional em vigor, torna-se importante expor, ainda que brevemente, o cenário legal que retrata o tema concernente ao processo administrativo em nível federal.

Conquanto a Carta de 1988 tenha avançado ao consagrar o devido processo legal de forma tão eficaz no seio jurídico, é de se espantar que apenas no ano de 1999 – mais de dez anos depois da promulgação da Lei Maior vigente – o primeiro diploma legal a respeito do tratamento do processo administrativo tenha sido inaugurado na órbita federal.

Este aspecto é ressaltado por Adilson Abreu Dallari e Sérgio Ferraz, na obra em que tratam com preciosidade o tema "processo administrativo":

"É quase um escândalo (com vênias pela utilização da palavra, de sabor bem pouco jurídico) que date de 1999 a primeira lei federal geral de processo administrativo.

"Inteiramente inaceitável, doutrinária e legalmente, esse triste panorama.

"De um lado, caberia lembrar que o próprio texto constitucional brasileiro tem, tradicionalmente, consagrado, no patamar das garantias fundamentais, o direito de petição e o direito de representação – a serem exercitados, é óbvio, de maneira precípua, pela via do processo administrativo. Doutra parte, a inexistência da disciplina do processo administrativo representou expressivo vetor de reforço da autocracia burocrática quando em face dos reclamos da coletividade."[30]

O diploma legal que se está a tratar é representado pela Lei Federal n. 9.784, datada de 29 de janeiro de 1999, cuja aplicação se dá para a Administração Direta e Indireta, bem como aos órgãos dos Poderes Legislativo e Judiciário da União, quando no desempenho da função administrativa, nos termos do seu art. 1º, *caput*, e § 1º.[31]

A indigitada lei federal representa importante marco no contexto processual brasileiro, no âmbito administrativo, na medida em que resta evidenciado o nítido repúdio à arbitrariedade estatal.

Deveras, cada vez mais, deixa-se de lado a idéia de que a Administração possa determinar a seu talante o caminho ou *iter* a ser percorrido para a formação de suas decisões, mas, ao contrário, passa a ser obrigada a observar uma série de etapas formais quando da emissão de atos em geral.

Não obstante a delonga na edição da legislação federal acima mencionada, é de se reconhecer que o diploma trouxe benefícios no sentido de aperfeiçoar o bom andamento do processo administrativo.

Em primeiro lugar, o instrumento legal cuidou de abarcar de forma expressa os princípios que deverão guiar a atuação das partes envolvidas, conforme retrata notadamente o seu art. 2º e, também, outros dispositivos que salvaguardam uma série de garantias de suma relevância para a concretização do devido processo legal no sentido preconizado pela nossa Constituição Federal.[32]

30. *Processo Administrativo*, 1ª ed., 3ª tir., p. 21.

31. "Art. 1º. Esta Lei estabelece normas básicas sobre o processo administrativo no âmbito da Administração Federal direta e indireta, visando, em especial, à proteção dos direitos dos administrados e ao melhor cumprimento dos fins da Administração. § 1º. Os preceitos desta Lei também se aplicam aos órgãos dos Poderes Legislativo e Judiciário da União, quando no desempenho de função administrativa."

32. "Art. 2º. A Administração Pública obedecerá, dentre outros, aos princípios da legalidade, finalidade, motivação, razoabilidade, proporcionalidade, moralidade, ampla defesa, contraditório, segurança jurídica, interesse público e eficiência."

Basta uma simples leitura do dispositivo que introduziu os princípios norteadores do processo administrativo no âmbito federal para verificar que estamos diante de uma nova fase da gestão administrativa. Fase na qual não cabe mais espaço para o arbítrio e não há mais como se cogitar a idéia de a Administração decidir de modo informal, notadamente quando sua conduta repercute diretamente na esfera jurídica dos administrados.

Vale notar que dentre os princípios assegurados pela lei, merecem destaque o da ampla defesa e do contraditório. Em diversas passagens da lei, é possível extrair a preocupação do legislador infraconstitucional em assegurar de modo prático o pleno exercício desses direitos.

O art. 3º é bastante ilustrativo nesse aspecto. O preceptivo tratou de elencar prerrogativas inerentes ao conteúdo jurídico da ampla defesa, dentre as quais cumpre salientar a *vista dos autos, ciência da decisão, oportunidade para apresentar razões e provas antes da emissão da decisão, consideração dos elementos disponibilizados pela parte.*

Mais especificamente no que tange ao contraditório, ganha relevo o disposto no art. 2º, parágrafo único, inciso X, que, por sua vez, garante, dentre outros, o *direito a interposição de recursos* nos processos de que possam resultar sanções e nas situações de litígio.[33]

O mesmo destaque deve ser apontado ao art. 3º, inciso III, que parece se enquadrar de forma perfeita ao verdadeiro sentido do princípio, ao estatuir que as alegações e documentos apresentados pelo interessado deverão ser analisados pelo órgão julgador.[34]

Essa justamente a finalidade a que se presta o contraditório, ou seja, possibilitar que o julgador, quando da tomada da decisão final, detenha todos os elementos produzidos pela parte, considerando-os em sua integralidade para a formação de sua convicção.

Obviamente a lei em apreço traz uma série de princípios e regras que consubstanciam o regime jurídico do processo administrativo na esfera federal, e as questões aqui mencionadas são apenas alguns breves exemplos que se reportam especificamente aos direitos da ampla defesa e do contraditório, garantias que detêm um especial relevo para o tratamento do tema que norteou o presente estudo.

De qualquer forma, esse breve contexto legal ora descrito se tornou importante a fim de localizar a matéria não apenas em nível constitucional, mas o seu desdobramento no patamar legal.

Apenas, por último, torna-se importante elucidar que o art. 69 da Lei Federal n. 9.784/1999 dita que "os processos administrativos específicos continuarão a reger-se por lei própria, aplicando-se-lhes apenas subsidiariamente os preceitos desta lei".

Analisando o teor do preceptivo em alusão, esclarece-nos Egon Bockmann Moreira que "todos os processos administrativos federais (vinculados ao exercício da função administrativa) deverão, quando menos, dar aplicação subsidiária à Lei 9.784/1999".[35]

Disso resulta que, embora os processos administrativos regidos por lei específi-

33. "Art. 2º. (...). Parágrafo único. Nos processos administrativos serão observados, entre outros, os critérios de: (...); X – garantia dos direitos à comunicação, à apresentação de alegações finais, à produção de provas e à interposição de recursos, nos processos de que possam resultar sanções e nas situações de litígio."

34. "Art. 3º. O administrado tem os seguintes direitos perante a Administração, sem prejuízo de outros que lhe sejam assegurados: (...); III – formular alegações e apresentar documentos antes da decisão, os quais serão objeto de consideração pelo órgão competente."

35. Ob. cit., p. 275.

ca possam abarcar um campo de incidência mais limitado em relação aos preceitos contidos na Lei Federal em tela, há de se ter em mente que, ao menos os princípios gerais devem ser plenamente observados em todos os trâmites administrativos, quer contem ou não com regramento legal específico.

Quando estamos diante de uma lacuna, a questão nos parece óbvia, mas há de se entender que o resultado deva ser o mesmo quando estamos diante de uma regra que contrarie frontalmente determinado princípio processual contido na Lei em questão, mormente em se tratando de valores que encontram respaldo na própria Constituição, como ocorre com todos eles, mesmo que implicitamente.

Egon Bockmann Moreira é ainda mais preciso ao tratar da aplicação subsidiária do diploma federal em apreço à Lei n. 8.884/1994 ora em debate. Nesse sentido, diz que "no que diz respeito aos processos vinculados à Lei da Concorrência, Carlos Ari Sundfeld defende com precisão a incidência subsidiária da Lei 9.784 – inclusive num momento cognitivo anterior à eventual aplicação do Código de Processo Civil. Isso porque a Lei Federal de Processo Administrativo 'substituiu o Código de Processo Civil quanto à incidência como norma processual subsidiária da Lei 8.884/1994'".[36]

Logo, as normas constantes da Lei n. 8.884/1994 não são exaustivas e comportam aplicação subsidiária dos termos da Lei n. 9.784/1998. E mais, ao CADE não cabe simplesmente furtar-se da observância dos princípios e garantias insertos na Lei Federal de Processo Administrativo, sob o argumento de que a área de concorrência já conta com procedimentos disciplinados por regramento legal específico. A questão é mais complexa do que pode parecer à primeira vista e há de ser analisada com mais profundidade, conforme restará demonstrado mais adiante.

As considerações até aqui expostas no que tange à conotação que foi dada ao devido processo legal na nossa Constituição de 1988 e na legislação ordinária afiguram-se de suma relevância para que se possa prosseguir na formulação do raciocínio que se segue e, finalmente, apresentar as conclusões atinentes à questão prática invocada no início do presente estudo.

## *VI – Do duplo grau de jurisdição na esfera administrativa*

### *1. Introdução*

A questão concreta que constitui ponto de partida do presente estudo, aqui representada pela sistemática procedimental prevista no âmbito do CADE, da qual se extrai a impossibilidade de reexame do mérito das decisões expedidas pelo plenário do órgão, esbarra, em última instância, no controverso tema relativo ao duplo grau de jurisdição na esfera administrativa.

Por certo, o tema não poderia ser analisado sem que antes se procedesse à devida apuração dos princípios do devido processo legal, e dos dois outros valores que constituem seus desdobramentos, quais sejam, a ampla defesa e o contraditório.

Não foi por outra razão que o presente estudo foi precedido da análise dos princípios supra-referidos, para que, a seguir, sejam aliados à abordagem do duplo grau de jurisdição no âmbito administrativo, tema central que definirá as conclusões finais relativas ao objeto do estudo ora proposto.

### *2. Da origem do instituto do reexame das decisões e o seu fundamento constitucional vigente*

Antes de nos ocuparmos da análise dos preceptivos que revelam o abrigo do duplo

36. Ob. cit., p. 276.

grau no campo do processo administrativo, torna-se importante iniciar o estudo com o conceito do *recurso administrativo*, um dos principais mecanismos que torna efetiva a revisão de decisões administrativas na respectiva seara procedimental.

Hely Lopes Meirelles revela a definição dos recursos administrativos, na sua acepção ampla, como "todos os meios hábeis a propiciar o reexame de decisão interna pela própria Administração, por razões de legalidade e de mérito administrativo".[37]

A origem do reexame das decisões em geral encontra amparo notadamente no artigo X, constante da Declaração Universal dos Direitos Humanos de 1948. O dispositivo retrata o direito ao julgamento a que todos fazem jus, por meio de um tribunal *imparcial* e *independente*.

É certo que "a voz 'tribunal' evoca a idéia de pluralidade de julgadores. Além disso, serão sempre melhor asseguradas a imparcialidade e a independência das decisões colegiadas. Como resultado, por razões de ordem prática, de celeridade, de economia processual, os conflitos de direito normalmente se processam perante um juiz singular, ficando assegurada a possibilidade de recurso a um órgão colegiado. Pelo menos, se ficar assegurada uma possibilidade de reexame por outro julgador, ainda que singular, sempre haverá maior garantia de imparcialidade e independência".[38]

Verifica-se, assim, pela própria idéia inicial que marcou a origem do instituto, conforme traduzido acima, que o *duplo grau de jurisdição presta-se de forma precípua a assegurar o maior grau possível de independência e imparcialidade na decisão, além de contribuir para um resultado final mais seguro*, já que a questão meritória restaria analisada ao menos duas vezes e, sempre que possível, por pessoas ou órgãos distintos.

Interessante verificar que a doutrina pouco se aprofunda a respeito do duplo grau de jurisdição administrativa embora o tema mostre-se de grande relevo para o Direito Público e por isso mesmo merece toda a atenção do intérprete ao se deparar com questões processuais dessa natureza, seja na esfera administrativa, seja na seara judicial.

De qualquer forma, é certo que o nosso arcabouço constitucional vigente, mormente no que se refere ao seu aspecto principiológico, oferece a guarida necessária para classificar o duplo grau de jurisdição como uma regra de aplicação obrigatória no âmbito dos processos administrativos.

A corroborar o raciocínio supra, não se pode olvidar, em primeiro lugar, que as garantias constitucionais do contraditório e da ampla defesa produzem conseqüências importantes na esfera jurídica dos administrados. Isso porque ambas as garantias invocam, de forma direta e indireta, a observância de outros direitos que lhes são inerentes.

E um desses preceitos que decorre principalmente da garantia à ampla defesa está representado pelo *direito à interposição de recursos na seara administrativa*.

Agregue-se, ainda, que o duplo grau está sustentado no próprio modelo de Estado adotado pela Carta brasileira, o já aludido Estado Democrático de Direito.

Exatamente nesse prisma, Hely Lopes Meirelles argumenta com precisão a razão que legitima a obrigatoriedade do reexame da matéria na seara administrativa: "*Os recursos administrativos são um corolário do Estado de Direito* e uma prerrogativa de todo administrado ou servidor atingido por qualquer ato da Administração. *Inconcebível é a decisão administrativa única e irrecorrível, porque isto contraria a índole democrática de todo julgamento que possa ferir direitos individuais e afronta o princípio constitucional da ampla defesa, que pressupõe mais de um grau de jurisdição.*

37. In *Direito Administrativo Brasileiro*, 27ª ed., pp. 639 e 640.

38. Adilson Abreu Dallari e Sérgio Ferraz, ob. cit., pp. 87 e 88.

*Decisão única e irrecorrível é a consagração do arbítrio, não tolerado pelo nosso Direito*"[39] (destaques nosso).

Como terceiro ponto a ser considerado, pode-se aferir, como conseqüência direta dos ensinamentos do grande Mestre Hely Lopes Meirelles, que o direito de interpor recursos administrativos não depende de nenhuma ordem normativa, seja de caráter legal ou regulamentar, a fim de que seja legitimado como uma prerrogativa processual. Decorre do próprio ordenamento constitucional vigente e, nesse contexto, da democracia e da ampla defesa, como bem defende nosso ilustre e saudoso administrativista.

A base de sustentação do duplo grau de jurisdição no campo administrativo pode ser encontrada não apenas nos aspectos anteriormente mencionados, mas está também escorada no próprio direito de petição estatuído na Carta da República, especificamente no seu art. 5º, inciso XXXIV, alínea *a*, *in verbis*:

> Art. 5º. (...).
>
> (...).
>
> XXXIV – são a todos assegurados, independentemente do pagamento de taxas:
>
> a) *o direito de petição aos Poderes Públicos em defesa de direitos ou contra ilegalidade ou abuso de poder.*

Alie-se à disposição em destaque, o inciso LV do mesmo artigo. O preceptivo restou objeto de análise anterior por ocasião do tratamento do direito à ampla defesa.

Do seu conteúdo igualmente se pode extrair o fundamento à revisibilidade das decisões no âmbito administrativo, ainda que de forma indireta.

Os brilhantes juristas Adilson Abreu Dallari e Sérgio Ferraz apresentam interpretação sobre o tema justamente nesse sentido:

"No tocante ao processo administrativo, o duplo grau de jurisdição decorre de imposições de ordem lógica e de justiça, além da analogia.

"*É bem verdade que o art. 5º, LV, da Constituição Federal garante aos litigantes em geral a ampla defesa, 'com os meios e recursos a ela inerentes'.* Numa primeira leitura, parece que a expressão 'recursos' figura como redundância, no sentido de 'recursos de defesa, elementos de defesa, meios hábeis para a efetividade de defesa', podendo também significar recursos técnicos (advogado) e financeiro (assistência judiciária).

"Todavia, *considerando a regra de hermenêutica segundo a qual as ampliações de direito devem ser interpretadas com a maior amplitude possível, é forçoso aceitar que o vocábulo 'recurso', constante do mencionado dispositivo constitucional, tenha, efetivamente, o significado de garantia de reexame de decisão proferida em processo administrativo ou judicial.* Essa é a posição que adotamos"[40] (destaques nosso).

De forma mais sucinta, utiliza a mesma base de raciocínio o jurista e atual Ministro do Supremo Tribunal Federal, Carlos Mário da Silva Velloso, ao reportar-se especificamente ao art. 5º, inciso LV, no contexto do devido processo legal: "Se a aplicação do *due process of law* ao procedimento administrativo resultava de modo implícito da Constituição anterior, na Constituição vigente a obrigatoriedade dessa aplicação é expressa (art. 5º, LV). Destarte, não há mais dúvida: aos litigantes, em processo administrativo, são assegurados o contraditório e a ampla defesa, com os meios e recursos a ela inerentes. Estabelece-se, no citado dispositivo, inclusive, a obrigatoriedade do duplo grau de jurisdição (jurisdição em sentido largo) no procedimento administrativo".[41]

Ainda nessa direção, não se pode deixar de mencionar importantes trechos extraídos do trabalho da lavra de Cármen Lúcia Antunes Rocha acerca dos *Princípios Constitucionais do Processo Administrati-*

39. Ob. cit., p. 640.

40. Ob. cit., p. 88.

41. *Temas do Direito Público*, p. 208.

*vo no Direito Brasileiro*: "Também vinculado ao direito à ampla defesa é o direito à revisão e/ou recurso administrativo. Este é uma extensão do direito à ampla defesa, uma forma de exercê-lo, acopla ao direito à ampla defesa 'os meios e recursos a ela inerentes'. O interessado reapresenta a sua argumentação e o seu arrazoado na instância recursal e vê a sua fundamentação ser objeto de novo exame. Na verdade, o recurso é um segundo momento de defesa, agora na instância e perante o juízo competente recursal competente. As decisões administrativas, inclusive e principalmente aquelas proferidas no processo, podem conter equívocos (...). Daí a necessidade que se foi demonstrando de que as condutas – especialmente aquelas havidas numa relação de contraditório e de questionamento e talvez comprometimento de direitos – submetem-se a duplo exame, porque a oportunidade de haver uma segunda análise propicia uma melhor conclusão e uma maior segurança, diretamente, para o interessado e, reflexivamente, para a coletividade".[42]

Dando seguimento à exposição doutrinária acerca do tema, temos que o entendimento retro-exposto, no sentido de que o duplo grau de jurisdição cumpre ser observado não apenas em sede de processos judiciais, mas igualmente nos pleitos administrativos, é compartilhado por outros grandes administrativistas,[43] a começar pelo grande Mestre Celso Antônio Bandeira de Mello que, ao elencar os princípios regedores do processo administrativo, cuidou de atribuir ao que preferiu denominar de "princípio da revisibilidade" papel preponderante no tratamento da matéria.

42. Trabalho publicado na *Revista de Informação Legislativa* 136/22, Brasília, ano 34, out.-dez. 1997.

43. Egon Bockmann Moreira, ob. cit., p. 335. Igualmente defende o entendimento de que "a garantia da ampla defesa traz consigo o direito à interposição de recursos contra as decisões gravosas aos interesses dos envolvidos no processo".

De fato, o princípio em testilha – conceituado pelo Autor como o *direito de o administrado recorrer de decisão administrativa que porventura não lhe seja favorável* – foi identificado dentre os onze princípios gerais obrigatórios aplicáveis ao procedimento administrativo.[44]

Denota-se que os autores citados fundamentam o direito ao recurso na interpretação sistemática da Lei Maior, principalmente levando em conta os preceitos constitucionais que são inerentes ao direito à ampla defesa, em especial, o art. 5º, inciso LV, *in fine*.

Deveras, não há dúvida de que o texto constitucional confere absoluto respaldo ao intérprete para alocar a existência do direito ora abordado nos processos administrativos. Assim como nos processos judiciais, os interessados na esfera administrativa concorrem igualmente para uma decisão *imparcial*, *independente* e *segura*, sem prejuízo de alternativamente recorrerem ao Poder Judiciário, se assim entenderem necessário.

De qualquer modo, o que importa é que ao interessado deve ser assegurada a oportunidade de esgotamento de todas as etapas que formam o processo na instância administrativa, de forma legítima e democrática.

E, dentre essas etapas, há de ser necessariamente englobada a garantia de reexame do conteúdo meritório do *decisum* expedido em relação à matéria objeto da controvérsia, independentemente da ocorrência de quaisquer premissas de ordem fática que possam porventura obstaculizar o exercício dessa prerrogativa.

Inafastável, portanto, o direito de todo e qualquer administrado obter a revisão das decisões originalmente expedidas em meio a um processo administrativo, até pela premissa de que a autoridade julgadora está humanamente sujeita a cometer erros quando da análise do caso concreto.

44. Ob. cit., pp. 460-462.

Como se vê, o duplo grau de jurisdição milita em favor até da própria Administração Pública, uma vez que não se coaduna com o interesse público emitir decisões que não estejam em plena consonância com os fatos que caracterizam o caso concreto e o ordenamento jurídico vigente.

Ao Poder Público não cabe a função de simplesmente punir a sociedade em virtude de qualquer conduta que possa parecer contrária aos preceitos aplicáveis. Constitui papel do Estado buscar a verdade material no âmbito administrativo, diferentemente do que ocorre no processo civil, para que se possa proceder à correta avaliação da situação com que se depara.

Ou seja, a função primordial do reexame no âmbito da Administração é a restauração da legalidade administrativa. E, nesse passo, o duplo grau de jurisdição representa um mecanismo que contribui sensivelmente para o alcance de tal desiderato.

### *3. Remédios processuais que efetivam o reexame das decisões administrativas*

Feita a abordagem quanto aos fundamentos constitucionais que embasam o princípio em voga, bem como à finalidade a que se presta no âmbito da Administração Pública, passa-se a seguir a analisar de que forma o duplo grau pode se tornar efetivo no campo processual administrativo.

Via de regra, o duplo grau de jurisdição se cumpre, na medida em que ao interessado é conferida a oportunidade de ter uma primeira decisão reexaminada quanto ao seu mérito por autoridade superior e, portanto, distinta daquela de quem emanou o ato original.

Assim é que, em primeiro plano, temos como a medida mais adequada para o pleno cumprimento do duplo grau de jurisdição administrativa a interposição de "recurso hierárquico próprio" ou "impróprio".[45] No primeiro caso, o art. 56, § 1º, da Lei Federal que regula o processo administrativo, admite a possibilidade de reconsideração pela autoridade que emitiu a decisão original, antes de encaminhar os autos para a autoridade superior.

De fato, não há como negar, a essência pura do direito ora tratado implica em se abrir a possibilidade de a própria autoridade mudar seu posicionamento no caso de alguma falha, ou caso não seja esse o entendimento, garante-se que ente diverso reveja os argumentos expendidos na peça recursal e na decisão proferida.

Mas não se pode olvidar que há casos, de cunho excepcional, em que a sistemática procedimental prevê a emissão de decisões diretamente pela cúpula máxima do órgão.

Em sede de processos judiciais, reporte-se à prerrogativa conferida a certas autoridades de se submeterem ao julgamento direto pelo Supremo Tribunal Federal, em razão da função pública que desempenham, *ex vi* do art. 102, inciso I, alínea *b*, da Constituição Federal.

De fato, no exemplo dado não haveria a possibilidade de se socorrer de uma autoridade superior para fins recursais.

O mesmo acontece, algumas vezes, na esfera administrativa. Realmente, determinados feitos são julgados pela autoridade máxima do órgão julgador.

Nessas hipóteses, há de se socorrer de outro expediente que também se acha englobado no duplo grau de jurisdição: o mais comumente denominado *pedido de reconsi-*

45. Hely Lopes Meirelles define o recurso hierárquico impróprio como aquele em "a parte dirige à autoridade ou órgão estranho à repartição que expediu o ato recorrido, mas com competência julgadora expressa". No que tange ao recurso hierárquico próprio, o Autor elucida-o como sendo aquele que "a parte dirige à autoridade ou instância superior do mesmo órgão administrativo, pleiteando revisão do ato recorrido" (ob. cit., p. 646).

*deração*. Essa a única fonte que poderia suprir, ainda que de forma mitigada, o princípio da ampla defesa.

Nessa linha de raciocínio, confirma Maria Sylvia Zanella Di Pietro:

"O administrado que se sentir lesado em decorrência de decisão administrativa, pode ir propondo recursos hierárquicos até chegar à autoridade máxima da organização administrativa. Na esfera federal, esse direito de recorrer foi limitado a 'três instâncias administrativas, salvo disposição legal diversa', conforme art. 57 da Lei n. 9.784/1999. Isso significa que o administrado pode recorrer apenas a três níveis de decisão dentro da organização hierárquica, ressalvadas as hipóteses em que a lei específica sobre determinadas matérias disponha de modo diverso, quer para ampliar, quer para restringir. O que não se pode impedir é o direito de recorrer, já que ele é assegurado pelo art. 5º, inciso LV, da Constituição, como inerente ao direito de defesa e ao contraditório.

"(...).

"*Só não há possibilidade de pluralidade de instâncias quando a decisão já partiu da autoridade máxima, hipótese em que caberá apenas pedido de reconsideração; se não atendido, restará ao interessado procurar a via judicial*"[46] (destaques nosso).

Como bem elucida a Professora Maria Sylvia Zanella Di Pietro, o tema na esfera administrativa reporta-se geralmente a casos em que o processo é submetido diretamente à apreciação dos chefes dos Executivos.

Interessante lembrar que a Lei Paulista n. 10.177/1998 houve por bem estatuir expressamente o pedido de reconsideração para casos que se enquadram nessa categoria, abrangendo ainda os dirigentes superiores da Administração Indireta, como se verifica, por exemplo, no seu art. 42.[47]

Esse cenário por último descrito acaba por resultar em uma única instância, mas afigura-se, vale frisar, como *exceção* à regra geral.

Ante o exposto, denota-se que a manifestação do inconformismo pela parte lesada com a decisão pode se dar de diferentes formas, a depender, dentre outros fatores, da estrutura organizacional do órgão julgador, bem como da natureza da causa em debate que, por razões de conveniência e oportunidade, possam invocar o julgamento diretamente pela autoridade máxima atuante no caso concreto.

### *4. Conteúdo mínimo do duplo grau de jurisdição administrativa*

Visto que o mecanismo recursal pode variar de acordo com as circunstâncias antes mencionadas, deve-se alertar para um último ponto de suma relevância para a preservação do instituto.

Trata-se da delimitação dos elementos que obrigatoriamente acham-se englobados no conteúdo do duplo grau de jurisdição administrativa, à luz da nossa Constituição. Esse conteúdo mínimo a que se está a referir deverá ser sempre tomado em mente quando da elaboração e aplicação das regras legais e regulamentares que regem o preceito aqui tratado.

Com efeito, antes mesmo da tarefa do intérprete, há de se ressaltar a missão outorgada ao legislador infraconstitucional, que, como se disse, deverá ter a cautela de, ao estabelecer as regras que nortearão o exercício das garantias constitucionais, jamais afrontar a essência desses princípios.

Para se apurar se a essência do reexame foi ou não preservada, o intérprete há de ter em mira uma análise criteriosa de caso a caso.

46. In *Direito Administrativo*, 14ª ed., p. 516.

47. "Art. 42. Contra decisões tomadas originariamente pelo Governador do Estado ou pelo dirigente superior de pessoa jurídica da Administração descentralizada, caberá pedido de reconsideração, que não poderá ser renovado, observando-se, no que couber, o regime do recurso hierárquico."

Um primeiro ponto a ser observado e muito bem lembrado pelos mestres Adilson Abreu Dallari e Sérgio Ferraz ao tratarem do assunto, revela-se nos princípios da razoabilidade e da proporcionalidade que deverão direcionar a elaboração das regras procedimentais previstas na legislação infraconstitucional, *in verbis*: "O fato da existência do princípio constitucional do duplo grau no processo administrativo não envolve, a nosso ver, a configuração de impossibilidade de a norma infraconstitucional regular seu exercício, seja estabelecendo requisitos técnicos de admissibilidade e de procedibilidade, seja impondo custos para o interessado (...). Mas também incidem aqui outros princípios fundamentais, quais sejam: os da razoabilidade e da proporcionalidade".[48]

As considerações acima confirmam o raciocínio anterior. Vale dizer, tanto o legislador, como o intérprete, deverão avaliar se o verdadeiro sentido do princípio da revisibilidade administrativa foi ou não atendido à luz da nossa Carta Magna. Esse o limite que se coloca notadamente para o legislador quando da elaboração das leis e demais diplomas normativos.

Pois bem, demonstrado que o duplo grau de jurisdição aplica-se perfeitamente à esfera administrativa e que a legitimidade de uma lei está aliada ao cumprimento do conteúdo mínimo do instituto, atinge-se o ponto em que nos deparamos com uma terceira e última questão: *quais são esses caracteres mínimos que devem estar presentes no conceito do duplo grau e que formam a essência do instituto, sobre a qual não cabe qualquer ingerência por parte do legislador?*

No contexto do presente estudo, é certo que o direito ao duplo grau de jurisdição deve ser preservado em todo e qualquer processo administrativo, outorgando-se ao administrado, uma vez prejudicado pela decisão expedida pelo Poder Público, a possibilidade de lançar mão de expedientes processuais que lhe garantam a *revisão do mérito da questão em debate*.

É neste aspecto que reside o elemento mínimo do instituto: *direito ao reexame do mérito da decisão administrativa*. Essa constitui a verdadeira essência do duplo grau de jurisdição. E é justamente tal sentido que se encontra plenamente albergado na Constituição Federal, seja como decorrência do princípio da ampla defesa, seja através da análise sistemática do art. 5º, incisos LIV e LV, *in fine*, conforme tratado à saciedade.

De fato, o espírito que se extrai das disposições constantes da Constituição Federal, bem como de sua interpretação sistemática, não comporta o aniquilamento do direito à manifestação fundamentada da inconformidade contra uma decisão expedida pela Administração e de obtenção de uma resposta motivada quanto ao mérito em questão.

Aliás, nesse último aspecto, não é demais frisar as palavras de Egon Bockmann Moreira, no sentido de que "somente serão válidas as decisões que motivadamente apreciarem cada uma das manifestações dos administrados".[49]

O que pode variar, conforme visto anteriormente, sem que a essência do princípio reste comprometida, é a *forma* como se dará o reexame do mérito do feito. Vale dizer, a depender da estrutura organizacional do órgão e da previsão constitucional ou legal a respeito, a revisão poderá se dar pelo mesmo órgão que expediu a decisão recorrida, ou por autoridade distinta, seja ela hierarquicamente superior àquela que expediu a decisão recorrida ou com a qual não detenha vínculo direto de hierarquia.

Por fim, recorde-se que, justamente por estarmos diante de um princípio que de-

48. Ob. cit., p. 169.

49. *Processo Administrativo – Princípios Constitucionais e a Lei 9.784/1999*, 2ª ed., p. 277.

corre diretamente da Constituição Federal, o duplo grau afigura-se como medida que se impõe, independentemente de previsão legal expressa, conforme aduzido no início do presente capítulo.

Vale dizer, quando a Administração emite decisões, caberá sempre ao interessado a possibilidade de ter o resultado revisto, ainda que a lei competente para estabelecer o processo administrativo a ser seguido não preveja de forma expressa a garantia de interpor recursos em geral, seja no sentido lato ou estrito do instituto.[50]

Assim, se o interessado estiver diante de uma estrutura hierarquizada, caberá sempre recurso em sentido estrito à autoridade superior, não apenas em nome do duplo grau de jurisdição, mas também porque "é inerente ao poder hierárquico a prerrogativa de rever atos praticados por seus subordinados".[51]

Em outras palavras, o fato de o Poder Público se organizar de forma hierarquizada traz, implicitamente, à tona o princípio do duplo grau de jurisdição no campo administrativo, de forma a tornar efetivo o controle hierárquico.

Neste particular, Marcelo Harger transcreve uma citação que vale ser repetida abaixo: "Indubitável que jamais haveria ordem jurídica estável caso as situações subjetivas estivessem condicionadas a uma única decisão administrativa, sem que o administrado pudesse apelar para o controle hierárquico ou para as diferentes jurisdições administrativas".[52]

Na seqüência, o mesmo Autor cita Roberto Dromi: "Sin revisión no hay responsabilidad. No puede hablarse de responsabilidad pública sin fiscalización eficaz de los actos del Estado".[53]

O mesmo raciocínio se estende aos casos de pedido de reconsideração quando a decisão emana diretamente do ente que compõe a hierarquia máxima do órgão.

Aqui também, ainda que eventualmente não haja previsão do exercício desse expediente, trata-se de uma garantia inafastável do administrado, porquanto resulta do *due process of law* e da ampla defesa com os "recursos a ela inerentes", conforme estatui o art. 5º, inciso LV, *in fine*, dispositivo constitucional que, em última análise, representa o duplo grau de jurisdição.

Disso tudo decorre que o duplo grau de jurisdição é um princípio constitucional auto-aplicável. Diz-se auto-aplicável no sentido de que não se vincula a previsão legal ou regulamentar para que seja colocado em exercício, lembrando-se que, no silêncio da lei que trate dos processos em espécie, há sempre a possibilidade de lançarmos mão das regras previstas na Lei Federal de Processos Administrativos para fins de suprir eventuais lacunas.

Feitos todos os contornos jurídicos que o tema invoca, retornemos, a seguir, às disposições específicas que ensejaram a discussão inicialmente posta.

### *VII – Análise do caso concreto originalmente proposto*

Todo o estudo feito até o momento confere-nos elementos suficientes para retornar ao debate central inaugurado no primeiro capítulo, relativo à sistemática recursal vigente na esfera do CADE.

Assim, cumpre analisar mais atentamente os pontos então abordados.

50. O mesmo não se pode dizer quanto ao recurso hierárquico impróprio, o qual é dirigido à autoridade que não possui vínculo de hierarquia com o órgão prolator da decisão recorrida. Esses casos demandam necessariamente previsão legal.

51. Adilson Abreu Dallari e Sérgio Ferraz, ob. cit., p. 176.

52. Ob. cit., p. 162, nota de rodapé 247 (Manoel de Oliveira Franco Sobrinho, *Introdução à Teoria da Prova Administrativa*, p. 40).

53. Ob. cit., p. 162, nota de rodapé 248 (Roberto Dromi, *El Procedimiento Administrativo*, p. 27).

Apenas relembrando o quanto dito sobre o tema, o procedimento administrativo estatuído na Lei Federal n. 8.884/1994 não abarca a possibilidade do exercício de *recurso hierárquico próprio*, uma vez que as decisões relativas à concorrência são proferidas diretamente pelo plenário do órgão.

Do mesmo modo, vem à baila o art. 50, que veda expressamente a interposição de recurso ao Poder Executivo, estando com isso a impedir expressamente que o interessado possa socorrer-se do denominado *recurso hierárquico impróprio*, ou seja, aquele direcionado à entidade com a qual o órgão julgador não possui vínculo direto de hierarquia e por isso mesmo requer autorização legal expressa para seu exercício.

Neste particular, frise-se a desnecessidade do conteúdo da disposição constante do art. 50, já que bastava o silêncio da lei para se inferir o obstáculo pretendido pelo artigo.

Ao mesmo tempo, muito embora o diploma legal ora tratado tenha quedado omisso quanto ao pedido de reconsideração, a Resolução n. 15/1998 tentou suprir essa lacuna, estabelecendo, porém, uma série de restrições quanto ao exercício do instituto.

Antes de especificar as restrições regulamentares em alusão, cabe observar o fato de que o aludido expediente normativo reporta-se apenas aos atos compreendidos no art. 54 da Lei Federal n. 8.884/1994.

Tais atos voltam-se especificamente ao controle preventivo desempenhado pelo CADE em relação a atos e contratos que possam prejudicar a livre concorrência ou resultar na dominação de mercados, conforme se depreende do *caput* do artigo em menção, donde se pode concluir que quanto ao controle repressivo desses mesmos atos e contratos, previsto no art. 32 e ss., não há qualquer previsão regulamentar no tocante ao exercício do pedido de reapreciação.

A observação acima não acarreta maiores conseqüências jurídicas, pois segundo já amplamente abordado, a revisibilidade, abrangendo a dupla análise do mérito, constitui uma premissa que independe de previsão legal, e muito menos regulamentar.

Feito este breve esclarecimento, retorna-se aos pressupostos tratados no âmbito da Resolução n. 15/1998 emitida pelo CADE.

Nesse sentido, traz-se à baila novamente o conteúdo do art. 10 do instrumento normativo que estabelece o que aqui se poderia aludir ao "exercício condicionado do pedido de reconsideração".

Diz-se "*exercício condicionado*", porquanto a interposição do "pedido de reapreciação" acha-se submetido a premissas consubstanciadas em fato ou documento novo, cuja ciência somente venha a ser tomada depois da data do julgamento da decisão original, ou dos quais os interessados estivessem impedidos de fazer uso antes, nos termos do parágrafo único do mesmo preceptivo.

Portanto, a reapreciação prevista no instrumento normativo em pauta limita-se a novos aspectos fáticos que porventura venham a surgir após o julgamento final.

Note-se, porém, que o instituto, tal qual estabelecido na Resolução n. 15/1998, não abrange a discussão meritória que ensejou a defesa originalmente ofertada pela parte.

Isso significa dizer que o CADE disponibiliza ao interessado uma única oportunidade para debater o mérito da causa.

Em outras palavras, uma vez encerrada a decisão plenária acerca da defesa ofertada, a autarquia não procederá à nova avaliação do mérito que envolve a controvérsia administrativa. É o que se depreende do art. 50 da lei em testilha que não viabiliza a interposição de recurso ao Poder Executivo, bem como do pedido de reapreciação da forma como tratado no âmbito regulamentar, que apenas permite a reavaliação do tema em debate nos exatos limites do novo campo fático que tenha surgido posteriormente à discussão do mérito.

E, ainda, para finalizar a descrição do contexto regulamentar ora tratado, vale ressaltar outro ponto que denota a fragilidade do conteúdo jurídico da Resolução aqui versada.

A questão está também relacionada com o texto do já mencionado art. 10. O dispositivo traz em seu bojo a expressão de que a decisão plenária "*poderá*" ser reapreciada pelo CADE com base nos pressupostos anteriormente tratados.

A assertiva poderia conduzir o intérprete desavisado à falsa idéia de que o administrador estaria autorizado a optar livremente entre apreciar ou não o pedido de reconsideração ofertado, o que certamente não se coaduna com os princípios constitucionais que norteiam a atuação administrativa.

É certo que se trata de um verdadeiro dever-poder a função de reapreciar a questão uma vez posta pelo administrado, configurando-se uma atuação de cunho vinculado e jamais comportaria o exercício de competência discricionária, ou muito menos daria margem para uma decisão arbitrária nesse sentido.

Para fins de alcançar o objetivo deste estudo e enfrentar as questões lançadas a debate, são essas as considerações relevantes que descrevem o quadro recursal previsto no âmbito do CADE.

E é o quadro recursal apresentado que enseja a principal indagação que se põe para o caso vertente: as disposições aludidas na Lei Antitruste e os preceptivos citados da Resolução n. 15/1998 atendem ou não ao espírito constitucional balizador da ampla defesa, do devido processo legal e do duplo grau de jurisdição?

A questão colocada vale ser enfrentada considerando-se duas facetas distintas.

De um lado, pode-se recorrer a uma discussão de ordem deôntica, tomando por base o mundo do dever-ser, o que clamaria uma reavaliação total da sistemática recursal proposta pela Lei Antitruste.

Vale dizer, o questionamento na hipótese aventada recairia sobre o mecanismo recursal e organizacional adotado pelo CADE, enfrentado-o à luz dos princípios constitucionais concernentes à matéria.

Nesse diapasão, vale lembrar que apenas casos excepcionais e em geral direcionados a chefes do Executivo comportam a exceção de decisões proferidas diretamente pela autoridade máxima. E mesmo nesses casos, que geralmente decorrem diretamente da Constituição Federal, comporta-se pedido de reconsideração, mas não apenas em relação a eventuais situações novas, mas no tocante a toda matéria de mérito ventilada na decisão original, o que não ocorre nos termos estipulados pela Resolução n. 15/1998.

Não obstante isso, poder-se-ia questionar se, de fato, estamos diante de uma situação excepcional que pudesse justificar o julgamento direto pelo plenário do CADE.

De modo mais direto: a fim de resguardar o duplo grau de jurisdição em sua plenitude, poder-se-ia concluir, em primeiro plano, que o sistema em que o plenário do CADE decide diretamente deveria dar lugar a uma outra forma organizacional dos agentes que compõem a autarquia.

Nesse caso, uma nova estrutura hierárquica seria organizada de modo que coubesse a entes intermediários a decisão em primeira instância. Se porventura a decisão comportasse qualquer grau de inconformismo pela parte interessada, seria viabilizada a interposição do recurso hierárquico à autoridade superior aí sim representada pelo plenário do órgão, como ocorre tradicionalmente na maioria dos casos na esfera administrativa.

Ou, ainda, no sentido de atender plenamente o duplo grau de jurisdição, a lei poderia dar lugar ao recurso hierárquico impróprio, ao contrário do que dispõe o já mencionado art. 50.

Em ambas as situações propostas, não apenas o mérito seria apreciado duas vezes, como o exame da matéria competiria a autoridades distintas, alcançando-se, dessa forma, o grau máximo do sentido e da finalidade a que se propõe o duplo grau de jurisdição, não obstante a sua essência mínima caracterizar-se pelo *reexame do mérito*, ainda que advindo de uma única autoridade, conforme ocorre nos casos anteriormente ilustrados.

Essa idéia culminaria inevitavelmente na conclusão de que a forma como o sistema recursal fora delineado pela lei em tela seria inconstitucional, eis que feriu o espírito da Constituição Federal e a finalidade plena a que se propõe o princípio da revisibilidade.

Note-se que a apuração realizada dessa forma recairia obrigatoriamente na necessidade de reformulação total dos termos da lei no que tange ao aspecto procedimental, vindo a prosperar uma nova sistemática que abarcaria de forma efetiva o devido processo legal, a ampla defesa e, em conseqüência, o duplo grau de jurisdição.

Há, porém, uma segunda análise do tema que traduz uma solução mais imediata para a situação concreta que atualmente se encontra em vigor.

Como a tarefa que cabe ao intérprete do direito está em procurar harmonizar de forma razoável os princípios constitucionais com o ordenamento jurídico como um todo, buscando-se um senso comum, desde que, é claro, haja espaço para tanto, a solução a seguir parece mais adequada ao caso posto em debate.

Nesse sentido, propõe-se o caminho de compatibilizar o próprio conteúdo em vigor da Lei Federal n. 8.884/1994 e da Resolução n. 15/1998 com o sentido constitucional que permeia o tema em questão. No caso concreto, há como se admitir essa solução, sem prejuízo de certas reservas, como se verá.

Em primeiro lugar, vale lembrar que o pedido de reconsideração afigura-se, de fato, como um remédio processual apto a cumprir o duplo grau de jurisdição na sua essência mínima, esta representada pela *revisão do mérito das decisões administrativas*.

Conforme já esclarecido, o instrumento processual em testilha ganha espaço quando da inexistência de autoridade superior que possa reavaliar a decisão tomada por seus subordinados.

E, de certa forma, essa a sistemática adotada pelo CADE. Seja qual for a racionalidade que norteou a elaboração da estrutura procedimental formada, o fato é que as decisões no âmbito dos processos administrativos promovidos na seara concorrencial são emitidas de imediato pelo plenário da autarquia, inexistindo, portanto, autoridade hierarquicamente superior apta a rever os resultados assim alcançados.

Essa solução poderia ser plausível, caso fossem disponibilizados ao indivíduo remédios processuais capazes de assegurar a revisão da matéria ventilada em sede de decisões eventualmente desfavoráveis.

Não fossem as restrições impostas pela Resolução n. 15/1998 no que tange ao exercício do então denominado *pedido de reapreciação*, a questão restaria remediada.

Vale repisar: o pedido de reconsideração é um mecanismo válido no sentido de bem atender aos princípios traduzidos no art. 5º, incisos LIV e LV, da Carta Magna, em casos excepcionais em que a situação concreta não se reporte à existência de uma autoridade hierarquicamente superior para o encaminhamento do recurso hierárquico próprio, ou quando não haja previsão expressa do recurso hierárquico impróprio.

Ocorre que as restrições anteriormente mencionadas impedem um novo exame do mérito do caso concreto, e, nesse ponto, não há como negar, a regulamentação é absolutamente inconstitucional.

Logo, mesmo que se possa admitir a prevalência da forma de organização e julgamento nos termos estatuídos na Lei Federal n. 8.884/1998, deixando de lado a primeira análise de cunho deôntico proposta em primeiro plano, é certo que não há como se acatar quaisquer pré-requisitos de ordem fática que impeçam o pleno exercício do pedido de reconsideração, tal qual estabelecido na Resolução em apreço.

Do contrário, estar-se-ia a colocar em xeque os preceitos constitucionais abordados neste estudo.

Portanto, a única forma de viabilizar o correto encaminhamento da questão no âmbito do CADE, ainda que não houvesse qualquer previsão no arcabouço regulamentar quanto ao possível exercício do pedido de reconsideração, está em considerar que tal mecanismo deve ser obrigatoriamente colocado à disposição do administrado, sem quaisquer limites concernentes a aspectos fáticos e de modo que lhe seja proporcionado um novo exame do mérito da causa.

A fonte que legitima a afirmação é a própria Constituição Federal. Não apenas em virtude de suas disposições expressas sobre o tema, mas em razão do próprio espírito que se extrai das diversas passagens que remontam ao Estado Democrático de Direito, sendo todas elas direcionadas, ainda que indiretamente, ao duplo grau de jurisdição na esfera administrativa, ao devido processo legal, à ampla defesa, e, finalmente, à obrigatoriedade da adoção de procedimentos formais pelo Poder Público, de forma motivada e coerente, o que reafirma todos os preceitos anteriores.

Assim é que não há como negar: independentemente do silêncio da lei ou mesmo de qualquer regra em sentido contrário, ao administrado cabe a garantia do reexame do mérito das causas administrativas nas quais esteja envolvido, conforme clama a nossa Lei Maior.

## *VIII – Conclusões finais*

As considerações retroexpostas servem de amparo para as conclusões finais sobre o tema, conforme segue.

*1.* O presente estudo buscou demonstrar e privilegiar a importância de um princípio no ordenamento jurídico. A consideração do conjunto de princípios que rege um dado sistema, ao se proceder à interpretação de qualquer texto normativo, é imprescindível a fim de se preservar a racionalidade sobre a qual assenta-se o modelo jurídico, político e social adotado por uma sociedade.

Nesse passo, procurou-se demonstrar que esses valores deverão ser sempre prestigiados em qualquer circunstância, vale dizer, o intérprete jamais poderá privilegiar conclusões que acarretem prejuízo à essência de um determinado vetor principiológico.

O princípio reside em patamar superior a qualquer regra jurídica inserida em um ordenamento jurídico. Disso resulta que os princípios servirão como base interpretativa de toda e qualquer regra em nível constitucional, legal e regulamentar.

*2.* Outro aspecto que igualmente ganhou relevo na monografia foi a atual obrigatoriedade e importância que caracterizam a atuação procedimentada do Estado.

O rito formal previamente delineado representa verdadeira fonte de controle e limitação da atuação administrativa pela sociedade.

Daí a elevada importância do tema concernente a "processo ou procedimento administrativo" no âmbito do Direito Público. Deveras, é no processo administrativo que se encontra um dos principais mecanismos de proteção do administrado frente a eventuais abusos e desvios que possam advir da prática de atos administrativos em geral.

*3.* De outro lado, restou igualmente demonstrado que não basta a mera previsão legal ou regulamentar do processo administrativo para considerar satisfeito o denominado *devido processo legal*. Certas garantidas devem estar inseridas em seu bojo, sob pena de as regras procedimentais eventualmente estatuídas sem esse cuidado não se conformarem ao sentido que se extrai da Lei Maior.

Aqui entra a importância do conceito do Estado Democrático de Direito e sua relação com o Direito Processual.

Isso porque, constitui premissa do Estado de Direito, tal qual adotado na Carta de 1988, a observância da lei não apenas no seu sentido formal, mas notadamente no aspecto material. Ou seja, o respeito aos direitos e garantias fundamentais consagrados na Constituição é inafastável.

*4.* Na linha de raciocínio anterior, a expressa previsão constitucional do princípio do *devido processo legal* cumpre papel preponderante no âmbito da matéria relativa a "processo administrativo".

E, como anotado anteriormente, o conteúdo do devido processo legal adotado no Brasil foi inspirado no modelo americano que houve por bem refinar o conceito originalmente formulado pela Inglaterra, no sentido de abarcar no preceito em tela tanto o seu sentido formal, como substancial.

No campo do direito administrativo, o princípio em comento está expressamente albergado na Constituição Federal, bem como em legislação própria, recentemente editada na esfera federal e até mesmo estadual, como a Lei Paulista n. 10.177/1998.

*5.* Verificou-se que o conteúdo do devido processo legal contempla indispensavelmente as garantias da ampla defesa e do contraditório.

Os três preceitos acima citados culminam em última instância no *duplo grau de jurisdição na seara administrativa*, tema central que ensejou o presente estudo.

O duplo grau de jurisdição administrativa constitui um direito do administrado que se impõe. E quando estamos nos referindo ao duplo grau de jurisdição no campo administrativo, estamos falando de *reexame do mérito* de uma determinada matéria posta em debate perante a Administração Pública.

Este o conteúdo mínimo da revisibilidade que se encontra abarcado na nossa Constituição, tanto de forma expressa, como implícita, conforme indica a interpretação de todos os dispositivos constitucionais e legais trazidos à tona no corpo do trabalho.

*6.* À legislação ordinária não é vedado o regramento da matéria.

Por óbvio, cumpre aos instrumentos legais desempenhar a função de tratar das peculiaridades aplicáveis a cada procedimento a ser seguido pelos órgãos que compõem o Poder Público.

Com efeito, não há duvida de que é preciso o estabelecimento de regras orgânicas e procedimentais que viabilizem o exercício das garantias absorvidas no âmbito dos princípios gerais.

Mas tal regramento – é de se frisar – direciona-se tão-somente à imposição de regras procedimentais que, a um só passo, atendam às peculiaridades de cada caso concreto e conservem a essência das garantias fundamentais previstas na Lei Maior.

Logo, jamais um preceito legal pode contrariar uma norma maior, notadamente um princípio consagrado na Magna Carta, conforme exposto inicialmente.

Trata-se de uma premissa que deve guiar a todo o momento o trabalho desenvolvido pelo legislador infraconstitucional, bem como pelo intérprete das normas jurídicas.

*7.* No caso da legislação do CADE, temos que o pleno atendimento ao espírito dos princípios norteadores do processo administrativo – aqui representados pelo devido processo legal, ampla defesa, contraditório e duplo grau de jurisdição – pode resultar em dois caminhos distintos:

(*i*) considerando o cenário que envolve o duplo exame de mérito por *autoridades distintas*, temos como primeira alternativa o estabelecimento de um novo sistema organizacional no qual se possa contemplar a existência de variadas instâncias de julgamento, dando-se lugar, então, ao recurso hierárquico próprio, ou, como segunda alternativa, à previsão do recurso hierárquico impróprio, diferentemente do que prevê o art. 50 da Lei n. 8.884/1994, banindo-o do ordenamento jurídico por inconstitucionalidade de seus termos;

(*ii*) o que parece ser uma solução mais imediata e concreta, tem-se como outra opção, a efetiva aplicação do pedido de reapreciação previsto na Resolução n. 15/1998 que, conquanto tenha tentado se amoldar aos termos da Constituição Federal, apenas logrará êxito nesse sentido se interpretarmos que o mecanismo se presta a rever o mérito julgado na primeira decisão, independentemente da ocorrência das causas fáticas invocadas no parágrafo único, do art. 10 do citado diploma regulamentar – e ainda que essas ocorram, não se limitando a discussão meritória ao novo contexto fático.

Na segunda solução apresentada, tendo em vista que não há outro expediente previsto de forma expressa no âmbito do CADE, mas tão-somente o pedido de reapreciação, torna-se inegável sua aplicação de forma incondicionada, a fim de bem atender aos direitos de revisibilidade, ampla defesa, contraditório e devido processo legal.

O fato é que, de um lado ou de outro, depreende-se como conteúdo mínimo do duplo grau na esfera administrativa o *reexame do mérito da matéria objeto da controvérsia.*

Logo, traçado está o principal limite ao qual deve se ater a legislação infraconstitucional quando do regramento da matéria em voga, qual seja, o respeito ao direito inerente ao administrado de obter no mínimo duas análises do mérito referente ao seu caso, ainda que não possam ser desempenhadas por órgãos distintos, o que se dá em situações excepcionais devidamente justificadas e respaldadas pela Constituição Federal ou por lei.

O conteúdo do duplo grau de jurisdição está diretamente aliado aos diversos princípios tratados no presente estudo, agregando-se, ainda, aquele que enfim representa a razão de ser de todos eles, *a segurança jurídica das relações.*

A segurança jurídica certamente restará mais preservada com o reexame de mérito. Através deste mecanismo o administrado restará mais protegido de decisões mal fundamentadas e desarrazoadas que possam advir da Administração.

Forçoso reconhecer que o adequado esgotamento do mérito de uma determinada matéria demanda, no mínimo, mais de uma análise a fim de se alcançar, tanto quanto possível, a decisão mais justa e, portanto, mais segura.

Isso repercute positivamente não apenas na esfera jurídica do sujeito individualmente considerado, mas, por via oblíqua, no alcance do interesse público que almeja a coletividade como um todo.

*8.* Ante o contexto apresentado, não resta outra saída senão concluir pela inconstitucionalidade do art. 50 da Lei Antitruste, este não visto de forma isolada, mas aliado aos termos do artigo regulamentar outrora tratado.

Vale dizer, a exclusão imposta pelo dispositivo no que toca à possibilidade de interposição de recurso hierárquico impróprio pode não constituir uma inconstitucionalidade *ipso facto*. Mas a ilegitimidade do artigo se torna absolutamente evidente quando verificamos que a Lei n. 8.884/1994 e a Resolução n. 15/1998 não oferecem à parte prejudicada qualquer mecanismo hábil para o exercício do duplo grau de jurisdição no sentido de o mérito ser analisado mais de uma vez.

Daí porque igualmente inconstitucional o artigo regulamentar outrora destacado, este sim violando de forma isolada e frontal o conteúdo do duplo grau de jurisdição administrativa.

É nesse contexto que o sistema recursal previsto no âmbito do CADE (especificamente, o art. 50 da Lei Federal n. 8.884/1994 aliado ao art. 10 da Resolução n. 15/1998) é absolutamente ilegítimo frente aos princípios constitucionais tratados à saciedade no presente estudo.

O conjunto desses princípios constitucionais não confere espaço para a existência de decisões únicas e irrecorríveis na esfera administrativa.

Há de se conferir a oportunidade de revisão do seu mérito através do próprio expediente previsto no instrumento regulamentar em tela, o denominado "pedido de reapreciação", considerando a ausência de previsão de outro instituto capaz de cumprir essa finalidade.

Portanto, o interessado sempre poderá se valer do reexame do mérito de sua causa *de forma incondicionada, in casu* por meio do pedido de reapreciação, independentemente de qualquer previsão legal em específico. A afirmação encontra guarida na própria Constituição Federal e é reforçada pelos princípios insertos na lei federal que dispõe sobre os procedimentos administrativos.

Conforme amplamente abordado, essa lei, apesar de expedida tardiamente no ordenamento jurídico, veio cristalizar de modo expresso todos os princípios que formam o processo administrativo e que, somados, impõem a observância do duplo grau de jurisdição na esfera administrativa, ainda que no caso conte-se com regramento processual específico, pois estamos aqui a nos referir a princípios gerais a serem observados em todo e qualquer procedimento.

*9.* Por fim, e apenas para concluir, não é demais lembrar que, por força do art. 5º, inciso XXXV, da Lei Maior, o administrado sempre poderá lançar mão da possibilidade de se socorrer do Poder Judiciário, uma vez verificada qualquer ilegalidade em atos praticados pela Administração Pública, esgotadas ou não as vias administrativas disponíveis no caso concreto.

Trata-se da *garantia constitucional de amplo acesso ao Judiciário.*

Nesse sentir, brilhantes as palavras de Edgard Silveira Bueno Filho:

"Hoje, por força da regra constitucional em comento, está vedado à lei a criação de qualquer barreira que impeça às partes o acesso à jurisdição. Nem mesmo o percurso prévio da via administrativa pode ser imposto como condição de acesso, como era possível no passado.

"Ao dizer que não se excluirá da apreciação do Judiciário lesão ou ameaça de lesão, o constituinte de 1988 afirmou que somente serão definitivas as decisões proferidas por juízes, jamais por integrantes do Poder Executivo ou Legislativo (...)."[54]

De fato, inafastável o controle judicial dos atos administrativos quando estes transbordam os limites da discricionariedade ou quando descumpridores das normas que regem sua produção, sendo-lhe defeso apenas interferir em questões de conveniência e oportunidade, cujo campo – vale frisar – vem sendo reconhecido como cada vez mais restrito. Nesse sentido, imperioso salientar que não se pretende aqui conferir ao Poder Judiciário a prerrogativa de adentrar o mérito propriamente dito das decisões proferidas pelo CADE no que se refere aos variados temas concorrenciais de sua competência.

De outro lado, o conceito de legalidade dos atos praticados pela Administração vem sendo ampliado pela doutrina e pela jurisprudência e, com isso, o controle da atuação estatal pelos magistrados vem ocupando um espaço cada vez maior na seara jurídica.

Nessa linha de raciocínio, saliente-se que, dentre outros temas relativos à legalidade dos atos administrativos, caberá aos juízes aferir se houve ou não desrespeito a normas procedimentais que encontram guarida na Constituição e na própria legislação aplicável à espécie.[55]

Portanto, levando-se em conta o caso concreto proposto, pode-se dizer que o Poder Judiciário conta com plenos poderes para apreciar uma manifestação expedida pelo CADE que venha a deixar de conhecer um pedido de reapreciação destinado a rever o mérito de uma decisão expedida pelo órgão, por ausência de fatos ou documentos

54. *O Direito à Defesa na Constituição*, p. 74.

55. Nesse sentido: André Guscow Cardoso, in "A atuação jurisdicional preventiva no controle dos atos de concentração econômica pelo CADE", *Revista de Direito Público da Economia – RDPE*, p. 222, out.-dez. 2003.

novos, conforme pretende impor a Resolução n. 15/1998 em compasso com o art. 50 da Lei Federal n. 8.884/1994.[56]

Um ato desse teor é dotado de vício de legalidade, ou, melhor dizendo, de constitucionalidade, eis que pautado em dispositivos de ordem legal e regulamentar absolutamente inconstitucionais, porquanto não se coadunam com o sentido dos princípios albergados na Lei Maior, notadamente com a essência do duplo grau de jurisdição administrativa. Logo, a decisão ilustrada acima é nula de pleno direito.

Diante do que se expôs, evidencia-se que a hipótese ora aventada retrata a violação a elementos que dizem respeito à legitimidade procedimental e principiológica do ato impugnado, não comportando outra saída, senão a declaração judicial de nulidade do *decisum* em tela. Essa a tese que nos parece estar plenamente adequada ao nosso sistema constitucional.

### *Bibliografia*


ATALIBA, Geraldo. *República e Constituição*. 2ª ed. atual. por Rosolea Miranda Folgosi, São Paulo, Malheiros Editores, 1985.

BANDEIRA DE MELLO, Celso Antônio. *Curso de Direito Administrativo*. 17ª ed., São Paulo, Malheiros Editores, 2004.

BUENO, Vera Scarpinella. "Devido processo legal e a administração pública no direito administrativo norte-americano. Uma breve comparação com o caso brasileiro", in FIGUEIREDO, Lúcia Valle (coord.), *Devido Processo Legal na Administração Pública*. São Paulo, Max Limonad, 2001.

BUENO FILHO, Edgard Silveira. *O Direito à Defesa na Constituição*. São Paulo, Saraiva, 1994.


56. Lembre-se que pela sistemática regulamentar em voga, ainda que houvesse o cumprimento desses condicionamentos, a análise dos conselheiros não poderia transpassar os contornos do novo tema posto em debate e não se volveria, em hipótese alguma, a discutir as questões originalmente suscitadas.


CARDOSO, André Guskow. "A atuação jurisdicional preventiva no controle dos atos de concentração econômica pelo CADE", *Revista de Direito Público da Economia - RDPE* 4, Belo Horizonte, Fórum, 2003.

CASTRO, Carlos Roberto de Siqueira. *O Devido Processo Legal e a Razoabilidade das Leis na Nova Constituição do Brasil*. Rio de Janeiro, Forense, 1989.

COUTURE, Eduardo. *Inconstitucionalidad por Privación de la Garantía del Debido Proceso. Estudios de Derecho Procesal Civil*. Buenos Aires, Depalma, 1979.

DINAMARCO, Cândido Rangel. *Fundamentos do Processo Civil Moderno*. 2ª ed., São Paulo, Malheiros Editores, 1987.

FERRAZ, Sérgio, e DALLARI, Adilson Abreu. *Processo Administrativo*. 1ª ed., 3ª tir., São Paulo, Malheiros Editores, 2000.

FIGUEIREDO, Lúcia Valle. *Curso de Direito Administrativo*. 4ª ed., São Paulo, Malheiros Editores, 2000.

GORDILLO, Agustín A. *Tratado de Derecho Administrativo*. t. II, 2ª ed., Buenos Aires, Fundación de Derecho Administrativo, 1998.

HARGER, Marcelo. *Princípios Constitucionais do Processo Administrativo*. São Paulo, Forense, 2001.

MEIRELLES, Hely Lopes. *Direito Administrativo Brasileiro*. 27ª ed., São Paulo, Malheiros Editores, 2002.

MOREIRA, Egon Bockmann. *Processo Administrativo – Princípios Constitucionais e a Lei 9.784/1999*. 2ª ed., São Paulo, Malheiros Editores, 2003.

REAL, Alberto Ramón. *Nuevos Estudios del Derecho Administrativo*. Montevidéu, Acali Editora, 1974.

ROCHA, Cármen Lúcia Antunes. "Princípios Constitucionais do Processo Administrativo no Direito Brasileiro", *Revista de Informação Legislativa* 136, Brasília, Senado Federal, 1997.

SILVA, José Afonso da. *Curso de Direito Constitucional Positivo*. 11ª ed. rev., São Paulo, Malheiros Editores, 1996.

SUNDFELD, Carlos Ari. *Fundamentos de Direito Público*. 4ª ed., São Paulo, Malheiros Editores, 2002.

VELLOSO, Carlos Mário da Silva. *Introdução – O Direito Constitucional e o Direito Processual. Temas de Direito Público*. Belo Horizonte, Del Rey, 1994.


***